法学研究
CHINESE JOURNAL OF LAW

法学研究 专题选辑　陈甦/总主编

刑事诉讼法的
修改与完善

REVISION AND IMPROVEMENT
ON CRIMINAL PROCEDURE LAW

熊秋红　主编

社会科学文献出版社
SOCIAL SCIENCES ACADEMIC PRESS (CHINA)

总　序

　　回顾与反思是使思想成熟的酵母，系统化的回顾与专业性的反思则是促进思想理性化成熟的高效酵母。成熟的过程离不开经常而真诚的回顾与反思，一个人的成长过程是如此，一个学科、一个团体、一本期刊的发展过程也是如此。我们在《法学研究》正式创刊40年之际策划《〈法学研究〉专题选辑》，既是旨在引发对有关《法学研究》发展历程及其所反映的法学发展历程的回顾与反思，也是旨在凝聚充满学术真诚的回顾与反思的思想结晶。由是，《〈法学研究〉专题选辑》是使其所刊载的学术成果提炼升华、保值增值的载体，而不只是重述过往、感叹岁月、感叹曾经的学术纪念品。

　　对于曾经的法学过往，哪怕是很近的法学过往，我们能够记忆的并非像我们想象的那样周全、那样清晰、那样深刻，即使我们是其中许多学术事件的亲历者甚至是一些理论成就的创造者。这是一个时空变化迅捷的时代，我们在法学研究的路上走得很匆忙，几乎无暇暂停一下看看我们曾经走过的路，回顾一下那路上曾经的艰辛与快乐、曾经的迷茫与信念、曾经的犹疑与坚定、曾经的放弃与坚持、曾经的困窘与突破，特别是无暇再感悟一下那些"曾经"中的前因后果与内功外力。法学界同仁或许有同样的经验：每每一部著述刚结句付梓，紧接着又有多个学术选题等待开篇起笔，无参考引用目的而只以提升素养为旨去系列阅读既往的法学精品力作，几为夏日里对秋风的奢望。也许这是辉煌高远却又繁重绵续的学术使命造成的，也许这是相当必要却又不尽合理的学术机制造成的，也许这是个人偏好却又是集体相似的学术习惯造成的，无论如何，大量学术作品再阅读的价值还是被淡化乃至忽略了。我们对没有被更充分传播、体现、评价及转化的学术创造与理论贡献，仅仅表达学人的敬意应该是不够的，真正的学术尊重首先在于阅读并且一再阅读映现信念、智慧和勇气的学术作品。《〈法学研究〉专题选辑》试图以学术史研究的方法和再评价的方式，向学界同行表达我们的感悟：阅读甚至反复阅读既有成果本该是学术生活的重要部分。

我曾在另外一本中国当代法学史著作的导论中描述道：中国特色社会主义法治建设之路蜿蜒前行而终至康庄辉煌，中国法学研究之圃亦蔓延蓬勃而于今卓然大观。这种描述显然旨在鼓舞而非理解。我们真正需要的是理解。理解历史才能理解现在，理解现在才能理解未来，只有建立在对历史、现在和未来的理解基础上，在面对临近的未来时，才会有更多的从容和更稳妥的应对，才会有向真理再前进一步的勇气与智慧。要深刻理解中国法学的历史、现在以及未来，有两种关系需要深刻理解与精准把握：一是法学与法治的关系，二是法学成果与其发生机制的关系。法学与法治共存并互动于同一历史过程，法学史既是法律的知识发展史，也构成法治进步史的重要组成部分。关于法、法律、法治的学术研究，既受制于各个具体历史场景中的给定条件，又反映着各个历史场景中的法律实践和法治状况，并在一定程度上启发、拨动、预示着法治的目的、路径与节奏。认真对待中国法学史，尤其是改革开放以来的法学史，梳理各个法治领域法学理论的演进状态，重估各种制度形成时期的学术供给，反思当时制度设计中背景形塑和价值预设的理论解说，可以更真实地对法治演变轨迹及其未来动向作出学术判断，从中也更有把握地绘出中国法学未来的可能图景。对于既有法学成果，人们更多的是采取应用主义的态度，对观点内容的关注甚于对观点形成机制的关注。当然，能够把既有学术观点纳入当下的理论创新论证体系中，已然是对既往学术努力的尊重与发扬，但对于学术创新的生成效益而言，一个学术观点的生成过程与形成机制的启发力远大于那个学术观点内容的启发力，我们应当在学术生产过程中，至少将两者的重要性置于等量齐观的学术坐标体系中。唯其如此，中国法学的发展与创新才会是一个生生不息又一以贯之的理性发展过程，不因己悲而滞，不因物喜而涨，长此以往，信者无疆。

作为国内法学界的重要学术期刊之一，《法学研究》是改革开放以来中国法学在争鸣中发展、中国法治在跌宕中进步的一个历史见证者，也是一个具有主体性、使命感和倡导力的学术过程参与者。《法学研究》于1978年试刊,于1979年正式创刊。在其1979年的发刊词中,向初蒙独立学科意识的法学界和再识思想解放价值的社会各界昭示,在办刊工作中秉持"解放思想、独立思考、百家争鸣、端正学风"的信念,着重于探讨中国法治建设进程中的重大理论和实践问题,致力于反映国内法学研究的最新成果和最高学术水平,热心于发现和举荐从事法学研究工作的学术人才。创刊以来,《法学研究》虽经岁月更替而初心不改,虽有队伍更新而使命不坠,前后8任主编、50名编辑均能恪守"严谨、务实、深入、学术"的办刊风格,把《法学研究》作为自己学术生命的存续载体和学术奉献的展示舞台。或许正因如此,《法学研究》常被誉为"法学界风格最稳健、质量最稳定的期刊"。质而言之,说的是刊,看的是物,而靠的是人。我们相信,《法学研究》及其所刊载的文章以及这些文章的采编过程,应该可以被视为研究中国改革开放以来法学发展、法治进步的一个较佳样本。也正因如此,我们有信心通过《〈法学研究〉专题选辑》,概括反映改革开放以来中国法学发展的思想轨迹以及法学人的心路历程。

本套丛书旨在以《法学研究》为样本,梳理和归整改革开放以来中国法学在一个个重要历史节点上的思想火花与争鸣交织,反思和提炼法学理论在一个个法治建设变奏处启发、拨动及预示的经验效果。丛书将《法学研究》自创刊以来刊发的论文分专题遴选,将有代表性的论文结集出版,故命名为"《法学研究》专题选辑"。考虑到《法学研究》刊发论文数量有限,每个专题都由编者撰写一篇2万字左右的"导论",结合其他期刊论文和专著对该专题上的研究进展予以归纳和提炼。

丛书专题的编者,除了《法学研究》编辑部现有人员外,多是当前活跃在各个法学领域的学术骨干。他们的加入使得我们对这套丛书的编选出版更有信心。

所有专题均由编者申报,每个专题上的论文遴选工作均由编者主要负责。为了尽可能呈现专题论文的代表性和丰富性,同一作者在同一专题中入选论文不超过两篇,在不同专题中均具代表性的论文只放入其中的一个专题。在丛书编选过程中,我们对发表时作者信息不完整的,尽可能予以查询补充;对论文中极个别受时代影响的语言表达,按照出版管理部门的要求进行了细微调整。

不知是谁说的，"原先策划的事情与实际完成的事情，最初打算写成的文章与最终实际写出的文章，就跟想象的自己与实际的自己一样，永远走在平行线上"。无论"平行线"的比喻是否夸张，极尽努力的细致准备终归能助力事前的谨慎、事中的勤勉和事后的坦然。

我思故我在。愿《法学研究》与中国法学、中国法治同在。

陈　甦

2022 年 9 月 4 日

于沙滩北街 15 号

目录

导　论 ·· 熊秋红 / 1

第一编　刑事诉讼基本原则

应当批判地继承无罪推定原则 ····················· 陈光中 / 31
从"应当如实回答"到"不得强迫自证其罪" ········ 樊崇义 / 38
控、辩平衡与保障律师的诉讼权利 ················ 周国均 / 56

第二编　刑事诉讼基本范畴

侦、检一体化模式研究
　　——兼论我国刑事司法体制改革的必要性 ········ 陈卫东　郝银钟 / 77
从我国刑事法庭设置看刑事审判构造的完善 ········ 卞建林　李菁菁 / 89
合意式刑事诉讼论 ································ 王新清 / 109

第三编　刑事诉讼总论

解读公正审判权
　　——从刑事司法角度的考察 ····················· 熊秋红 / 137
比较法视野中的刑事强制措施 ····················· 孙长永 / 165
逮捕审查制度的中国模式及其改革 ················ 刘计划 / 191

第四编　刑事诉讼程序论

刑事程序中的技术侦查研究 ………………………………… 宋英辉 / 229
改"免予起诉"为"暂缓起诉"
　　——兼论检察机关不应有刑事实体处分权 ……………… 洪道德 / 251
刑事诉讼庭前审查程序研究 ………………………………… 龙宗智 / 259
中国量刑程序改革：误区与正道 …………………………… 左卫民 / 278

第五编　刑事诉讼证据论

刑事证据立法方向的转变 ……………………… 汪建成　孙　远 / 297
刑事诉讼专门性证据的扩张与规制 ………………………… 吴洪淇 / 327
非法证据排除程序再讨论 …………………………………… 陈瑞华 / 353
自白任意性规则的法律价值 ………………………………… 张建伟 / 378

导 论

熊秋红[*]

一个国家刑事诉讼的法治程度，直接反映该国人权保障的水平，也是检验该国宪法实施情况的关键指标。[①] 自1979年第一部《中华人民共和国刑事诉讼法》（以下简称《刑事诉讼法》）通过和施行以来，至今已逾40年。随着国家的昌盛、民族的振兴和社会的繁荣，我国刑事诉讼法治也取得了历史性的进步。以《刑事诉讼法》等成文法为主体、以中央政法部门的有关法律解释和规范性司法文件以及地方性规则为补充的刑事诉讼规范体系逐步健全完善，对刑事诉讼的基本制度和诉讼程序作出了较为明确、具体的规定。当然，在中国刑事诉讼立法走向成熟的40余年间，对于许多基本的、重要的和疑难的问题，刑事诉讼法理论界和实务界经过研究与争鸣，基本上达成共识，也有不少问题仍在继续争论之中。为回顾40余年来我国刑事诉讼法学研究取得的丰硕成果，总结其成就和反思其得失，本书主要收录了《法学研究》自1979年至今所刊发的关于刑事诉讼法的修改与完善的经典论文，也是改革开放以来我国学者对于刑事程序法治这一主题的发掘、探索、研讨和争鸣的缩影。按照《〈法学研究〉专题选辑》丛书的总体设想，每一本论文集之前要有一个提纲挈领的导论。对此，笔者以《法学研究》所刊发的相关论文为主线，系统回顾和梳理40余年来我国刑事诉讼法学研究中的主要问题、争论观点及其论据，并希冀能揭示刑事诉讼法学理论进一步发展的前景与方向。

---

[*] 熊秋红，曾任中国社会科学院法学研究所研究员、《法学研究》刑事法责任编辑，现为中国政法大学诉讼法学研究院院长、教授、博士生导师。
[①] 参见林钰雄《刑事诉讼法》（上册），元照出版有限公司，2015，第18页。

一　修法历程

从刑事诉讼法学研究体系来看，我国刑事诉讼法学研究主要围绕刑事诉讼法及相关法律法规、司法解释的制定与修改展开，立足于制定法的具体规定进行解读式研究，发现、总结立法实施中的问题及经验，开展对策式实证分析工作。[①] 特别是1979年新中国第一部《刑事诉讼法》颁布后，刑事诉讼法学界开始对法律条文进行解读并提炼基础概念，在此基础上深入探讨刑事诉讼结构、刑事诉讼目的、刑事诉讼价值、刑事诉讼职能等重大理论问题，初步构建刑事诉讼法学理论的基本框架。而在1996年第一次修改《刑事诉讼法》后，学者们又对修正后的《刑事诉讼法》所涉及的重大问题展开探讨，进一步拓宽研究领域，涵盖刑事诉讼程序、检察理论、律师制度、被害人诉讼地位及权利、刑事证据及证明等。在2012年《刑事诉讼法》修改前后，学者们多以实证分析的方法就我国刑事司法实践中的问题进行总结，揭示立法解决的实务难点，呈现修法后仍存在的漏洞或盲点。可以说，随着国家政治、经济和社会的发展，我国《刑事诉讼法》每经历一次重大的修改，刑事诉讼法学研究的空间都会随之而扩展。因此，对于刑事诉讼法学研究的梳理和总结，在一定意义上必须从宏观上回顾我国《刑事诉讼法》的变迁与发展。

（一）产生阶段：1979年《刑事诉讼法》的制定

1979年《刑事诉讼法》在体例结构上分为"总则"、"立案、侦查和提起公诉"、"审判"、"执行"四编，共164条，是新中国成立后第一部专门的刑事诉讼法典。在内容上，"总则"部分明确规定了刑事诉讼法的指导思想、任务和基本原则，同时对管辖制度、辩护制度、证据制度、刑事强制措施制度、刑事附带民事诉讼制度等进行了详细的规定。在"立案、侦查和提起公诉"一编中，对立案程序、侦查程序及提起公诉程序进行了规定，并细化了刑事侦查手段及其程序规则，主要包括：讯问被告人，询问证人，勘验、检查，搜查，扣押物证、书证，鉴定和通缉。第三编"审

[①] 参见叶青、张栋《中国刑事诉讼法学研究四十年》，《法学》2018年第9期，第14页。

判"部分,对审判组织、第一审程序、第二审程序、死刑复核程序和审判监督程序作出了较为明确的规定,同时区分了公诉案件和自诉案件。第四编"执行"部分主要规定了死刑立即执行、死刑缓期二年执行、无期徒刑、有期徒刑、管制、剥夺政治权利、拘役、罚金、没收财产等刑罚的执行程序。

1979年《刑事诉讼法》是当代中国刑诉立法的奠基之作,其特殊使命在于填补立法空白,亦为后续的立法修改确立基本框架和基本制度,此后刑诉立法均延续了这部法律的主要价值理念和结构布局。[1] 但是,由于立法时间的仓促和立法技术的不足,1979年《刑事诉讼法》内容较为粗糙,不少程序设置可操作性不强,这导致实践在一定程度上背离了立法。[2] 例如,对于刑事附带民事诉讼、审判监督程序、延期审理、另案处理等问题,都未能作出明确规定,这使得司法办案机关在处理具体案件时往往找不到可供遵循的条文。[3] 而立法过程官方色彩浓厚,少有吸收立法者、司法者以外的人士的意见,使得学界常常批判此部法律体现出较多的苏联强职权主义印记,引发了学者们围绕无罪推定原则、被害人保护以及免予起诉制度等话题进行激烈讨论,也成了1996年修改《刑事诉讼法》的前因。

(二) 改革深化:1996年《刑事诉讼法》的修改

随着社会的持续发展,尤其是改革开放的深入,1979年《刑事诉讼法》已经逐渐无法满足实践对程序正义、人权保障的需求。对此,1996年《刑事诉讼法》在1979年立法的基础上进行了大刀阔斧的改革,通过删除2条、新增63条和修改70条使法律条文总数上升至225条。[4] 其主要修改内容包括:(1) 对刑事诉讼法的基本原则进行完善,即吸收无罪推定原则的精神,确立法院统一定罪原则,取消免予起诉制度,同时强化疑罪从无

---

[1] 参见左卫民《改革开放与中国刑事诉讼制度的立法变革》,《西南民族大学学报》(人文社会科学版)2019年第4期,第75页。
[2] 参见左卫民《中国道路与全球价值:刑事诉讼制度三十年》,《法学》2009年第4期,第81页。
[3] 参见陈光中、王洪祥《关于修改刑事诉讼法问题的思考》,《政法论坛》1991年第5期,第2—3页。
[4] 参见崔敏《中国刑事诉讼法的新发展:刑事诉讼法修改研讨的全面回顾》,中国人民公安大学出版社,1996,第1页。

原则，规定法律监督原则，明确检察机关依法对刑事诉讼实施法律监督；（2）调整侦查管辖与自诉案件的范围，限缩检察院自侦案件的范围，扩大法院受理自诉案件的范围，增加公诉转自诉的规定；（3）完善辩护制度，允许犯罪嫌疑人在侦查时委托律师为其提供法律帮助，增设法律援助制度；（4）完善强制措施，细化逮捕条件，取消收容审查；（5）改革审判程序，将开庭前的实体审查改为程序审查，通过适度引入交叉询问机制来强化抗辩双方的诉讼参与，增设简易程序来强化诉讼分流；（6）加强对刑事被害人的权利保障，赋予其当事人地位和相应的诉讼权利；（7）完善和补充执行程序。①

1996年《刑事诉讼法》的修改是对改革开放近20年社会观念变迁和刑事诉讼实践变化的有效回应，毫无疑问体现了依法治国、维护社会效率和公平等时代法治主题。此次修法面临推进中国刑事法治进程、与国际刑事诉讼普遍准则接轨的压力，也是对1979年《刑事诉讼法》强职权主义模式的一种矫正，尝试借鉴吸收英美对抗制因素来推动刑事诉讼结构向当事人主义转变。②但遗憾的是，此次修法中一些被寄予希望的改革措施的最终效果不尽如人意，许多原本设想的立法目的落空，例如追求控辩对抗和要求证人出庭，实践中仍是控强辩弱，证人出庭率仍然极低，很难实现实质化对抗；又比如借鉴起诉书一本主义所实行的案卷移送模式改革过于理想化，在后来的实践中被彻底摒弃。

（三）成熟完善：2012年《刑事诉讼法》的修改

2012年《刑事诉讼法》迎来了第二次修改，综观此次修改，相较于1979年立法、1996年修法，其在价值取向和具体制度变革层面开始注重平衡，不再过度追求文本与条文本身的理想化，而更多地反映出社会转型时期刑事诉讼立法改革的妥协性和艰难性。③ 2012年《刑事诉讼法》主要进行了以下七个方面的修改：（1）将"尊重和保障人权"作为刑事诉讼法的

---

① 参见陈瑞华《刑事诉讼法》，北京大学出版社，2021，第10—11页。
② 参见龙宗智、左卫民《转折与展望——谈刑事诉讼法的修改》，《现代法学》1996年第2期，第2—3页。
③ 参见左卫民《改革开放与中国刑事诉讼制度的立法变革》，《西南民族大学学报》（人文社会科学版）2019年第4期，第76页。

任务；（2）改革辩护制度，明确侦查阶段律师的辩护人身份，扩大法律援助范围，同时完善律师会见权、阅卷权、申请调查取证权的相关程序规定；（3）完善证据制度，将"鉴定结论"改称"鉴定意见"，并增加辨认、侦查实验笔录和电子数据等法定证据种类，规定不得强迫任何人自证其罪，同时正式确立非法证据排除规则，细化刑事案件的证明标准和证人出庭作证机制等；（4）调整强制措施，延长拘传的时间，细化逮捕和监视居住的适用条件，同时规定采取拘留、逮捕、指定居所监视居住的应当在24小时内通知家属，严格限制不通知家属的情形；（5）规范侦查措施，将技术侦查措施纳入规范化、法治化轨道，严格规定拘留的场所及讯问的地点，规定重大犯罪讯问录音录像制度，加大对侦查权的监督力度；（6）改革审判程序，新增庭前会议制度，扩大简易程序适用范围并调整其审判组织、审限等内容，完善再审、刑事附带民事诉讼和死刑复核的细节问题；（7）新增四类刑事特别程序，即未成年人刑事案件诉讼程序，当事人和解的公诉案件诉讼程序，犯罪嫌疑人、被告人逃匿、死亡案件违法所得没收程序以及依法不负刑事责任的暴力性精神病人的强制医疗程序，并完善执行程序。[1] 此次修法吸收了大量司法改革的成果，同时也对实践中刑讯逼供、律师辩护难、人权保障不完善等问题进行了有效的回应，但也存在权力制约不足、可操作性不强等问题，因而后续通过制定司法解释或规范性文件予以解决，以有效保障《刑事诉讼法》的实施效果。

（四）因时而变：2018 年《刑事诉讼法》的修改

在 2012 年修法后，刑事诉讼中的基础性问题已大体得到解决，诉讼的目的、价值、主体、结构、职能等基本范畴已经明确，各类刑事诉讼制度构成的诉讼体系也已基本定型。在这种语境下，《刑事诉讼法》短期内无须再进行大规模修改，而 2018 年《刑事诉讼法》的修正仅将新的改革成果部分融入法典，或个别性新增、修改部分制度，或为匹配其他部门法立法而对法典进行相应修改。此次修法内容主要聚焦三个方面：（1）衔接《监察法》的相关制度修改，即删去检察机关反贪反渎职能的相关表述，为检察机关保留一定的自侦权以及机动侦查权，从基本原则、强制措施、

---

[1] 陈卫东：《刑事诉讼法治四十年：回顾与展望》，《政法论坛》2019 年第 6 期，第 22—23 页。

审查起诉、非法证据排除等方面规定监察程序与刑事诉讼程序的衔接事项；（2）推动认罪认罚从宽制度与刑事速裁程序的法律化，将认罪认罚从宽制度分别融入刑事诉讼法之基本原则、强制措施、侦查、审查起诉、审判各章节，构建"普通程序—简易程序—速裁程序"三种繁简有别的层次化一审程序，实现"宽严相济"刑事政策的具体化；（3）增设刑事缺席审判制度，对缺席审判的案件种类、适用条件和程序以及被告人的权利保障作出具体规定。

相比之前的做法，此次修法过程中认罪认罚从宽制度、刑事速裁程序、监察制度改革都经历了相关试点—总结经验—将相关经验上升为法律的过程，这种实践与立法的良性互动体现出刑事诉讼立法方式的巨大进步。但是，由于修法的针对性较强，新一轮司法改革的诸多有益成果尚未被2018年《刑事诉讼法》吸收和采纳，如以审判为中心的刑事诉讼制度改革、司法责任制改革、审判独立的保障以及一些证据制度等，有待未来刑事诉讼立法予以回应和完善。

二 理论探索

通过对《刑事诉讼法》修改的梳理与评价，一幅40余年刑事诉讼制度建设的中国图景由此呈现，而我国学者关于刑事诉讼法学的理论探索，也是与中国刑事诉讼立法变革的基本脉络同步展开的。其中，《法学研究》所刊发的关于刑事诉讼基础理论的论文，主要涉及刑事诉讼原则、刑事诉讼目的、刑事诉讼构造、刑事诉讼阶段以及刑事诉讼模式等内容。

（一）刑事诉讼基本原则研究概况

刑事诉讼原则是刑事诉讼法的核心和灵魂，其既要反映刑事诉讼的基本规律，还要统领刑事诉讼的整体程序架构。我国学者对于刑事诉讼原则的理论研究经历了一个渐进的过程，即起初多局限于对刑事诉讼法条文的注释，后来不断深入，从不同的角度对刑事诉讼原则的含义、特征及分类进行阐释，并开始关注一些国际通行的刑事诉讼原则及其在我国的确立与发展。[1]

---

[1] 宋英辉主编《刑事诉讼法学研究述评（1978—2008）》，北京师范大学出版社，2009，第79页。

目前普遍适用的刑事诉讼原则包括程序法定原则、无罪推定原则、辩护原则、诉讼及时性原则、控辩平等原则、任何人不受强迫自证其罪原则、法律监督原则等。

第一，无罪推定原则在我国得到理解和接纳，经历了一个漫长而曲折的过程。随着1979年《刑事诉讼法》的颁布、施行，无罪推定问题被重新提了出来，再次成为学术争鸣的对象。张子培于1980年发表的《"无罪推定"原则剖析》中指出，无罪推定原则只防止有罪的先入为主，实际上是无罪的先入为主，容易放纵罪犯，而我国应当坚持实事求是精神，摒弃资产阶级无罪推定原则。[①] 同年，陈光中发表的《应当批判地继承无罪推定原则》一文对此观点进行反驳，认为被告人在被证明有罪之前，应当推定为无罪，只有如此才能切实保证侦查、审判人员客观全面地搜集各种证据，保障被告人行使辩护权，因而需要批判地吸收无罪推定原则。[②] 赵光裕于1981年发表的《关于"无罪推定"原则的理解和适用》又进一步将无罪推定原则明确为程序法原则，并不要求直接、具体形成实体无罪的概念，而且在诉讼法上所要解决的是承认被告无须证明自己无罪，只用实事求是作为指导原则是无法合理划分举证责任的。[③] 由于无罪推定在刑事诉讼中的重要地位，20世纪90年代初期，《刑事诉讼法》修改的酝酿，使无罪推定再次成为研究的热点。张令杰、张弢、王敏远于1991年发表的《论无罪推定原则》在理论上对无罪推定原则重新进行全面深入的探讨，认为该原则是指刑事被告人在未经法律规定的程序判决有罪以前，应当被假定为无罪的人，而且这也是具有世界性普遍意义并对刑诉制度的现代发展有重要影响的法律文化现象，是人类的共同财富。[④] 到1996年《刑事诉讼法》修正时，增加了第12条的规定，"未经人民法院依法判决，对任何人都不得确定有罪"，学界普遍认为我国刑诉法已经吸收了无罪推定原则的基本精神和合理内涵。

第二，关于是否应在我国刑诉法中确立任何人不受强迫自证其罪原则

---

① 参见张子培《"无罪推定"原则剖析》，《法学研究》1980年第3期，第30—33页。
② 参见陈光中《应当批判地继承无罪推定原则》，《法学研究》1980年第4期，第34—36页。
③ 参见赵光裕《关于"无罪推定"原则的理解和适用》，《法学研究》1981年第1期，第23—25页。
④ 参见张令杰、张弢、王敏远《论无罪推定原则》，《法学研究》1991年第4期，第34—45页。

存在争议，而争议的焦点是确立该原则是否意味着赋予犯罪嫌疑人、被告人沉默权，从而是否与现行刑诉法中关于犯罪嫌疑人应当如实回答的义务的规定相矛盾。关于是否应当确立沉默权制度，学界明显分为肯定和否定两种对立的观点。宋英辉在1998年发表的《不必自我归罪原则与如实陈述义务》一文中指出，犯罪嫌疑人、被告人负如实回答义务不宜作为我国刑事诉讼的一般性原则，而应当作为不必自我归罪原则的例外规定，即明确沉默权规则，限制如实回答义务仅适用于巨额财产来源不明罪等特殊案件。[①]也正如有的学者所言，不论沉默权如何发展，至今没有任何一个国家出现抛弃沉默权制度的做法，只是创制一些沉默权的例外。[②]而樊崇义在2008年发表的《从"应当如实回答"到"不得强迫自证其罪"》一文中指出，从承认和尊重犯罪嫌疑人、被告人诉讼主体地位和诉讼权利的角度出发，有必要在刑诉法中确立不得强迫自证其罪原则，而该原则的确立将促使现有的刑事诉讼结构转向以平等对抗为基础的当事人主义，并为"口供本位"转向"物证本位"、"由供到证"转向"由证到供"的侦查模式改革提供契机。[③]2012年《刑事诉讼法》修改时增加了"不得强迫任何人证实自己有罪"的规定。

第三，在我国刑事诉讼领域惩罚犯罪与保障人权关系的演进中，控辩平等原则的基本精神经历了一个从无到有、从少到多的过程。尤其是1996年修正后的《刑事诉讼法》吸收了当事人主义的合理因素，使律师为被追诉人提供法律服务和有效辩护获得了诸多便利条件和法律保障，但这与控辩平等的真正实现尚有差距。周国均于1998年发表的《控、辩平衡与保障律师的诉讼权利》一文指出，当前中国的刑事诉讼结构还是"控强辩弱的控辩式诉讼结构"，辩护律师的会见、阅卷和调查取证权依旧受到多种限制，有必要在侦查阶段、审查起诉阶段和庭审阶段赋予律师更广泛的诉讼权利并予以保障，以实现控辩双方的平衡。[④]推进控辩平等成为我国刑事司法改革的重要目标，2015年，"两高三部"联合印发了《关于依法保

---

① 参见宋英辉《不必自我归罪原则与如实陈述义务》，《法学研究》1998年第5期，第151页。
② 参见汪建成、王敏远《刑事诉讼法学研究述评》，《法学研究》2001年第1期，第146—147页。
③ 参见樊崇义《从"应当如实回答"到"不得强迫自证其罪"》，《法学研究》2008年第2期，第111页。
④ 参见周国均《控、辩平衡与保障律师的诉讼权利》，《法学研究》1998年第1期，第58页。

障律师执业权利的规定》；2023年，最高检、司法部、全国律协联合发布了《关于依法保障律师执业权利的十条意见》。

此外，《法学研究》所刊发的学者们关于辩护制度、补充侦查制度、简易程序、速裁程序、认罪认罚从宽制度、公诉制度等相关问题的研究，也关涉到对有效辩护原则、诉讼及时原则以及法律监督原则等刑事诉讼原则的讨论，在此不再赘述。值得一提的是，大数据、人工智能等技术方兴未艾也对刑事诉讼原则产生了重大的影响。裴炜于2018年发表的《个人信息大数据与刑事正当程序的冲突及其调和》中指出，个人信息大数据在助力犯罪风险评估从而优化刑事司法资源配置的同时，亦与刑事正当程序发生冲突，其中又以无罪推定原则、控辩平等原则和权力专属原则为甚，需要寻求犯罪控制与人权保障两项刑事司法基本价值之间的新平衡点，并对具体的程序规则进行修正。①

（二）刑事诉讼基本范畴研究概况

关于刑事诉讼基本范畴，早在民国时期就有学者在参考国外理论的基础上进行了研究，例如对刑事诉讼主体、刑事诉讼客体、刑事诉讼行为等的研究。自20世纪80年代刑事诉讼法学研究全面复兴以来，刑事诉讼基本范畴也受到学者们的关注。② 而《法学研究》也刊发了诸多涉及刑事诉讼基本范畴的研究成果，例如对刑事诉讼目的、刑事诉讼结构、刑事诉讼阶段等的研究，这些研究关系到修改与完善《刑事诉讼法》的宏观思路。

第一，刑事诉讼目的的多元化是现代刑事诉讼发展的一个重要趋势，仅将惩罚犯罪或者实现正当程序作为刑事诉讼目的的时代已经一去不返。徐益初在1996年发表的《刑事诉讼与人权保障》一文中指出，惩罚犯罪与保障人权既相互联系又有矛盾，具有对立统一的某些特征，即既要反对过分强调惩罚犯罪的需要而不考虑保障人权的要求，也要防止片面强调人权保障而影响惩罚犯罪任务的完成。③ 当前，惩罚犯罪与保障人权相统一

---

① 参见裴炜《个人信息大数据与刑事正当程序的冲突及其调和》，《法学研究》2018年第2期，第42页。
② 参见宋英辉主编《刑事诉讼法学研究述评（1978—2008）》，北京师范大学出版社，2009，第3页。
③ 参见徐益初《刑事诉讼与人权保障》，《法学研究》1996年第2期，第90—91页。

的二元刑事诉讼目的理论已经成为我国通说，大部分刑事诉讼法学教科书都予以采纳。

第二，刑事诉讼结构的主要内容是控辩审三方主体在刑事诉讼中的地位及相互关系，早期学者一般把注意力集中在侦查、审查起诉和审判三个诉讼阶段中横断面上的刑事诉讼结构特征。但随着研究的深入，有的学者开始关注涉及侦查、审查起诉和裁判机构在整个刑事诉讼过程中的法律关系的纵向结构，即更加重视侦控构造和控审构造。① 如在侦控构造方面，陈卫东和郝银钟发表的《侦、检一体化模式研究——兼论我国刑事司法体制改革的必要性》提出侦检一体化的概念，即应当采取司法警察与治安警察分离制度，将承担侦查职能的司法警察划归检察机关领导和管理，确立检察官在侦查阶段的主导核心地位，防止执法机关擅自枉法分流刑事案件。② 而在横向构造方面，卞建林和李菁菁于2004年发表的《从我国刑事法庭设置看刑事审判构造的完善》一文中提出，我国古代以"审讯"为核心的审判模式的影响、被告人沉默权的缺失以及刑事审判方式改革的不彻底等，导致我国现行刑事法庭设置呈现"伞型"特征。重塑我国刑事审判构造，应当去除目前庭审方式的"审讯"色彩，增强庭审"听证"性，建立审判中立、控辩平等、当事人主导的"等腰三角形"的审判构造。③ 目前学界对刑事诉讼结构理论进行了系统的研究，形成了线形结构说、双重结构说、等腰三角形结构说、倒三角形结构说以及斜三角形结构说等理论观点。

第三，"审判中心论"与"诉讼阶段论"是我国学者在刑事诉讼阶段这一理论范畴的基础上展开的一种学术争鸣，前者认为"以审判为中心"是现代刑事诉讼发展的趋势，强调必须通过司法机关才能对涉及公民人身权利的事项作出最终的裁判，后者则是将侦查、起诉和审判作为平行的三个阶段，认为其对于刑事诉讼目的的实现起到同等重要的作用。④ 2014年，

---

① 参见陈瑞华《刑事诉讼的前沿问题》，中国人民大学出版社，2000，第126页。
② 参见陈卫东、郝银钟《侦、检一体化模式研究——兼论我国刑事司法体制改革的必要性》，《法学研究》1999年第1期，第58—64页。
③ 参见卞建林、李菁菁《从我国刑事法庭设置看刑事审判构造的完善》，《法学研究》2004年第3期，第82页。
④ 参见宋英辉主编《刑事诉讼法学研究述评（1978—2008）》，北京师范大学出版社，2009，第49—50页。

党的十八届四中全会明确提出"推进以审判为中心的诉讼制度改革",由此引发学界对"审判中心论"的内涵和制度安排的分析和探讨。魏晓娜于2015年发表的《以审判为中心的刑事诉讼制度改革》一文中指出,推进以审判为中心的刑事诉讼制度改革应当在水平方向上削弱案卷移送制度的不良影响,在审判阶段要保证被告方的对质权,确保法院通过公正的庭审来进行事实认定,而在纵向的审级结构上要调整第二审和死刑复核程序的功能,确立第一审在事实认定方面的权威地位。① 而樊传明在《审判中心论的话语体系分歧及其解决》中将"审判中心论"细化为作为理论模型的"审判中心主义"和作为官方改革政策的"以审判为中心"这两套话语体系,两者在制度愿景、改革内容、价值定位、推进路径等方面存在诸多分歧,需要共享建构性的刑事诉讼法教义学立场,竞争性地为刑事诉讼制度演进提供发展动力和解释框架。②

此外,学界还有关于刑事诉讼模式理论的研究。随着我国《刑事诉讼法》相继确立刑事和解程序、速裁程序和认罪认罚从宽制度,王新清于2020年发表的《合意式刑事诉讼论》将与对抗式刑事诉讼相区别的一种新的刑事诉讼形式提炼为"合意式刑事诉讼",即控辩双方在被追诉人承认控诉方提出的诉讼主张或者作出的诉讼行为的基础上形成合意,并且从基本原则、被追诉人享有的特殊诉讼权利和程序衔接等方面着手建构合意式刑事诉讼体系。③

总之,虽然学术界对于刑事诉讼基本原则和基本范畴在许多方面尚有争议,但40余年形成的丰硕研究成果有力地推动了刑事诉讼法学研究的发展,对于我国刑事诉讼法学理论体系的形成和刑事诉讼法治建设的推进发挥了积极作用。

三 制度完善

除了阐述刑事诉讼基本原则和基本范畴之外,《法学研究》所刊发的

---

① 参见魏晓娜《以审判为中心的刑事诉讼制度改革》,《法学研究》2015年第4期,第86页。
② 参见樊传明《审判中心论的话语体系分歧及其解决》,《法学研究》2017年第5期,第192—194页。
③ 参见王新清《合意式刑事诉讼论》,《法学研究》2020年第6期,第149—166页。

文章也对刑事诉讼的各种程序制度的制约因素和理论根据作出了解释，并且对实践中有争议的疑难问题提出了有效的解决方案。以我国现行《刑事诉讼法》和相关司法解释所确立的诉讼制度为基本线索，可以将刑事诉讼制度研究成果分为总论、程序论和证据论三大部分。

（一）总论研究概述

在总论部分，主要涉及管辖、回避、辩护与代理、强制措施、附带民事诉讼以及被害人保护等制度内容。

第一，在管辖与回避方面，刑事诉讼中的管辖是国家专门机关依法在受理刑事案件方面的职权范围上的分工，而回避则是侦查、检察和审判人员因利益规避原则而不得参与办理相应案件的诉讼活动，两者都是刑事诉讼中的基础性制度。卞建林、刘玫早在 1987 年发表的《论健全我国刑事回避制度》中就围绕回避的对象、类型、方式、理由，有权申请回避的人员，申请回避的时间以及违反回避规定的法律后果等问题展开探讨，对 1979 年《刑事诉讼法》关于回避的规定提出完善建议。[1] 而我国刑事管辖制度虽然通过立法和司法解释等法律规范得到了不断发展，但与程序法定原则和法官法定原则的要求相距较远。龙宗智在 2012 年发表的《刑事诉讼指定管辖制度之完善》中就提及刑事指定管辖适用随意性较大，指定侦查管辖于法无据，公、检、法在指定管辖上不能有效衔接，公民的管辖异议权与指定管辖申请权得不到尊重等问题；明确要求在指导思想上坚持程序法定原则和管辖便利原则来完善指定管辖制度。[2] 在侦查管辖方面，尤其是在电子数据的刑事取证管辖疑难问题上，梁坤于 2019 年发表的《基于数据主权的国家刑事取证管辖模式》中提出，我国应在数据主权国家战略的基础上，着力探索刑事数据取证管辖模式的中国方案，即在坚持数据存储地模式的同时，有必要设定例外情形，亦需对他国采取该模式给我国带来的危害予以对等回应，构建适用于电子数据的刑事取证管辖互惠模式。[3]

---

[1] 参见卞建林、刘玫《论健全我国刑事回避制度》，《法学研究》1987 年第 5 期，第 42—47 页。

[2] 参见龙宗智《刑事诉讼指定管辖制度之完善》，《法学研究》2012 年第 4 期，第 175 页。

[3] 参见梁坤《基于数据主权的国家刑事取证管辖模式》，《法学研究》2019 年第 2 期，第 188 页。

第二，经过改革开放40多年来的持续发展，刑事辩护制度已经成为我国法律制度和人权保障制度的重要组成部分，并且其取得的成就主要表现为辩护律师的法律定位发生了根本性变化，律师介入刑事诉讼的时间不断提前，以及获得律师法律帮助的被追诉人范围日趋扩大，等等。① 针对1979年《刑事诉讼法》只准许辩护律师在审判阶段参加刑事诉讼的规定，张骁和陈卫东在1990年发表的《论辩护律师参加刑事诉讼的时间》中认为，从有利于保障被告人的辩护权、最大限度地发挥辩护律师的职能作用的角度出发，应当通过立法程序将律师介入刑事诉讼的时间提前到司法机关第一次讯问被告人时。② 1996年修法后准许律师自审查起诉阶段履行辩护人的职责、自侦查阶段介入诉讼，2012年修法则明确律师在侦查阶段的辩护人身份。但刑事辩护制度在发展过程中也面临很多矛盾和现实问题，其中刑事案件的辩护率整体较低且长期在低位徘徊，显然无法满足被追诉人的辩护需求。左卫民和张潋瀚在2019年发表的《刑事辩护率：差异化及其经济因素分析——以四川省2015—2016年一审判决书为样本》一文中指出，四川省2015年和2016年刑事辩护率分别为29.3%和26.7%，这再次证实了我国刑事辩护率偏低的判断，并且被告人的经济状况是影响辩护率的重要因素，需要继续增加国家在法律援助方面的财政投入，将被告人的经济状况作为"应当"指定辩护的重要指标。③

第三，刑事强制措施的适用不仅关系到刑事诉讼活动是否能够顺利进行，也关系到刑事诉讼中的人权保障状况，是我国刑事诉讼法学界一直重点研究的课题。20世纪90年代前，学者们在讨论这一问题时主要关注国家依法限制公民自由的正当性，主要集中在强制措施与强制性措施的区别、扭送是否属于强制措施、收容审查是否要列入强制措施范围、财产保是否应被增加为一种独立的强制措施等方面。④ 周国均于1989年发表的

---

① 参见孙长永主编《中国刑事诉讼法制四十年：回顾、反思与展望》，中国政法大学出版社，2021，第71—75页。
② 参见张骁、陈卫东《论辩护律师参加刑事诉讼的时间》，《法学研究》1990年第2期，第43—48页。
③ 参见左卫民、张潋瀚《刑事辩护率：差异化及其经济因素分析——以四川省2015—2016年一审判决书为样本》，《法学研究》2019年第3期，第167—189页。
④ 参见宋英辉主编《刑事诉讼法学研究述评（1978—2008）》，北京师范大学出版社，2009，第194页。

《增补"财物保候审"初探》中就提及刑事诉讼中的强制措施有必要增补"财物保候审"来扩大强制措施的适用范围,减轻羁押场所人犯拥挤的压力,同时对"财物保候审"的适用对象、适用条件、担保金额、期间义务等问题提出明确意见。① 而进入21世纪后,学界则把研究问题扩展到强制措施体系的界定标准以及如何对强制措施进行科学定位与设计等方面。陈瑞华在2002年发表的《未决羁押制度的理论反思》中指出,无论在审判之前还是审判阶段,羁押的适用几乎完全依附于刑事追诉活动,而没有形成独立的、封闭的司法控制系统,未来改革羁押制度的核心在于将未决羁押的授权、审查、救济等诸多环节逐渐纳入司法权的控制之下。② 而孙长永和易延友从比较法的角度对我国刑事强制措施体系进行分析,前者认为应当对适用强制措施的权力进行重新分配,区分强制到案和强制候审两种强制措施,将取保候审设计为最常用的一种强制措施,后者则认为仍需从拘留的临时化、逮捕羁押的司法化以及监视居住的自由化等方面对刑事强制措施进行完善。③ 而刘计划和李训虎分别从实证研究和法教义学的角度出发,对逮捕措施在实践中的适用情况进行理性分析,刘计划认为应当由法院统一行使逮捕决定权来制约公安机关、检察机关的追诉权,而李训虎则从法教义学角度提出实现逮捕由强制措施到基本权干预的转换,对逮捕三要件进行阶层化重构,建构以社会危险性为核心的证明对象体系。④

2012年《刑事诉讼法》新增了第93条,规定了逮捕后羁押必要性审查制度,以期实现"少押慎押",由此理论界从不同角度对羁押必要性审查制度的实施状况及相关理论问题进行了研究。比如,林喜芬在2015年发表的《分段审查抑或归口审查:羁押必要性审查的改革逻辑》中对某省2013年一年羁押必要性审查制度建立与运行的初步情况进行了参与式观察研究,并着重探讨了归口管理的试点情况及其面临的挑战。⑤ 陈卫东则是

---

① 参见周国均《增补"财物保候审"初探》,《法学研究》1989年第1期,第66—71页。
② 参见陈瑞华《未决羁押制度的理论反思》,《法学研究》2002年第5期,第60页。
③ 参见孙长永《比较法视野中的刑事强制措施》,《法学研究》2005年第1期,第111页;易延友《刑事强制措施体系及其完善》,《法学研究》2012年第3期,第146页。
④ 参见刘计划《逮捕审查制度的中国模式及其改革》,《法学研究》2012年第2期,第122页;李训虎《逮捕制度再改革的法释义学解读》,《法学研究》2018年第3期,第155页。
⑤ 参见林喜芬《分段审查抑或归口审查:羁押必要性审查的改革逻辑》,《法学研究》2015年第5期,第157页以下。

通过开展两年的羁押必要性审查制度试点来调查落实该项制度的支撑机制，提出羁押必要性审查具有司法权属性，应当对其进行诉讼化改造并将建议权改为决定权，同时向辩方开示与逮捕适用条件有关的证据，以便辩方有效参与羁押必要性审查程序。[1] 此外，学者们也就应当如何完善刑事附带民事诉讼制度、被害人的法律地位以及权利保障机制等，纷纷提出了自己的看法。

（二）程序论研究概述

自 1979 年《刑事诉讼法》制定以来，学界一直在对侦查、审查起诉以及第一审、第二审、死刑复核、刑事再审、执行程序中的基本理论问题进行解析，深入探讨这些程序的性质、功能、原则、结构以及较为重要的制度安排，对进一步完善刑事诉讼程序的基本框架和具体制度提出意见和建议。

1. 侦查程序

侦查手段通常带有强制性，一些侦查手段还带有秘密性，如果不对其加以规范、监督和制约，容易造成对公民人身权利和财产权利的侵犯，因而侦查程序始终是我国理论界和实务界关注和探讨的重点。对于侦查权的司法控制，主要针对的是我国司法实践中存在的超期羁押、刑讯逼供、非法取证以及滥用强制措施等侦查权滥用现象，许多学者提出我国应当借鉴西方国家的经验，建立侦查程序中的司法审查制度。[2] 李建明发表的《强制性侦查措施的法律规制与法律监督》提出，除了加强对逮捕等强制措施适用的监督，还需要强化对搜查、扣押、冻结等大量强制性侦查措施的法律监督。[3] 而针对国家监察体制改革前检察机关自侦权滥用的问题，其在 2009 年发表的《检察机关侦查权的自我约束与外部制约》一文中明确提出优化检察机关在自侦案件侦查过程中的权力配置，确立并严格实施以检察机关承担证据合法性证明责任为特征的非法证据排除规则。[4] 在 2012 年

---

[1] 参见陈卫东《羁押必要性审查制度试点研究报告》，《法学研究》2018 年第 2 期，第 175 页。
[2] 参见宋英辉主编《刑事诉讼法学研究述评（1978—2008）》，北京师范大学出版社，2009，第 271 页。
[3] 参见李建明《强制性侦查措施的法律规制与法律监督》，《法学研究》2011 年第 4 期，第 148 页。
[4] 参见李建明《检察机关侦查权的自我约束与外部制约》，《法学研究》2009 年第 2 期，第 121 页。

《刑事诉讼法》增设侦查讯问录音录像制度后，董坤于 2015 年发表的《侦查讯问录音录像制度的功能定位及发展路径》中将不同国家和地区讯问录音录像制度分为权利保障型和权力主导型，并且认为我国讯问录音录像制度亲缘于权力主导模式，难以发挥其应有的口供功能，有必要向权利保障模式转型。①

此外，随着社会的发展和科学技术的不断进步，犯罪的智能化、组织化和隐蔽化日益增强，世界各国在常规侦查手段遭遇挑战的情况下纷纷探索运用特殊侦查手段，学界也对技术侦查、诱惑侦查等特殊侦查手段在司法实践中运用所面临的障碍、完善路径以及规制举措进行了研究。早在 2000 年，我国法律只是对技术侦查的适用条件和程序作了原则性规定，技术侦查没有可操作性规范，宋英辉发表的《刑事程序中的技术侦查研究》对测谎检查和秘密录音录像等措施的适用范围、条件、程序及所获得的材料的使用提出了立法建议。② 2012 年《刑事诉讼法》修改时试图通过新增条文来提升特殊侦查手段的法治化程度，但由于法律规定的宽泛与模糊以及司法审查原则的缺失，此类侦查措施在适用过程中依旧存在着权力容易滥用的弊端。程雷在《诱惑侦查的程序控制》一文中就提及诱惑侦查法治化的核心问题在于合法性判断标准，我们需要突破过去"犯意引诱"和"机会提供"的二分通说，采用分离式混合标准来判断诱惑侦查是否合法，即违反主观标准或客观标准之一即可被判定违法，并且需要在适用范围、审判程序、适用时间、违反后果等方面建构若干程序控制机制。③

2. 公诉程序

公诉程序是刑事审前程序的另一重要组成部分，其上承侦查程序，下接审判程序，在整个刑事诉讼程序中处于中间环节。学界围绕公诉程序的理论探讨主要涉及提起公诉的条件、证明标准、公诉案卷移送方式、公诉变更、公诉转自诉、不起诉、起诉裁量、量刑建议权等方面。《法学研究》刊发的关于公诉程序的代表性研究成果主要有以下几个方面。

---

① 参见董坤《侦查讯问录音录像制度的功能定位及发展路径》，《法学研究》2015 年第 6 期，第 156 页。
② 参见宋英辉《刑事程序中的技术侦查研究》，《法学研究》2000 年第 3 期，第 73—86 页。
③ 参见程雷《诱惑侦查的程序控制》，《法学研究》2015 年第 1 期，第 168—169 页。

第一，在起诉裁量权方面，1979 年《刑事诉讼法》确立了检察机关免予起诉制度，其由于具有终止诉讼程序和实质处分被告人刑事实体权利的双重性质，在实践中饱受质疑。洪道德在 1989 年发表的《改"免予起诉"为"暂缓起诉"——兼论检察机关不应有刑事实体处分权》一文就提出免予起诉制度不符合诉讼的历史发展进程，违背了我国宪法及有关法律，也限制了人民法院刑事审判权的行使，侵犯了被告人和被害人的合法权益，建议将免予起诉制度改为"暂缓起诉"制度。① 1996 年修改后的《刑事诉讼法》取消了免予起诉制度，学界关于此话题的讨论也逐渐冷却，之后刘磊于 2006 年发表的《慎行缓起诉制度》则延续了关于设立缓起诉制度的探讨，认为缓起诉适用不当可能侵蚀法官保留原则、滋生检察官权力滥用乱象，因而我国在引入缓起诉制度时，应当严格限定其适用条件，并设置必要的救济程序。②

第二，在不起诉制度方面，附条件不起诉与近些年兴起的恢复性司法理念直接契合，这引发了我国学界关于是否确立附条件不起诉制度的争论。在 2012 年修法前，陈光中和彭新林在《我国公诉制度改革若干问题探讨》中就提出为弥补酌定不起诉率过低的不足有必要建立附条件不起诉制度，同时对附条件不起诉的案件范围、考察期限和监督机制提出立法建议。③ 2012 年《刑事诉讼法》在第五编"特别程序"中针对涉罪未成年人确立附条件不起诉制度，并通过考验期限、附带条件的弹性选择等设计覆盖范围更广、类型更多的案件。在附条件不起诉制度实施数年之后，何挺于 2019 年发表的《附条件不起诉制度实施状况研究》一文通过对 2013—2017 年全国和部分地区相关数据的考察来系统性研究该项制度的实施情况，发现附条件不起诉在适用条件和影响因素、监督考察、附带条件与撤销等四个方面的实施状况及存在的问题，提出需要通过修改法律、完善司法、转变观念、完善政策保障以及培育社会支持体系等予以应对。④ 之后 2018 年《刑事诉讼法》针对认罪认罚从宽案件增设特殊不起诉制度，董坤

---

① 参见洪道德《改"免予起诉"为"暂缓起诉"——兼论检察机关不应有刑事实体处分权》，《法学研究》1989 年第 2 期，第 80—83 页。
② 参见刘磊《慎行缓起诉制度》，《法学研究》2006 年第 4 期，第 80 页。
③ 参见陈光中、彭新林《我国公诉制度改革若干问题探讨》，《法学研究》2011 年第 4 期，第 169 页。
④ 参见何挺《附条件不起诉制度实施状况研究》，《法学研究》2019 年第 6 期，第 150 页。

于 2019 年发表的《认罪认罚从宽中的特殊不起诉》中从条文含义出发，运用解释学和比较法学的研究方法对特殊不起诉的适用条件、审批程序以及选择性不起诉的理论内涵进行了剖析。①

第三，自 2010 年最高检发布《人民检察院开展量刑建议工作的指导意见（试行）》以来，量刑建议制度开始进入人们的视野，完善量刑建议制度成为检察机关积极推进的一项重要改革举措。在早期关于量刑建议制度的研究成果中，学者们主要关注的是我国检察机关是否应当拥有量刑建议权，量刑建议权与审判权、辩护权的关系以及量刑建议权的属性等合法性、合理性问题。而随着认罪认罚从宽制度的确立，对于检察机关提出量刑建议的方式而言，以相对明确的量刑建议听取犯罪嫌疑人的意见更有实际意义，因此学者们也开始呼吁检察机关提高和增强量刑建议的精准度和科学性。② 之后 2018 年《刑事诉讼法》第 201 条强化了认罪认罚案件量刑建议的刚性，引发了学界对于认罪认罚案件量刑建议的广泛研究，比如陈卫东于 2020 年发表的《认罪认罚案件量刑建议研究》一文从量刑建议的性质及效力出发，对认罪认罚案件中量刑建议的形成机制、具体形式和调整规则等问题进行了探讨与回应。③ 此外，《法学研究》还刊发了关于公诉权的性质、公诉案卷移送方式等内容的文章。

3. 审判程序

自从 1979 年《刑事诉讼法》开启我国刑事审判的法治化进程以来，我国刑事审判制度经历了不断完善的发展历程。其中第一审程序始终是作用最关键、内容最繁杂、问题最突出以及改革最棘手的，而近年来自上而下推动的以审判为中心的诉讼制度改革，正是围绕第一审普通程序的庭审实质化问题而展开的。学术界对于刑事诉讼第一审程序的方方面面都进行过相关研究，但研究较为集中、争议较大的主要是审判组织、庭前审查程序、庭审程序、量刑程序、缺席审判程序、认罪认罚程序等。

第一，对于庭前审查程序，龙宗智在 1999 年发表的《刑事诉讼庭前审查程序研究》中就提出要秉持相对合理主义观点，分三步渐进式地改革完善庭前审查制度：第一步是在基本维持现有做法的同时，注意移送的证

---

① 参见董坤《认罪认罚从宽中的特殊不起诉》，《法学研究》2019 年第 6 期，第 172 页。
② 参见孙谦《全面依法治国背景下的刑事公诉》，《法学研究》2017 年第 3 期，第 17—19 页。
③ 参见陈卫东《认罪认罚案件量刑建议研究》，《法学研究》2020 年第 5 期，第 158 页。

据材料包括正反两个方面,实行审前讨论会制度;第二步是减少材料移送内容,进行基本的程序审;第三步则是建立预审法官制度,同时贯彻排除预断原则。[1] 2012年《刑事诉讼法》修改时增设了庭前会议程序来促进集中审理的实现,莫湘益发表的《庭前会议:从法理到实证的考察》通过样本分析部分地区的司法机关将庭前会议中的证据异议等同于法庭质证,赋予庭前会议以裁决效力的现象,提出应当在程序法定原则之下保持庭前会议与庭审的平衡。[2]

第二,在2014年党的十八届四中全会提出以审判为中心的诉讼制度改革前,学界对于刑事庭审程序的研究和讨论也是沿着庭审实质化的基本脉络进行的,即实现诉讼证据出示在法庭、案件事实查明在法庭、控辩意见发表在法庭以及裁判结果形成在法庭。例如,姚莉、李力在2001年发表的《刑事审判中的证据引出规则》就提出要对控辩双方确定在法庭上展示的证据材料进行前置性审查,以排除不具有证据能力的证据材料;胡锡庆、张少林发表的《刑事庭审认证规则研究》则认为所有证据都应在法庭上进行公开认定,而我国应当从认证程序规则、认证的证据能力规则、认证的真实性判断规则、无证据价值排除规则等方面来构建庭审认证规则。[3]

第三,推动证人、鉴定人和有专门知识的人出庭作证,是保障被告人及其辩护人有效行使质证权的前提,但长期以来证人、鉴定人出庭难的状况没有明显好转。胡铭在2014年发表的《鉴定人出庭与专家辅助人角色定位之实证研究》中指出,鉴定人出庭率并没有因为2012年《刑事诉讼法》的修改而显著提高,而专家辅助人在法庭上的角色是模糊的,应当在保留职权化和强调中立性的鉴定制度的同时,赋予专家辅助人意见证据能力,构建控辩平等的司法鉴定体系。[4] 张保生和董帅在2020年发表的《中国刑事专家辅助人向专家证人的角色转变》一文中认为专家辅助人的角色应当向专家证人转变,实现鉴定人和专家辅助人诉讼地位的平等,将强加给专家辅助人的不合理的质证职责交还给律师、检察官,以及提高律师、

---

[1] 参见龙宗智《刑事诉讼庭前审查程序研究》,《法学研究》1999年第3期,第58—69页。
[2] 参见莫湘益《庭前会议:从法理到实证的考察》,《法学研究》2014年第3期,第45页。
[3] 参见姚莉、李力《刑事审判中的证据引出规则》,《法学研究》2001年第4期,第94页;胡锡庆、张少林《刑事庭审认证规则研究》,《法学研究》2001年第4期,第121页。
[4] 参见胡铭《鉴定人出庭与专家辅助人角色定位之实证研究》,《法学研究》2014年第4期,第190页。

检察官熟练运用交叉询问规则、对科学证据进行质证的能力。[1]

第四，对于量刑程序改革，最高法等在 2010 年颁布的《关于规范量刑程序若干问题的意见（试行）》（已失效）的核心意旨在于在法庭审理中建立相对独立的量刑程序，以此取代过往将量刑事实的调查放在定罪事实调查过程中顺带解决的做法。对于我国是否有必要建立独立的量刑程序，学术界和实务界都存在争论。陈瑞华于 2010 年发表的《量刑程序改革的模式选择》中就提及确立相对独立的量刑程序在"认罪审理程序"中具有可行性，但在简易程序和普通程序中难以得到适用，甚至可能面临较大的理论争议和现实风险。[2] 而左卫民在《中国量刑程序改革：误区与正道》一文中也认为中国现行量刑制度的根本问题不是程序法问题，而是量刑不均衡和量刑僵化问题，未来的量刑制度改革应以实体性改革为主、以程序性改革为辅，在量刑程序改革方面，不宜大改，可以小改或微调。[3] 此外，学者们还对刑事第一审程序中的缺席审判制度、法院变更公诉以及审判组织表决规则等内容进行了研究。

相较于学界对刑事第一审程序的全面研究，对刑事第二审程序的研究相对较少。只是随着我国刑事第二审程序、死刑复核程序、刑事再审程序暴露出越来越多的问题和弊端，学界才逐渐以审级制度为视角，对我国所有刑事审判程序进行全面考察和系统反思。

一方面，对于刑事第二审程序的研究，陈卫东、李奋飞在 2004 年发表的《刑事二审"发回重审"制度之重构》中揭示了我国刑事第二审程序中的发回重审具有极强的不确定性，且有适用扩大化的趋势，不仅容易导致循环审判和诉讼效率的下降，还忽视了对有关当事人尤其是被告人的权利救济，因而需要对发回重审的理由、次数以及审理方式等内容予以规范限制；[4] 易延友发表的《我国刑事审级制度的建构与反思》则提出我国第一审程序在吸收不满、保障裁判的正当性方面存在着先天的不足，而第二审程序在司法实践中表现为裁判的终局性几乎不成问题，但裁判的正当性主

---

[1] 参见张保生、董帅《中国刑事专家辅助人向专家证人的角色转变》，《法学研究》2020 年第 3 期，第 160 页。
[2] 参见陈瑞华《量刑程序改革的模式选择》，《法学研究》2010 年第 1 期，第 126 页。
[3] 参见左卫民《中国量刑程序改革：误区与正道》，《法学研究》2010 年第 4 期，第 149 页。
[4] 参见陈卫东、李奋飞《刑事二审"发回重审"制度之重构》，《法学研究》2004 年第 1 期，第 115—132 页。

要来源于实体的正确性,应当对第二审程序加以完善,并在完善再审制度的基础上赋予当事人更多的上诉机会,从而使终局的裁判更加具有正当性。① 而近些年,在"案多人少"矛盾日益突出、犯罪圈和刑罚结构不断调整、刑事诉讼体系多元化发展的背景下,学界也开始检视上诉制度以回应刑事司法领域的深刻变革,比如牟绿叶于2020年发表的《我国刑事上诉制度多元化的建构路径——以认罪认罚案件为切入点》中就提及在我国部分认罪认罚案件中,确立裁量型上诉和上诉理由审核制具有正当性和必要性,我国应综合考虑案件类型、刑罚轻重、认罪与否、第一审程序等因素以及第二审程序的价值取向和功能预期,探索构建二元或多元上诉结构,在上诉阶段进一步推进案件繁简分流和司法资源优化配置。②

另一方面,基于诉讼理念的差异,我国的审判监督程序与国外类似制度存在较大差别,在实际运作中也产生了诸如当事人申诉难、程序终局性弱、被告人的权利不能得到充分保障等现实问题。对此,王敏远和徐益初分别撰写文章对刑事申诉制度进行系统研究,针对申诉的性质、主体、管辖、期限和审查程序等问题提出完善意见。③ 对于提起再审的理由,韩阳在2005年发表的《刑事再审理由探析》一文中提出,我国应当明确区分有利于被告人的再审理由和不利于被告人的再审理由,对于有利于被告人的再审理由,应从实体和程序两方面分别进行规定;对于不利于被告人的再审,只能以程序上的重大瑕疵为由提起,以限制再审作不利于被告人的变更,体现再审程序的救济性。④

此外,自1996年以来,我国《刑事诉讼法》开始确立简易审判程序,试图使那些被告人认罪的轻微刑事案件得到快速审理。陈卫东、李洪江在1998年发表的《正当程序的简易化与简易程序的正当化》一文中描述近现代刑事诉讼中大量的简单轻微案件通过简易程序得到迅速而公正的处理,这成为现代刑事诉讼的发展趋势;而简易程序的正当化则意在表明,简易程序并不等于单纯的简单程序,它有着严格的适用范围、严密的适用条件

---

① 参见易延友《我国刑事审级制度的建构与反思》,《法学研究》2009年第3期,第59页。
② 参见牟绿叶《我国刑事上诉制度多元化的建构路径——以认罪认罚案件为切入点》,《法学研究》2020年第2期,第108页。
③ 参见王敏远《我国刑事申诉制度探析》,《法学研究》1990年第6期,第40—46页;徐益初《论刑事申诉》,《法学研究》1992年第2期,第23—29页。
④ 参见韩阳《刑事再审理由探析》,《法学研究》2005年第3期,第88页。

和保障制度,是科学合理的刑事诉讼程序。[1] 2016 年,在刑事速裁程序试点工作结束之后,全国人大常委会又授权最高法、最高检进行为期两年的认罪认罚从宽制度的试点工作。2018 年立法机关修正《刑事诉讼法》,吸收认罪认罚从宽制度改革试点的成果,并将认罪认罚从宽确立为一项刑事诉讼基本原则,由此引发学界对于该项制度的热烈讨论。左卫民、欧卫安、孙长永、郭松、董坤、陈卫东、汪海燕以及王新清等学者自 2017 年起在《法学研究》上发文,围绕认罪认罚从宽制度的属性、被告人答辩制度、证明标准、被告人权利处分机制、特殊不起诉、量刑建议以及撤回认罪认罚等具体程序规则进行深入探讨,以此来完善我国认罪认罚从宽制度,促进实现司法资源的合理配置。[2]

(三) 证据论研究概述

关于刑事证据的基本问题,早期学术界讨论较为集中的是刑事证据的概念、属性等基础理论问题,但随着控辩式诉讼机制的引进和刑事诉讼中人权保护观念的强化,学者们日益关注刑事证据的种类和分类、刑事证据规则、刑事证明责任、刑事证明标准等具体范畴。其中,汪建成、孙远于 2003 年发表的《刑事证据立法方向的转变》中指出,中国刑事证据立法应当实现以下几个方面的转变:从对证据证明力的关注转向对证据能力的关注;从客观真实观转向法律真实观;从一元价值观转向多元价值观;从侦查中心主义转向审判中心主义;从形式上的对抗制转向实质上的对抗制;从中国走向世界。[3] 此外,考虑到目前制定统一证据法典的条件还不成熟,证据法规范散布在诉讼法典或其他法典之中,只有维系我国现有的证据立法体系,在原来三大诉讼法的有关证据制度的基础上加以细化、补充,才

---

[1] 参见陈卫东、李洪江《正当程序的简易化与简易程序的正当化》,《法学研究》1998 年第 2 期,第 111 页。

[2] 参见左卫民《认罪认罚何以从宽:误区与正解——反思效率优先的改革主张》,《法学研究》2017 年第 3 期;欧卫安《刑事被告人答辩制度之构建》,《法学研究》2017 年第 6 期;孙长永《认罪认罚案件的证明标准》,《法学研究》2018 年第 1 期;郭松《被追诉人的权利处分:基础规范与制度构建》,《法学研究》2019 年第 1 期;董坤《认罪认罚从宽中的特殊不起诉》,《法学研究》2019 年第 6 期;陈卫东《认罪认罚案件量刑建议研究》,《法学研究》2020 年第 5 期;汪海燕《被追诉人认罪认罚的撤回》,《法学研究》2020 年第 5 期;王新清《合意式刑事诉讼论》,《法学研究》2020 年第 6 期。

[3] 参见汪建成、孙远《刑事证据立法方向的转变》,《法学研究》2003 年第 5 期,第 24 页。

符合我国的立法体制和立法惯例。

第一，刑事证据的种类和分类是法律上和学理上对证据进行的分类，也是我国学界比较关注的传统问题。近年来，随着新问题的不断出现，学术界对法定证据种类、电子证据、视听资料、鉴定意见等问题展开了较为深入的研究。对于我国证据种类的法定划分方式，龙宗智于2005年发表的《证据分类制度及其改革》中就明确指出我国证据分类制度倾向于细致具体的分类方式，具有某种形式主义倾向，构筑了封闭性的分类体系，他建议在证据分类制度改革中将"鉴定结论"改为"鉴定结论与鉴定人陈述"，同时将"证人证言"扩大解释为包括普通证人证言与专家证人证言两种类型，在保留视听资料分类的同时将计算机资料划出。[1] 2012年修改的《刑事诉讼法》基本上采取了上述改革思路，将"鉴定结论"改称"鉴定意见"，并增加辨认、侦查实验笔录和电子数据等法定证据种类。

此外，随着电子数据在刑事司法实践中的广泛存在，构建满足互联网时代需求的电子数据审查判断规则提上日程。对此，褚福民发表的《电子证据真实性的三个层面——以刑事诉讼为例的分析》一文从电子证据载体、电子证据以及电子证据内容的真实性三个层面出发，认为需要明确审查顺序，针对不同层面建立系统、明确的审查规则，实现技术措施与程序规则的有效配置与衔接，并确保电子证据在庭审中通过直接言词的方式进行质证；[2] 胡铭在2019年发表的《电子数据在刑事证据体系中的定位与审查判断规则——基于网络假货犯罪案件裁判文书的分析》一文中通过分析裁判文书发现相关审查判断规则主要围绕电子数据的真实性展开，电子数据鉴定未能发挥预期作用，专家辅助人制度尚处于初级发展阶段，应在广义电子数据的基础上，在真实性与正当程序保障的价值权衡中构建电子数据审查判断规则。[3] 2021年《最高人民法院关于适用〈中华人民共和国刑事诉讼法〉的解释》确认了专门性问题报告和事故调查报告的证据地位，由此我国解决专门性问题的基本格局逐渐演变为以鉴定意见为主、多元化

---

[1] 参见龙宗智《证据分类制度及其改革》，《法学研究》2005年第5期，第86页。
[2] 参见褚福民《电子证据真实性的三个层面——以刑事诉讼为例的分析》，《法学研究》2018年第4期，第121页。
[3] 参见胡铭《电子数据在刑事证据体系中的定位与审查判断规则——基于网络假货犯罪案件裁判文书的分析》，《法学研究》2019年第2期，第172页。

证据形式并存。对于专门性证据的审查判断规则，吴洪淇在《刑事诉讼专门性证据的扩张与规制》一文中指出，现有规制框架存在参照模式定位不清、合法性不足、以鉴定意见为中心的审查框架与新证据类型之间潜藏诸多冲突等一系列问题，应针对专门性证据构建一个更具包容性的实质审查框架，在专门人员资质、专门性知识和专门性推理过程等方面进一步加强审查。①

第二，证据规则主要是关于在诉讼过程中如何取证、举证、质证和认证的法律规范和准则，是证据制度的核心组成部分，因而学界对于刑事证据规则的研究一直持续。其中，基于非法证据排除规则的重要价值以及司法实践中屡禁不止的非法取证现象，理论界对于修改和完善非法证据排除规则达成共识，但对于如何构建具有中国特色的非法证据排除规则存在较大分歧。陈卫东、刘中琦于 2008 年发表的《我国非法证据排除程序分析与建构》中尝试探索建构非法证据排除的具体程序，结合域外经验来设计关于非法证据排除的动议的提出主体、提出时间、提出方式、排除庭审的性质、运作模式、规则以及证明等机制。② 之后，2010 年初次确立非法证据排除规则，2012 年《刑事诉讼法》颁布实施，2012 年底对非法证据排除程序作适度调整。陈瑞华在掌握非法证据排除规则的文本形态和实践状况后，于 2014 年发表的《非法证据排除程序再讨论》中从程序性裁判理论入手分析，认为非法证据排除程序的初步审查要求被告方承担初步的证明责任，具有过滤不必要的程序性裁判的功能；提出将正式调查作为法院的程序性听证程序，并由公诉方承担证明侦查行为合法性的责任，且证明要达到最高的证明标准。③ 此外，2010 年《关于办理死刑案件审查判断证据若干问题的规定》、《关于办理刑事案件排除非法证据若干问题的规定》颁布实施，对于实物证据的来源和收集提取过程作出具体详尽的规定，以此为判断实物证据真实性的审查方法。对此，陈瑞华于 2011 年发表的《实物证据的鉴真问题》中指出，我国刑事证据规定尽管确立了"保管链

---

① 参见吴洪淇《刑事诉讼专门性证据的扩张与规制》，《法学研究》2022 年第 4 期，第 168 页。
② 参见陈卫东、刘中琦《我国非法证据排除程序分析与建构》，《法学研究》2008 年第 6 期，第 127 页。
③ 参见陈瑞华《非法证据排除程序再讨论》，《法学研究》2014 年第 2 期，第 166 页。

条的证明"的鉴真方法,但强调对各种笔录类证据的形式审查,与直接和言词原则相违背,仍需在刑事审判方式改革、侦诉关系改革、规范法官自由裁量权和有效实施排除规则等方面作出进一步的努力。① 而陈永生发表的《证据保管链制度研究》指出,我国刑诉法只要求对证据的收集进行记录,而不要求对证据的运输、保管、鉴定等也进行记录,更不要求接触证据的人员出庭作证,这对保障实物证据的证明力极为不利,需要借鉴域外经验,建立系统的证据保管链制度。②

我国有关刑事证据的规定在确立非法证据排除规则之时,刻意模糊了对通过威胁、引诱和欺骗取得的自白的排除态度,忽视了另一项非常重要的证据规则——自白任意性规则,从而引发了学界对自白规则的深入研究。张建伟在2012年发表的《自白任意性规则的法律价值》中认为自白任意性被忽视,主要归因于过分倚重口供的司法惯性,正当程序观念没有得到普遍认同,对秩序的偏重则是更为深层的原因,而认同自白任意性规则的法律价值,不仅能为查明案件事实提供保障,更是保障刑事司法最终摆脱纠问式特征之所必需。③ 对于供述自愿性的保障机制,马静华在发表的《供述自愿性的权力保障模式》中认为,以沉默权、律师在场权以及自白规则为代表的权利保障模式未能在我国立法中得到充分体现,而在审讯时间、审讯空间和主体、审讯工具方面规制侦查讯问的权力保障模式较为突出,但未来保障供述自愿性的理想模式应当是权利保障机制与权力制衡机制的有机结合。④

第三,证明论是证据法学的重要组成部分,其中涉及证明主体、证明对象、证明责任和证明标准等一系列重大证据理论问题,学界也围绕刑事证明制度展开了深入而持久的讨论,取得了丰硕的成果。其中以2000年后法律真实与客观真实的论战为标志,我国学界对证明标准的讨论一直未有间断。宋世杰、彭海青于2001年发表的《刑事诉讼的双重证明标准》将客观真实和法律真实分别以实体证明标准和程序证明标准来指称,并且比较、分析两者,探讨其运行,提出客观真实的发现需要通过逐步落实侦查

---

① 参见陈瑞华《实物证据的鉴真问题》,《法学研究》2011年第5期,第127—141页。
② 参见陈永生《证据保管链制度研究》,《法学研究》2014年第5期,第175页。
③ 参见张建伟《自白任意性规则的法律价值》,《法学研究》2012年第6期,第164页。
④ 参见马静华《供述自愿性的权力保障模式》,《法学研究》2013年第3期,第158页。

阶段、起诉阶段和审判阶段的程序证明标准来实现。① 裴苍龄于 2010 年发表的《论证明标准》则提出证明标准不能构筑在盖然性的基础上，它是真实的样板，但学者们推崇的客观真实无法构成证明标准，即司法证明的高标准是实质真实，低标准是形式真实。② 2012 年修改《刑事诉讼法》时，为便于办案人员把握证明标准，立法机关增加了一款解释性规定，细化了"证据确实、充分"的判断标准。之后，熊晓彪延续对刑事证明标准的讨论，在《刑事证据标准与证明标准之异同》一文中明晰证据标准（对案件证据的审查判断）和证明标准（对案件事实的综合评价）在具体内容、是否依存于特定诉讼构造、审查判断主体和评价方式、功能及法律效果等方面的差异，提出在以审判为中心的刑事诉讼制度改革背景下统一证据标准是切实可行的，但统一证明标准是不可能真正实现的，应当构建二元化刑事证明标准评价模式。③

四　结语

回顾 1979 年《刑事诉讼法》实施以来刑事诉讼法学研究 40 余年的发展历程，不难发现：一方面，在刑事诉讼法律规范体系逐步健全的前提下，刑事诉讼理论研究不断深化；另一方面，刑事诉讼理论研究推动了刑事诉讼制度和诉讼程序的不断完善，"努力让人民群众在每一个司法案件中感受到公平正义"的改革目标正在逐步得到实现。当然，在充分肯定我国刑事诉讼法治建设成就的同时，也应当清醒地认识到我国刑事诉讼中的国家权力配置尚不够科学，被追诉人享有的诉讼权利相对较少、诉讼地位偏低，以及对专门机关侵犯被追诉人及其辩护律师诉讼权利的行为缺乏有效的诉讼救济机制这些相对棘手的问题尚未得到解决，仍需理论界与实务界携手共破难题。

尽管《法学研究》所刊发的文章具有较强的代表性，可以从中窥见我国刑事诉讼法修改与完善的基本轨迹，但是，仅以《法学研究》所刊发的

---

① 参见宋世杰、彭海青《刑事诉讼的双重证明标准》，《法学研究》2001 年第 1 期，第 76—84 页。
② 参见裴苍龄《论证明标准》，《法学研究》2010 年第 3 期，第 71—81 页。
③ 参见熊晓彪《刑事证据标准与证明标准之异同》，《法学研究》2019 年第 4 期，第 191 页。

文章为主线来梳理我国刑事诉讼法的修改与完善历程，在文献上当然是存在缺憾的。笔者虽然尽量补充并参考了其他涉及刑事诉讼法修改与完善的论文，但遗漏在所难免，这也影响了本导言或难以成为一个全面的学术综述。但需要指出的是，导言本身旨在提示全书的主要内容，因而是按照正文的专题排列顺序来简要介绍的。本书正文共分为刑事诉讼基本原则、刑事诉讼基本范畴、刑事诉讼总论、刑事诉讼程序论和刑事诉讼证据论五编，尽量挑选具有代表性的论文汇编成册，将其中所包含的思想智慧和远见卓识集中展现，以飨读者！

第一编 刑事诉讼基本原则

应当批判地继承无罪推定原则[*]

陈光中[**]

摘　要：有罪推定原则是封建专制、野蛮统治在诉讼上的表现，是人民没有人身权利保障在法律上的反映，是主观唯心主义的东西，必须彻底予以摒弃。无罪推定原则主张，被告人在被法院确定有罪之前，应推定为无罪的人。这在实践中或法律上都存在矛盾，并不科学。因此，应当认为"任何人在被法院宣判有罪以前，不能被认为是犯罪的人；被告人在被证明有罪之前，应当推定为无罪"。只有批判地吸收无罪推定原则，才能加强社会主义民主和法制建设，才能使冤假错案减少到最低限度，使其危害减轻到最小程度。

关键词：有罪推定　无罪推定　被告人

关于无罪推定原则是否适用于我国刑事诉讼的问题，目前法学界正在展开讨论。有的同志认为无罪推定"是唯物主义在诉讼法中的反映"，"无产阶级专政的国家，应该在诉讼过程中，运用无罪推定原则"；有的同志持相反意见，认为无罪推定原则"内容是反动的，形式是不科学的，对无产阶级来说，它是内容和形式都不能用的糟粕"；也有同志认为"对无罪推定、有罪推定原则，不能不加分析地予以排斥和抛弃，对于它们有利于无产阶级的一面可以汲取"。以上三种看法，我认为都有值得商榷之处。

---

[*]　本文原载于《法学研究》1980 年第 4 期。
[**]　陈光中，中国政法大学诉讼法学研究院终身教授。

我的看法是必须彻底摒弃有罪推定原则；无罪推定原则既包含合理的内容，又存在不科学的东西，社会主义刑事诉讼应当取其精华，去其糟粕，批判地加以继承和适用。现论述理由如下。

在中世纪的封建刑事诉讼中，实行有罪推定原则。这主要表现在一个人一旦被控犯罪，就被先入为主地看成犯罪者，因而受到严刑拷问，被强迫承认自己有罪。而且对犯罪证据不足的"嫌疑犯"，也推定其有罪而加以惩罚。例如神圣罗马帝国16世纪颁布的《卡罗琳娜法典》第31条规定，"假如某人被怀疑对他人有背叛行为，而嫌疑犯被发觉在后者之面前躲躲闪闪，形迹可疑；同时，前者又是可能犯这类罪的人时，那么这就是足以适用刑讯的证据"。在当时的德国、法国等封建专制国家里，法院的刑事判决分为有罪判决、无罪判决和存疑判决三种。存疑判决实际上是变相的有罪判决。在我国古代的封建专制时期，同样实行有罪推定制度。如《唐律》规定"诸疑罪，各依所犯，以赎论"；注云"疑，谓虚实之证等，是非之理均。或事涉疑似，傍无证见；或傍有闻证，事非疑似之类"；疏议曰"疑罪，谓事有疑似，处断难明"。[①] 对于这种证据不足、"处断难明"的"疑罪"，仍然处以所犯之刑，只不过允许以铜赎刑，表示从轻而已，这正是有罪推定的典型表现。

显而易见，有罪推定是封建专横、野蛮统治在诉讼上的表现，是人民没有人身权利保障在法律上的反映，是主观唯心主义的东西。它早已被资本主义法制所摒弃（当然资产阶级不可能彻底抛弃它），更与我国社会主义法制水火不容。"四人帮"横行时期，大搞封建法西斯专政，大搞有罪推定、导致出现了不少冤、假、错案。血的教训告诉我们：社会主义刑事诉讼必须彻底摒弃有罪推定，而绝不能对之有所汲取。汲取有罪推定，就意味着践踏民主、破坏法制，意味着复活封建主义。至于在侦查、审判案件中，要全面客观，既要注意被告人无罪的情况，又要注意被告人有罪的情况，这绝不是对有罪推定有所汲取的表现。恰恰相反，这只有在否定有罪推定的条件下才有可能做到。

体现资产阶级诉讼民主的无罪推定原则，比起封建的有罪推定原则，无疑是一大进步。但是对于我们社会主义的刑事诉讼法，是否适用和怎样

[①] 《唐律疏议》卷30《断狱上》，"疑罪"条。

适用此项原则，却要作具体分析。这里，我们有必要从资产阶级国家立法对无罪推定原则的表述入手来进行探讨。

资产阶级国家的立法对无罪推定原则的表述是不尽相同的。最早从法律上确认无罪推定原则的1789年法国《人权宣言》规定，"任何人在其未被宣告为犯罪以前，应当被假定为无罪"（第9条）。假定即推定，来自拉丁文 Praesumptio。这里的宣告当指法院的宣告，即判决。后来其他资产阶级国家的立法也有作类似规定的。1948年联合国大会通过的《世界人权宣言》第11条第1款也规定："被告人在未经获得辩护上所需的一切保证的公开审判而依法证实其有罪以前，有权被视为无罪。"可见，无罪推定原则的一种表述是：被告人在被法院确定有罪以前，应推定为无罪的人。

我以为，无罪推定的这种表述，不论是在实践中还是在法律上都存在着矛盾，是不科学的。众所周知，所谓被告人，在刑事案件中就是被控诉为犯罪的人。在资本主义国家刑事诉讼中，较重的刑事案件的控诉，是由检察或警察机关来执行的。当检察或警察机关对被告人向法院起诉时，自然有根据认为被告人犯罪，否则就不起诉了，而且有的被告人已经被逮捕在押。逮捕、起诉都是国家机关所采取的具有法律意义的措施，它们虽然不同于判决，不能正式确定一个人犯罪，但毕竟在法律上已把一个人从清白无辜的状态转变到可能犯罪的嫌疑状态。否则，为什么要对他进行逮捕、起诉呢？这说明把判决有罪前的被告人推定或视为无罪的说法，是一种不真实的虚夸说法，是资产阶级法律虚伪性的一种表现。

根据我国《刑事诉讼法》所规定的诉讼程序，一个案件在审判以前，已经过立案、侦查、提起公诉等程序。在这些诉讼程序中，公安、检察机关为查明案情、确定被告人是否犯罪进行了大量工作，并得出了自己的认识结论。我国《刑事诉讼法》第40条规定，逮捕的适用对象必须是"主要犯罪事实已经查清，可能判处徒刑以上刑罚"的人犯；第100条规定，提起公诉，必须是"人民检察院认为被告人的犯罪事实已经查清，证据确实、充分，依法应当追究刑事责任的"。因此，在正常情况下，依法被逮捕和被起诉的犯罪嫌疑人，大多数是会被法院判为有罪并处以刑罚的。最高人民检察院检察长黄火青同志，在五届全国人大常委会第十四次会议全体会议上所作的《关于实施刑事诉讼法的基本情况和意见的报告》指出："总的看，批捕的情况还是准确的。""经过预审、起诉、审判几道程序的检验和复查，准确率达到百分之九十五以上。"可见，在我国，把正在受审判的被告人推定为无罪的说法，不符合刑事诉讼发展进程的实际情况，也与我国有关法律条文相矛盾，容易造成办案人员思想上的混乱，不利于实现刑事诉讼的任务。我国《刑事诉讼法》不作这样的规定，是完全正确的。

但是，在资产阶级国家的诉讼立法和理论上，无罪推定原则还有不同于上面的另一种表达方式：任何人未经法院审判，不得被认为是犯罪的人。最早提出无罪推定思想的18世纪意大利著名启蒙法学家贝卡利亚，就是这样表述的。他在《论犯罪与刑罚》一书中说："在没有作出有罪判决以前，任何人都不能称为罪犯。"意大利1947年《宪法》第27条也作了类似规定："被告人在最终定罪之前，不得被认为有罪。"这种表述方式也见于苏联的法律文件中。1946年苏联最高法院全体会决议曾指出："被告人在他的罪过未经根据法定的程序加以证明以前，不得被认为是犯罪人。"[①] 1958年公布的《苏联和各加盟共和国刑事诉讼立法纲要》则规定，"非经法院判决，任何人不能被认定为犯罪人并受到刑事惩罚"（第7条）。我认为这样表述只是指出不得把被告人当作犯罪人，而没有把被告人假定为无罪人。应当说，这是符合实际的，法律上也是合乎逻辑的。因为在现代文明国家里，审判权都是由法院来行使的，没有法院的判决，任何人当然不能被认为是犯罪的人。

只有法院才能代表国家行使审判权，这同样是我国社会主义法制的一项重要要求。我国《宪法》、《人民法院组织法》都规定：人民法院是国家的审判机关。我国《刑事诉讼法》第3条规定公安机关行使侦查、拘留、预审权，人民检察院行使批准逮捕和检察（包括侦查）、提起公诉权，人民法院行使审判权，并指出："其他任何机关、团体和个人都无权行使这些权力。"因此，在我国，未经法院判决有罪，任何人同样不得被称为犯罪人。这里，我们必须把事实上的犯罪人与法律上确认的犯罪人加以区别。例如某人杀人，当场被捕获，事实上他是杀人犯，这已肯定无疑，但

---

① 切里佐夫在《苏维埃刑事诉讼》（原著于1951年出版）中引用了苏联最高法院全体会决议，指出"苏联最高法院所提出的这一原理就是苏维埃刑事诉讼中无罪推定原则的内容"，参见〔苏〕切里佐夫《苏维埃刑事诉讼》（中译本），中国人民大学刑法教研室译，法律出版社，1955，第209页。

是尚未经过法院判决确定有罪以前，他在法律上仍只是被告人，而非罪犯。随便把被逮捕的人或被起诉的人称为罪犯，用个人的认识或社会上群众的公认代替法律上的正式认定，是法制观念薄弱的表现。

无罪推定原则在资产阶级国家的诉讼理论或立法上还有第三种表述：任何人在被证明有罪以前，应当推定为无罪。如英国的不成文法诉讼规则强调："每个人在未经证实犯罪之前，是推定为无罪的。"① 1966年制定、1976年生效的"联合国人权公约"之《公民及政治权利国际公约》第14条第2款也规定："被告人未经依法确定有罪以前，应假定其为无罪。"这种表述，溯其渊源，是古罗马法中"一切主张在未证明前推定其不成立"这一公式在刑事诉讼中的运用。它不同于第一种表述，没有要求把法院判决有罪之前的被告人看成无罪的人。它所强调的是对被告人所控的罪行，必须有充分的证明。不能证明被告人有罪，被告人就是无罪的，这就是问题的实质。因此，它适用于侦查、起诉、审判等一切诉讼阶段。而且由此而必然引申出以下规则：对被告人有罪的证明存在合理怀疑（reasonable doubt）时，应作有利于被告人的推定（或解释）。如美国纽约州《刑事诉讼法典》第383条规定："如果对被告人罪行的充分证明有合理怀疑时，被告人有权请求释放。"苏联诉讼证据理论也认为"法院应当根据案件的材料，从有利被告人方面来解释一切怀疑"。② 所谓从有利被告人方面来解释，是指：第一，被告人有罪无罪难以确定时，应推定被告人为无罪；第二，被告人罪重罪轻难以确定时，应推定为罪轻。如被告人被控犯数种罪行，有的已确证无疑，有的存在怀疑，那么，后者就不能作为定罪量刑的根据；又如被告人是故意或过失难以确定，就以过失处理。

我认为，不能证明被告人有罪，就应推定其为无罪，以及对不能排除的疑难案情作有利于被告方面解释的原则，同样可适用于我国刑事诉讼，而且具有现实意义。从公、检、法三机关办案的实际情况来看，一个刑事案件侦查或审理结果，如果肯定无疑地查明了被告人是有罪或无罪，处理起来就比较简单；如果是一桩有罪证据不充分而又不能排除犯罪可能的疑

---

① 〔英〕靳克斯：《英国法》，张季忻译，世界书局，1939，第81页；又见〔英〕约翰·欧文《英国的法院、律师和警察》（译文），《世界之窗》1979年第1期。
② 〔苏〕切里佐夫：《苏维埃刑事诉讼》（中译本），中国人民大学刑法教研室译，法律出版社，1955，第209页。

案，问题就比较复杂了。在"四人帮"横行时期，许多案件查不清就挂起来，一些人被逮捕关在监狱里，长期不处理，被关押的期限甚至超过了法定刑期。粉碎"四人帮"后，社会主义法制加强了，各地对疑案进行了清理。但是有的办案人员总觉得对被告人定罪的证据不足，无罪释放又不放心，因此在处理上就采取"留尾巴"的办法。这种做法实际上仍使被释放者长期处于"嫌疑犯"或"准犯人"的地位，不能真正充分享受公民的一切权利。

有的同志可能认为，"挂起来"或"留尾巴"的做法是实事求是的、无可非议的。这里涉及实事求是与无罪推定的关系问题，需要作进一步的分析。实事求是从刑事诉讼来说，就是要求办案人员的主观认识符合案件的客观事实。贯彻实事求是，就是要查清被告人是否实施了犯罪，如果查不清而成了疑案，说明办案人员对此案没有达到"求是"的要求，换言之，"挂起来"本身并不是什么真正的实事求是。由于有的案件案情错综复杂，一时难以查清，甚至长期查不清，这在司法实践中是屡见不鲜的现象。无罪推定就是针对这种疑案所作的有利于被告人的法律推定。法律推定只是一种法律上的处理方法，并不一定与实际符合（民事诉讼中的推定有时也是如此）。推定被告人为无罪，有可能最后证明他是个犯罪分子。但我们是实行社会主义民主的无产阶级专政国家，要求在打击敌人过程中谨防误伤好人。我们力求做到不枉不纵，但有时在一个案件中难以达到这要求时，则权衡利弊，从宽处理，即从有利于被告方面来处理，比较好一些。因为这样做比较稳妥谨慎，比较主动；出了问题也容易补救。古人说"与其杀不辜，宁失不经"（《左传·襄公二十六年》，这话意思是说与其杀了无罪的人，宁可违反常规的法律），这话是有道理的。我们党在处理两类不同性质的矛盾时有一项原则，即敌我矛盾或人民内部矛盾分不清时，先按人民内部矛盾处理。疑罪从有利于被告人方面解释的规则，是符合党的政策精神的。

刑事诉讼是对立统一的活动，一方面必须有力地揭露犯罪，打击犯罪；另一方面要有效地保障无罪的人不受刑事法律追究。我国刑事诉讼的原则和种种措施，往往有意地设置两个对立面而又使之浑然统一于刑事诉讼。如对被告人采取种种强制措施、提起公诉等，这是着重于对犯罪展开斗争的方面；而被告人有辩护权及上诉权等，这是着重于防止无罪受罚或轻罪重罚方面。批判地继承无罪推定原则，是属于后一方面的。我们应当确认：第一，任何人在被法院宣判有罪以前，不能被认为是犯罪的人；第二，被告人在被证明有罪之前，应当推定为无罪，即不能证明被告人有罪，被告人就是无罪。只有这样，我们才能切实保证侦查、审判人员客观全面地搜集各种证据，保障被告人行使辩护权，保证对被告人的有罪判断建立在证据确实、不可推翻的基础上，保证正确地惩罚犯罪分子，保证无罪的公民不受刑事惩罚。因此，批判地吸收无罪推定原则，是加强社会主义民主和法制建设所必不可少的，是有助于使冤、假、错案减少到最低限度，使它的危害减轻到最小程度的一项措施。特别是我国还存在封建主义的残余，在司法实践中，有罪推定的影响到处可见，这更显得批判继承无罪推定原则有现实意义。

列宁在谈到资产阶级议会时，指出无产阶级国家"无比深入地和广泛地发展了标志着资产阶级民主比中世纪有伟大历史进步性的那一面"，同时"也摒弃了资产阶级民主消极的一面"。[①] 列宁这里所讲的"发展"资产阶级民主的"进步性的那一面"，"摒弃"其"消极的一面"，显然就是指对资产阶级民主的批判继承，我认为这也完全适用于无罪推定原则。

---

① 《列宁全集》第 29 卷，人民出版社，1956，第 86 页。

从"应当如实回答"到"不得强迫自证其罪"[*]

樊崇义[**]

摘　要：我国现行《刑事诉讼法》规定了犯罪嫌疑人"应当如实回答"的义务，使其在刑事诉讼中陷入极为不利的境地。从承认和尊重犯罪嫌疑人、被告人诉讼主体地位和诉讼权利的角度出发，有必要在《刑事诉讼法》中确立"不得强迫自证其罪"原则。该原则的确立将促使现有的刑事诉讼结构转向以平等对抗为基础的当事人主义，并为"口供本位"转向"物证本位"、"由供到证"转向"由证到供"的侦查模式改革提供契机，此外，还有助于进一步完善和发展我国刑事证据制度。

关键词：不得强迫自证其罪　人权保障　诉讼结构　侦查模式

我国《刑事诉讼法》的再修改正在进行。再修改的讨论中关于是否增加规定"不得强迫自证其罪"（nemo tenetur seipsum prodere），即"不得强迫任何人证明自己有罪或者作不利于自己的陈述"，人们争议最大，看法不一。不过多数人认为，根据我国民主与法治的进程，增加规定"不得强迫自证其罪"的条件已经成熟。笔者认为，"不得强迫自证其罪"一旦进入刑诉法典，我国《刑事诉讼法》第93条关于"犯罪嫌疑人对侦查人员的提问，应当如实回答"的规定即应予废除。这一立一废，必将对我国刑

---

[*]　本文原载于《法学研究》2008年第2期。
[**]　樊崇义，中国政法大学教授。

事法治产生极其深刻的影响，它不仅意味着我国刑事诉讼将真正实现从传统向现代转型，也预示着我国刑事诉讼制度与刑事司法国际准则之间的差距将大大缩小。

一 关于"应当如实回答"

所谓"应当如实回答"，按照通常理解，"就是实事求是地回答，是就是，非就非，既不无中生有，又不避重就轻；既不夸大其词，也不故意缩小"。[①] 学界往往又将之称作"如实陈述义务"。对于这一义务，1979年《刑事诉讼法》第64条作了明确规定，即"被告人对侦查人员的提问，应当如实回答"。根据这一规定，对于侦查人员的讯问，被告人负有如实陈述义务，而不能保持沉默、拒绝陈述或者作虚假陈述。1996年修正的《刑事诉讼法》为明确被刑事追诉者的诉讼地位，科学地区分了"犯罪嫌疑人"和"被告人"，在第93条中将原《刑事诉讼法》第64条中的"被告人"改为"犯罪嫌疑人"，其他内容没作任何变化，即"犯罪嫌疑人对侦查人员的提问，应当如实回答"。虽然如此，但无论是理论界还是实务部门，都认为这一要求当然地适用于检察人员、审判人员对犯罪嫌疑人、被告人的讯问，即"在起诉、审判阶段，被告人对检察、审判人员的讯问，也应当如实回答"。[②]

不过，对于1996年《刑事诉讼法》第93条的规定，理论上还有另外一种理解，即"如实回答"只是否定了犯罪嫌疑人撒谎的权利，立法文本的含义并不是说犯罪嫌疑人负有"如实陈述义务"。因为《刑事诉讼法》第93条关于讯问犯罪嫌疑人的程序分为两个部分：第一是"讯问犯罪嫌疑人是否有犯罪行为，让他陈述有罪的情节或者无罪的辩解"；第二是"向他提出问题"，紧接着是"犯罪嫌疑人对侦查人员的提问，应当如实回答"。据此，只有在犯罪嫌疑人已经"陈述有罪的情节或者无罪的辩解"的基础上，立法才要求犯罪嫌疑人如实回答。[③] 也就是说，犯罪嫌疑人的

[①] 陈光中主编《刑事诉讼法学（新编）》，中国政法大学出版社，1996，第287页。
[②] 蔡墩铭主编《两岸比较刑事诉讼法》，五南图书出版公司，1996，第101页。
[③] 参见樊崇义主编《刑事诉讼法实施问题与对策研究》，中国人民公安大学出版社，2001，第343页，注①。

"如实陈述义务",是以他陈述了有罪的情节或无罪的辩解为前提的。或者说,如果犯罪嫌疑人对于侦查人员的提问已经作了有罪的陈述或者无罪的辩解,他就要负"如实陈述义务"。

笔者认为,这种理解是有一定道理的。立法规定犯罪嫌疑人对侦查人员的提问,应当"如实"回答,而不是"应当"回答,这就意味着,对侦查人员的提问,犯罪嫌疑人有选择回答与否的权利,但如果他选择了回答,即"陈述有罪的情节或者无罪的辩解",此时他就负有"如实"回答的义务。如果作如此解释,就等于赋予了犯罪嫌疑人沉默权。很显然,立法的原意不是这样的。立法的原意是:对侦查人员的提问,犯罪嫌疑人不仅都要回答,而且必须如实回答。也就是说,《刑事诉讼法》第93条在规定"如实陈述义务"的同时,也否定了犯罪嫌疑人的沉默权以及作虚假陈述的权利。

按照"如实陈述义务"的要求,有罪的犯罪嫌疑人、被告人需向公安司法人员提供自己能够提供的证据或者证据线索,并要如实供认自己的罪行。这在实践中使他们陷入了极为不利的境地,并给刑事诉讼实务至少造成了以下两个方面的恶劣影响。

一方面,出现了过于倚重口供的倾向。犯罪嫌疑人、被告人的陈述通常有两大作用:一是引导作用,二是印证作用。公安机关往往看重口供的引导作用,以便发现新的证据线索或者新的事实情况;检察机关和审判机关则主要侧重于口供的印证作用,以便在审核认定证据时与案件中的其他证据相互印证,从而确认案件事实。[1] 正是口供的特殊作用,导致实践中过于倚重口供。而立法关于"如实陈述义务"的规定,则为公安司法人员取得口供提供了法律依据,立法与实践的这种相互作用,加剧了公安司法人员对口供的依赖。

另一方面,导致了刑讯逼供的发生。虽然我国《刑事诉讼法》严禁刑讯逼供,但在实践中,由于口供在发现证据和认定案情方面具有特殊的证据价值,侦查人员为了破案,不惜动用刑讯手段逼取口供,这甚至被认为是侦查破案的最有效途径。应当说,如实陈述义务与警察暴力并无必然的

---

[1] 参见陈光中、〔加〕丹尼尔·普瑞方廷主编《联合国刑事司法准则与中国刑事法制》,法律出版社,1998,第271页以下。

联系，如在规定沉默权的英美等国，警察暴力也时有发生。但是，立法关于"如实陈述义务"的规定却为刑讯逼供这种非法取证行为提供了借口和便利条件，① 有人甚至将之称作刑讯逼供的"毒树之根"。②

鉴于对"如实陈述义务"的深刻认识，早在1993年开始的《刑事诉讼法修改建议稿》起草过程中，就有专家提出把"嫌疑人和被告人享有保持沉默的权利"作为一项重要修改列入建议稿，但此项建议最终没有被立法机关采纳，修改后的《刑事诉讼法》仍规定了犯罪嫌疑人对侦查机关的"如实陈述义务"。③ 真理的认识和接受总是需要一个过程。经过十多年的研究分析和反复实践，尤其是对"沉默权"和"不得强迫自证其罪"及相关问题的讨论，人们充分认识到了"如实陈述义务"的危害，如果这次《刑事诉讼法》的修改规定了"不得强迫自证其罪"，应当说完成了对这一真理的认识和接受过程，这将是我国刑事诉讼制度更加科学、更加民主的一大标志。

二 "不得强迫自证其罪"的确立

"不得强迫自证其罪"通常被视为一项权利或者特权，往往被称为"反对自证其罪的权利"（right against self-incrimination）或者"反对自证其罪的特权"（privilege against self-incrimination），④ 在我国有时也被译作"不受强迫自证其罪的特权"、"反对强迫自我归罪的特权"、"不被强迫自证其罪的特权"、"拒绝自我归罪的特权"、"拒绝自陷于罪的特权"或者"反对强迫性自我归罪的特免权"等。⑤ 作为普通法的一项重要原则，它通常被认为源于"任何人无义务控告自己"（nemo tenetur seipsum accusare）的古老格言。按照这一格言，如果一个人回答政府机构的提问将会陷于自证其罪所造成的"真实的和可估计到的危险"之中，他有权拒绝提供

---

① 参见樊崇义主编《刑事诉讼法实施问题与对策研究》，中国人民公安大学出版社，2001，第343页。
② 参见易延友《毒树之根岂可不挖?》，《南方周末》1998年6月5日。
③ 参见陈瑞华《刑事审判原理论》，北京大学出版社，2003，第244页。
④ 参见陈光中、〔加〕丹尼尔·普瑞方廷主编《联合国刑事司法准则与中国刑事法制》，法律出版社，1998，第271页。
⑤ 参见王进喜《刑事证人证言论》，中国人民公安大学出版社，2002，第143页。

证据。① 而作为近代刑事诉讼制度重要组成部分的"不得强迫自证其罪"，一般认为，它源于1639年英国著名的"李尔本案"，该案迫使英国于次年在法律中率先确立了这一规则。② 也有人认为，直到18世纪后期，该特权才在普通法国家的刑事诉讼中得到承认。③ 但不管怎样，现在它已成为一项重要的国际刑事司法准则。不仅很多国家的宪法和刑事诉讼法典中确立了这一原则，其还为联合国有关法律文献所确认。如联合国《公民权利和政治权利国际公约》第14条第3款规定："在判定对他提出的任何刑事指控时，人人完全平等地有资格享受以下的最低限度的保证：……（庚）不被强迫作不利于他自己的证言或强迫承认犯罪。"④《联合国少年司法最低限度标准规则》（《北京规则》）第7条、世界刑法学协会第十五届代表大会《关于刑事诉讼法中的人权问题的决议》第17条、《美洲人权公约》第8条等，都有关于任何人不受强迫自证其罪原则的规定。⑤

应当说我国刑事诉讼立法对任何人不受强迫自证其罪是持肯定态度的，如《刑事诉讼法》第43条明确规定："严禁刑讯逼供和以威胁、引诱、欺骗以及其他非法的方法收集证据。"最高人民法院《关于执行〈中华人民共和国刑事诉讼法〉若干问题的解释》第61条，最高人民检察院《人民检察院刑事诉讼规则》第140条、第265条均作了类似规定。2001年1月2日，最高人民检察院还向全国检察院系统发出通知，要求"各级人民检察院要严格贯彻执行有关法律关于严禁刑讯逼供的规定，明确非法证据排除规则……发现犯罪嫌疑人供述、被害人陈述、证人证言是侦查人员以非法方法收集的，应当坚决予以排除，不能给刑讯逼供等非法取证行为留下余地"。这表明我国立法和司法解释对强迫公民自证其罪的行为持严厉否定的态度，也表明我国刑事法治已经体现了不得强迫自证其罪原则

---

① 参见王以真主编《外国刑事诉讼法学参考资料》，北京大学出版社，1995，第427页。
② 在该案中，李尔本（John Lilburne）在法庭上拒绝宣誓作证，并提出："任何人都不得发誓折磨自己的良心，来回答那些将使自己陷入刑事追诉的提问，哪怕是装模作样也不行。"参见王以真主编《外国刑事诉讼法学参考资料》，北京大学出版社，1995，第427页。
③ John H. Langbein, "The Historical Origins of the Privilege Against Self-incrimination at Common Law," 92 *Mich. L. Rev.* 1047（1994）.
④ 程味秋、〔加〕杨诚、杨宇冠编《联合国人权公约和刑事司法文献汇编》，中国法制出版社，2000，第92页。
⑤ 参见樊崇义等《刑事诉讼法修改专题研究报告》，中国人民公安大学出版社，2004，第143页。

的基本精神。① 事实上，1998年我国政府对于《公民权利和政治权利国际公约》的签署已经充分表明了我国对这一原则的接受，而接下来的问题就是如何将公约的这一重要内容转为国内法。

早在我国政府签署《公民权利和政治权利国际公约》之前，已有学者呼吁要在我国《刑事诉讼法》中"确立反对强迫自证其罪的规则"，即在《刑事诉讼法》总则中规定"任何人都不受强迫作不利于自己的陈述，除本法另有规定外不得因犯罪嫌疑人、被告人沉默或者拒绝陈述作不利于他的推断"，同时废除第93条中关于如实陈述义务的规定，并制定反对强迫自证其罪的配套措施等。② 也有学者考虑到我国的具体条件和实际困难，提出"三步走"方案：第一步，禁止刑讯逼供，认为只有《刑法》和《刑事诉讼法》规定禁止刑讯逼供并不足以消除这种现象，而应当采取切实措施防止刑讯逼供的发生；第二步，赋予被告人沉默权；第三步，实行任意自白规则。③ 我们也曾主张直接将《公民权利和政治权利国际公约》第14条第3款（庚）项的规定纳入我国《刑事诉讼法》总则，规定："在判定对他提出的任何刑事指控时，人人有权不被强迫作不利于他自己的证言或强迫承认犯罪。"④ 在2006年陈光中教授主持起草的《中华人民共和国刑事诉讼法再修改专家建议稿与论证》中，建议在第12条增加规定："不得强迫任何人证明自己有罪或作其他不利于自己的陈述。"⑤ 在学者们研究成果的基础上，经过反复讨论和比较，我国《刑事诉讼法》修正案明确规定"不得强迫自证其罪"的条件业已成熟。

三 "不得强迫自证其罪"与诉讼人权的保障

"不得强迫自证其罪"是一项重要的人权保障原则，也是一项国际刑

---

① 参见宋英辉《刑事诉讼原理》，法律出版社，2003，第98页。
② 参见陈光中、〔加〕丹尼尔·普瑞方廷主编《联合国刑事司法准则与中国刑事法制》，法律出版社，1998，第272页。
③ 参见杨宇冠《论不强迫自证其罪原则》，《中国法学》2003年第1期。
④ 参见樊崇义等《刑事诉讼法修改专题研究报告》，中国人民公安大学出版社，2004，第143页。
⑤ 陈光中主编《中华人民共和国刑事诉讼法再修改专家建议稿与论证》，中国法制出版社，2006，第6页。

事司法准则确立的赋予被告人在刑事诉讼整个过程中所享有的权利或者特权，其基本价值在于防止蹂躏肉体、折磨精神等酷刑取证这种践踏人权的行为发生。因此，有些国家甚至将之作为一项宪法性权利予以保障，如《日本宪法》第 38 条规定："任何人都不受强迫作不利于自己的供述。通过强迫、拷问或威胁所得的口供，或经过不适当的长期拘留或拘禁后的口供，均不得作为证据。"《美国宪法第五修正案》规定："任何人……不得被强迫在任何刑事案件中作为反对自己的证人。"这被美国联邦最高法院确定为"基本的和不可剥夺的人权"。[1] 德国联邦宪法法院则宣称：公民在对自己不利的刑事诉讼程序中拒绝积极合作的权利，是从《德国基本法》的第 1 条和第 2 条所保障的人的尊严和自由引申而来的，并且是法治国家概念的组成部分。[2]

在普通法上，"不得强迫自证其罪"存在证人特权和被告人特权两种形式。在这里，重点是后者，即被告人不得被强迫自证其罪。按照英美学者的解释，在不得强迫自证其罪原则下，犯罪嫌疑人、被告人享有两项权利：一是犯罪嫌疑人、被告人对于是否陈述享有不受强迫的权利；二是犯罪嫌疑人、被告人对于是否陈述及是否提供不利于己的陈述享有自由权。[3] 前者实际上就是自白任意性规则，后者则是所谓的沉默权规则。这两项规则对于保障犯罪嫌疑人、被告人个人的自由和尊严均具有极其重要的意义。

自白任意性规则又称非任意自白排除规则，虽然它与不得强迫自证其罪有不同的原理、内容和功效，但前者往往被视为后者的保障性规则。[4] 自白任意性规则要求只有基于自愿的自白才能采纳为定案的根据；缺乏任意性或者具有非任意性怀疑的口供，不论其原因是什么，均不具有可采性。[5] 按照该规则，凡是以暴力、胁迫、利诱、违法羁押或者其他不当方

---

[1] 〔美〕彼得·G. 伦斯特洛姆编《美国法律辞典》，贺卫方等译，中国政法大学出版社，1998，第 208 页。
[2] 参见〔德〕托马斯·魏根特《德国刑事诉讼程序》，岳礼玲、温小洁译，中国政法大学出版社，2004，第 79 页。
[3] Ronald Joseph Delisle and Don Stuart, *Learning Canadian Criminal Procedure*, Third Edition, Carswell Thomason Professional Publishing, 1994, p.354.
[4] 参见陈光中、〔加〕丹尼尔·普瑞方廷主编《联合国刑事司法准则与中国刑事法制》，法律出版社，1998，第 276 页。
[5] 参见卞建林主编《证据法学》，中国政法大学出版社，2000，第 484 页。

法获取的自白均不得采纳为定案的根据。因为这种自白是在侵犯了被告人的基本人权且违背被告人意志自由的情况下作出的，是无任意性可言的。对此，日本曾有判例指出：警察局用暴力进行带有肉体痛苦的询问所获得的自白，没有任意性；此后向预审人员和检察人员作出的自白，无法断定这种自白是受前一阶段警察长期不法关押的影响还是通过逼供获得的，应当否定这种自白的证据能力。[①]

关于沉默权与不得强迫自证其罪原则的关系，学界有不同认识。有的学者将两者视为一体，[②] 有的学者强调不得强迫自证其罪原则具有独立的含义，[③] 有的学者则认为两者互为表里，沉默权实际上是以消极形式反对自证其罪。[④] 应当说，沉默权与不得强迫自证其罪原则在内涵和外延上确实存在着一些差别，[⑤] 但两者在保障人权问题上有着共同的价值基础：排斥自我弹劾。真实诚可贵，人权价更高。在刑事诉讼中，按照有的学者的说法，如果"公权力强迫被告承认犯罪，无异强迫被告在自己头上戴枷锁"。[⑥] 这显然违反人类理性，属过于残酷而不人道的行为。沉默权与不得强迫自证其罪原则在尊重和保障人权以及遏制这种不人道行为方面发挥着同等的作用，其能够有效防止犯罪嫌疑人、被告人遭受肉体摧残和精神折磨等不人道或有损人格尊严的待遇，避免成为协助警察、检察官追诉犯罪的工具，能够有效地维护犯罪嫌疑人、被告人作为人的基本权利，"我们不愿意让那些尚未确认有罪的人屈从于自我控告、伪证或不体面的三难选择的痛苦所带来的折磨"。[⑦]

我国2004年《宪法修正案》确立了"国家尊重和保障人权"原则，"保障人权"也是公认的刑事诉讼目的之一。实践证明，要把该项原则和目的具体落实到刑事诉讼过程中，仅靠在《刑事诉讼法》中规定"严禁刑讯逼供"是远远不够的。不得强迫自证其罪原则的确立，无疑会促进保障

[①] 参见〔日〕田口守一《刑事诉讼法》，刘迪等译，法律出版社，2000，第249页。
[②] 参见卞建林、郭志媛《英国对沉默权的限制》，《比较法研究》1999年第2期。
[③] 参见刘根菊《在我国确定沉默权原则几个问题之研讨（上）》，《中国法学》2000年第2期。
[④] 参见陈光中、〔加〕丹尼尔·普瑞方廷主编《联合国刑事司法准则与中国刑事法制》，法律出版社，1998，第275页。
[⑤] 参见宋英辉《不必自我归罪原则与如实陈述义务》，《法学研究》1998年第5期。
[⑥] 田正恒：《刑事被告人之沉默权》，《法令月刊》1988年第2期。
[⑦] *Murphy v. Waterfront Commission of New York*, 378 U. S. 52 (1964), 转引自〔美〕彼得·G. 伦斯特洛姆编《美国法律辞典》，贺卫方等译，中国政法大学出版社，1998，第208页。

人权目的的实现,使刑事诉讼中漠视人权的状况发生根本性改变。

四 "不得强迫自证其罪"与刑事政策的调整

一般来说,"如实陈述义务"是与"坦白从宽、抗拒从严"的刑事政策一脉相承的。"不得强迫自证其罪"原则的确立,则意味着我国长期奉行的"坦白从宽、抗拒从严"的刑事政策将发生重大调整。

"坦白从宽、抗拒从严"的刑事政策产生于新中国成立以后。[①] 在19世纪80年代开始实施的"严打"斗争中,最高人民检察院很注重发挥这一刑事政策的作用,在《关于在严厉打击刑事犯罪斗争中具体运用法律的若干问题的答复》中特别指出:"坦白从宽,抗拒从严,是我们党的一贯政策。在这次严厉打击刑事犯罪的斗争中,仍要坚持按照犯罪分子的不同表现,区别对待。"在这一政策下,犯罪嫌疑人或者被告人在因实施犯罪行为被公安司法机关传唤、讯问时或者在被采取强制措施后,或是在法庭审理过程中,如果能够如实交代自己的罪行就能得到宽大处理,包括从轻、减轻或者免除刑罚;相反,如果犯罪嫌疑人或被告人对公安司法人员的讯问采取不予配合的态度,不如实回答或者作虚假陈述,拒不认罪,顽抗到底,就要受到严厉惩罚。

应当说,在特定历史时期,"坦白从宽、抗拒从严"政策的实施,对于巩固我国国家政权、维护社会稳定确实起到了重要作用。实践中,面对"威逼"和"利诱"的双重压力,[②] 犯罪嫌疑人、被告人往往会放弃抵抗,如实供述自己的罪行,甚至协助公安司法人员侦破其他刑事案件。这对于瓦解罪犯心理防线、加快破案进度、打击违法犯罪行为发挥着重要作用。但是,在社会关系已经发生重大变革的今天,法治观念已深入人心,这一政策的某些内容已不符合刑事法治的要求,尤其是它所固有的内在逻

---

① 1956年1月31日,董必武同志在中国人民政治协商会议第二届全国委员会第二次全体会议上所作的《关于肃清一切反革命分子问题的报告》指出,镇压与宽大相结合的政策,就是坦白从宽、抗拒从严、立功折罪、立大功受奖的政策。
② 事实上,在国家追诉氛围下,"警察局的关押环境和复杂的讯问手段(本身)就构成了警察迫使犯罪嫌疑人讲话的不可否认的力量"。参见〔美〕乔恩·R. 华尔兹《刑事证据大全》,何家弘等译,中国人民公安大学出版社,1993,第166页。

辑矛盾及其造成的消极后果决定了必须对这一政策作出相应的调整。因为"坦白从宽，抗拒从严"政策的背后，隐藏的是"有罪推定"的思想和观念：如若无罪，坦白什么？要是没罪，何来抗拒？很显然，所谓的"坦白"与"抗拒"，都是以"有罪推定"为前提的，犯罪嫌疑人一旦被抓，那就意味着一定是有罪的，有罪就必须老实招供，否则就是抗拒，抗拒就得从严惩处。这种"强盗式"的司法逻辑明显与现代司法文明所倡导的"无罪推定"原则背道而驰。此外，正是这种"有罪推定"的逻辑，造成了重口供而轻其他证据的倾向，进而导致刑讯逼供现象以及冤假错案的发生。

也许正是由于认识到"坦白从宽、抗拒从严"政策的逻辑矛盾及其消极后果，几年前，武汉市公安局、抚顺市检察院、北京市铁路看守所等悄悄将这八字布告从看押室墙上撤下，代之以山水画或者犯罪嫌疑人权利义务告知书。对此，香港《大公报》曾报道说，撤下"坦白从宽、抗拒从严"不仅仅是简单地放弃一句口号，而是内地人权保障事业的又一个进步，标志着司法理念的重要转变。① 但是，部分地方撤下这八字布告只是一种自发的个别行为，具有很大的随意性，"不得强迫自证其罪"原则的确立，将为这一刑事政策的调整提供法律依据和制度保障。

按照"不得强迫自证其罪"原则，犯罪嫌疑人、被告人享有不被强迫的权利以及陈述自由权，这就意味着公安司法人员不能强迫犯罪嫌疑人、被告人"坦白"，并且犯罪嫌疑人、被告人"不坦白"也不能被视为态度不好，或者主观恶性大、人身危险性大，更不能作为其抗拒国家法律的依据而使其受到严惩。也就是说，"抗拒"不得从严。因为在"不得强迫自证其罪"原则下，犯罪嫌疑人、被告人享有是否陈述的选择权，他完全可以选择不陈述而拒绝回答公安司法人员的提问。也就是说，依据"不得强迫自证其罪"原则，犯罪嫌疑人、被告人在刑事诉讼中没有与公安司法人员合作的义务。按照德国学者的解释，在此情况下，"被告人不仅可以保持沉默，而且可以说谎或通过否认、歪曲事实真相以试图避免自证其罪或逃避受到定罪后果，并且在这样做时，被告人不会被指控犯有伪证罪而受

---

① 参见《我国司法理念渐变 坦白从宽抗拒从严悄然退位》，中国新闻网，https://www.chinanews.com/，最后访问日期：2003年12月10日。

到刑罚处罚"。[①] 不过，笔者认为，在"不得强迫自证其罪"原则下，犯罪嫌疑人、被告人享有陈述自由权，他可以选择陈述，也可以拒绝陈述，但他一旦选择了陈述，就不能再作虚假陈述。因为在此种情况下，他已经被给予了充分的人权保障，既然他放弃了这一特权而选择陈述，就不得虚构事实来误导侦查或者审判。

决不因事后行为加重对过去犯罪的评价。[②] 因而"抗拒"不得从严，但"坦白"可以从宽。当然，这里的"坦白"必须出于犯罪嫌疑人、被告人的完全自愿。前文所讲的"坦白从宽"，是"有罪推定"下的一种"利诱"，对于犯罪嫌疑人、被告人而言，有一种明显不当的心理压力，是"两害相权取其轻"的一种不得已选择，它与"不得强迫自证其罪"原则是格格不入的。而"不得强迫自证其罪"原则并不反对犯罪嫌疑人、被告人自愿的"坦白"，并且两者在获取真实口供方面有着共同的价值基础。在很多学者看来，"坦白从宽"对于"获取真实口供"的意义是显而易见的;[③] 而"不得强迫自证其罪"特权也服务于"可靠性"的目标。[④] 既然犯罪嫌疑人在没有任何压力的情况下自愿如实供述自己的罪行，说明他有认罪悔改的表现，同时也降低了侦查人员破案的难度，降低了诉讼成本，也就应该对其从宽处理。否则，真的将造成"坦白从宽，牢底坐穿;抗拒从严，回家过年"的不正常现象。

五 "不得强迫自证其罪"与诉讼结构的转型

"不得强迫自证其罪"根源于对抗式诉讼，作为被告人在刑事诉讼中的一项特权，"经常被引用作为抗辩式和讯问式司法制度的主要区别"。[⑤]

---

① 〔德〕施密特:《德国刑事诉讼法概述》，转引自陈瑞华《刑事审判原理论》，北京大学出版社，2003，第243页。
② 参见张明楷《刑法格言的展开》，法律出版社，2003，第60页以下。
③ 参见陈卫东、陈飞《论沉默权与坦白从宽》，《河南省政法管理干部学院学报》2005年第1期。
④ 参见〔美〕阿希尔·里德·阿马《宪法与刑事诉讼:基本原理》，房保国译，中国政法大学出版社，2006，第131页。
⑤ 〔美〕爱伦·豪切斯泰勒·斯黛丽、南希·弗兰克:《美国刑事法院诉讼程序》，陈卫东、徐美君译，中国人民大学出版社，2002，第69页。

在美国学者看来，它"代表着一种社会偏好，即偏好刑事诉讼为中立的对抗式而不是纠问式"。① 笔者也认为，"不得强迫自证其罪"原则与对抗式诉讼结构有着内在的契合性。

首先，"不得强迫自证其罪"原则承认和尊重犯罪嫌疑人、被告人的诉讼主体地位，这正是对抗式诉讼结构的前提。在纠问式诉讼结构下，被告人在诉讼中不是诉讼主体，而是诉讼客体，没有诉讼权利，只是被拷问的对象。② 在此情况下，犯罪嫌疑人、被告人完全沦为国家追诉机关强制下的实现他人目标的工具。而对抗式诉讼强调犯罪嫌疑人、被告人是独立的诉讼主体，其被视为具有尊严的个体，被作为人格主体看待。③ 按照程序主体性原理，在整个刑事诉讼过程中，犯罪嫌疑人、被告人均拥有程序性主体地位，并享有相应的程序主体权。

其次，"不得强迫自证其罪"原则强调控辩双方的平等诉讼地位，这是对抗式诉讼结构的基础。"不得强迫自证其罪"原则赋予的犯罪嫌疑人、被告人与追诉方平等的诉讼地位在刑讯合法化的纠问式诉讼中是绝对不可能的，而控辩平等是对抗式诉讼的当然要求。对抗式诉讼承认参与刑事诉讼的各方主体在诉讼中具有完全平等的法律地位，尤其注重作为被追诉对象的犯罪嫌疑人、被告人和国家追诉机关之间的平等性。对此，有的学者指出，"对反社会行为者给予法律上的适当待遇似乎是自相矛盾的，但他在意识形态和政治上的积极意义就是，绝对地认可反社会个人在刑事诉讼中的平等和尊严，他在诉讼当中是一个与控诉方地位平等的主体，而不是任人摆布的客体"。④

最后，"不得强迫自证其罪"原则注重犯罪嫌疑人、被告人诉讼防御权，这也是对抗式诉讼结构的重要内容。在纠问式诉讼中，以拷打方式逼取被告人供述是家常便饭，且被告人往往也得不到律师帮助。⑤ 而在"不

---

① 〔美〕彼得·G. 伦斯特洛姆编《美国法律辞典》，贺卫方等译，中国政法大学出版社，1998，第208页。
② 参见李心鉴《刑事诉讼构造论》，中国政法大学出版社，1992，第84页。
③ 参见〔日〕团藤重光《刑事诉讼中的主体性理论》，宋英辉译，《外国法学译丛》1989年第2期。
④ 参见〔斯洛文尼亚〕卜思天·儒佩基奇《从刑事诉讼法治透视反对自证有罪原则》，王铮、降华玮译，《比较法研究》1999年第2期。
⑤ Mrijan Damaska, "Evidentiary Barriers to Conviction and Two Models of Criminal Procedure: A Comparative Study," 121 *Pennsylvania Law Review* 577 (1973).

得强迫自证其罪"原则下,犯罪嫌疑人、被告人凭借此项特权,可以拒绝回答追诉方的提问,追诉方不能强迫犯罪嫌疑人、被告人提供可能使其陷入不利境地的陈述或其他证据,法官也不得因此而使被告人陷入不利境地或者作出对其不利的裁判。这与对抗式诉讼不谋而合,对抗式诉讼不仅承认犯罪嫌疑人、被告人的沉默权,为了提升其防御能力,还通过政府提供免费的律师来保障犯罪嫌疑人、被告人获得律师帮助,提升其对抗追诉机关非法侵害的能力,以改变其在诉讼中的劣势处境。

我国传统意义上的刑事诉讼结构在总体上属于职权主义,[①] 1996年《刑事诉讼法》的修改吸收了当事人主义的对抗制因素,但并没走上当事人主义诉讼道路,仍然以职权主义为主,其特色在于审前程序和审判程序在结构上是完全不同的:审前程序由于缺乏中立法官的参与,可以说是一种直接的控辩不平等对抗程序,或者说是一种侦控机关的单方追诉程序;审判程序在结构上形成控、辩、审三方组合形式,但它们之间的关系不符合当事人主义或者职权主义特征,因为公诉人的法律监督权的存在、司法权的非至上性、控辩双方的不平等性以及被害人的当事人化等已将典型意义的诉讼结构模式彻底打碎。"不得强迫自证其罪"原则的确立,意味着犯罪嫌疑人、被告人诉讼主体地位及相应的诉讼权利将得到全面承认和制度保障,这必然对现有的刑事诉讼结构产生强大的冲击,促使其转向以平等对抗为基础的当事人主义。

六 "不得强迫自证其罪"与侦查模式的转变

关于我国的侦查模式,一般认为其是一种"口供本位主义",即"由供到证"的侦查模式。虽然立法上规定了"重证据,重调查研究,不轻信口供",但司法实践基本上以口供为突破口或者切入点,侦查机关往往是在掌握一定的犯罪线索以后,立即讯问犯罪嫌疑人,然后再以犯罪嫌疑人的供述为线索收集其他证据。如果收集的其他证据与犯罪嫌疑人的口供有出入,就继续讯问犯罪嫌疑人。整个刑事侦查活动基本上都是围绕犯罪嫌

[①] 参见李心鉴《刑事诉讼构造论》,中国政法大学出版社,1992,第164页。

疑人的口供来进行的。实务部门把这一侦查模式形象地比喻为"挤牙膏",挤一点查一点,挤多少查多少。①

在口供本位主义下,口供是"证据之王",侦查活动的中心就是拿口供,只要有了犯罪的线索或一定的举报,就启动各种强制性措施。采用先抓人后取证的侦查方法,如果犯罪嫌疑人承认犯了罪,还好说;如果犯罪嫌疑人不认罪,侦查人员急于拿下口供,常常会实施刑讯逼供,或者采取骗供、诱供的手段。因此,口供本位所造成的弊害是显而易见的,它不仅违背刑事诉讼的客观规律,侵害当事人或其他诉讼参与人的诉讼权利、人身权利和民主权利,也使案件处理的质量失去保障,仅以口供定案,容易造成冤假错案。

鉴于对"由供到证"侦查模式弊端的认识,笔者曾呼吁将我国侦查模式由"口供本位"转向"物证本位"。② 这一主张虽然对我国的侦查工作产生一定的推动作用,但由于各种复杂的因素,实践中并没有根本摆脱口供主义的思维模式,偏重口供观念依然存在,刑讯逼供现象时有发生。但无论如何,刑事侦查发展的客观规律决定了"口供本位"必将为"物证本位"所取代,"由供到证"的侦查模式必定转变为"由证到供"的侦查模式。"不得强迫自证其罪"原则的确立,正为这种历史性转变提供了契机。

如前文所述,"如实陈述义务"最大的隐患就在于出现了过于倚重口供的倾向,并导致了刑讯逼供的发生,而"不得强迫自证其罪"原则的重要价值就在于促使侦查人员减少对口供的依赖。因为在该原则下,犯罪嫌疑人享有拒绝陈述的权利。这样,侦查人员将失去以强制手段获取口供的依据。也就是说,"不得强迫自证其罪"原则的确立,使侦查人员获得口供的机会具有很大的不确定性。在侦查过程中,如果犯罪嫌疑人举起"不得强迫自证其罪"大旗,将迫使侦查人员改变偏重口供的观念,转而使用技术侦查措施,或者建立健全侦查信息网络系统,以便获取侦查破案所需要的证据材料。这样一来,"物证本位"取代"口供本位"就成为顺理成

---

① 参见樊崇义主编《刑事诉讼法实施问题与对策研究》,中国人民公安大学出版社,2001,第300页以下。
② 参见樊崇义《论侦查模式的转换与改革》,中国诉讼法律网,http://www.procedurallaw.cn/,最后访问日期:2002年11月7日。

章的事情了。

七 "不得强迫自证其罪"与证据制度的完善

"不得强迫自证其罪"是一项重要的人权保障原则，同时它构成了"一项明智的和有益的证据规则"。① 在美国，它作为一项宪法原则，通过有关判例被具体化为包括米兰达规则在内的一系列证据规则。② 这对以自由心证为基础的英美证据制度产生了深刻影响，并推动着英美证据制度的不断发展。虽然我国证据制度与英美证据制度有着不同的法律基础和价值取向，但某些具有科学性的证据规则并不是为特定的社会制度设计的。随着"不得强迫自证其罪"原则的确立，我国证据制度必将不断得到完善和发展。

首先是证据价值观的转变。刑事诉讼价值是多元的，除了发现事实、正确适用实体法这一工具性价值外，还存在着正当程序这种程序自身的内在价值。两者总的来说具有一致性，但有时也会发生冲突。"不得强迫自证其罪"的权利配置则体现了刑事诉讼的正当程序和实质真实之间的基本矛盾。③ 它在保护犯罪嫌疑人、被告人的同时，也"强调发现真相"。④ 不过，它是同刑事诉讼注重程序之正当性联系在一起的，也是同以实体真实为绝对价值目标的刑事程序相脱离的结果。⑤ 在它看来，只有在犯罪嫌疑人、被告人的陈述出于完全自愿的情况下，该陈述才具有可靠性，才有助于发现真相。因此，"不得强迫自证其罪"原则的确立，意味着对真相的追求不能以侵犯犯罪嫌疑人、被告人的基本人权为代价。即在追求案件的客观真实时，不能以牺牲法律的正当程序为代价。这也就预示着，在运用

---

① 〔美〕彼得·G. 伦斯特洛姆编《美国法律辞典》，贺卫方等译，中国政法大学出版社，1998，第208页。
② 参见姚莉《美国判例法中不受强迫自证其罪的特权及其相关规则》，《法学》2001年第12期。
③ 参见陈光中、〔加〕丹尼尔·普瑞方廷主编《联合国刑事司法准则与中国刑事法制》，法律出版社，1998，第278页。
④ 参见〔美〕阿希尔·里德·阿马《宪法与刑事诉讼：基本原理》，房保国译，中国政法大学出版社，2006，第164页。
⑤ 参见宋英辉《刑事诉讼原理》，法律出版社，2003，第102页。

证据的价值选择上，要从过去客观真实、实质合理的证据观，转变为法律真实、形式真实的证据观。

其次是控诉方的举证责任将进一步强化。按照证明责任原理，在刑事诉讼中，提供证据证明被告人有罪的责任由控诉一方承担，控诉方不得采用酷刑和其他非法方法收集证据；被告人有辩护的权利，却没有证明自己无罪的义务，不能因为被告人不能或者没有证明自己无罪而认定被告人有罪。① "不得强迫自证其罪"完全符合这一原理。在"不得强迫自证其罪"原则下，"禁止政府要求一个人非自愿地作出反对他自己或者提供反对他自己的证据。去控告并承担证明责任乃是政府的责任，被告人不能被强迫协助政府履行这一责任"。② 该原则被认为是"对抗制中的基本原则"。它要求"政府企图对某人进行惩罚时，必须摆出由政府直接获得的证据，不得强迫嫌疑犯提供对其本人进行判罪的证据"。③ 与此相适应，"它禁止对被告人拒绝供认进行评论"，"不要从被告在逮捕后拒绝与警察谈话，或者在庭审时拒绝作证中得出任何结论"。④ 我国1996年《刑事诉讼法》的修改，强化了控诉方的举证责任，但犯罪嫌疑人、被告人负有"如实陈述义务"，致使他们事实上承担着证明自己有罪的责任，并负担着为刑事追诉官员提供指控证据的义务。⑤ "不得强迫自证其罪"原则的确立，将从根本上改变这一状况。控诉方只能主动担负起收集证据并证明犯罪嫌疑人、被告人有罪的全部责任，而不能再强迫犯罪嫌疑人、被告人供述或者提供证明自己有罪的证据，也不能再把破案的希望寄托在获取犯罪嫌疑人、被告人认罪的口供上面了。

再次是完善非法证据排除规则。"在普通法上，反对强迫性自我归罪的特免权仅限于语言交流证据，即该特免权仅保护具有言词性或语言交流性的证据，它不适用于一个人的身体构成或就是实在证据或物证之来源的

---

① 参见卞建林主编《刑事证明理论》，中国人民公安大学出版社，2004，第187页。
② Henry Campbell Black, *Black's Law Dictionary*, 5th Edition, West Publishing Co., p. 1220.
③ 〔美〕卡尔威因、帕尔德森：《美国宪法释义》，徐卫东、吴新平译，华夏出版社，1989，第229页。
④ 〔美〕彼得·G. 伦斯特洛姆编《美国法律辞典》，贺卫方等译，中国政法大学出版社，1998，第208页以下。
⑤ 参见陈瑞华《刑事审判原理论》，北京大学出版社，2003，第244页。

情况。"[1] 但在现代西方国家，这一概念可以用来指代从被告人身上获得的任何事物，包括在侦查程序中获得的所有在被告人参加的情况下产生的证据，甚至是通过被告人陈述发现的实物证据。[2] 也就是说，不受强迫自证其罪特权的适用范围，不仅包括导致自我归罪的陈述，而且包括所有可能导致自我归罪的其他证据。[3] 从立法上看，我国已经确立了非法证据排除规则，即凡是以刑讯逼供、威胁、引诱、欺骗等非法的方法收集的犯罪嫌疑人或被告人供述、被害人陈述、证人证言，均不得作为指控犯罪的证据。[4] 据此，对于上述非法言词证据，应予以排除，但对于非法实物证据的排除问题，则不置可否。随着"不得强迫自证其罪"原则的确立，这一问题将得到明确的回答。根据该原则，不仅非任意性供述要排除，非法手段取得的供述也要排除；不仅非法的供述要排除，强迫犯罪嫌疑人、被告人提供的证明其有罪的其他证据也要排除，包括非法搜查、扣押取得的实物证据和以"毒树之果"形式存在的衍生证据。

最后是证人作证制度的健全。在"不得强迫自证其罪"原则下，除犯罪嫌疑人、被告人享有不被强迫自证其罪的特权外，这一特权也适用于证人，即如果证人作证将使自己陷入被归罪境地，他有权拒绝作证。有资料显示，英国1969年审理查理斯国王时就将该特权范围扩大到了证人，美国联邦最高法院1924年判决《美国宪法第五修正案》规定的反对自我归罪特权同样适用于证人。[5]《意大利刑事诉讼法典》第198条第2款则明确规定："证人无义务就他可能因之而承担刑事责任的事实作证。"笔者认为，这一原则在我国适用的对象，当然也应包括证人，被传唤作证的证人如果认为其证言或者对被提问的问题的回答具有潜在性归罪的危险，也可以引用该原则而拒绝作证。这样，立法在强调证人出庭作证的义务的同时，也为其提供了一种最低限度的保护。

---

[1] 参见〔美〕乔恩·R. 华尔兹《刑事证据大全》，何家弘等译，中国人民公安大学出版社，1993，第170页。
[2] David M. Pacicco and Lee Stuesser, *Essential of Canadian Law: The Law of Evidence*, Irwin Law, 1996, p.154.
[3] 参见宋英辉《不必自我归罪原则与如实陈述义务》，《法学研究》1998年第5期。
[4] 参见最高人民法院《关于执行〈中华人民共和国刑事诉讼法〉若干问题的解释》第61条、最高人民检察院《人民检察院刑事诉讼规则》第265条。
[5] 参见王进喜《刑事证人证言论》，中国人民公安大学出版社，2002，第145页。

八 结语

古希腊智者普罗泰戈拉曾说过，人是万物的尺度。[1] 承认并尊重每一个人的尊严和自由是"不得强迫自证其罪"原则的核心价值。在该原则下，犯罪嫌疑人、被告人拥有作为人的人格尊严，享有人最基本的说话的自由。因此，反对自证其罪特权被誉为"人类在通向文明的斗争中最重要的里程碑之一"。[2] 美国联邦最高法院曾郑重地指出："第五修正案中反对自我归罪条款反映了我们的许多基本价值和最高尚的精神。"[3] 这充分体现了它对美国刑事诉讼乃至美国人的政治生活所具有的重要意义。许多西方国家与美国一样，通过刑事诉讼法甚至宪法确立了这项法律原则，并通过一系列的诉讼规则或者证据规则将之具体化和规范化，为被刑事控告者和证人提供了充分的人权保护。可以说，"不得强迫自证其罪"原则的确立，为现代刑事司法的民主性和文明性奠定了坚实的基础。

孔子曰："仁者，人也。"中国有几千年的文明史，作为中华优秀传统文化的主流文化的儒学蕴含了丰富的人文精神，其提倡不仅要"爱人"，还要"泛爱众"，这种以人为本的思想也体现了中华文化尊重人、爱护人的理念。但几千年的刑事司法史中却时有发生刑讯逼供，"无供不录案"，反映出的是对人的尊严、自由和权利的漠视。不过，历史终究是历史，痛定思痛，"国家尊重和保障人权"终于在新世纪初被提升到了宪法高度，具体落实中首要作出改变的应当是刑事诉讼。我们盼望《刑事诉讼法》的修改不负众望，在我国刑诉法典中确认这一世界性的法律原则，对当前进入艰难时期的中国刑事司法改革而言，其重要意义不言而喻。

---

[1] 参见〔英〕罗素《西方哲学史》上卷，何兆武、李约瑟译，商务印书馆，1963，第111页。
[2] R. H. Helmholz, "Origins of the Privilege Against Self-incrimination: The Role of the European Ius Commune," 65 *New York University Law Review* 962 (1990).
[3] Murphy v. *Waterfront Commission of New York*, 378 U. S. 52 (1964)，转引自〔美〕彼得·G. 伦斯特洛姆编《美国法律辞典》，贺卫方等译，中国政法大学出版社，1998，第208页。

控、辩平衡与保障律师的诉讼权利[*]

周国均[**]

摘　要：为了实现控辩平衡，从保障律师诉讼权利的角度出发，我国必须解决如下迫切问题。第一，在侦查阶段，律师应当享有更广泛的诉讼权利。例如，增设犯罪嫌疑人及时获得律师帮助的权利、律师会见犯罪嫌疑人时的录音录像权以及律师在侦查阶段的调查取证权等。第二，在审查起诉阶段，辩护律师应当享有更多的诉讼权利。例如，增设讯问犯罪嫌疑人时律师在场权、律师查阅全部案卷材料权等。第三，在庭审阶段，辩护律师应当享有某些必要的诉讼权利。例如，增设律师在开庭前十日内收到起诉书副本的权利、庭审辩护言论的豁免权等。第四，在审查起诉和审判阶段，辩护律师享有与控方平等的调查取证权。

关键词：控辩平衡　律师　诉讼权利　诉讼结构

1996 年 3 月 17 日第八届全国人民代表大会第四次会议通过的《中华人民共和国刑事诉讼法》（以下简称"现刑诉法"），是在对 1979 年 7 月 1 日第五届全国人民代表大会第二次会议通过的《中华人民共和国刑事诉讼法》（以下简称"原刑诉法"）修改的基础上制定的。现刑诉法与原刑诉法相比，在立法的指导思想、内容和结构等方面都有很大的变化；在诉讼民主化、科学化的道路上前进了一大步；更加接近世界刑事诉讼发展的总

---

[*]　本文原载于《法学研究》1998 年第 1 期。
[**]　周国均，《中国法学》杂志主编（已退休）。

趋势。在律师的刑事诉讼权利（以下简称"诉讼权利"）保障方面增加、修改了部分条款，为律师向犯罪嫌疑人提供法律服务和为被告人进行有效的辩护提供了诸多方便条件和法律保障。其内容主要规定在现刑诉法第32条至37条、第75条、第96条、第151条、第157条、第159条和第160条之中。为了进一步保障律师的诉讼权利，针对上述有关条款和司法实践的需要，从更有效地维护犯罪嫌疑人、被告人的合法权益出发，笔者在正确认识控、辩平衡的关系方面，对保障律师的诉讼权利试作如下研究和探讨。

在现代西方国家，刑事诉讼结构基本上分两大类：一类是英美法系国家实行的当事人主义；另一类是大陆法系国家实行的职权主义。刑事诉讼结构是国家为实现一定刑事诉讼目的而设计的控诉方、辩护方、审判方（以下简称"控、辩、审"）三方相互关系和法律地位及与此相适应的表现形式。在刑事诉讼中，控诉、辩护、审判是三种基本的诉讼职能，它们分别由三方诉讼主体承担，其分工和相互作用贯穿于刑事诉讼活动的始终。刑事审判是刑事诉讼的中心环节，是控、辩、审进行诉讼活动的集中体现。控诉方在庭审中为了进行有力的指控，不得不在庭外由公安机关（包括侦查机关）通过侦查收集犯罪嫌疑人实施犯罪的各种证据；公诉案件被起诉后，在庭审中，检察官运用公安机关和自己收集的证据来指控犯罪，并参加对被告人的讯问和举证、质证和论证等活动。辩护方的犯罪嫌疑人从侦查阶段开始，有权委托律师提供法律帮助，请其帮助调查对自己有利的证据，在庭审中为维护自身合法权益同辩护律师一道辩护并与检察官进行辩论。法官或者在居中听取控、辩双方在法庭上的举证、质证、辩护、辩论意见后，再对案件作出裁判（当事人主义诉讼结构）；或者主持、指挥庭审，听取控、辩双方在法庭上的举证、质证、辩护、辩论意见（必要时，可亲自进行庭外调查、取证），然后再对案件作出裁判（职权主义诉讼结构）。在刑事诉讼理论上，又把当事人主义诉讼结构称为"当事人主义审判结构"；把职权主义诉讼结构称为"职权主义审判结构"。

在当事人主义审判结构中，检察官在庭审前不移送案卷材料给法院，法官不了解任何证据材料。庭审中，举证、调查和核实证据的责任均由双方当事人承担，即由他们通过主询问和交叉询问推动诉讼的进行。法官不主动调查和核实证据，一般也无权干涉当事人举证、调查和核实证据的活动。在实体方面，由陪审团裁判事实，由法官适用法律并作出裁判。这种审判结构的优点主要是：有利于调动双方当事人举证、调查和核实证据的积极性；能够在双方在场的情况下，对证据进行全面、细致的考察和核实；有利于使法官在庭审中保持中立和做到审判公正。它的不足之处主要有：对案件的处理受控、辩双方的经验和辩论的技巧影响较大；由于控、辩双方左右诉讼，容易拖延诉讼时间。在当事人主义审判结构中，为保持控方与辩方的力度平衡，也要求辩方在庭审中举证、质证和论辩，为此，赋予被告人及其辩护律师较多的诉讼权利。例如，在侦查阶段，警察在开始讯问犯罪嫌疑人时就告知他有权聘请律师来为他提供法律帮助和代他申诉、为他保释；允许律师调查取证，为辩护作证据方面的准备；在庭审中，辩护律师有权协助被告人提出证据和对证据进行质证、辨认等，还可以申请新的证人到庭和重新鉴证；辩护律师有权与控方进行平等、激烈的辩论，其言论不受刑事追究；等等。笔者认为，在这种审判结构中，控、辩双方地位和力度基本平衡。

在职权主义审判结构中，检察官在开庭前就将全部案卷材料送给法院，法官由此知晓全部案情，庭审由审判长主持、指挥，依职权主动询问双方当事人，主动调查和核实证据，不受双方当事人提出的证据和证人的限制。法庭审判的顺序、范围和方法均由审判长决定，检察官和被告方（包括被告人和辩护律师）只能将有关的证据材料交由法官审查和决定是否采用。这种审判结构的优点是：由于法官是具有专业知识、司法经验的专业人员，由他们主动调查和核实证据，能节省庭审时间、加快诉讼进程，提高诉讼效率，也符合控方主动追究犯罪的愿望和要求。但也有不足之处：法官在庭前已知晓全部案卷材料，容易产生先入为主的预判；法官过于主动，容易限制被告方提出证据、调查证据和进行辩护的权利，甚至造成法官与被告方处于对立的地位，并偏向控诉方。在职权主义审判结构中，由于强调主动追诉犯罪，法律赋予警察机关极大的权力，轻视犯罪嫌疑人或者被告人的诉讼权利，有的国家刑诉法在侦查阶段未赋予犯罪嫌疑人聘请律师的权利，有的虽然允许犯罪嫌疑人聘请律师来为其提供法律帮助，但不允许律师为犯罪嫌疑人调查取证。在庭审中，被告人及其辩护律师不仅处于法官的支配之下，而且其地位低于作为控方的检察官；律师为被告人进行辩护不被重视；等等。笔者认为，在这种审判结构中，控方的地位明显高于辩方，控方的力度明显大于辩方。

原刑诉法是1979年7月1日通过的。作为新中国的第一部刑诉法典，它的颁布和实施是中国刑事司法制度建设的一个重要里程碑。多年来的司法实践证明，它对于保障准确、及时地查明犯罪事实，正确适用法律，惩罚犯罪分子，保障无罪的公民不受刑事追究发挥了重要作用。由于这部刑诉法典在制定时受中国历史文化传统的影响和当时历史条件以及立法水平的限制，在实践中暴露了许多不足，如某些内容不适应政治、经济、形势的变化，不利于保障被追诉者的人权，不适应刑事诉讼发展的世界大趋势，等等。该法典具有浓厚的职权主义诉讼结构的特点。主要表现在以下几点。

（1）检察院在开庭前将全部案卷材料移送给法院（第100条）。（2）法院在开庭前审查所有案卷材料后再决定是开庭，还是退回补充侦查，抑或要求检察院撤诉（第108条）。（3）对决定开庭审判的案件，法院在开庭前七日才通知被告人可以委托辩护人或者由法院指定辩护人（第110条、第27条）。（4）被告人享有辩护的权利和最后陈述权（第118条）。（5）法院依职权主动调查证据，必要时可以勘验、检查、扣押和鉴定（第109条）；法庭调查时，审判长依法审问被告人，出示物证，宣读未到庭的证人证言、鉴定结论、勘验笔录和其他作为证据的文书，并听取当事人、辩护人的意见（第114条、第116条）；法庭调查中，公诉人、被害人有权向被告人发问和询问证人，被告人、辩护人可以向证人、鉴定人发问、质证，有权申请通知新的证人到庭、调取新的物证、重新申请鉴定或者勘验，但均须经审判长许可（第114、115、117、119、120条）。在整个庭审过程中，公诉人以国家法律监督机关代表的身份对庭审是否合法进行监督，提请审判长制止庭审中的违法行为（第112条）。[①] 原刑诉法诉讼结构的主要缺陷是：法官能够在庭前查阅全部案卷材料，在控、辩双方未展开举证和论辩的情况下就对案件进行书面的实体审并产生预判；审判长主持和指挥法庭调查的整个活动，由审判员包揽询问被告人，出示、宣读、调取、审查证据的一切活动，控方和辩方处于被动地位；审判长倾向于公诉人的意见而轻视辩护方的辩护意见；等等。在这种审判结构中，与职权主

[①] 陈光中：《刑事审判结构之研究》，《法学家》1993年第4期。

义审判结构一样,控、辩双方地位和力度失衡。

毛泽东同志曾经指出:"我们决不可拒绝继承和借鉴古人和外国人,哪怕是封建阶级和资产阶级的东西。"① 邓小平同志也指出:"社会主义要赢得与资本主义相比较的优势,就必须大胆吸收和借鉴人类社会创造的一切文明成果……"② 乔石委员长讲:"凡是国外立法中比较好的又适合我们目前情况的东西,我们都应当大胆吸收;他们走过的弯路,也值得我们借鉴。有些适合我们的法律条文,可以直接移植,在实践中充实、完善。"③ 为适应中国政治、经济发展的需要和解决适用原刑诉法存在的问题,也为顺应世界刑事诉讼发展的总趋势,国家立法机关以上述党和国家领导人的讲话中提出的借鉴外国有益做法的精神为指导原则,在听取学者和司法实务部门的意见的基础上,根据中国国情,对原刑诉法进行了修改,并于1996年3月17日颁布了现刑诉法。与原刑诉法相比,现刑诉法主要补充了以下内容:(1)加大了辩护方的辩护力度,将被告人只能在开庭前七日内聘请律师修改为从侦查阶段开始可以聘请律师为其提供法律帮助(第33条、第34条);(2)在开庭前,检察院只需向法院移送起诉书,起诉书中有明确的指控犯罪事实并有证据目录、证人名单和主要证据复印件或者照片等(第150条);(3)控诉由公诉人进行,辩护由辩护方承担,并由双方各自举证、质证论辩和辩论等,确立了控、辩双方在庭审中的主体地位,制止了审判长包揽庭审活动的做法(第155条、第157条)。上述规定表明,现刑诉法借鉴了当事人主义诉讼结构中允许犯罪嫌疑人自侦查阶段开始聘请律师介入诉讼的做法,但借鉴得还不彻底(如律师无调查取证权等);吸收了当事人主义诉讼结构和日本刑诉法规定的检察机关开庭前不向法院移送全部案卷材料的规定,但还须移送供进行程序性审查的主要证据材料和有关诉讼文书;借鉴了当事人主义诉讼结构中法官居中听取控、辩双方的举证、质证、辩论等内容,以加大对抗力度,但还保留了审判长主持和指挥庭审以及一定程度的调查证据的职权。笔者认为,现刑诉法的诉讼结构,已向当事人主义诉讼结构迈进了一大步,为控、辩双方在诉讼地位趋于平等、在抗诉力度与诉讼力度趋于平衡方面提供了法律根据

---

① 《毛泽东选集》第3卷,人民出版社,1991,第860页。
② 《邓小平文选》第3卷,人民出版社,1993,第373页。
③ 参见张文显《法学研究中的几个理论问题》,《人民日报》1997年8月15日,第6版。

和保障。有的学者认为,从现刑诉法规定的内容看,其诉讼结构可称为"对抗式";[1] 也有人认为,应称为"诉辩式";[2] 还有人认为,应称为"混合型";[3] 绝大多数学者称其为"控辩式"。[4] 笔者认为,中国的刑事诉讼结构,只是借鉴、吸收了当事人主义诉讼结构中的部分合理内容而形成的以职权主义为主、以当事人主义为辅的诉讼结构,也可说是具有中国特色的诉讼结构。简言之,可称之为"中国式的控辩式诉讼结构",亦可称为"控强辩弱的控辩式诉讼结构"。

据有的学者考察,关于律师的诉讼权利的国际标准,大凡来自三类法律渊源:(1) 联合国及其附属机构通过的人权保障和刑事司法方面的宣言、决议和公约等,如1948年联合国大会通过的《世界人权宣言》,1990年9月联合国第八届预防犯罪和罪犯待遇大会通过的《关于律师作用的基本原则》;(2) 世界重要学术团体、机构通过的决议,如1994年9月世界刑法学协会第十五届代表大会通过的《关于刑事诉讼中的人权问题的决议》等;(3) 世界绝大多数国家刑事司法的某些习惯做法。[5] 笔者认为,律师享有的辩护权利及其实现,应由各国在参考上述有关国际宣言、公约的基础上,结合本国国情,在其刑诉法、律师法或者有关条例中予以规定。上述文件规定律师的诉讼权利主要有:在侦查阶段,律师介入诉讼的一定的参与权;同犯罪嫌疑人、被告人会见、通信的内容不被控方知晓的保密权;调查取证的任意权;对控方掌握的案卷材料中部分材料的知情权;庭审中与控方的平等权;辩护律师在庭审中的言论和人身权利不受刑事追究的豁免权;等等。虽然中国现刑诉法对律师诉讼权利的保障较原刑诉法有较大的加强,但与上述规定的内容相比,还存在较大的差距,主要有:律师会见受多种限制;律师在审查起诉阶段不能查阅全部案卷材料;律师在庭审中的言论不享有豁免权;律师的调查取证权受到严格的限制;律师在执法过程中极易受到控方非法的刑事追究;等等。司法实践

---

[1] 王韧:《新刑诉法中审判模式的国情特色》,《法学》1996年第6期。
[2] 游劝荣:《从"纠问式"到"诉辩式"的改革》,《中国律师》1996年第4期。
[3] 谢佑平:《"混合型"刑事诉讼模式评论——〈刑事诉讼法修改决定〉随想》,《法学》1996年第5期。
[4] 龙崇智、左卫民:《转折与展望——谈刑事诉讼法的修改》,《现代法学》1996年第2期。
[5] 章礼明:《从国际刑事司法标准看我国辩护律师诉讼权利上存在的差距》,《福建法学》1997年第2期。

中还出现：律师参与诉讼受到控方（包括侦查人员和检察人员）的阻拦或者刁难；[1] 律师提供的有利于犯罪嫌疑人、被告人的证据材料和辩护意见难以被采用；等等。这些表明辩方的地位比控方的地位低，抗辩的力度小；控、辩双方的力度不平衡；与前述国际上通行的控、辩双方力度应当平衡或者基本平衡有较大的差距。为了改变上述状况，笔者认为，为加大辩护的力度，以实现控、辩的力度平衡，从保障律师的诉讼权利方面来说，必须解决以下几个主要问题。

一 在侦查阶段，律师应当享有更广泛的诉讼权利

侦查阶段是律师通过会见犯罪嫌疑人了解案情和侦查人员是否依法行使侦查权的重要阶段。律师只有通过会见犯罪嫌疑人才能了解到第一手材料，也方能为其提供法律服务，完成刑诉法规定的应当完成的任务。笔者认为，在侦查阶段，应增加以下诉讼权利。

第一，犯罪嫌疑人及时得到律师帮助的权利。现刑诉法第 96 条规定："犯罪嫌疑人在被侦查机关第一次讯问后或者采取强制措施之日起，可以聘请律师为其提供法律咨询、代理申诉、控告。犯罪嫌疑人被逮捕的，聘请的律师可以为其申请取保候审。"当然，这一规定与原刑诉法第 110 条规定的律师只能在审判阶段才能介入相比是很大的进步，但是，没有规定在第一次讯问后或者采取强制措施之日起的多长时间之内应当告知犯罪嫌疑人有权聘请律师和在押犯罪嫌疑人提出申请后多长时间内可以会见律师。律师能及时会见犯罪嫌疑人，这是律师为他们提供法律服务的初始阶段，也是最重要的阶段之一。如果律师接受委托后不被批准会见或者迟迟才被批准会见，那么，就对维护犯罪嫌疑人乃至被告人的合法权益十分不利。鉴于上述情况，公安部《关于律师在侦查阶段参与刑事诉讼活动的规定》（以下简称"公安部的《规定》"）第 5 条和第 6 条分别规定了在不涉及国家秘密的案件中，在押犯罪嫌疑人提出申请聘请律师的，应当记录在案，并在接到申请后三日内将有关材料转交给律师管理部门，犯罪嫌疑人的家属、法定代理人或者单位也可代其聘请；在涉及国家秘密的案件中，

---

[1] 陈明智：《希望统一刑事诉讼操作规范》，《中国律师报》1997 年 7 月 19 日。

犯罪嫌疑人或者其法定代理人提出聘请律师的，公安机关应当在三日内报经县以上公安机关作出批准或者不批准的决定，并通知犯罪嫌疑人或者其法定代理人。但是，实践中，有的公安机关侦查人员不及时把犯罪嫌疑人聘请律师的要求及时转达给犯罪嫌疑人家属、法定代理人或者单位；有的律师接受聘请后，往往被公安机关以文书不合要求、证件不全、主管领导外出不在等不合理的理由拒绝或者一再推迟会见犯罪嫌疑人。① 而最高人民检察院印发的《人民检察院实施〈中华人民共和国刑事诉讼法〉规则（试行）》（以下简称"最高人民检察院的《规则》"）甚至没有像公安部的《规定》第 5 条和第 6 条那样的规定。笔者建议，在最高人民检察院的《规则》中补充上述内容。为了保障公安部的《规定》中的第 5 条和第 6 条的那些内容真正得到贯彻执行，建议公安部和最高人民检察院补充规定："对任何案件（包括涉及或者不涉及国家秘密）中的犯罪嫌疑人，都要在立案后的五日内、采取强制措施的十日内告知他有权聘请律师。在不涉及国家秘密的案件中，如果犯罪嫌疑人申请聘请律师，应当按照不涉及国家秘密案件的规定，在三日内将材料或者信息转交给其家属、法定代理人或者单位。犯罪嫌疑人的家属、法定代理人或者单位聘请了律师，律师递交了会见犯罪嫌疑人的申请后，侦查机关应当在七日内安排会见。在涉及国家秘密的案件中，如果犯罪嫌疑人申请聘请律师，公安机关应当在收到申请后的三日内作出批准或者不批准的决定，并当面宣布。如果他及其聘请律师申请会见没有被批准，律师有权向上一级机关申请复议一次，公安机关应当在三日内报经县以上公安机关作出批准或者不批准的决定，上级机关应当在三日内作出决定。上级批准会见的，下级机关应当在批准决定之日起七日内执行上级机关的决定并安排律师会见。对于违反者，上级机关应当追究其渎职的行政或者法律责任。"

第二，应当赋予律师会见犯罪嫌疑人时的录音、录像权和拍照权。这是因为，律师会见犯罪嫌疑人都会作笔录，但是，仅作笔录不一定能记录下全部谈话内容，必须辅以录音、录像；同时，可以防止个别犯罪嫌疑人歪曲律师的会见记录或者个别在场侦查人员指控律师有诱问、包庇的谈话内容等违法行为，以便日后发生争讼有据可查。因此，应当允许律师享有

---

① 孙继武：《律师刑辩有"三难"》，《中国律师报》1997 年 1 月 2 日。

当场的录音、录像权;再者,最高人民检察院的《规则》第 125 条规定:"讯问犯罪嫌疑人,可以同时采用录音、录像的记录方式。"鉴于律师是与控方相对应的辩方,从控、辩双方在这个问题上的诉讼权利对等来说,其理应享有与控方同等的录音、录像的权利。

现刑诉法第 96 条规定,律师有权代理犯罪嫌疑人申诉、控告。只有赋予律师录音、录像权才能把犯罪嫌疑人的控告、申诉的谈话内容通过录音、录像固定下来,律师才能在会见后将之作为代理控告、申诉的证据材料移送。同时,还应当赋予律师对犯罪嫌疑人在谈话中控告的个别侦查人员对他进行刑讯逼供而造成的致伤、致残的部位进行拍照的权利,以便日后将之作为控告、申诉的证据移送。只有这样,才能使律师代理犯罪嫌疑人申诉、控告的权利落到实处。

第三,规定侦查人员不得在律师会见犯罪嫌疑人之前限制他们谈话的内容,在会见后不得追问谈话的内容。《关于律师作用的基本原则》第 8 条规定:"遭逮捕、拘留或监禁的所有的人应有充分的机会、时间和便利条件,毫无迟延地在不被窃听、不经检查和完全保密情况下接受律师来访和与律师联系协商。这种协商可在执法人员能看得见但听不见的范围内进行。"第 22 条规定:"各国政府应确认和尊重律师及其委托人之间在其专业关系内的所有联络和协商均属保密性的。"① 根据中国的国情,现刑诉法没有完全照搬上述规定,而是根据案情和需要,规定在律师会见犯罪嫌疑人时,由侦查机关决定是否派员在场。笔者认为,这种规定在现阶段是正确的。但是,在实践中,在已派员在场的情况下,有的侦查人员在事前向犯罪嫌疑人交代:"不可在律师面前乱讲,讲的必须与先前口供一致。"② 在未派员在场的情况下,有的侦查人员在事后追问犯罪嫌疑人与律师谈话的内容。所有这些,无疑都是对犯罪嫌疑人行使辩护权的限制,也是对律师帮助犯罪嫌疑人行使辩护权的限制。为了防止上述弊端发生,笔者建议公安部和最高人民检察院联合发文规定:"侦查人员不得在律师会见犯罪嫌疑人之前限制谈话的内容;在会见后不得追问谈话的内容。"

---

① 转引自李宝岳主编《〈中华人民共和国律师法〉释义》,中国法制出版社,1986,第 82、85 页。
② 参见王树静《律师法施行后亟待解决的问题》,《中国律师报》1997 年 5 月 24 日。

第四，赋予律师在侦查阶段的调查取证权。现刑诉法没有规定律师在侦查阶段有调查取证权。究竟应不应当赋予犯罪嫌疑人聘请的律师以调查取证权？在国内有两种观点。一种是绝对否定说，即侦查机关的大部分同志认为，律师不能享有调查取证权，因为这样做就变成了非侦查人员享有侦查权，会出现二元化侦查的情况，会削弱侦查机关的专有职能；此外，会造成侦查的被动。二是相对限制说，即有的侦查机关的同志认为，侦查期间，律师不应向有关单位和个人收集与本案有关的材料，但律师为犯罪嫌疑人代理控告或申诉，就控告或申诉的有关情况调查除外。这就是说，如果犯罪嫌疑人提出控告或者申诉，被聘请的律师有权为证明控告或者申诉成立去调查取证。笔者认为，律师仅有在这狭小范围内的调查权还不够，应当享有对有利于犯罪嫌疑人证据材料的全面调查取证权，如向被害人、证人和有关单位等收集证明犯罪嫌疑人无罪、罪轻或者免予刑事处罚的证据材料的权利。首先，这是加大辩护力度的需要。对律师来说，为犯罪嫌疑人提供法律帮助，除了靠律师具有的专业技能、技巧以外，最主要的是靠证据。要掌握证据，就要亲自去调查取证。现刑诉法规定，律师在整个刑事诉讼中不能查阅全部案卷材料，如果律师一开始就没有调查取证权，而在审查起诉阶段调查取证又受到众多限制（如要经"同意"、"许可"等），两手空空凭什么去为犯罪嫌疑人提供法律帮助？即使以后参加辩护又有何力度？其次，是实现控、辩力度平衡的需要。由于庭审实行"控辩式"，必须有配套的措施，即庭前控、辩双方都应当有调查收集证据的职权，为此，既然作为控方的检察人员享有法定的调查取证权，作为辩方的律师也应当享有法定的调查取证权，以实现在诉讼的集中阶段——庭审中控、辩双方力度的平衡。最后，律师在侦查阶段享有调查取证权的做法，在国外有些国家司法实践中存在，如美国允许律师为犯罪嫌疑人调查取证。在日本，存在庭审前控、辩双方相互展示自己收集到并准备在庭审中出示的证据的做法，即"证据展示制度"。由此可知，在日本，事实上允许律师在侦查、起诉阶段收集证据，不然的话，律师在庭前有何证据向检察官展示？由上可见，根据刑事诉讼原理和司法实践的需要以及借鉴美国和日本的做法，应当赋予律师在侦查阶段的调查取证权。至于有的同志担心赋予律师调查取证权会妨碍侦查的顺利进行，笔者认为，一般不会出现这种情况。

这是因为，控、辩双方各自独立调查取证，不会出现妨碍对方进行调查取证的问题。再说，侦查人员有公开和秘密的调查取证权，有先进的技术设备帮助，有强制措施作为后盾；而律师只享有询问证人、被害人和徒手调取证物的调查取证权，仅凭一名律师两只手和两条腿，一支笔和一张嘴，岂能妨碍侦查人员调查取证？

二 在审查起诉阶段，辩护律师应当享有更多的诉讼权利

根据现刑诉法的规定，笔者认为，还应当赋予辩护律师享有更多的诉讼权利。择其要者，主要是以下几点。

第一，赋予辩护律师在检察人员讯问犯罪嫌疑人时的在场权。现刑诉法没有规定检察人员提讯犯罪嫌疑人时辩护律师有在场的权利。美国和英国等国家法律规定，律师有申请在警察讯问犯罪嫌疑人时在场的权利。[1] 笔者认为，考虑到侦查阶段讯问犯罪嫌疑人时律师在场有碍于侦查，不赋予其在场权无可厚非，但是，在侦查终结以后的审查起诉阶段，就不存在这个顾虑，因此，应当赋予辩护律师在检察人员提讯犯罪嫌疑人时的在场权。再者，这样做，一方面可以减轻犯罪嫌疑人回答问题时的思想压力，使其自由地行使辩解权；另一方面也有利于检察人员了解犯罪嫌疑人控告的在回答讯问中极少数侦查人员的刑讯逼供等违法行为，以便实行侦查监督和保障犯罪嫌疑人行使诉讼权利。

第二，赋予辩护律师查阅全部案卷材料的权利。根据现刑诉法第36条第1款的规定，辩护律师只能"查阅、摘抄、复制本案的诉讼文书、技术性鉴定材料"。可是，作为控方的检察人员能够阅看并熟悉全部案卷材料。在知悉多少案卷材料这个问题上，辩护律师享有的权利显然与检察人员享有的职权极不对等。根据现刑诉法第36条第2款的规定，辩护律师"自人民法院受理案件之日起，可以查阅、摘抄、复制本案所指控的犯罪事实的材料"，对"本案所指控的犯罪事实的材料"的内容，学界颇有争议。有人认为犯罪事实材料是指在审判阶段律师可以到检察院查阅、摘抄、复制的本案全部案卷材料中的律师为进行有力的辩护所需

---

[1] 熊秋红：《侦查程序中辩护制度之探讨》，《司法研究》1997年第3期。

要的材料。① 法院和检察院的办案人员认为，此处规定的"犯罪事实的材料"，是指现刑诉法第 150 条规定的案卷材料。笔者认为，此处规定的"犯罪事实的材料"，应当是指检察人员能够查阅到的全部案卷材料，不然的话，律师在此阶段能够查阅的材料除了起诉书指控的内容是新的以外，其他还是现刑诉法第 36 条第 1 款规定的内容。如果是这样，辩护律师再去法院阅卷就没有多大实际意义。

为了避免检、法人员和律师在这个问题理解上的分歧和实践中产生的纷争，笔者建议明确规定，"辩护律师自人民检察院对案件审查起诉之日起，有权查阅全部案卷，摘抄、复制、复印（而不仅仅是复制）为进行有力的辩护所需要的材料"。首先，这是实现辩方与控方平等掌握案卷材料的需要。只有查阅全部案卷材料，才能使作为辩方的律师在掌握案卷材料问题上与作为控方的检察人员平等；只有这样，才能为在法庭辩论中与公诉人展开针锋相对的辩论做好准备，以便真正、全面地维护被告人的合法权利。其次，这是实现控、辩力度平衡的需要。按照现刑诉法的规定，律师在侦查阶段没有调查取证权，只能通过会见时询问犯罪嫌疑人来了解有罪、无罪、罪重、罪轻等有关材料。根据现刑诉法第 36 条第 1 款的规定，在审查起诉阶段，辩护律师也只有了解有关诉讼文书和技术鉴定材料的权利。对于被害人的陈述、证人证言和有关物证、书证则无从知晓。然而，在庭审中，辩护律师要靠证据同控方进行论辩和辩论。如果辩护律师在庭审前不知晓全部案卷材料中的有关犯罪事实和证据，就无法或者很难与公诉人进行论辩和辩论，不得不处于弱势地位，只能就公诉人的指控临时进行被动的应辩，因而也就无法实现控、辩力度的平衡；同时，既不能帮助被告人行使辩护权，也无法帮助法官查明案情和实现司法公正。再次，这是继续保持原刑诉法第 29 条赋予律师的较大辩护力度的需要。根据原刑诉法第 29 条，"辩护律师可以查阅本案材料"。司法实践中，法院在开庭七日前通知辩护律师去查阅全部案卷材料。这样做，虽然阅卷的时间短促，但毕竟辩护律师除了会见被告人以外，还可以通过查阅全部案卷材料了解并掌握整个案情及有关证据，然后分析问题，找出矛盾，制定辩护方案，

---

① 熊秋红：《谈对修改后的刑事辩护制度中若干问题的理解》，《中国律师报》1996 年 12 月 30 日。

以便在法庭上根据事实和法律为被告人作无罪、罪轻或者免除刑罚的辩护。可是，按现刑诉法的有关规定，律师既不能查阅全部案卷材料，又没有原刑诉法规定的那么大的调查取证权（根据现刑诉法第 37 条的规定，律师调查取证受到极大的限制，因而其调查取证权被削弱），这导致其在庭前对案卷中的实质性问题无法掌握，又很难甚至无法调查到有利于被告人的证据材料，这样就必然削弱辩护律师享有的诉讼权利，对维护被告人的合法权益十分不利。恕笔者直言，在允许公诉人掌握全部案情，而依据现刑诉法第 36 条第 1 款和第 2 款的规定，辩护人无权查阅全部案卷材料这个问题上，与原刑诉法第 29 条的规定相比，实属大倒退；对辩方来说，辩护权在一定程度上被削弱。有鉴于此，为了维持原刑诉法赋予辩护律师的权利，我认为，在审查起诉阶段，应当赋予辩护律师查阅全部案卷材料的权利。详言之，建议将现刑诉法第 36 条 1 款和第 2 款中有关查阅案卷材料的内容改变为："辩护律师自人民检察院对案件审查起诉之日起，可以到人民检察院查阅本案中的有关犯罪事实、证据和诉讼文书等全部材料（以下简称"全部案卷材料"）。"鉴于笔者的主张事关改变现刑诉法的有关规定，因此，建议通过全国人大常委会作出决定予以解决。

在讨论此问题的过程中，检察机关的同志说，根据现刑诉法第 150 条的规定，法官都不能看到全部案卷材料，为什么辩护律师就可以？笔者认为，此种观点不能成立。这是因为，现刑诉法规定不允许法官查阅全部案卷材料是为了制止法官在庭审前对案件的结局产生预判，继而在庭审中不认真主持法庭调查和审问被告人，不积极组织控、辩双方举证、质证、论辩和辩论，最终导致庭审成了走过场。可是，允许辩护律师在庭审前查阅全部案卷材料，绝不会出现上述弊端。检察机关还有的同志认为，允许辩护律师在庭审前查阅全部案卷材料，他们会早有充分准备，在庭审的论辩和辩论中对公诉人十分不利，所以不应当允许辩护律师享有这种权利。笔者认为，这种理由也不能成立。因为，辩护律师通过查阅全部案卷材料可以做充分的准备，公诉人在庭审前也完全能够做到这一点，在这个问题上，控、辩双方的机会是对等的，地位是平等的，毫无不公平、不公正可言。至于害怕在庭审中处于被动地位，只能表明公诉人庭审前的准备不充分或者法律水平以及业务素质不高而已，其他别无可言。要弥补这几方面的不足，只能靠自身的努力，舍此别无他途。

三　在庭审阶段，辩护律师应当享有某些必要的诉讼权利

庭审是整个刑事诉讼的中心阶段，是辩护律师行使诉讼权利、有效地维护被告人合法权益的关键阶段。虽然现刑诉法关于辩护律师在庭审中享有的诉讼权利比原刑诉法有所增加，但是，从实现控、辩双方力度平衡的角度来看，笔者认为，还需要赋予他们以下几种诉讼权利。

第一，赋予辩护律师在开庭十日前收到起诉书副本的权利。现刑诉法第 151 条第 1 款第 2 项规定，法院在决定开庭审判后，应当"将人民检察院的起诉书副本至迟在开庭十日以前送达被告人。对于被告人未委托辩护人的，告知被告人可以委托辩护人，或者在必要的时候指定承担法律援助义务的律师为其提供辩护"。由上可知，现刑诉法没有规定法院在开庭十日前将人民检察院的起诉书副本送达辩护律师。笔者认为，这是立法中的一个疏漏，应当予以补救。起诉书副本是指控犯罪成立的诉讼文书，包括犯罪事实、证据目录、证人名单和主要证据复印件或者照片等。若是共犯案件，还有各被告人在案件中所处的地位等。为了做好出庭准备，辩护律师需要至迟在开庭十日前收到起诉书副本。这是因为：辩护律师开庭前需要研究起诉书指控的犯罪是否成立或者罪名是否准确，此为其一；其二，需要查找法律、法规依据或者学习有关学术专著中的论述；其三，需要拟定辩护提纲和准备在庭审中应答控方可能提出的问题的对策；等等。由上可见，应当规定："法院至迟在开庭十日前将起诉书副本在送达被告人的同时，送达给他们委托的辩护律师。"

第二，规定辩护律师享有庭审辩护言论的豁免权。庭审辩护言论的豁免权，是指辩护律师在庭审中发表的辩护言论（包括与控方进论辩、辩论的言论）不受追究的权利，包括司法机关不得因此驱逐辩护律师出庭，不得拘留、逮捕辩护律师或者以其他方式打击、迫害辩护律师乃至追究他们的法律责任。规定辩护律师享有这些权利，并不表明辩护律师享有特权，这是保障他们从事辩护应当具有的必不可少的诉讼权利。笔者主张，规定辩护律师享有刑事辩护言论的豁免权，是基于以下理由。其一，在司法实践中，个别地方出现辩护律师因在法庭上论辩或者辩论时言论过于激烈，或因审判长认为其胡搅蛮缠等，而被驱逐出庭的情况；极个别地方还将辩

护律师拘留起来，限制其人身自由；还有的基层检察机关搞秋后算账，在庭审结束后，以包庇罪追究辩护律师的刑事责任；等等。为了防止上述情况的继续发生，必须从法律上规定辩护律师享有庭审辩护言论的豁免权。其二，辩护律师是为维护被告人的合法权利进行辩护的，只有规定他们享有庭审辩护言论的豁免权，才能保证他们大胆地以事实为根据、以法律为准绳发表辩护意见并且敢于与控方进行针锋相对的论辩与辩论，最终才能有效地维护被告人的合法权益和实现司法公正。其三，规定辩护律师享有庭审辩护言论的豁免权，在国外已有立法例。① 例如，《卢森堡刑法典》第452条第1款规定："在法庭上的发言或向法庭提交的诉讼文书，只要与诉讼或诉讼当事人有关，就不能对它提起任何刑事诉讼。"《英格兰和威尔士出庭律师行为准则》规定："律师在法庭上的发言，必须真实和准确。在通常情况下，律师对他在法庭辩论中的言论享有豁免权。"当然，律师在法庭上应当有礼貌，对于藐视法庭等不良言论，法官有权警告和批评或者建议有关部门予以惩戒。例如，在荷兰，"对于以口头发言或以其他任何方式藐视法庭，轻慢或者辱骂诉讼当事人、证人的律师，首席法官可以给予警告和批评。但是，首席法官无权给律师纪律惩戒处分……因为，这是律师协会惩戒委员会的职权"。法国有关法律对律师的豁免权作了规定，但同时规定，如果律师有不尊重法庭的行为，法院可向检察长反映，让检察长要求有关律师隶属的律师协会理事会给予该律师纪律惩罚处分。不过，国外也有法律规定，对律师在庭外所实施的犯罪行为，应当如同对待其他公民一样，依法追究和惩处，如卢森堡有关法律规定，"为了维护正义和真理，律师可以自由地从事他们的职业"，但同时又规定，"任何人如果恶意地否定宪法或者法律的强制力，或者直接唆使他人违犯宪法和法律，均应给予依法处罚……"笔者认为，为了维护刑事辩护的正常秩序和严肃性，这种规定是正确的，该条中的"任何人"就包括律师；"直接唆使他人违犯宪法和法律"，是指在庭前或者庭后违犯宪法和法律；"均应给予依法处罚"，就包括定罪判刑和追究其他法律责任。我认为，对于国外法律中的有益内容，应当借鉴或者吸收。鉴于上述理由，笔者建议在中国的有关司法解释中规定："律师在法庭上发表的辩护意见和辩论言论不受

---

① 陶髦等：《律师制度比较研究》，中国政法大学出版社，1995，第112页。

司法机关的刑事追究；也不允许将他们驱逐出法庭或者拘留。但在庭外的违法犯罪行为除外。"只有这样，才不会减小辩护的力度，以保持与控方的力度平衡。

第三，规定法院必须将律师的辩护词和提交的证据材料入卷，不采纳辩护意见的，应在判决书中详细注明理由。律师的辩护词，是律师根据案件全部案情、事实和法律为被告人进行有力辩护的全面意见，其内容，既包括案件事实、情节，又包括引用的证据；既包括以法律为依据对指控不当之处进行的分析和辩驳，又包括提出无罪、从轻、减轻或者免除刑罚的意见；等等。所有这些，既能帮助合议庭成员对案件作出公正、合法的裁判，同时，又是供二审法院（如果被告人上诉）了解该案案情和一审辩方辩护意见的重要材料。而辩护律师在庭审前收集并提供给法院的证据材料，是支持辩护、反驳控诉、维护被告人合法权益的重要根据，在诉讼中具有重要作用。有鉴于此，法院应当将上述两种材料附卷。

司法实践中，法院不采纳辩护意见的，在判决书中往往只用"某某被告人的辩护律师的意见无事实、法律根据，不予采纳"或者"律师的辩护不成立，不予采纳"等一句否定，因而把辩护律师阅卷、会见被告人、精心制作辩护词等大量工作简单地一笔抹杀。这样做，既不能使被告人和辩护律师心服口服，又助长了审判人员不勤于动脑、轻易否定的武断作风。在国外，尤其在英美法系国家，法官在判决书中否定辩护律师的观点必须有据可依，从事实与法律两个方面逐一进行反驳和论证。为了改变国内司法实践中普遍存在的办案人员在判决书中简单否定辩护意见的状况，可以借鉴国外的有益的做法，笔者认为，法官在判决书中若否定辩护意见，应当对否定的内容从事实和法律两个方面进行详细的逐一论述。否则，还保留过去采用的"你辩你的，我判我的"的做法，其结果是穿新鞋、走老路，导致被告人的辩护权被剥夺，使辩方在与控方的对抗中处于劣势地位，造成控、辩力度的严重不平衡。

四 建议规定辩护律师在审查起诉和审判阶段，享有与控方平等的调查取证权

根据现刑诉法第157条、第159条和第160条的规定，控、辩双方必

须在庭审中举证、质证、论辩和辩论。证据是控、辩双方证明自己观点成立的武器和工具。作为控方的公诉人享有法定的广泛的调查取证权，而辩护律师也应当享有必不可少的调查取证权，以实现控、辩时双方力度的平衡。为此，提出以下建议。

第一，赋予辩护律师自由向证人等调查取证的权利。现刑诉法第37条第1款规定："辩护律师经证人或者其他有关单位和个人同意，可以向他们收集与本案有关的材料，也可以申请人民检察院、人民法院收集、调取证据，或者申请人民法院通知证人出庭作证。"笔者认为，此款的内容表明：(1) 律师只在审查起诉和审判阶段有权收集与本案有关的证据材料；(2) 收集证据材料的对象是证人或者其他有关单位和个人（以下简称"证人等"）；(3) 收集证据材料必须征得证人等的同意；(4) 如果证人等不同意，辩护律师可以直接申请人民检察院、人民法院收集、调取证据；(5) 辩护律师可以直接申请人民法院通知证人出庭作证；(6) 如果证人等不提供证据，或者证人不出庭作证，因该款未规定如何处理，人民检察院和人民法院也就毫无办法。笔者现择几点略予评析。就第一点而言，辩护律师向证人等收集证据的阶段将侦查阶段排除在外，表明了收集证据阶段的局限性。从第三点的内容来看，辩护律师收集证据的权利取决于证人等的同意；如果对方不同意，辩护律师就无计可施。由此可知，辩护律师的取证权全靠证人等的"怜悯"和"施舍"，其本人处于无权地位。就第四点来说，这是一种选择式措施，如果辩护律师直接申请人民检察院、人民法院收集、调取证据，检、法两机关同意则可；若不同意，辩护律师又毫无办法。在这一点上，辩护律师也得靠检、法两机关的"同情"和"恩典"。从第五点观之，这也是一种选择式措施，如果辩护律师直接申请人民法院通知证人出庭作证，从人民法院可以同意或者不同意这一点来说，其结果又取决于人民法院。如果人民法院不同意，辩护律师不得不就此作罢；即使人民法院同意辩护律师的申请并通知证人出庭，若证人拒不到庭，因没有法律措施强制证人出庭，人民法院也无能为力，由此，证人出庭作证也就成为泡影。由此可见，在申请证人出庭作证方面，证人有可以作证也可以不作证的完全决定权，人民法院只有通知其出庭作证的职权，而辩护律师实际上毫无权利可言。

最高人民法院为了改变辩护律师向证人等取证没有实质性权利的状况，

在它的《关于执行〈中华人民共和国刑事诉讼法〉若干问题的解释（试行）》（以下简称"最高人民法院的《解释》"）中试图予以补救，即最高人民法院的《解释》第43条规定："辩护律师向证人或者其他有关单位和个人收集、调取与本案有关的材料，因证人、有关单位和个人不同意的，辩护师可以向人民法院提出申请，人民法院认为必要的，应当同意并签发准许调查决定书。"这就是说，辩护律师可以手持这把"尚方宝剑"去向证人等收集证据，但是，这里有两个问题：一个是，如果法院认为没有必要而不同意，辩护律师只得就此作罢；另一个是，即使人民法院同意，若证人等不同意，辩护律师也毫无办法。因为法律没有关于辩护律师持人民法院签发的调查决定书向证人等收集、调取与本案有关的材料并强制他们必须履行作证义务的保障性条款。由此可见，最高人民法院的《解释》第43条的规定，虽然用意是好的，但是在实践中作用不大甚至可能毫无作用。综上所述，辩护律师向证人或者其他有关单位和个人收集、调取与本案有关的材料，无论是其本人还是持人民法院签发的调查决定书进行，均会收效甚微，甚至可能毫无效果。现刑诉法第45条规定："人民法院、人民检察院和公安机关有权向有关单位和个人收集、调取证据。有关单位和个人应当如实提供证据。"从规定"应当如实提供证据"的内容观之，公、检、法机关的调查取证是具有强制性的。这与辩护律师向上述人员或者有关单位收集证据要经证人等"同意"相比，在调查取证问题上，辩护律师处在多么无权和不利的地位，更不用说在侦查阶段其还无调查取证权的情况了。可见，控、辩双方的权利是何等不平等！

为了使律师在收集证人或者其他有关单位和个人的证言问题上，与公、检、法办案人员享有同等的权利，实现控、辩双方力度的平衡，笔者建议通过全国人大常委会作出决定来规定："律师向证人或者其他有关单位和个人收集与本案有关的材料，证人或者其他单位和个人应如实提供。"以此代替现刑诉法第37条第1款的规定。

第二，赋予辩护律师与检、法机关办案人员平等的向被害人等调查取证的权利。现刑诉法第37条第2款规定："辩护律师经人民检察院或者人民法院许可，并且经被害人或者其近亲属、被害人提供的证人同意，可以向他们收集与本案有关的材料。"从此规定看，辩护律师向被害人或者其近亲属、被害人提供的证人（以下简称"被害人等"）收集与本案有关的材料比向证人等收集与本案有关的材料面临的阻力更大、关口更多，即一要经过"许可"，二要经过"同意"。"许可"的主体既包括审查起诉阶段的"人民检察院"，又包括审判阶段的"人民法院"。就"同意"的主体而言，如果是向被害人收集陈述，主体是被害人；如果是向被害人的近亲属收集陈述，主体是近亲属；如果是向被害人提供的证人收集证言，主体是被害人提供的证人。依照现刑诉法第 37 条第 2 款的规定，辩护律师向被害人等收集陈述必须经过人民检察院或者人民法院的"许可"；如果不经"许可"，收集工作就无法进行。即使经"许可"，还要征得被害人等的"同意"；如果"不同意"，收集工作就到此为止了。从以上剖析第 37 条第 2 款的规定看，无论是在审查起诉阶段还是在审判阶段，辩护律师欲收集到被害人等的陈述是何等困难。可以说，比向证人或者有关单位和个人取证更步履维艰。不仅如此，在司法实践中，有的办案人员在辩护律师向被害人等收集证据时就提前给他们灌输辩护律师向他们取证会对其本身不利的思想，导致辩护律师在向被害人等收集证据时根本得不到同意的后果；有的办案人员在向被害人或者其近亲属收集证据时，越俎代庖，事先问他们是否愿意接受辩护律师的调查，在他们因多种因素而表示不愿意时，办案人员收到辩护律师要求向被害人或者其近亲属调查的申请后，就乘机以他们不同意为借口，断然作出不同意调查的答复。① 由上可见，在向被害人或者其近亲属收集证据材料的问题上，辩护律师只有很小的权利甚至可以说是基本上无权利。辩护律师在向被害人提供的证人收集证言方面，基本等同于前述向其他证人等收集证言的情况，也基本上没有权利。为了改变立法上的缺陷和司法实践中存在的问题，笔者建议全国人大常委会作出决定，明确规定："辩护律师向被害人或者其近亲属、被害人提供的证人收集与本案有关的材料，有关人员应当如实提供。"以此代替现刑诉法第 37 条第 2 款的规定，保障辩护律师在实质上而不是在形式上享有向被害人等调查取证的权利，以实现与公、检、法办案人员在向被害人等调查取证权利方面的平等。

---

① 参见王树静《律师法施行后亟待解决的问题》，《中国律师报》1997 年 5 月 24 日。

第二编　刑事诉讼基本范畴

侦、检一体化模式研究

——兼论我国刑事司法体制改革的必要性[*]

陈卫东 郝银钟[**]

摘 要:侦查机关与检察机关之间"分工负责、互相制约"的原则存在一些根本性的缺陷和种种弊端,不能用来调整侦查机关与检察机关之间的关系,更不能作为构建我国刑事司法体制的指导性原则,应予摒弃。侦、检一体化模式集中体现了诉讼规律的基本要求,顺应了当今世界刑事诉讼法学发展的历史潮流,应当成为我国刑事司法体制改革的首选目标。建构侦、检一体化刑事司法模式,应当确立检察官在侦查阶段的主导核心地位,突出检察机关在刑事诉讼中对侦查机关侦查取证行为的领导、指挥和监督权,建立检察机关对立案、撤案、结案的统一审查制度,杜绝"党、司不分"与"政、司不分"现象,实现检察官的社会精英化。在强化检察机关司法权力的同时,应当建立相应的诉讼制约保障机制。

关键词:侦检关系 司法模式 刑事司法体制 诉讼职能

---

[*] 本文原载于《法学研究》1999年第1期。
[**] 陈卫东,中国人民大学法律系教授;郝银钟,论文发表时为中国人民大学法律系博士研究生,现为广东外语外贸大学法学院教授。

一

　　一般认为,现代刑事诉讼程序的主要进步是通过对刑事诉讼的调查和预审阶段进行的改革来实现的。这些改革的基本途径之一,是努力将公正客观地进行活动的检察官发展为刑事诉讼的核心。[①] 在我国现行刑事诉讼程序完善过程中,对问题重重的侦查阶段的改革举步维艰,导致整个刑事诉讼法的运行状态与立法者所预期达到的价值目标总是相距甚远。究其原因,从根本上乃与我国宪法和刑事诉讼法对有关侦查机关及检察机关关系的原则性制度设计存在某些缺陷关系甚大。本文针对我国现行刑事司法体制在实际运作过程中出现的种种弊端,拟从法理和实践的角度出发,根据刑事司法体制运作的一般规律,对侦、检一体司法制度的设置是否具有科学性、诉讼结构是否具有内在的正当性和外在的合理性进行考察。这个问题,不仅关系到侦、检体制,而且直接关系到刑事诉讼目的能否得到公正、有效的实现,因而应是诉讼法学研究中的一个重要课题。

　　综观世界各国刑事诉讼制度,对于侦查权与检察权在刑事诉讼中关系的界定及对检察官角色的定位,概而言之,主要有以下几种模式。第一,主导型。这种类型的国家十分强调刑事司法的高度集中统一,在调查追诉的过程中偏重对诉讼效率的追求,因而为了防止侦查机关可能出现的离心倾向,往往将侦查指挥权、侦查监督权集中赋予检察机关,并在检察机关的统一领导下由双方共同行使侦查权。在侦查的整个过程中,检察机关居于主导地位。有的国家甚至规定检察机关即为侦查机关,即检察权包含侦查权。大陆法系国家多属于此类型。在法国,检察官兼具司法警察的所有职权,并有权指挥司法警察的一切侦查活动;同时,检察官还可以要求司法警察就一切犯罪提供报告及移送案件,并可受理告发与告诉。对现行犯,如果检察官在现场,则由其执行司法警察之职务,并有权调集警力。《法国刑事诉讼法典》第75条规定:司法警察官和司法警察应当根据

[①] 〔美〕约翰·亨利·梅利曼:《大陆法系——西欧拉丁美洲法律制度介绍》,顾培东、禄正平译,知识出版社,1984,第152页。

共和国检察官的指令或依职权进行初步侦查；凡查缉行动均应当受到检察长的监督。① 德国的检察机关既有自行侦查权，又有指挥侦查权，即检察机关享有侦查或者将案件交付警察机关进行侦查的权力。警察机关在进行侦查时负有迅速向检察官报告侦查结果的义务。《德国刑事诉讼法典》第161条明确规定：检察官可以向一切公共机关收集情报，除了宣誓下的讯问外，可以进行各种侦查，或者交付警察机关及其他人员侦查。警察机关及其他人必须执行检察官的委托或命令。② 由此观之，德国检察机关与警察机关的关系，显然是一种主从关系，检察机关占据主导地位。在意大利，初期侦查阶段由检察官领导侦查工作并直接调动司法警察。在侦查人员将初步收集的犯罪材料移送检察官后，由检察官在犯罪消息簿中予以记载，即开始由检察官负责领导司法人员进行正式侦查。③ 另外，苏联、南斯拉夫、朝鲜、蒙古国等国刑事诉讼法有关检察机关侦查监督职能或指挥侦查职能的规定表明，这些国家也基本属于这一类型。④ 第二，指导参与型。采取这种模式的典型国家是美国。由于美国司法体制采取非系统主义，并没有建立起组织严密的全国性警察机关和检察机关，而只有地方、州和联邦的警察体制和检察体制。因而，在履行各自职责时采取分散独立的工作方式，并各负其责。但是这并非意味着检察官在犯罪侦查活动中无所作为。虽然检察官的主要职责是在刑事案件中代表国家提起公诉，可他们也有权参与侦查工作。值得注意的是，这只是检察官享有的诉讼权利，并不是其法定义务。在多数案件中，检察官并不亲自进行侦查，而是指导和监督专业侦查人员或大陪审团。不过在某些情况下，如在那些人口稀少的地区或小城镇，检察官往往亲自主持并开展侦查工作。在一些大都市，检察官也往往应公众的要求而承担侦查工作，特别是在有暴力团体或地痞流氓牵涉在内，或警察人员因受不正当之利害关系牵制而不能公正进行侦查工作时。有些检察机关有自己的专门侦查人员；还有些检察机关经常从当地警察局抽调侦探组成侦查队伍。所以，虽然从表面上看美国的检察机关与警察机关之间是一种十分松散的关系，但检察官对警察侦查取证活动

---

① 金明焕主编《比较检察制度概论》，中国检察出版社，1991，第92页。
② 《德国刑事诉讼法典》，李昌珂译，中国政法大学出版社，1995，第78页。
③ 《意大利刑事诉讼法典》，黄风译，中国政法大学出版社，1995。
④ 陈光中主编《外国刑事诉讼程序比较研究》，法律出版社，1988，第61页。

的指导参与作用是不容忽略的。第三，协助型。在日本，一般认为，侦查的目的之一是为公诉作准备，而提起公诉和维持公诉的责任属于检察官，这就需要检察官和司法警察职员在犯罪侦查上相互协助，也需要检察官从公诉的角度对司法警察职员的侦查行为进行制约，故《日本刑事诉讼法》赋予了检察官一定的指示、指挥权。根据《日本刑事诉讼法》的有关规定，第一次侦查一般由司法警察职员负责，检察官只在必要时，才可以自行侦查、指挥司法警察协作其侦查或者作一般指示。也就是说，检察官的侦查权具有第二性，但检察官对司法警察职员仍拥有一般性指示权与指挥权，主要表现在：（1）检察官在其管辖区域内对司法警察职员所进行的侦查可以作必要的一般指示；（2）检察官在其管辖区域内为了要求司法警察职员协助侦查可以对其进行必要的一般指挥；（3）检察官在自行侦查的情形下认为有必要时，可以指挥司法警察职员使之辅助侦查；（4）在前三项的情形下，司法警察职员应当服从检察官的指示或指挥。对拒不执行检察机关指示、指挥的行为，《日本刑事诉讼法》第 194 条规定：（1）检察总长、高等检察厅长或地方检察厅长，在司法警察职员没有正当理由而不服从检察官的指示或指挥的情况下，认为有必要时，如果是警察官的司法警察职员，可以向国家公安委员会或都道公安委员会，如果是警察官以外的司法警察职员，可以向对他有惩戒或罢免权限的人，分别提出惩戒或罢免的追诉；（2）国家公安委员会、都道公安委员会或对警察官以外的司法警察职员有惩戒或罢免权限的人，认为前项追诉有理由时，应当根据法律规定对受追诉的人进行惩戒或罢免。

二

虽然上述几种刑事司法模式表现形式略有不同，但检察官在侦查、公诉阶段的核心地位是显而易见的。检察官的这种特殊的法律地位体现在刑事司法体制中，就必然要求侦查机关摒弃侦查本位主义，全力履行公诉职能，使侦、检双方日益朝着一体化方向发展。第一，由于检察官主导整个侦查、公诉程序，因而检察官与承担侦查职能的司法警察并非一种平等、独立的关系，而是属于一种领导与被领导、指挥与被指挥、监督与被监督的法定关系，即所谓"上命下从"的关系，[1] 这就使侦查权已经成为一种服务于公诉权的附属性司法权力，不再是一种分散独立的司法力量。所以，为了保证上述逻辑模式充分发挥其效能，往往不允许出现诸如"分工负责"、"互相制约"等有可能弱化检察官的核心地位从而导致两者法律地位趋向平等和分散独立的现象产生。这是侦、检一体化模式的首要特征。第二，诉讼职能的统一性和诉讼行为的协调一致性。自控、审两种基本的诉讼职能分离之后，控诉、辩护、审判三种诉讼职能构成了现代刑事诉讼的基本格局。其中侦查机关与检察机关的共同职责主要是围绕为提起公诉、维持公诉而查获犯罪人及搜集、保全证据，以统一行使国家司法权，双方目标一致，并在刑事诉讼活动中相互协作，进而合为一体，共同追求调查、取证、公诉的高效率。显然，正是侦查机关与检察机关诉讼职能的这种统一性，决定了在刑事司法体制的运作过程中，双方在各个方面必然表现出高度集中统一、相互协调一致，并最终使高效的相互配合、协助而非牵制原则成为设计侦、检关系的准则。这正是侦、检一体化模式的基本内涵。第三，相互的不可分离性。如前所述，虽然侦查职能与公诉职能在刑事诉讼法中所包容的逻辑内涵不尽相同，但由于侦查职能的价值主要在于辅助检察官履行公诉职能，故侦查职能并非一种完全独立的诉讼职能，恰恰相反，侦查职能的有效性完全依赖于检察权的充分实现。同时，公诉职能如果离开了侦查职能的协助和支持，也会变成"无源之水"，必将严重妨害刑事诉讼的顺利进行。所以，从诉讼的阶段性来看，作为一个有机统一的整体，侦查机关与检察机关都没有各自独立存在的价值基础。只有通过双方相互依存并经常性地相互产生影响，整个司法体制才会充满活力。如果意识不到其结构内部的这种组织性、一致性，人为地将两者的职能割裂开来，使两者相互掣肘，不但会无谓地增加诉讼成本，降低诉讼效率，导致整个刑事司法体制长期处于严重的不经济运作状态，而且必然会产生一系列消极违法现象，最终会使整个诉讼程序丧失其应有的生命力。由此可见，侦、检双方关系的设置并非随意的，它要反映诉讼规律的基本要求。侦、检一体化模式正是这种规律性的必然体现。

上述侦、检一体化刑事司法模式深刻地体现了国家为维护统治阶级的

---

[1] 黄东熊：《刑事诉讼法论》，三民书局，1995，第106页。

根本利益而积极有效地追究、惩罚犯罪的价值取向。现代法治国家，在充分保障人权的前提下，对诉讼效率的追求或偏爱，使诉讼效率越来越成为刑事司法体制改革的首选价值。人们普遍认为，诉讼效率是社会法治化过程中引导和体现司法公正的一个基本的司法目标，是刑事司法体制"应然"具有的独立品格；同时诉讼效率又是一种尺度或标准，可以衡量一个国家法律制度文明或科学化的程度。① 只有不断提高诉讼效率，法律的尊严才能得以维护，正义才能及时得到伸张，社会公众才会对司法机关充满信心。一般而言，诉讼效率的实现，是通过诉讼过程的经济合理性来满足社会公正、秩序和个人自由的需求。② 而诉讼过程的这种经济合理性，则要求立法者在刑事诉讼中寻求最佳方式来科学合理地利用诉讼资源。侦、检一体化模式是在充分发挥侦查机关和检察机关各自职能作用的基础上，合理、优化配置侦、检两机关的司法资源，并适当减少诉讼环节，降低诉讼成本，因而有效地加速了诉讼进程；此外，通过赋予检察官在这一诉讼阶段的核心地位，旨在防止侦查机关在刑事诉讼中可能出现的离心倾向，从而极大地增强了控诉职能的有效性；再者，作为社会公益代表人的检察官和辅助检察官完成公诉任务的司法警察，其价值取向和诉讼利益也一致偏重于维持社会秩序及社会治安的稳定性方面。③ 这是由双方所共同承担的控诉职能的性质决定的，正是其价值理念和诉讼利益的这种一致性，必然会成为促使侦、检双方在刑事诉讼中始终保持高度集中统一的内在动因。所以，侦、检一体化刑事司法模式不但能够充分满足诉讼效率的内在要求，且能够促使该刑事司法体制最终成为连接司法理想与社会现实的桥梁，因此是科学的。

三

我国《宪法》第 135 条和《刑事诉讼法》第 7 条都明确规定：人民法院、人民检察院和公安机关进行刑事诉讼，应当分工负责、互相配合、互

---

① 李文健：《转型时期的刑诉法学及其价值论》，《法学研究》1997 年第 4 期。
② 李文健：《刑事诉讼效率论——基于效益价值的法经济学分析（上）》，《政法论坛》1997 年第 5 期。
③ 黄东熊：《刑事诉讼法论》，三民书局，1995，第 98 页。

相制约，以保证准确有效地执行法律。可见，分工负责、互相配合、互相制约是规范公、检、法三机关之间相互关系的一项基本原则。即在刑事诉讼中三者是一种相互独立、各负其责、协作配合、彼此制约的关系。有学者将这一原则形象地比喻为一个工厂里的"三道工序"。[①] 同时，我国《宪法》和《刑事诉讼法》又规定检察机关在性质上是法律监督机关，并在《刑事诉讼法》中具体规定了监督形式，如立案监督、审查批捕监督、审查起诉等。我国刑事司法体制也是基本依据以上原则构建起来的。上述规定对于充分发挥公、检、法三机关各自的职能作用，保证顺利完成揭露、证实和惩罚犯罪的共同任务确实具有重要的作用。但是，上述法律制度的设计本身严重忽视诉讼规律的客观要求，其缺陷以及由此而产生的弊端也是显而易见的（因受本文论题所限，在此只论及这一原则对公、检之间关系所产生的弊端）。第一，法理上的缺陷。首先，虽然侦、检两机关在刑事诉讼中存在着不同的内部职能分工，[②] 但是两者并不是"分工负责"的关系，不能要求其各自独立地对诉讼职能负责，这是诉讼阶段的规律性使然。正如前面所论证的那样，公诉权与侦查权在本质上是相互统一的，彼此之间有着内在的必然的且密不可分的联系，而同时检察机关又在这一统一体中居于绝对的支配地位，也就是说，双方存在不同分工但彼此不是独立地各负其责的关系；反映在刑事司法体制中，两者之间应该是一种"上命下从"的关系。检察机关在侦查、公诉阶段居于核心地位，而承担侦查职能的公安机关只是辅助检察机关履行控诉职能，只是检察机关命令的执行者，具有从属的性质，双方的法律地位并不具有任何的平等性或属于平行、并列形式。因而，"分工负责"这一原则没有体现出侦查机关与检察机关之间法律关系的本质特征，同时也是与公、检两机关所共同承担的控诉职能相冲突的，故不宜用"分工负责"原则来调整侦、检两机关之间的关系。其次，一方面，正是由于侦、检两机关之间存在着这种内在的不可分离性和检察机关在侦查、公诉阶段的核心支配作用，为了最大限度地防

---

① 王国枢主编《刑事诉讼法概论》，北京大学出版社，1981，第80页。
② 也有学者认为，检察机关在本质上是侦查机关，司法警察有义务协助检察官进行侦查，故司法警察与检察官之间并不存在不同的诉讼职能分工。黄东熊：《刑事诉讼法论》，三民书局，1995，第105页；陈朴生：《刑事诉讼法实务》（重订9版），海天印刷厂有限公司，1992，第287页。

止司法资源的浪费及流失,保障刑事司法体制高效运作,故在法理上也不容许在诉讼过程中承担相同诉讼职能的侦、检双方进行内耗式的"相互制约";另一方面,我国检察机关的性质是法律监督机关,其法律监督职能是对已存在的法律行为进行评价和对违法行为进行处分,是对已发生的执法活动进行鉴定和矫正,是一种单向性的国家法律行为。如果允许侦查机关与其相互制约,检察机关法律监督的至高无上的法律地位就会受到削弱,法律监督的权威性就无法体现出来。故用这种"相互制约"的原则来规范公安与检察机关之间的关系更是不恰当的。最后,从立法原意来看,设立上述原则的目的是"保证准确有效地执行法律"。通过以上分析不难发现,"分工负责"、"互相制约"两原则,明显与公安机关、检察机关在刑事诉讼中所共同承担的诉讼职能相矛盾,与诉讼阶段的规律性相背离,必然会导致整个刑事司法体制丧失其赖以存在的价值基础——诉讼效率,所以,在这样的原则指导之下,不但立法的目的无法实现,其反而会带来更加严重的弊端。第二,再看在这一原则指导之下出现的实践中的问题。(1)严重浪费司法资源,诉讼效率低下。现行《刑事诉讼法》对公安机关和检察机关的职能管辖划分不科学、机构设置重叠和不合理、竞争机制缺乏、程序不顺,使其相互协作不利、拖延扯皮严重,致使整个刑事司法体制在不良运作中浪费掉大量的司法资源,并从总体上导致诉讼效率低下。[①]例如,按照"分工负责"、"互相制约"的工作流程,公安机关盲目独立取得的证据常常与检察机关对证据的要求不相符,或者出现漏证,而这不但会浪费大量人力物力进行重复取证,而且在有些情况下遗漏的证据更是难以复得,两机关只好相互推诿,甚至半途而废,最终导致整个刑事诉讼无法顺利展开,诉讼效率更是无从谈起。再从立案管辖的角度来看,由于案件本身的复杂性,公安机关受理的案件往往涉及检察机关管辖的案件,而检察机关立案管辖的案件也往往涉及应由公安机关管辖的案件,如公安机关在办理涉税案件时,往往能够发现贿赂罪的证据线索等,诸如此类。按照现行《刑事诉讼法》的有关规定,应该按照移交程序处理。即使不出现"该交不交、自行处理"或"不及时移交"等违法现象(司法实践中这种违法现象并不在少数),此类移交程序本身就延误了调查取证的最佳时机,

---

① 孙言文等:《1997年物证技术学侦查学研究的回顾与展望》,《法学家》1998年第1期。

再加上官僚主义作风的存在，也给各自工作带来一系列难以挽回的消极影响。（2）侦查程序呈现严重失控状态。在现行刑事司法体制下，整个侦查程序基本上由公安机关一家进行"暗箱操作"，侦查机关与检察机关各行其是，不仅违法行为层出不穷，[1] 司法不公现象普遍存在，也难以避免受各种法外因素的干扰，离心倾向严重，容易导致侦查权异化为一种不受任何约束的法外特权。如履行侦查职能的公安机关在性质上属于行政机关，受同级政府和上级主管职能部门的领导，并对其负责，再加上能与检察机关"分工负责"、"相互制约"，"井水不犯河水"，完全形成实际上的"分庭抗礼"之势，即使枉法，谁又奈何得了呢？所以也就不难理解社会生活中为什么会时常发生诸如行政公开干预司法、执法者公然犯法、犯法者依然逍遥等恶性案例！这不仅分散与削弱了司法力量，同时，更应该引起关注的是，如果这股恶风进一步滋生蔓延，我们整个刑事司法体制就有可能丧失继续存在下去的合理性。此外，由于现行法律制度本身对侦查程序缺乏真正有效的监督制约形式，检察机关的法律监督地位也受到严重削弱，有其名而难存其实，难以保障公安机关侦查行为的有效性及合法性。（3）两机关的机构设置及发展趋势越来越与其所承担的诉讼职能相背离。机构臃肿、人多质劣、衙门作风横行等，庞大的司法机关与低下的诉讼效率之间的矛盾冲突明显，司法腐败现象严重，[2] 已经成为我国刑事司法体制改革面临的首要问题。总之，笔者认为，"分工负责"、"互相制约"的原则，由于存在着一些根本性的缺陷和种种弊端，故不宜再用来调整公安机关和检察机关之间的关系，更不能作为构建我国刑事司法体制的指导性原则，应予摒弃；而侦、检一体化模式由于集中体现了诉讼规律的基本要求，顺应了当今世界刑事诉讼法学发展的历史潮流，所以应该成为我国刑事司法体制改革的首选目标。

四

我国刑事司法将控制犯罪和保护人权的有机统一作为直接目的，并强

---

[1] 蔡杰：《关于侦查监督的几个问题》，《法学评论》1997年第6期。
[2] 崔敏：《健全诉讼法制，实现"依法治国"》，中国法学会诉讼法学研究会年会论文，深圳，1997年。

调提高效率与保障权利的高度一致性，因而在构建侦、检一体化刑事司法模式时，必然要充分体现上述价值理念。具体设想如下。第一，确立检察官在侦查阶段的主导核心地位，并加大检察机关对侦查程序的监控力度，使侦查机关的所有诉讼行为，特别是调查、取证行为，必须服从检察机关的领导、指挥和监督，从而使检察官真正成为影响侦查、公诉程序进程的核心力量。尽管侦查机关的法定职能分工仍然是以侦查为本，但不再赋予其完全独立的司法权力，即明确规定侦查权完全是一种依附于检察权的司法权力，废除调整公、检两机关之间关系的所谓"分工负责"及"相互制约"的诉讼原则。这是侦、检一体化模式的基本理念。第二，在具体诉讼制度的设计上，要突出强调检察机关在刑事诉讼中对侦查机关的侦查取证行为的领导、指挥、监督权；在司法体制改革中，应当将承担侦查职能的司法警察划归检察机关领导和管理。即采取司法警察与治安警察分离制度，对现行公安管理体系进行分流重组。众所周知，公安机关在性质上是国家行政机关，是各级政府的职能部门，却又在刑事诉讼中承担侦查职能，直接行使国家司法权，故形成实际上的行政权与司法权不分，这不但容易造成诉讼理论上的混乱，且在刑事诉讼实践中，也是非常有害的。正如孟德斯鸠指出的，如果司法权不与立法权和行政权分立，自由也就不存在了。因此，对司法体制进行改革，一个重要的方面就是理顺公安机关内部关系以及与检察机关的关系。只有将承担侦查职能的刑警部门，即司法警察，从现行行政管理体制中分离出来，使司法警察接受检察机关管理、指挥、领导、监督，才有可能有效地防止行政干预司法现象的发生，才能够保障整个刑事司法体制持续高效运作。治安警察则隶属于行政机关，应受同级政府和上级职能部门的领导和管理。两者基本职能不能混为一谈。第三，建立检察机关对立案、撤案、结案的统一审查制度，防止执法机关擅自枉法分流刑事案件，这既是侦、检一体化模式的重要内容，也是检察机关发挥其法律监督职能的重要形式，由此，侦查机关不再独立享有立案、撤销案件、终结案件的诉讼职权，只有检察机关才享有最终的审查决定权。另外，要逐步弱化检察机关的侦查职能，强化其侦查领导、侦查指挥、侦查监督、审查公诉的职能，使之更具有准确性、权威性，以保证侦、检一体化模式能够持续高效运作。第四，杜绝"党、司不分"与"政、司不分"现象，防止一切法外因素非法干预刑事诉讼进程，努力构建健全的、真正能够保障检察官依法独立行使职权的诉讼保障机制。在司法实践中,党和政府的某些机构,如政法委、纪检委、监督部门和党委,往往对一些个案的侦查、公诉乃至审判施加影响。这虽然体现了党和政府对刑事司法工作的支持和关心,但与依法治国的基本精神相违背,也容易产生更加严重的弊端。故为了保障侦、检一体化刑事司法模式充分发挥其效能,就应该严格规范上述机关与司法机关的关系,真正使中国刑事法治建设迈上一个新的台阶。第五,实现检察官的社会精英化,这是保障侦、检一体化模式高效运作的基本条件。在某种意义上,法的实现是法的生命。但是"徒法不足以自行",有了科学的法律和健全的刑事司法体制,尚不足以充分发挥其调整作用,因为这时的法还只是纸上的法,还需要一支精干高效的司法队伍才能保证刑事诉讼目的的顺利实现。鉴于检察官在刑事诉讼中所处的特殊法律地位,故对检察官的资格任命在法律上也必须体现出对这一职业的特殊要求。在现代法治国家,无论是对检察机关首长的任命,还是对一般检察官的任命,都以必须具备高度的法律专业知识、个人品行必须能够胜任代表社会公益的检察职业为基本条件,即努力实现检察官的社会精英化。同时,还必须建立起一整套完善的法律保障机制,使检察官的任命方式、任命资格、任期等走向法治化。目前,虽然我国已颁布实施了《检察官法》,对检察官的资格任命方式作了一些原则性规定,但是距国际通行的标准和党的十五大提出的"依法治国、建设社会主义法治国家"这一治国方略的客观要求相差甚远,这方面已经成为我国司法体制改革的重中之重,也是难中之难,已到了非改不可的地步。

平等创造了司法和构成了司法。[①] 侦、检一体化刑事司法模式无疑强化了检察机关在刑事诉讼中的司法权力。为了防止其产生高度职权化倾向而导致控、辩双方严重失衡,避免出现犯罪嫌疑人诉讼地位的客体化趋势,有必要建立相应的诉讼制约保障机制,以使犯罪嫌疑人、被告人在诉讼的各个阶段都能够充分、有效地保护其合法利益,这是现代刑事诉讼程序朝着更为人道、正义方向发展的基本特征。第一,法官以第三者的身份介入侦查程序,监督、制约整个侦查过程,并就侦查行为及有关的强制性措施的正当性、合法性问题作出最终的裁决,如对于涉及人身自由和财产

---

① 〔法〕皮埃尔·勒鲁:《论平等》,王允道译,商务印书馆,1988,第22页。

等具有强制性的侦查措施,应由法官审查决定是否准予采用;实行批捕权与检察机关职能分离制度等,[1] 以防止侦查人员、检察官滥用国家刑事司法权而侵害人权。在这方面其他国家也有类似的立法先例。如法国的预审法官对侦查活动实施全面的法律控制,对侦查中的重大问题以及涉及法律措施的问题有决定权;英美法系的法官通过法律措施的批准权和审判中的证据取舍权以及其他诉讼问题的决定权实施对侦查行为的法律控制。[2] 第二,增强犯罪嫌疑人及其法律帮助人与侦查机关、公诉机关之间诉讼权利的平衡性、对抗性,并应当加大对犯罪嫌疑人诉讼权利的保护力度。有的学者对此进行了充分论证,[3] 并提出犯罪嫌疑人及其法律帮助人至少应享有如下诉讼权利:(1) 在侦查阶段及时得到律师帮助的权利,允许律师全面介入侦查程序;(2) 律师在会见犯罪嫌疑人时享有录音、录像和拍照权;(3) 侦查人员不得在律师会见犯罪嫌疑人之前限制其谈话内容,在会见之后不得追问谈话内容;(4) 律师在侦查阶段享有调查取证权;(5) 检察人员讯问犯罪嫌疑人时,辩护律师享有在场权;(6) 辩护律师在审查起诉阶段享有查阅全部案卷材料的权利;等等。毋庸讳言,上述诉讼权利是实现控、辩平衡的最基本的保障。以牺牲当事人的诉讼权利为代价而得到的诉讼效率,即所谓"宁枉勿纵"思想,不但不是我国刑事诉讼法学所追求的价值目标,反而会成为我国社会主义法治建设事业的最大威胁。正如梅利曼教授所言,"诉讼权利的不平等以及书面程序的秘密性,往往容易形成专制暴虐制度的危险"。[4] 我们在构建侦、检一体化司法模式的时候,必须注意保持侦查结构、公诉结构自身的平衡,从根本上防患于未然。

---

[1] 郝银钟:《论批捕权的优化配置》,《法学》1998 年第 6 期。
[2] 徐静村主编《刑事诉讼法学》(上),法律出版社,1997,第 186 页。
[3] 周国均:《控、辩平衡与保障律师的诉讼权利》,《法学研究》1998 年第 1 期。
[4] 〔美〕约翰·亨利·梅利曼:《大陆法系——西欧拉丁美洲法律制度介绍》,顾培东、禄正平译,知识出版社,1984,第 149 页。

从我国刑事法庭设置看刑事审判构造的完善[*]

卞建林　李菁菁[**]

摘　要：刑事法庭的设置因其直观形象地反映了控、辩、审三方诉讼主体在审判中所处的法律地位和相互关系而成为刑事审判构造的重要表征。我国古代以"审讯"为核心的审判模式的影响、被告人沉默权的缺失以及刑事审判方式改革的不彻底等，导致我国现行刑事法庭设置呈现"伞型"特征。重塑我国刑事审判构造，应当去除目前庭审方式的"审讯"色彩，增强庭审的"听证"性，建立审判中立、控辩平等、当事人主导的"等腰三角形"的审判构造。

关键词：刑事法庭　法庭设置　刑事审判　审判构造

刑事诉讼构造一般是指受刑事诉讼价值观影响，由刑事诉讼目的决定的，控、辩、审三方主体在刑事诉讼程序中所处的法律地位和相互关系。这是一个国家民主政治制度、法律文化传统、诉讼价值观念在司法运作中的突出反映，是构筑刑事诉讼具体制度、程序、措施的基石。审判程序是"三方组合"的诉讼形态中最为完整的诉讼阶段，因此审判构造也是刑事诉讼构造最为集中的体现。构建科学合理的审判构造，是刑事诉讼庭审方式乃至刑事司法制度改革的重要内容。而刑事法庭的设置，客观、形象地反映了控、辩、审三方主体在刑事审判中所处的法律地位和相互关系，成

---

[*] 本文原载于《法学研究》2004 年第 3 期。
[**] 卞建林，中国政法大学教授（已退休）；李菁菁，论文发表时为中国政法大学博士研究生。

为刑事审判构造的重要表征。

当前，尽管诉讼法学界对审判构造问题已经开展了较为深入的研究，但鲜见有人将法庭设置与审判构造相联系，从法庭设置对审判构造的映射作用的角度探讨我国审判构造的构建与完善。为此，笔者试图从我国刑事法庭现行设置入手，力求准确、形象地勾勒出其所反映的我国刑事审判构造的独特模式，分析这一独特模式形成的原因以及其在司法实践中产生的弊端，并根据刑事审判的应然构造和联合国刑事司法准则的基本要求，对重塑我国刑事审判的"等腰三角形结构"提出改革和完善建议。

一 我国刑事法庭设置及其所反映的刑事审判构造

（一）我国刑事法庭设置及其特征

当今世界其他国家的刑事法庭设置，基本上可以划分为三类。一是传统英美法系当事人主义刑事法庭设置，特点为控、辩双方平等武装、平等对抗，法官消极、中立听证（如图1所示）。二是传统大陆法系职权主义刑事法庭设置，特点为法庭审判奉行职权主义，法官在庭审中占据主导地位，不是消极的仲裁者；检察官代表国家提起公诉，并非一般当事人，控、辩地位不完全对等（如图2、图3所示）。三是作为现代人权理念重要

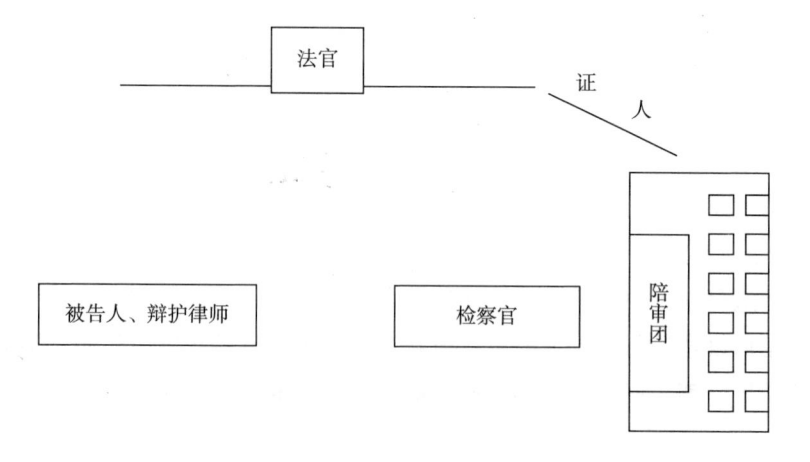

图1 美国陪审团刑事法庭设置

注：作者根据对相关国家刑事法庭的实地考察绘制。下同。

图 2　法国重罪法庭设置

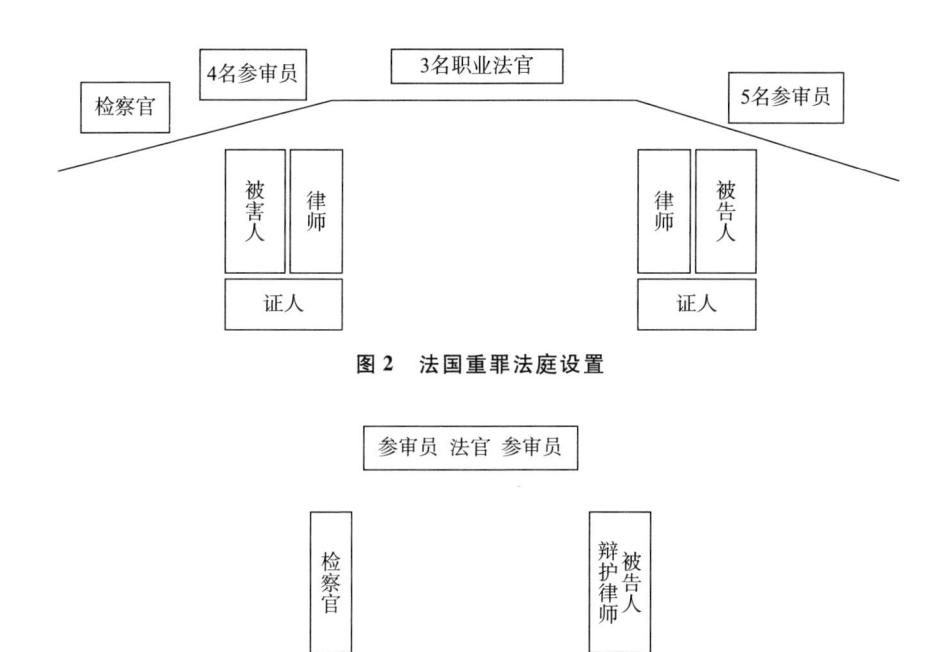

图 3　德国地方法院刑事法庭（舍芬庭）设置

策源地的北欧国家的刑事法庭设置，其形式接近家庭法庭、未成年人法庭的"圆桌审判"模式，特点是审判凸显诉讼民主和人权保障，更具人文关怀色彩（如图 4 所示）。

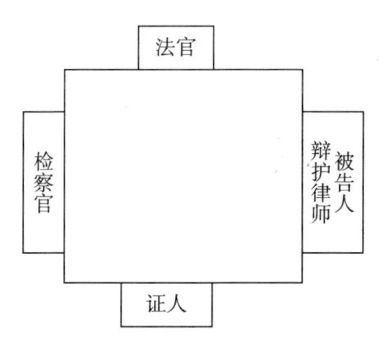

图 4　芬兰地方法院刑事法庭设置

根据 1979 年《刑事诉讼法》和司法解释的有关规定，我国刑事审判庭控诉、辩护、审判三方的基本设置如图 5 所示。

同时，1996 年《刑事诉讼法》修改后，被害人由公诉案件的一般诉讼

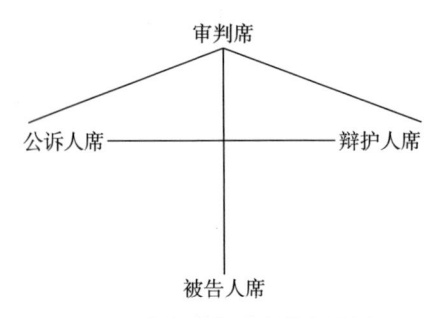

```
                    审判席
                   /  |  \
                  /   |   \
          公诉人席————+————辩护人席
                      |
                      |
                   被告人席
```

图 5　我国刑事法庭基本设置

参与人上升为当事人，自己有权并委托诉讼代理人参加法庭审判，与公诉机关共同履行控诉职能，这导致审判中控、辩力量对比发生变化，法庭设置变形如图 6 所示。

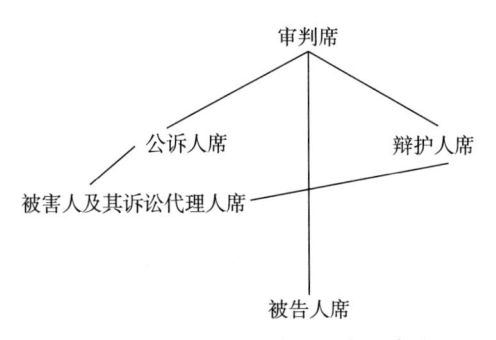

```
                    审判席
                   /  |  \
                  /   |   \
          公诉人席    |    辩护人席
           /          |
  被害人及其诉讼代理人席
                      |
                   被告人席
```

图 6　《刑事诉讼法》修改后我国刑事法庭的现行设置

参照图 5、图 6 可知，我国刑事法庭中的审判席（法官席），位于法庭正中的台基之上。根据《刑事诉讼法》的规定，审判人员在法庭审判中负责主持庭审，并可主动讯问被告人，询问证人、鉴定人；对法庭出示的证据，听取公诉人、当事人和辩护人、诉讼代理人的意见；对证据进行调查核实；等等。

公诉人席，位于审判席的左下方。根据《刑事诉讼法》的规定，公诉案件由检察机关派员出庭支持公诉：依法宣读起诉书，对被告人提出刑事指控；在法庭调查阶段，针对所指控的犯罪事实讯问被告人，询问有关证人、鉴定人，向法庭出示相关书证、物证等指控证据；在法庭辩论阶段，发表公诉意见，同辩护人展开法庭辩论，行使控诉职能。同时，检察机关作为法律监督机关，依据《刑事诉讼法》第 169 条的规定，对法庭审判活动实施监督。

被害人及其诉讼代理人席，与公诉人席并列设置。在庭审过程中，被害人享有当事人的一切诉讼权利：可以就起诉书指控的犯罪事实进行陈述；被害人及其诉讼代理人经审判长许可，可以向被告人、证人、鉴定人发问，并就当庭出示的证据发表意见；经审判长许可，被害人及其诉讼代理人可以参加法庭辩论。

辩护人席，位于审判席的右下方，与公诉人席和被害人及其诉讼代理人席相对。在法庭审判中，经审判长许可，辩护人可以对被告人、证人、鉴定人发问；向法庭出示有关证据；申请通知新的证人到庭，调取新的物证，申请重新鉴定或者勘验；提出辩护意见，与公诉人和被害人及其诉讼代理人展开法庭辩论。

被告人席，位于审判席对面。根据《刑事诉讼法》的规定，在法庭审判中，被告人可以就起诉书指控的犯罪进行陈述；接受审判人员、公诉人的讯问和被害人及其诉讼代理人、辩护人的发问；参与法庭辩论；进行最后陈述。

通过对国内外刑事法庭设置的比较，可以看出：我国刑事法庭既不同于英美法系当事人主义的刑事法庭设置，也有别于大陆法系职权主义的刑事法庭设置，更与北欧国家人文主义的刑事法庭设置存在明显差异，从而呈现出一种独特的庭审模式。该模式具有以下基本特征。

一是审判人员不是消极、中立的听证者，其既是庭审程序的"主持者"，也是案件实体真实的"发现者"，拥有强大的、几乎不受限制的法庭调查权，仍旧在一定程度上包揽举证尤其是代替控、辩双方对证人进行询问。[①] 同时《刑事诉讼法》第158条赋予人民法院的"庭外调查权"，不受控、辩双方意志的制约，并且通过庭外调查所收集的证据不经控、辩双方质证即可作为定案根据。这使得人民法院继续扮演案件事实"发现者"的角色，并未真正成为中立的裁判者。法庭审判仍然带有强烈的职权主义色彩。

二是检察机关在法庭审判中"一身二任"，既作为公诉机关代表国家追诉犯罪；同时又是法律监督机关，依法对法庭审判实施监督。因此，检察机关在庭审中不是与辩护主体平等对抗的一方当事人，而是处于与审判

---

① 参见龙宗智《刑事庭审制度研究》，中国政法大学出版社，2001，第116页。

机关共同作为国家专门机关追查犯罪并且对审判活动进行监督的特殊诉讼地位。

三是被害人作为当事人参与法庭审判，与公诉机关相互配合、补充，构成公诉案件控诉主体的二元化，导致控、辩力量对比进一步失衡。

四是辩护人席与被告人席分隔设置，辩护人作为被告人合法利益的维护者在整个庭审过程中不能与被告人及时交流、沟通和协商，只能根据《刑事诉讼法》第155条的规定，经审判长许可后向被告人发问，从而由"法律救济的提供者"变为"法庭审问的参与者"。

五是被告人在法庭审判中不享有沉默权，必须接受审判人员和公诉人的轮番讯问、被害人及其诉讼代理人乃至辩护人的轮番发问，成为"讯问的对象"。并且，被告人孤身处于审判席的对面，在庭审中无法与辩护人交流意见，不能得到辩护人的指导，甚至对辩护人的发问也可能无从应答，处于孤立无援的境地，实际上被降格为诉讼客体。

由此可见，我国刑事审判构造既不是应然的"正三角形结构"，也非有的学者所提出的"倒三角形结构"，[①] 而实际上呈现一种类似伞的立体图形。即由审判人员、公诉人加上被害人及其诉讼代理人和辩护人共同组成一张伞面，被告人孤零零独自位于伞把一端的"伞型结构"。这一独特的审判结构，既秉承了我国古代"三司会审"、"坐堂问案"的遗风，凸显出被告人在法庭审判中就是受审对象；又鲜明地刻画了我国法庭审判中审判人员与公诉人的合作关系和辩护人在庭审中的尴尬境地。控、辩、审三方共同构成一张法网，把被告人当作"众矢之的"网在其中，或者成为一把大伞，将被告人罩在其下。这种状况发人深省，此种法庭审判的实质仍是"审讯"或者"审问"，而非其他。

（二）"伞型结构"形成的原因

一是受中国古代以"审讯"为核心的审判模式的影响。中国古代的诉讼制度，刑行不分、刑民不分、控审不分，采取纠问式诉讼模式。行政官吏掌有司法职权，并集侦查、控诉、裁判甚至执行诸项职能于一身。法庭

[①] 参见裴苍龄《刑事诉讼结构论》，载陈光中、江伟主编《诉讼法论丛》第2卷，法律出版社，1998，第99页。

审判不是对当事人之间诉讼争议的裁断，而是采取"坐堂问案"的形式，带有浓厚的"审讯"色彩。此种法庭审判实质上是代表国家行使行政权、刑罚权的审判官与被告人之间的较量，是封建专制政权对扰乱统治秩序者的镇压和惩治。唐朝大理寺、刑部、御史"三司会审"的审判组织形式，是封建专制在刑事审判方面的集中体现。被告人在纠问式诉讼的审判中，完全处于诉讼客体地位。历代刑事法典均将"审讯"作为庭审断案的基本形式，并把被告人的供述视为发现案件事实的基本来源，刑讯成风，据供定罪。① 这种以"审讯"为核心的纠问式诉讼的审判模式伴随着封建专制统治在中国存续了数千年，对我国近现代刑事审判构造产生了根深蒂固的影响。当前我国刑事审判的目的仍旧是发现案件实体真实，而非解决诉讼争议，反映在刑事审判构造上，势必出现追查案件事实真相的控诉、审判机关与被告人对立的两方组合形态，并且"配合而非制衡"的原则成为构建控、审主体诉讼地位和关系的基本准则。被告人虽然名义上成为诉讼主体，依法享有抗辩权，但是在法庭审判中其辩护权严重受到削弱，依然要接受来自法官、检察官的讯问和辩护人的发问，实质上仍为被审讯的对象。古代纠问式诉讼的历史传统导致我国刑事审判至今带有强烈的"审讯"色彩，尚未真正走上"听证"的现代民主审判之路，从而呈现出"伞型"的特有构造。

二是没有赋予被告人在法庭审判中的沉默权。沉默权是反对强迫自我归罪原则派生的一项专属于被追诉人的诉讼特权。这一特权的目的和作用在于限制执法人员采取刑讯逼供或者其他强制手段非法逼取被告人的口供，确保被告人供述的自愿性和任意性。并且沉默权解除了被追诉人的供述义务，使他可以摆脱作为"讯问对象"、"诉讼客体"的不利境地，有可能成为积极行使辩护权的诉讼主体，这也有助于实现控、辩之间的平等对抗。被追诉人在刑事审前程序和审判程序中均应享有沉默权，并且审判程序中被告人的沉默权是控、辩平等对抗，法官中立裁判的"三角形"应然审判构造得以确立的基础。为此，两大法系均赋予了被告人在法庭审判中的沉默权，并且一般不允许法官和陪审团因被告人保持沉默而得出对其不利的推论。然而，我国在刑事审前程序和审判程序中均未赋予被追诉人沉

---

① 参见陈光中、沈国峰《中国古代司法制度》，群众出版社，1984，第126页。

默权。相反，审前程序规定了犯罪嫌疑人如实供述的义务，法庭审判设置了公诉人、审判人员讯问以及被害人、辩护人发问被告人的专门程序，被告人口供向来被视作一种重要的证据。我国刑事审判在沉默权上的立法缺失，导致被告人仍未摆脱"讯问对象"的诉讼客体地位，无法实现与控诉方的平等对抗，难以真正成为积极行使辩护权的一方诉讼主体，从而被排斥、孤立于"伞型结构"的伞把一端，沦为"众矢之的"。

三是刑事庭审方式改革不够彻底。随着我国民主与法治建设的推进，并顺应刑事诉讼制度发展的国际潮流，1996年我国对《刑事诉讼法》作出了重大修改。在庭审方式上，增强了刑事审判的民主性和当事人的参与性，使我国刑事审判构造向应然的三角形结构迈进了一大步。但是，刑事诉讼的改革涉及国家司法体制和诉讼观念、法律传统等诸多复杂因素，这导致改革多处受制，尚不能彻底实现预期目标。例如，取消庭前实体审查和案卷移送，使控、审职能有所分离，但又保留庭前移送"主要证据复印件或者照片"，并对这一范围无明确界定；相对弱化法官对庭审的绝对主导权，却又保留其在案件实体调查上的主导地位和独立的庭外调查权；加强控、辩双方法庭审理中的直接对抗但又未赋予被告人沉默权，也没有对刑事法庭设置作出相应调整，被告人仍不能与辩护人位处一体，在整个法庭审判活动中无法与辩护人及时交流、沟通、商量，以充分获得辩护人的法律帮助。改革的不彻底导致我国刑事审判构造未能完全走出"司法一体化"的樊篱，而呈现一种畸形样态——"伞型结构"。

（三）"伞型结构"产生的弊端

一是控、审职能有所混淆，法官中立无法实现。首先，我国法律将公、检、法三机关的诉讼关系确定为"分工负责、互相配合、互相制约"，这充分体现了"司法一体化"的诉讼理念，但违背了诉讼职能区分的基本原理，扭曲了刑事审判"等腰三角形"的应然构造，损害了审判的中立性，使法官由中立的消极"裁判者"变为带有治罪倾向的积极"审讯者"。其次，检察机关庭前移送的"主要证据复印件或者照片"仍然容易导致法官对案件形成不利于被告人的预判，尚未彻底切断控、审之间的不当联系，不能排除法官产生"被告人有罪"的先入为主的认识的可能。再次，意在实现审判中立、排除庭前预断的案卷移送方式的改革，无形中限制了律师的阅卷权，不利于控辩双方的平等对抗和被告人辩护权的充分行使，在实质上影响了辩护的有效性。最后，立法保留了法院的庭外调查权，并且未针对庭外调查的目的、范围、效用、双方当事人对调查程序的参与等作明确规范，从而可能导致这一权力的滥用，致使审判机关异化为追诉机关，严重背离审判中立原则，损害司法公正。

二是检察机关"一身二任"，背离了其当事人属性，削弱了审判的权威。检察机关在我国刑事审判中既是"公诉机关"，又是"法律监督机关"，这种"一身二任"的特殊身份导致其诉讼角色发生冲突。一方面，背离了检察机关作为"当事人"的诉讼属性和定位，使得法庭审判由控、辩、审三方组合形态演变为检察机关和审判机关两大国家专门机关协同作战、控审合一、共同以被告人为审讯对象的两方组合形态，使得控、辩力量对比进一步悬殊，原本就处于劣势的被告人难以通过程序正义所要求的诉讼机制保障自身的合法权益，终究难以逃脱"诉讼客体"的宿命，影响了控、辩平等对抗与审判中立听证的"等腰三角形"刑事审判构造的形成；另一方面，检察机关的庭审监督权与审判机关对法庭审判的主导权发生冲突，这妨碍了审判机关庭审职能的正常行使，削弱了审判的权威性和终局性，动摇了法官在审判构造中超然于控、辩双方之上，位居三角形顶端的主导、指挥地位。

三是辩护权受到抑制，控、辩难以做到平等对抗。在我国现行刑事审判的"伞型结构"中，要注意三点。首先，由于被告人在法庭审判中不享有沉默权，只能被迫接受来自审判人员、公诉人的轮番讯问和被害人及其诉讼代理人甚至辩护人的轮番发问，从而难以摆脱"讯问对象"的诉讼客体地位，无法积极、有效地行使辩护权并与控诉方进行平等对抗，在审判中始终处于被动"挨打"的"劣势"地位。其次，辩护人与被告人在法庭席位上不能位处一体，由此割裂了辩护方的整体性，限制甚至剥夺了被告人在法庭审判中及时、充分获得辩护人法律帮助的合法权益，使辩护人由"法律救济者"、"被告人合法权益维护者"异化为"讯问参与者"，混淆了辩护人的诉讼地位和诉讼职能，使被告人在法庭审判中成为"众矢之的"，始终处于孤立无援的不利境地。最后，辩护律师在审前程序中的介入权、会见权、通信权、在场权、阅卷权、调查取证权等诸项权利均面临重重阻碍和限制，这种庭前控、辩的不平等武装，导致被告人的辩护权在法庭审判中严重受到抑制,从而终难实现控、辩之间的平等对抗。

四是控诉主体的二元化违背公诉机制基本要求并导致控、辩力量对比进一步失衡。根据刑事追诉机制的原理,公诉案件的控诉权应完全由国家公诉机关行使,被害人不享有这一权利。而我国《刑事诉讼法》修改时,赋予公诉案件被害人诉讼当事人地位,并允许其委托诉讼代理人参加法庭审判,与公诉机关相互补充、配合,共同履行控诉职能,从而导致公诉案件控诉主体的二元化。这不仅违背了公诉机制的基本要求,也破坏了"三角形结构"的刑事审判格局,使原本就力量薄弱的辩护方进一步遭到压制,控、辩力量对比进一步失衡。

二 刑事审判的应然构造及其内在机理

现代刑事审判构造主要有三种模式:一是英美法系当事人主义审判构造;二是大陆法系职权主义审判构造;三是以当事人主义为主、职权主义为辅或者在职权主义背景下融合当事人主义的"混合"式审判构造,以日本、意大利为代表。虽然一种审判构造模式的构建是一个国家特定时期诉讼价值取向和多方利益权衡的结果,但其均须遵循审判的共同规律和诉讼的内在本质。

(一) 刑事审判的应然构造

笔者赞成,刑事审判的应然构造是三角形结构,而且应当是一个等腰三角形结构。理由简述如下。

一是三角形结构由刑事诉讼价值所决定。刑事诉讼价值中的程序正义所具有的独立价值和功效更符合诉讼的特质。第一,诉讼是解决争议和纠纷的最高形式,程序正义通过正当的法律程序将被告人从讯问对象上升为诉讼主体,实现了控、辩平等对抗,在惩罚犯罪的同时,最大限度地兼顾了被告人的人权保障,从而更有助于争议的解决。第二,如果说刑事实体法属于授权性规范,刑事诉讼法则多属于限权性规范。程序正义恰恰能充分实现刑事诉讼法的限权性功能,为国家刑罚权的行使和实体目标的达成设置了若干程序障碍,从而有效防止国家权力在诉讼中的异化,保障被告人的合法权益。根据程序正义的具体标准,刑事审判构造应作如下构建:

控、辩双方是诉讼地位平等、权利义务对等的两大诉讼主体，位于三角形底边直线的两端，形成平等对抗；审判者应当超然于控、辩双方之上并与其保持同等距离，所谓不偏不倚、居中裁断，从而形成应然的等腰三角形结构。

二是三角形结构由刑事诉讼目的所决定。刑事诉讼的直接目的应当是解决争议。争议不仅要从事实上解决，而且要从心理上化解。因此，国家在确立刑事诉讼的具体目标时，必须最大限度地兼顾争议双方的诉讼需求——惩罚与保障，不得有所偏私。惩罚与保障兼顾的刑事诉讼目的决定了在刑事审判中，通过程序设置，控诉主体和辩护主体应当是在诉讼中享有平等地位的审判主体，审判者既不能是控诉方的"帮凶"，也不能是辩护方的"同谋"，必须独立并超然于二者之上，最大限度地兼顾和平衡惩罚犯罪与保障人权，使争议双方均在诉讼中遵守程序，亲历公正。为此，就必须确立等腰三角形的审判构造。

三是三角形结构符合诉讼（主要指审判）的特性。所谓诉讼即"三方组合"。法学家查比罗认为，可将"三方组合"的概念作为理解诉讼任务的出发点。在"三方组合"中，原告和被告形成一定的诉讼对抗，法官则是位于其中、居于其上的仲裁者，由此形成一个等腰三角形结构。由"三方组合"所构建的三角形结构正是诉讼结构区别于"命令—服从"行政管理结构的本质特征。

四是三角形结构有助于判断和确定争议事实。三角形结构的程序特征是强调当事人对抗在刑事审判中的重要意义。当事人对抗被认为是发现案件事实真相的最佳途径。实行控、辩对抗的庭审制度，使案件经双方辩论、质证，审判者从而有时间探索案件的一切特性和微妙差别，有助于法官兼顾双方意见，明察秋毫，明断是非。

（二）三角形审判构造的内在机理

1. 审判至上

审判的至上性，源于审判解决争议的终局性。审判的终局性，决定了法官既要在程序上成为法庭审判的指挥者、组织者，保证审判顺利、不间断地进行，也要在实体上对控、辩双方之间的诉讼争议作出最后的明确裁决，最终决定被告人的诉讼命运。同样，审判至上还要求法官在审判权的行使上，既要有形式上的权威性，也要有内容上的处分终结性。

2. 控、审分离

控、审分离原则要求控诉权与审判权分离，起诉机关与审判机关相互独立，互不隶属；审判以起诉为前提，只有经过合法有效的起诉，法院才能对案件进行审判；审判受起诉请求范围之限制，起诉效力只能及于起诉书指控的人与事。由此产生两项诉讼原则：一是不告不理原则；二是起诉与审判对象的同一性原则。

3. 法官中立

法官中立是审判公正的基本保障，包括三方面的要求。一是利益规避。二是角色分离，包括控、审分立与控、辩相争两项基本要求。三是同等距离，一方面要求法官不得与控、辩任何一方存在特殊关系，这是诉讼和其他冲突解决方式的重要区别之一；[①] 另一方面要求法官给予控、辩双方平等参与的机会，并对各方的主张、意见和证据予以同等尊重和关注。

4. 法官独立

法官独立的意义在于它为程序的公正和裁判的理性创造了前提：一是坚持法官独立，才能保障法官中立；二是坚持法官独立，才能实现审判公正；三是坚持法官独立，才能明确法官责任，树立法官权威，保证司法裁决的严肃和慎重。

5. 控、辩平等对抗

这一原则首先要求确立被告人在刑事诉讼中的主体地位；其次肯定辩护人在法庭审判乃至整个诉讼中的能动作用，确保辩护人的充分参与和辩护权利的积极有效行使；最后保证控、辩双方平等武装，平等对抗。

三 以三角形结构为目标，改革、完善我国刑事审判构造

上述对我国现行刑事审判构造弊端的分析和刑事审判应然构造的探索表明，必须对我国的刑事审判构造加以改造。改造的目标是：彻底消除以"讯问"为核心的中国封建庭审模式对我国现行刑事审判构造的负面影响，保障被告人由"讯问对象"上升为充分参与审判程序并在一定程度上能够

---

① 参见左卫民《价值与结构——刑事程序的双重分析》，四川大学出版社，1994，第187页。

自主选择、掌握审判进程，能够对裁判结果的达成施以积极、有效影响的诉讼主体，使刑事审判由旧式的"审问"真正走上体现现代司法文明与民主品格的"听证"之路，从"三方组合"的诉讼本质出发确立"等腰三角形结构"的现代审判构造。为此，需要对我国现行刑事审判构造作以下改革和完善。

（一）实现控、审职能分离，确保法官中立

一是改革"分工负责、互相配合、互相制约"原则，理顺侦查、起诉、审判三机关的关系。《刑事诉讼法》确立的公、检、法三机关"分工负责、互相配合、互相制约"原则表明我国长期以来一直将刑事诉讼看作国家专门机关与犯罪分子之间展开的一场较量，因此认为同为国家专门机关的公安机关、人民检察院和人民法院尽管在诉讼中行使的职能不同，但诉讼任务却是共同的——追究被告人的刑事责任。由此，在法庭审判中，检察机关和审判机关共同占据主导地位，将法庭审判视为国家专门机关追查犯罪的进一步延续，对侦查结论和控诉主张的一种确认和维护，以协作、配合抛弃控、审分离的诉讼职能区分原理，导致审判格局由控、辩平等对抗，双方举证质证，法官中立听证的程序异化为法官、检察官联手主导的"审理讯问"程序。被告人作为公、检、法三机关构成的"司法流水线"上的"物件"在法庭审判阶段仍为讯问的对象和诉讼的客体。可见，"分工负责、互相配合、互相制约"原则所强调的"司法一体化"，违背程序正义基本理念和诉讼职能区分原理，不符合"三方组合"的诉讼特质，扭曲了刑事审判的应然构造，从而使我国的刑事审判具有浓厚的治罪色彩，因此必须加以改革甚至扬弃。

二是彻底改革"案卷移送主义"，实行唯起诉书主义。[①] 唯起诉书主义的作用在于：（1）排除有罪预断，纠正先定后审，强调控审分离，防止法官在庭前单方面受到控诉方的影响从而产生不利于被告人的先入为主的判断，保障审判中立；（2）保障控、辩双方在法庭审判中的地位平等、机会

---

① 在1996年《刑事诉讼法》修改过程中，人们逐渐熟悉了一个来自日本的诉讼术语，即"起诉书一本主义"，并借鉴其以改造我国传统的"案卷移送主义"。实际上，在日本，关于"起诉书一本主义"还有另外一个说法，即"唯起诉书主义"。起诉书一本主义是此项原则的形式，唯起诉书主义才是该原则的本质。

均等，防止检察官通过事先移送案卷和证据材料在庭前占据优势地位，导致法官形成肯定或倾向控诉观点的偏见，使被告人在审判伊始便处于被动、不利的境地；（3）确保审判中心原则，彻底切断侦查、起诉与审判间的联系，使法庭审判完全围绕起诉书所提出的控诉主张进行，一切争议事实的认定必须以法庭出示并经法庭质证的证据为依据，使法庭审判真正成为案件处理的实质阶段，而不是对侦查结论或控诉主张的简单确认和维护。可见，唯起诉书主义对于实现控、审分离，审判中立，切实构建三角形审判构造有着重要的作用和意义。1996年《刑事诉讼法》修正后，我国刑事诉讼的起诉方式由原先的全卷移送改为仅移送"起诉书、证据目录、证人名单、主要证据复印件或者照片"。这与唯起诉书主义相比，仍有较大差距，控、审之间的联系尚未彻底阻断，法官仍然可能从"主要证据复印件或者照片"中得出不利于辩护方的预断，从而在庭审中丧失中立立场。为此，应当彻底改革司法一体化下线形结构的"案卷移送主义"，严格实行唯起诉书主义，特别是确立审判应当围绕起诉书这一张"白纸"进行的诉讼观念，保障三角形审判构造的最终确立。

三是规范和限制法院庭外调查权的行使。从长远来看，应当逐步取消法院进行庭外调查的权力，在目前，则应对法院庭外调查权的行使加以规范和限制。第一，法院行使"庭外调查权"的目的，只能是对控、辩双方提出的证据进行审查和核实，而不能是追求揭露和证实犯罪，所以法院所进行的调查核实活动不得带有任何追诉倾向。第二，坚持不告不理，法院调查的必须限定在控、辩双方已经提出的证据范围之内且存在疑问的基础之上，严禁法官针对证据不足而补充收集证据。第三，法院在行使庭外调查权的过程中，应保障控、辩双方的充分、平等参与。并且，通过庭外调查所取得的证据，必须经控、辩双方当庭质证、辩论之后，才能作为定案的根据。

（二）实现公诉人在庭审中的"当事人"化，回归检察机关的控诉本位

我国检察机关在审判中"一身二任"，其既是公诉机关又是法律监督机关的特殊身份，不仅造成其在诉讼角色和职能上的矛盾与冲突，也导致其所承担的法律监督职能因缺乏中立性而丧失应有的公正性和超然性。司法实践证明，检察机关的"双重身份"阻碍了应然"三角形"刑事审判构造的确立，对审判格局造成很大的负面影响。为此，有必要对检察机关"一身二任"的"双重身份"进行改革，使其尽早摆脱既是控诉者又是裁判监督者的尴尬境地。

改革的目标指向，就是积极推动并实现公诉人在法庭审判中的"当事人"化，强化其控诉职能和举证责任。尽管我国的检察机关是专门法律监督机关，是国家司法机关的组成部分，这不同于两大法系的权力划分，但是公诉人在法庭审判中仍然应当处于与辩护方相对的一方当事人地位。首先，在公诉案件中公诉人代表国家这一抽象主体启动追诉程序，将被告人诉交法庭审判并出庭支持公诉，扮演刑事原告的诉讼角色，承担控诉职能，行使刑罚请求权；其次，公诉人出庭支持公诉的目的在于通过法庭调查和法庭辩论，从事实和法律层面向法庭证实自己提出的诉讼主张，说服法庭采纳和确认己方提交的证据和犯罪指控，从而构成与被告人一方存在"诉讼争议"、诉讼利益相悖、诉讼职能相对的另一方诉讼主体；最后，公诉机关的控诉职能和权力属性决定了公诉人必然带有强烈的"追诉倾向"，从而具有"追求有利于国家的裁判结果的心理基础和利害动机"。[1] 因此，应当正视并积极推动公诉人在法庭审判中的"当事人"化，明确公诉人为控诉一方当事人的诉讼地位，扭转检察机关明明承担控诉职能却偏不承认其为"诉讼一方"的奇特认识，将公诉权的行使纳入"三方组合"的诉讼轨道，在法庭审判中强化公诉人的控诉职能和举证责任。这是建立正三角形审判构造的必由之路、必备前提。

将公诉人当事人化，就必须改革审判监督的现有模式，解除公诉人"审判监督者"的特殊身份，改变其"身兼二任"的现状。所谓检察机关对审判活动的监督，只能在诉讼的正常轨道内进行。即如果认为裁判有错误，无论是认定事实、采纳证据方面的，还是适用法律、定罪量刑方面的，抑或违反法定程序方面的，只能通过依法提起二审抗诉、再审抗诉来要求纠正。事实上，目前检察机关作为国家专门法律监督机关所承担的审判监督职能，也只能通过行使抗诉权来实现，而回归公诉人的当事人地位，并未使检察机关丧失此权能。如果检察机关发现审判人员枉法裁判，

---

[1] 参见陈瑞华《刑事审判原理论》，北京大学出版社，1997，第238页。

出入人罪，则应依法立案侦查，依法严加追究。但这已不属于通常意义上的审判监督的范围。

（三）强化辩护权利，保障控、辩平等对抗

一是赋予被告人在法庭审判中的沉默权。首先，沉默权是一项保障被告人供述的自愿性、任意性并免除其供述义务的在刑事诉讼全过程中都应存在的基本诉讼权利。尤其是审判中的沉默权，它可以使被告人彻底从接受讯问的义务中解脱出来，打消控诉方和审判者对通过讯问被告人发现案件事实真相的念头，改变以"审讯"为核心的庭审方式，帮助被告人由"讯问对象"、"诉讼客体"真正上升为与控诉方平等对抗、积极行使辩护权利的一方诉讼主体。因此，应当赋予被告人沉默权，特别是法庭审判中的沉默权，将被告人从"众矢之的"的伞把一端还原为构建、支撑三角形审判构造的诉讼主体之一，并且将"伞型结构"的"审讯程序"改造为"三角形结构"的"听证程序"。其次，在赋予被告人沉默权的同时，还要设置鼓励被告人作出有罪答辩的相应机制。经法庭审查，有罪答辩如系被告人自愿、明智、明知作出的，则它不仅是有效认定案件事实真相的证据材料，更是被告人作为诉讼主体对程序运作方式的选择和对实体权益的处分。被告人作有罪答辩，意味着他自愿放弃了对抗制的若干程序保障和被无罪开释的权利，降低了控诉方发现、证明犯罪的难度，减少了通过平等对抗终结诉讼的成本，从而审判者应当简化诉讼程序，并对被告人在刑罚上给予宽大处理。

二是改革被告人和辩护人的法庭席位设置，确保庭审中辩护权利的充分、有效行使。我国目前将辩护人席与被告人席分开设立的法庭设置，人为地割裂了辩护方的整体性，限制甚至剥夺了被告人在法庭审判中及时、充分获得辩护人法律帮助的合法权益，从而导致被告人在法庭审判中成为"众矢之的"，由行使辩护权利的一方诉讼主体沦落为接受各方讯问的诉讼客体，在审判中处于孤立无援的不利境地。此种法庭设置扭曲了刑事审判应然的"三角形结构"，将现代审判这一"举证—质证—认证"三方组合的听证程序扭曲为"讯问—供述、审问—受审"的审讯程序。为此，必须根据"三角形"审判构造的内在机理，重新调整刑事法庭设置，将辩护席与被告席并列设立，并与公诉人席保持在同一水平线上，控、辩双方分别

位于审判席的下方两侧，以便被告人在庭审中充分得到辩护人的法律帮助，针对法庭审理的进展情况及时与辩护人交流意见、适时调整辩护策略，共同构成行使辩护权利的一方整体，与控诉方地位平等，充分对抗。[①]

三是完善辩护律师在审前程序中的诉讼权利，为法庭审判做好充分准备。（1）保证辩护律师及时介入诉讼。根据联合国刑事司法准则和大多数国家的通例，应当将我国律师介入刑事诉讼的时间改为犯罪嫌疑人被"第一次讯问时或自采取强制措施之日起"，并规定介入时间至迟不得超过"自逮捕或拘留之时起48小时内"。（2）赋予辩护律师讯问时的在场权。规定侦查机关在讯问犯罪嫌疑人之前，应告知他有获得律师帮助的权利，如果犯罪嫌疑人要求律师在场，则讯问必须在律师到场后方可开始，除非他自愿、明知、明智地放弃这一权利。（3）完善会见、通信权。侦查机关应按照相关司法解释的规定，普通案件在48小时以内、重大复杂案件在5天内安排律师会见犯罪嫌疑人，并提供时间和条件保障。在会见方式上，侦查机关一般不应派员在场。因案件特殊需要派员在场的，应采取"看得见但听不见"的方式进行监督，不得监听谈话内容。对"涉及国家秘密的案件"，应严格限制为案情或案件性质涉密。对上述规定的违反，构成程序严重违法和无效。此外，在赋予律师会见权的同时，也赋予他与犯罪嫌疑人通信的权利，并对通信权作广义理解，包括交换物品和文件。[②]（4）建立证据开示制度，确保律师知情权。律师在审前知悉案情的途径主要有两种：一种是大陆法系的律师阅卷制度，另一种是英美法系的证据开示制度。鉴于我国刑事起诉方式由案卷移送主义向起诉书一本主义转变的改革目标，以及目前控、辩双方在证据信息沟通上的单方性和片面性，需要建立证据开示制度，以保障辩护方对案件和控方证据的知悉权。违反开示义务的一方向法庭提交的证据，不得被采纳为定案根据。（5）赋予律师充分的调查取证权并完善相关配套措施。如完善辩护律师现有的自行取证权和申请取证权，规定辩护律师有权向有关单位和个人收集与本案有关的材

[①] 目前，我国台湾地区司法政策文件称，在三大诉讼中法官均应与当事人平起平坐，以体现诉讼民主、平等。尤其是辩护律师和被告人应当并行而坐，而不是一前一后，以保障他们能够及时、充分地进行交流和协商，保障被告人的基本权益。详情见 http：//www.judicial.com。

[②] 参见宋英辉、吴宏耀《刑事审前程序辩护律师权利之保障》，http：//www.procedurallaw.com。

料；有关单位和个人如果不提供，辩护律师有权申请人民法院取证；人民法院不同意律师申请的，应当有正当理由，同时赋予律师申请复议的权利。也可以规定，对于律师提出的调查申请，法院无正当理由未采取证据保全措施导致证据灭失的，应作有利于辩方的处理甚至构成撤销案件或宣告被告人无罪的理由。

四是取消检察机关在法庭审判中的补充侦查建议权。根据程序正义的诉讼原理和公正审判的基本要求，控方与辩方在审判阶段应当地位平等，在平等的基础上相互对抗。这实际上就是要求控、辩双方在参与审判活动和影响审判进程上权利义务基本对等。然而，我国《刑事诉讼法》第165条规定，在法庭审判中，控诉一方享有补充侦查的建议权，并且法庭可根据这一建议决定延期审理。这一规定赋予了控诉方单方对审判进程的控制权，造成了控、辩双方在影响、推动诉讼进程以及诉讼资源配置上的不平等。并且，这种程序上的倒流违背诉讼发展的客观规律，造成诉讼的不必要拖延，实际上延长了被告人的羁押期限，损害了被告人及时受审的合法权益，并有致被告人双重不利的嫌疑，不符合公正审判、司法正义的要求。因此，建议取消检察机关在庭审中的补充侦查建议权，保证诉讼轨迹的单向性，保障被告人及时获得公正审判的权益，约束检察机关的追诉权，使其正当、有效地行使。

五是取消控诉主体的二元化，重新界定被害人的诉讼地位。在我国现行刑事审判构造中，控诉主体的二元化和被害人的当事人地位，不符合公诉案件的追诉机制，打破了控、辩平等对抗的诉讼格局，扭曲了"正三角形"的刑事审判应然构造。被害人以控方当事人身份出席庭审，可能因控诉利益的不同而与公诉人产生控诉主张的冲突，[①] 可能影响被害人陈述这种独立证据的客观性和公正性，在诉讼实践中造成诸多弊端。为此，应当根据公诉机制，重新界定被害人的诉讼地位，将其由当事人调整为一般的

---

① 据载，在某市一起刑事伤害案件中，公诉人与被害人之代理人就如何认定被告人行为的性质产生争议。检察机关指控被告人的行为属于防卫过当，而被害人之代理人则认为被告人的行为构成故意伤害致人死亡。庭审过程中，公诉人与被害人之代理人意见发生严重冲突，公诉人在十分被动的局面下，请求审判长组织代理人对案件性质发表意见，但未被采纳，公诉人遂未经审判长许可中途退庭，导致全场一片哗然，审判无法进行。参见冀祥德、夏雯雯《检察官，你有权自主退庭吗？——从刑事诉权理论的视角进行评析》，《中国律师》2003年第12期。

"诉讼参与人",① 恢复原有的控诉主体一元化,改变控、辩力量严重失衡的诉讼格局,为确立"三角形结构"的刑事审判构造创造条件。同时,为了兼顾被告人和被害人的权益保护,可以给予被害人区别于一般证人的特殊诉讼待遇,包括:检察机关在审查起诉时和法庭审判前应当充分听取被害人的意见;将诉讼程序进展情况及时通知被害人;被害人有权委托诉讼代理人参加相关的诉讼活动;保留被害人对一审判决不服而请求检察机关抗诉的权利;等等。

(四) 强化法庭举证、质证,增强法庭调查的抗辩性

一是贯彻直接、言词原则,完善证人出庭制度。直接、言词原则是西方国家在摒弃封建纠问式诉讼的间接审理和书面审理的基础上确立的。大陆法系国家将直接审理、言词审理确立为公正审判的重要原则,英美法系国家则通过禁止传闻证据规则使直接、言词原则在法庭审理中得到充分的甚至是更为严格的体现。② 直接、言词原则的诉讼价值在于:(1)审判法官自始至终参与审判,通过证人、鉴定人当庭作证陈述以及控、辩双方当庭对诘质证,有利于发现案件实体真实;(2)确保实现程序正义,直接、言词原则有利于使审判阶段真正成为解决诉讼争议的实质性阶段,有利于实现法官中立和控、辩平等对抗,有利于保障当事人的质证权;③(3)直接、言词原则要求审判集中、不间断地进行,有利于提高审判效率,减少超期羁押被告人的现象。

我国《刑事诉讼法》1996年修改时,对案卷移送方式和法庭审理方式进行改革,企图阻断侦审联系,避免先定后审,强化庭审对抗。但立法对案卷移送方式改革不彻底,对"主要证据"界定不明确,对证人出庭作证的义务、程序、法律保障、经济补偿等缺乏详细规定,致使我国目前刑事审判中法官在庭前仍能单方面接触控方材料,证人出庭率普遍过低,法庭审理基本上仍集中于对控方书面证据包括证人书面证词的审查。为此,有

---

① 参见龙宗智《刑事庭审制度研究》,中国政法大学出版社,2001,第221页以下。
② 参见樊崇义主编《刑事诉讼法实施问题与对策研究》,中国人民公安大学出版社,2001,第429页以下。
③ 联合国《公民权利和政治权利国际公约》将"与控方证人对质并在同等条件下询问对己有利的证人"作为被告人获得公正审判的一项重要权利。

必要在立法上明确直接、言词审理原则，建立传闻证据排除规则，完善证人出庭制度，确保被告人的对质权。如通过庭前证据展示，控、辩双方相互提供准备在庭审中使用的证据和出庭的证人名单，并将证人名单提交法院，由法院通知证人出庭；规定对证人不出庭作证的制裁措施，动用国家强制力保证其履行作证义务；加强对证人的人身保护和经济补偿；等等。

二是建立交叉询问制度，增强法庭调查的对抗性。交叉询问是英美法系国家法庭审理中对言词证据的基本调查方式，是当事人主义对抗制审判模式的主要特色，被英美法学家誉为"发现案件真实的最关键的法律装置"，同时也是使诉讼体现出对抗性的最重要的程序机制。英美法系交叉询问的对象是证人，包括一般证人、被害人、放弃沉默权而出庭作证的被告人、专家证人等。我国《刑事诉讼法》修改对庭审方式作了较大改革，在法庭调查中相对弱化了法官的证据调查权，强化了控、辩双方的举证、质证，改革的总体方向是实现由职权主义审判模式向对抗制审判模式的转变。因此，为了切实增强法庭调查的对抗性，实现庭审方式的改革目标，有必要借鉴英美法系的经验，尽快建立符合我国实际的交叉询问制度，包括主询问、反询问、再主询问、再反询问程序，己方证言导出规则，对方证言质证规则，传闻证据、意见证据排除规则，诱导性问题异议规则，证据能力异议规则，等等。

合意式刑事诉讼论[*]

王新清[**]

摘 要： 随着我国《刑事诉讼法》相继确立刑事和解程序、速裁程序和认罪认罚从宽制度，一种新的刑事诉讼形式——合意式刑事诉讼，成为一种显性存在。学者们对此进行了理论概括，给予了不同的名称。与"合作式刑事诉讼"、"协商性刑事诉讼"等名称相比，"合意式刑事诉讼"的名称更为贴切。合意式刑事诉讼的内容包括合意式刑事诉讼行为和合意式刑事诉讼程序。2018 年《刑事诉讼法》搭建了合意式刑事诉讼的基本框架，但仍需对合意式刑事诉讼进行体系化建构，包括确立合意式刑事诉讼的专门原则，界定合意式刑事诉讼中当事人的诉讼权利，完善合意式刑事诉讼的起诉程序和审判程序。

关键词： 合意式刑事诉讼 对抗式刑事诉讼 认罪认罚从宽

自 20 世纪中叶以来，随着犯罪数量持续增加、刑事诉讼成本不断攀升，人们开始对过往的刑事政策进行全面反思，开启了"世界性的刑法改革运动"。[①] 在此过程中，被害人运动兴起，恢复性司法理念深入人心，刑事和解、协商性司法等新的刑事诉讼制度和程序不断涌现。进入 21 世纪以来，刑事和解在我国开始实践并为 2012 年《刑事诉讼法》所肯定；以被

---

[*] 本文原载于《法学研究》2020 年第 6 期。
[**] 王新清，中国社会科学院大学副校长、教授。
[①] 〔联邦德国〕汉斯·海因里希·耶施克《世界性刑法改革运动概要》，何天贵译，《法学译丛》1981 年第 1 期。

追诉人认罪（认罚）为前提的刑事诉讼程序简化运动方兴未艾，推动了简易程序、普通程序简化审、速裁程序的确立和完善，并形成了颇具中国特色的认罪认罚从宽制度。这些新的制度和程序，被我国学者概括为"刑事诉讼'第四范式'"。①

然而，学者们对这种刑事诉讼新形式的认识仍然存在较多分歧。首先，在名称上，有的学者称其为"合作性司法"，有的称其为"合作式诉讼"，还有的称其为"协商性司法"。其次，在把握这种刑事诉讼新形式的特点时，有的学者强调"合作"，有的强调"协商"，还有的强调"放弃审判"。② 最后，对这种刑事诉讼新形式的定位还不够清晰，其究竟是一种"制度"、"行为"抑或"程序"，学者们的表述不尽一致。更为重要的是，虽然这种刑事诉讼新形式初具雏形，但其体系化建构还有待展开。

在笔者看来，不论是"合作性司法"、"合作式诉讼"、"协商性司法"，还是"刑事诉讼'第四范式'"，其共同特点都是在被追诉人承认犯罪的前提下，与控诉方就某些事项达成合意。"合意"是这种刑事诉讼新形式最本质的特征。目前，学者们对合意在刑事诉讼中的地位和作用的认识还远远不够，对立法和司法实践中刚刚成形的合意式刑事诉讼还没有从理论上予以系统总结。合意式刑事诉讼与对抗式刑事诉讼是刑事诉讼最基本的两种形态，对合意式刑事诉讼进行体系化研究，能够填补刑事诉讼理论研究的空白。本着构建中国特色法学学科体系、学术体系和话语体系的宗旨，笔者从我国刑事诉讼立法和司法实践出发，提出"合意式刑事诉讼"的概念并对其进行系统论述，旨在抛砖引玉，促使学者们更加深入地研究这个问题。

一　合意式刑事诉讼的形成

合意式刑事诉讼的形成具有坚实的司法实践基础，也有明确的法律制度和规范基础。21 世纪以前，在我国刑事诉讼中，合意式诉讼行为只存在

---

① 熊秋红：《比较法视野下的认罪认罚从宽制度——兼论刑事诉讼"第四范式"》，《比较法研究》2019 年第 5 期。

② 熊秋红：《比较法视野下的认罪认罚从宽制度——兼论刑事诉讼"第四范式"》，《比较法研究》2019 年第 5 期。

于自诉案件和附带民事诉讼案件中，在公诉案件中并无其存身之地。根据1979年《刑事诉讼法》的规定，法院对自诉案件（公诉转自诉的案件除外）可以进行调解；自诉人在宣告判决前，可以同被告人自行和解或者撤回自诉。[①] 法院审理附带民事诉讼案件，可以进行调解；当事人之间也可以自行和解。法院的调解如果成功，就和自诉人与被告人、附带民事诉讼当事人的和解一样，实质上是在控辩双方当事人之间，就刑事责任追究、损害赔偿等达成合意。如果该合意不违反法律规定，法院一般会以该合意结案。

21世纪以来，合意式刑事诉讼开始进入我国刑事公诉案件的司法实践。"我国部分检察机关和法院早在本世纪初就开始试水不同形式的协商式司法活动，如刑事和解、辩诉交易、污点证人作证豁免等。虽然这些实践探索大多未形成规模化的制度变迁效应，有的甚至很快就偃旗息鼓，但它们背后'所固有的实体合意和程序合意机制却逐渐为学界与实务界所理解和接受'。"[②] 合意式刑事诉讼实践主要从以下三个方面展开。

首先，将合意式刑事诉讼行为引入公诉案件诉讼程序，其标志之一是刑事和解的司法实践。我国从2002年开始进行刑事和解的司法探索。最高人民检察院2002年4月发布的《人民检察院办理未成年人刑事案件的规定》（以下简称《未成年人刑事案件规定》），为刑事和解实践提供了规范依据。《未成年人刑事案件规定》第22条规定，对依法可能判处3年以下有期徒刑、拘役，悔罪态度较好，具备有效帮教条件，适用缓刑确实不致再危害社会的未成年被告人，如果具有被害人要求和解情形，公诉人应当建议法院适用缓刑。《未成年人刑事案件规定》出台后，各地开始就刑事和解进行积极探索。2002年7月，上海市杨浦区司法局、公安分局共同制定了《关于民间纠纷引发伤害案件联合进行调处的实施意见（试行）》，其中指出，对于"因琐事纠葛、邻里纠纷引发的伤害案件，公安机关受理后，当事人双方愿意调处调解的，可以由派出所委托街道（镇）人民调解委员会进行调解"。调处成功后，公安机关不再将之作为刑事案件或治安案件处理。2003年，北京市委政法委印发了《关于北京市政法机关办理轻

---

① 参见1979年《刑事诉讼法》第127条。
② 郭松：《被追诉人的权利处分：基础规范与制度构建》，《法学研究》2019年第1期，第158页。

伤害案件工作研讨会纪要》，允许被害人和被追诉人自愿协商赔偿和刑事责任追究等问题，在他们达成书面协议并由被害人出具书面请求后，政法机关可以作出撤销案件、不起诉、免于刑事处罚或判处非监禁刑等从宽处理。2004年，浙江省高级人民法院、浙江省人民检察院、浙江省公安厅联合下发了《关于当前办理轻伤犯罪案件适用法律若干问题的意见》，指出在侦查、起诉阶段可以适用和解。在总结各地实践经验的基础上，2011年，最高人民检察院印发了《关于办理当事人达成和解的轻微刑事案件的若干意见》，对刑事和解作了比较系统的规定。2012年《刑事诉讼法》修改时，在第五编"特别程序"中规定了"当事人和解的公诉案件诉讼程序"一章，这标志着刑事和解制度正式得到我国法律的承认。刑事和解体现了多方面的法律价值，[1] 其核心是司法机关认可公诉案件中被追诉人与被害人就刑事责任追究、损害赔偿等问题达成的合意。刑事和解是一种典型的合意式刑事诉讼制度，它允许被追诉人与被害人进行协商，并且双方达成的合意能够有效影响诉讼结果。

其次，探索系统的合意式刑事诉讼程序，这方面的探索始于中国"辩诉交易"第一案。[2] 2002年4月11日，黑龙江省牡丹江市铁路运输法院按照"辩诉交易"方式开庭审理了一起故意伤害案。[3] 在这个案件中，出于特殊原因，控辩双方都有协商处理案件的意愿。经过协商，双方达成合意，解决了在定罪量刑和赔偿等问题上的争议。因此，法院没有必要再就查清案件事实、适用法律展开法庭调查和法庭辩论，仅需要对控辩双方达成的合意进行审查。这就大大简化了审判程序，提高了诉讼效率。

2003年4月，最高人民法院、最高人民检察院、司法部联合发布了《关于适用简易程序审理公诉案件的若干意见》、《关于适用普通程序审理"被告人认罪案件"的若干意见（试行）》，这是"两高一部"最早以规范性文件的形式规定合意式刑事诉讼程序的尝试。《关于适用简易程序审理公诉案件的若干意见》规定：对于事实清楚、证据充分，被告人及辩护人

---

[1] 参见王作富、但未丽《刑事和解的刑事政策价值》，载黄京平、甄贞主编《和谐社会语境下的刑事和解》，清华大学出版社，2007，第68页以下。
[2] 詹建红：《刑事诉讼契约研究》，中国社会科学出版社，2010，第164页。
[3] 张景义、李文广、赵炳松等：《聚焦国内"辩诉交易"第一案》，《人民法院报》2002年8月8日，第4版。

对所指控的基本犯罪事实没有异议，依法可能判处 3 年以下有期徒刑、拘役、管制或者单处罚金的案件，可以适用简易程序审理；对于检察院建议适用简易程序的，法院在征得被告人、辩护人同意后适用简易程序。在这个文件里，第一次把"被告人及辩护人对所指控的基本犯罪事实没有异议"和"被告人、辩护人同意适用简易程序"作为适用简易程序审理案件的前提条件。这些条件体现了控辩双方两方面的合意：一是对基本犯罪事实的合意；二是对适用简易程序的合意。这两方面的合意基本解决了控辩双方在实体和程序上的争议，法院在审判时可以简化法庭调查和法庭辩论程序，快速处理案件。《关于适用普通程序审理"被告人认罪案件"的若干意见（试行）》则创设了一个新的审判程序——被告人认罪案件简化审理程序，即普通程序简化审。这个文件规定，对于被告人自愿认罪并同意适用该意见审理的，可以对具体审理方式作如下简化：（1）被告人可以不再就起诉书指控的犯罪事实进行陈述；（2）公诉人、审判人员、辩护人对被告人的讯问、发问可以简化或者省略；（3）控辩双方对无异议的证据，可以仅就证据的名称及所证明的事项作出说明；合议庭确认公诉人、被告人、辩护人无异议的，可以当庭予以认证；（4）控辩双方主要围绕确定罪名、量刑及其他有争议的问题进行辩论。上述规范性文件的规定，充分体现了刑事诉讼"有合意即简化"的理念。

2012 年，我国对《刑事诉讼法》进行了第二次修改。这次修法将简易程序的适用范围从依法可能判处 3 年以下有期徒刑、拘役、管制或者单处罚金的案件扩大到基层法院管辖的案件。同时，把被告人承认自己所犯罪行、对指控的犯罪事实没有异议、对适用简易程序没有异议作为适用简易程序的必备条件。这等于是将前述 2003 年的两个规范性文件关于控辩合意、程序简化的精神内涵吸收，对先前的简易程序和普通程序简化审进行了整合。

2014 年 8 月，根据全国人大常委会《关于授权最高人民法院、最高人民检察院在部分地区开展刑事案件速裁程序试点工作的决定》，最高人民法院、最高人民检察院、公安部、司法部制定了《关于在部分地区开展刑事案件速裁程序试点工作的办法》（以下简称《速裁程序试点办法》），在北京、天津、上海等 18 个城市开展刑事案件速裁程序试点工作。这次试点是对合意式刑事诉讼程序的新探索。根据《速裁程序试点办法》，对危险驾驶、交通肇事、盗窃、诈骗等11种犯罪情节较轻，依法可能判处1年以下有期徒刑、拘役、管制的案件，或者依法单处罚金的案件，符合以下条件的，可以适用速裁程序进行审理：（1）案件事实清楚、证据充分；（2）被追诉人承认自己所犯罪行，对指控的犯罪事实没有异议；（3）当事人对适用法律没有争议，犯罪嫌疑人、被告人同意检察院提出的量刑建议；（4）被追诉人与被害人或者其法定代理人、近亲属就赔偿损失、恢复原状、赔礼道歉等事项达成调解或者和解协议；（5）犯罪嫌疑人、被告人同意适用速裁程序。速裁程序比简易程序更加简化，一般不进行法庭调查和法庭辩论。

最后，试点探索认罪认罚从宽制度，这是合意式刑事诉讼制度化、体系化的开端。2016年11月，根据全国人大常委会《关于授权最高人民法院、最高人民检察院在部分地区开展刑事案件认罪认罚从宽制度试点工作的决定》，最高人民法院、最高人民检察院、公安部、国家安全部、司法部联合印发了《关于在部分地区开展刑事案件认罪认罚从宽制度试点工作的办法》，在北京、天津、上海等18个城市开展刑事案件认罪认罚从宽制度试点工作。这次的试点地区与速裁程序的试点地区完全重合，最高人民法院、最高人民检察院在这些地区开展速裁程序试点，按照新的试点办法继续进行。这次试点不仅是合意式刑事诉讼程序探索的继续，更是全方位构建合意式刑事诉讼的开始。认罪认罚从宽制度明确了合意式刑事诉讼的政策依据——坦白从宽、宽严相济；明确了基本前提——被追诉人自愿如实认罪、真诚悔罪；明确了基本原则——宽严相济、罪责刑相适应和证据裁判；规定了一系列制度和程序，包括实体法上的量刑制度（自首、坦白、当庭自愿认罪、取得谅解和解等法定、酌定从宽情节），程序法上的强制措施宽缓制度、值班律师制度，还有典型的合意式刑事诉讼程序——速裁程序。认罪认罚从宽制度试点两年后，"截至2018年7月，18个试点地区法院共适用认罪认罚从宽制度审结刑事案件181177件，占试点法院同期审结刑事案件的52.3%"。[①]

2018年，我国对《刑事诉讼法》进行了第三次修改，规定了"被追诉

---

① 最高人民法院刑一庭课题组：《刑事诉讼中认罪认罚从宽制度的适用》，《人民司法》2018年第34期，第4页。

人认罪认罚可以从宽处理"的一般原则，完善了认罪认罚从宽的程序规定，[①]增设了速裁程序。至此，合意式刑事诉讼的制度框架基本搭建完成，接下来的任务是根据司法实践的经验教训进行完善。

通过以上阐述，我们可以得出以下几点结论：其一，司法实践中犯罪嫌疑人、被告人对犯罪指控的承认以及控辩双方就诉讼中主要实体问题、程序问题达成的合意，是形成合意式刑事诉讼的实践基础；其二，学界、实务界对刑事诉讼中合意的价值认同，是形成合意式刑事诉讼的理论基础；其三，《刑事诉讼法》及其他规范性文件对控辩合意以及合意达成后案件处理方式、方法和步骤的规定，是形成合意式刑事诉讼的法律制度和规范基础。

二　"合意式刑事诉讼"的名称辨析

合意式刑事诉讼是指控辩双方在被追诉人承认控诉方提出的诉讼主张或者作出的诉讼行为的基础上形成合意，司法机关依法根据合意对刑事案件进行处理的方式、方法和步骤。这种刑事诉讼形式主要表现为以下几种诉讼活动：其一，被追诉人对控诉方提出的诉讼主张或者作出的诉讼行为，作出承认的意思表示；其二，控辩双方在被追诉人承认的基础上进行商谈，达成合意；其三，司法机关依法对被追诉人的承认、控辩双方的合意进行审查，并根据合法有效的合意对案件进行处理。

对于如何称谓通过控辩双方"协商"、"合作"、"妥协"等方式达成合意，从而解决被告人刑事责任及相关问题的刑事诉讼形式，学者们有不同观点。有的将其称为"合作性司法"，有的将其称为"合作式诉讼"，还有的将其称为"协商性司法"。笔者认为，这些称谓不能准确反映这种刑事诉讼形式的本质属性，而"合意式刑事诉讼"是最妥当的名称。

首先，用"合作"来概括这种刑事诉讼形式并不妥当。陈瑞华是较早系统研究这种刑事诉讼形式的学者之一，他称其为"合作性司法"。他指

[①] 参见沈春耀《关于〈中华人民共和国刑事诉讼法（修正草案）〉的说明——2018年4月25日在第十三届全国人民代表大会常务委员会第二次会议上》，《中华人民共和国全国人民代表大会常务委员会公报》2018年第6期。

出,作为一种"最低限度的合作",被告人自愿认罪应属于合作性司法模式赖以存在的前提。"在此前提下,被告方与侦查机关、公诉机关经过协商和妥协所进行的合作,则被称为'协商性的公力合作';被告方与被害方经过协商而力图达成和解的诉讼活动,则被统称为'和解性的私力合作'。"① 谭世贵把这种刑事诉讼形式称为"合作式诉讼"。他认为,"合作式诉讼,是指刑事诉讼中的程序主体在充分考虑各自利益诉求的合理性和可接受性的基础上进行一定的妥协、协商和合作,形成纠纷解决共识的诉讼","合作式诉讼以合作为基本结构要素"。②

本文所述的合意式刑事诉讼,就其范围而言,与上述学者主张的"合作性司法"、"合作式诉讼"基本一致;就其特征而言,也大体相同,均认为这种刑事诉讼形式具有"被追诉人自愿认罪"和"控辩双方就犯罪指控达成一致"这两个主要特征。只是对于"合作性司法"、"合作式诉讼"这些名称,笔者有不同意见。所谓合作,是指"社会互动的一种方式。指个人或群体之间为达到某一确定目标,彼此通过协调作用而形成的联合行动。参与者须具有共同的目标、相近的认识、协调的互动、一定的信用,才能使合作达到预期效果。其特征:行为的共同性,目的的一致性,甚至合作本身也可能变为一种目的"。③ 然而,在刑事诉讼中,即使控辩双方就某些甚至全部争议达成合意,他们在诉讼中所处的立场仍然是对立的。他们的行为没有共同性,目的也没有一致性,他们达成合意也不是通过联合行动。在刑事诉讼中,控辩双方为了各自的利益,从不同立场出发进行商谈,不属于合作式协商,而是对立式谈判。谈判的结果是达成合意,但这不是合作的结果,而是对立中妥协的结果。所以,用"合作"为这种刑事诉讼形式命名,是不妥当的。

其次,用"协商"来概括这种刑事诉讼形式不能反映其本质属性。魏晓娜对中外"协商性刑事司法"作了比较系统的介绍和分析。她认为"协商性刑事司法,是在刑事诉讼中避免正式审判程序、通过协商解决刑事案件的方式方法的统称"。④ 笔者认为,用"协商"来概括这种刑事诉讼形式

---

① 陈瑞华:《刑事诉讼的中国模式》,法律出版社,2018,第 70 页以下。
② 谭世贵:《论刑事诉讼模式及其中国转型》,《法制与社会发展》2016 年第 3 期,第 113 页。
③ 陈至立主编《辞海》,上海辞书出版社,2020,第 1653 页。
④ 魏晓娜:《背叛程序正义——协商性刑事司法研究》,法律出版社,2014,第 3 页。

也是不准确的。《布莱克法律辞典》给"协商"下的定义是:"协商意指就已经发生争端或者可能发生争端的事项,双方当事人为了达成协议而自愿进行的对话、交流或交易过程。"① 本文讨论的这种刑事诉讼形式,其重点不是"双方当事人为了达成协议而自愿进行的对话、交流或交易过程",而是达成合意后案件的处理方式。协商只是达成合意的手段,合意才是这种刑事诉讼形式的存在基础。因此,"协商性刑事司法"概括不了这种刑事诉讼形式的本质属性。而且,我国《刑事诉讼法》并未使用"协商性刑事司法"的概念,司法解释等规范性文件也有意回避使用"协商"一词,比如"2017 年 8 月'两高'、公安部、国家安全部、司法部联合发布的《关于开展法律援助值班律师工作的意见》将相关内容表述为'对检察机关定罪量刑建议提出意见',这里回避了'进行量刑协商'的提法"。② 而且,认罪认罚从宽制度也不是中国式的辩诉交易。"从制度定位上看,认罪认罚从宽的根本目的是确保公安机关、人民检察院、人民法院依法、及时、公正履行追诉、惩罚犯罪职责,犯罪嫌疑人、被告人只是通过认罪认罚来争取从宽,而不是就定罪量刑进行讨价还价。"③

笔者认为,相较于"合作性司法"、"合作式诉讼"、"协商性司法"等名称,"合意式刑事诉讼"能够准确概括这种刑事诉讼形式的本质特征。

其一,用"合意"来概括这种刑事诉讼形式,能够反映其本质特征。被追诉人认罪以及控辩双方在此基础上达成合意,是这种刑事诉讼形式的基本要求。

我国《刑事诉讼法》规定的公诉案件和解程序,实际上就包含被害人与被追诉人达成合意;有关简易程序和速裁程序的规定则是把被告人认罪(认罚)以及控辩双方达成合意作为适用这两种程序的必备条件。2018 年《刑事诉讼法》第 214 条规定,对于符合下列条件的案件,检察院提起公诉时可以建议法院适用简易程序:(1)案件事实清楚、证据充分;(2)被告人承认自己所犯罪行,对指控的犯罪事实没有异议;(3)被告人对适用

---

① Henry Campbell Black, *Black's Law Dictionary*, 8th Edition, West Publishing Co., pp. 1064 – 1065.
② 熊秋红:《比较法视野下的认罪认罚从宽制度——兼论刑事诉讼"第四范式"》,《比较法研究》2019 年第 5 期。
③ 最高人民法院刑一庭课题组:《刑事诉讼中认罪认罚从宽制度的适用》,《人民司法》2018 年第 34 期,第 5 页。

简易程序没有异议。这些规定表明,适用简易程序的必要条件包括被告人认罪,以及被告人和检察院在罪行认定和适用简易程序审理案件上达成合意。《刑事诉讼法》第 222 条规定,基层人民法院管辖的可能判处 3 年有期徒刑以下刑罚的案件,案件事实清楚,证据确实、充分,被告人认罪认罚并同意适用速裁程序的,可以适用速裁程序。《刑事诉讼法》第 223 条规定,被告人与被害人或者其法定代理人没有就附带民事诉讼赔偿等事项达成调解或者和解协议的,不适用速裁程序。可见,适用速裁程序,不仅要求被告人认罪认罚,要求被告人和公诉方在罪行认定、刑罚适用上达成合意,还要求被告人与被害人或其法定代理人就附带民事诉讼赔偿问题达成合意。

在西方国家,尽管这种刑事诉讼的表现形式各种各样,但有两点是共同的:一是被追诉人认罪,二是控辩双方就罪责刑问题达成一致意见即合意。按照学者的见解,美国的辩诉交易、英国的认罪答辩、法国的刑事调解和解及庭前认罪制度、德国的供述协议制度、我国台湾地区的刑事协商程序,都属于这种刑事诉讼形式。这些国家和地区对于这些制度,有的规定了"协商"或"交易"等内容,有的没有规定这些内容,如法国的庭前认罪答辩程序就"没有交易,只有合意"。[①] 根据《美国联邦刑事诉讼规则》中的辩诉交易规则,辩诉交易的运作包括"告知答辩协议"、"接受答辩协议"、"拒绝答辩协议"、"告知答辩协议的期限"等内容。这里的答辩协议,实际上就是控辩双方就定罪和量刑达成的合意。只要答辩协议合法有效,案件就可以不经过审判,由法官直接作出判决。[②] 根据《法国刑事诉讼法》的规定,庭前认罪程序主要分为四个阶段——"被告人认罪、检察官提出量刑建议、被告人接受或者拒绝量刑建议,最后是法官审核"。[③] "从德国刑事诉讼法修正案中新增的第 202(a)条、第 212 条以及第 257(c)条来看,协商制度可适用于中间程序及主审程序中,一直到判决作出之前,法院、检察院和被告人均可以进行协商,以合意的方式来结束诉讼。"[④] 我国台湾地区关于刑事诉讼的规定也把当事人达成合意作为刑

[①] 施鹏鹏:《法国庭前认罪答辩程序评析》,《现代法学》2008 年第 5 期,第 180 页。
[②] 李学军主编《美国刑事诉讼规则》,中国检察出版社,2003,第 396 页以下。
[③] 魏晓娜:《背叛程序正义——协商性刑事司法研究》,法律出版社,2014,第 68 页。
[④] 魏晓娜:《背叛程序正义——协商性刑事司法研究》,法律出版社,2014,第 63 页。

事诉讼协商程序的核心问题："检察官得于征询被害人之意见后，径行或者依被告或其代理人、辩护人之请求，经法院同意，就下列事项于审判外进行协商，经当事人双方合意且被告认罪者，由检察官声请法院改依协商程序而为判决。"法院在协商程序中的主要任务是对合意进行审查，如果发现合意不是出于当事人自愿、明知、明智的选择，或者合意显有不当或显失公平，或者法院认定的事实与合意的事实不符，法院就会驳回检察官的协商申请。①

其二，用"合意"命名这种刑事诉讼形式，可以减少强迫合作、过度协商的情况发生。各国和地区在规定这种刑事诉讼形式时，都强调被告人认罪的自愿、明知和明智，禁止强迫被告人合作，防止过度协商和交易。但是，在有些国家，特别是实行辩诉交易的美国，检察官滥用交易、威胁被告人强迫其接受交易的情况屡见不鲜。美国学者指出："像历史上的多数胜利者一样，辩诉交易的胜利很大程度上是因为它为强者服务。"②"按照一些观察者的说法，检察官处理指控，'就像市场上做买卖'，'双方的起价都高于他们真正想要的价码'。检察官一般会把一次犯罪交易分成尽可能多的犯罪，然后全部起诉，这是一种'水平的过度指控'，或者起诉那些证据远远跟不上的最高等级的罪行，这是一种'垂直的过度起诉'，有的时候甚至'水平的'和'垂直的'过度指控双管齐下。"③ 这种为了交易成功而作出的过度指控，可能会使无罪的被告人被迫作有罪答辩。在北卡罗来纳州诉阿尔福特案（*North Carolina v. Alford*）中，被告人阿尔福特"坚持作证说，他没有实施杀人，但是他作有罪答辩，这是因为如果他不这样做的话，他将面临被判处死刑的威胁"。④ 德国、法国以及我国台湾地区在借鉴美国的辩诉交易制度时，出于对"交易"的忌讳，而使用"协商"、"合作"这类字眼，但这并不能改变相关制度的本质。因为"协商"的定义，不仅包括双方当事人的对话和交流，还包括双方当事人的交易过程。如果强调"合作"，强势的检察官会要求被告人认罪以配合指控，否则将视其为不合作；如果强调"协商"，拿被告人的刑事责任做交易的现

---

① 魏晓娜：《背叛程序正义——协商性刑事司法研究》，法律出版社，2014，第85页。
② George Fisher, "Plea Bargaining's Triumph," 109 *Yale L. J.* 859 (2000).
③ 魏晓娜：《背叛程序正义——协商性刑事司法研究》，法律出版社，2014，第46页。
④ 李学军主编《美国刑事诉讼规则》，中国检察出版社，2003，第403页。

象就不可避免。以"合意"称呼这种刑事诉讼形式,则可在一定程度上纠正这些偏差。因为"合意"只是表明控辩双方自愿认同,而淡化了认同之前的对话、交流和协商。

三 合意式刑事诉讼的主要内容

(一) 合意式刑事诉讼行为

合意式刑事诉讼行为即刑事诉讼中的合意行为,是指因被追诉人的承认而使控辩双方就刑事诉讼中的具体事项达成意思表示一致的行为。合意式刑事诉讼行为是基于当事人的意思表示而表现出来的自觉行为,它在被刑事诉讼规范确认后才会发生法律效力。

作为多方法律行为,合意式刑事诉讼行为以被追诉人对控诉方某个诉讼行为或诉讼主张的承认而成立,所以承认是达成合意的关键因素。一般来说,控诉方的诉讼行为、诉讼主张在先,被追诉人的承认在后。在特殊情况下,承认也可能先于控诉方的诉讼行为、诉讼主张。比如,自首就是被追诉人的承认先于控诉方的诉讼行为、诉讼主张。先于控诉方诉讼行为、诉讼主张的承认,一般是概括或笼统的承认,而非明确且具体的承认。这种承认具有实体法上的意义,但还不具有程序法上的意义。因为作为合意式刑事诉讼行为关键构成要素的承认,应当是明确且具体的。因此,在司法实践中,即使被追诉人在诉讼开始前作了概括的承认,在达成合意时,也必须作出明确具体的承认,否则合意不能发生法律效力。

被追诉人的承认必须具备真实性、自愿性和合法性,这是讨论合意式刑事诉讼行为的基础。在司法实践中,被追诉人承认犯罪或者愿意接受控诉方的量刑建议,其动机是复杂的,有的是出于真诚悔罪,有的是在确凿的证据面前无法抵赖,也有的是为了争取一个对己有利的诉讼结果。不论出于何种动机,承认都应当具有真实性、自愿性和合法性。所谓承认的真实性,是指犯罪嫌疑人、被告人的承认具有证据依据和事实基础,不是被追诉人在主观认识错误的基础上作出的。所谓承认的自愿性,是指被追诉人的承认完全基于自己自由意志的支配,没有受到任何外力的威胁、引诱或者强迫。所谓承认的合法性,是指被追诉人的承认具有法律依据。根据不同的标准，可以对合意式刑事诉讼行为进行不同的分类。

首先，根据达成合意的诉讼主体不同，可以将其分为诉讼双方当事人达成的合意、被追诉人与控诉机关达成的合意。从我国的法律规定看，当事人和解就属于诉讼双方当事人达成的合意。个别学者所主张的"私力合作模式"，[1] 也属于这种合意。在公诉案件中，虽然被害人也属于控诉方，但由于主导控诉的是检察机关，被害人只是辅助性的控诉人，[2] 所以，如果被追诉人只是与被害人或其法定代理人达成合意，而没有与公诉机关达成合意，这种合意对于刑事责任的追究就没有决定性的意义，其对刑事诉讼的进程和结局不会产生关键性影响。诉讼双方当事人的合意只有经过公安司法机关的审查认可，才能发生法律效力。被追诉人与控诉机关达成的合意，被有的学者称为"公力合作模式"。[3] 这种合意是最主要的合意类型，它对刑事诉讼的进程和结局会产生关键性影响。比如，被追诉人与公诉机关达成的适用简易程序或速裁程序的合意，不仅能使被追诉人得到从宽处理，还可以使案件的审理程序大大简化、审理时间大大缩短。

其次，根据合意式刑事诉讼行为的内容，可以将其分为刑事责任追究方面的合意、损害赔偿方面的合意以及程序适用方面的合意。

一是刑事责任追究方面的合意。这种合意包括以下几个方面。（1）在证据方面（举证上）形成的合意。这是指一方当事人对对方提出的证据没有异议，即承认对方所举证据的证据资格，认同对方所举证据的证明力，从而使控辩双方在举证问题上达成一致意见。（2）案件事实认定方面的合意。这是指被追诉人对控诉方指控的案件事实，通过明示或默示的方式予以承认，从而与控诉方在案件事实认定上达成一致意见。这种合意一般是针对整个案件事实认定的，当然也包括对部分案件事实认定的合意。（3）犯罪指控方面的合意。这是指被追诉人对控诉方指控的罪名、罪状和罪数，通过明示或默示的方式予以承认（认罪），从而与控诉方在犯罪指控上达

---

[1] 陈瑞华：《刑事诉讼的中国模式》，法律出版社，2018，第105页。
[2] 在有的刑事诉讼法教科书中，检察机关和被害人被称为"双重原告"，控诉以检察机关为主、以被害人为辅。参见陈卫东主编《刑事诉讼法》，中国人民大学出版社，2015，第44页。
[3] 陈瑞华：《刑事诉讼的中国模式》，法律出版社，2018，第87页。

成一致意见。一般来说，就犯罪指控达成合意后，双方自然在证据、案件事实认定等方面也达成了合意。（4）量刑建议方面的合意。这是指被追诉人对公诉机关提出的量刑建议，通过明示的方式表示同意（认罚），从而与公诉方在量刑建议上达成一致意见。这种合意是具体的，包括在具体刑种、刑期和行刑方式上达成一致，而不是笼统地在被追诉人愿意接受刑法惩罚上达成一致。在司法实践中，如果被追诉人和控诉方在量刑建议上达成合意，一般表明他们在证据、案件事实认定、犯罪指控等方面都达成了合意。因为量刑以罪名、罪状、罪数的确定为前提，犯罪指控以案件事实认定为前提，案件事实认定以证据为前提，被追诉人认同量刑建议，表明他对控诉方的举证、案件事实认定、犯罪指控都没有异议。

二是损害赔偿方面的合意。根据我国《刑事诉讼法》的规定，被害人如果因为犯罪行为的侵害遭受了物质损失，其在刑事诉讼中有权提起附带民事诉讼。损害赔偿方面的合意是指被追诉人对被害人提出的附带民事诉讼赔偿请求没有异议，接受被害人提出的赔偿方式和数额，并愿意按照请求进行赔偿，双方由此而形成的合意。在公诉案件中，公诉机关对于被害人提出的赔偿请求，以及被害人与被追诉人达成的损害赔偿方面的合意，只要赔偿请求与合意不违反法律规定，一般会予以认同。

三是程序适用方面的合意。在刑事诉讼中，除了实体问题上的合意，还有程序适用方面的合意。比如，控辩双方在管辖问题上达成的由某个法院管辖案件的共同意思表示，控辩双方达成的对案件适用速裁程序审理的共同意思表示，都属于程序适用方面的合意。

合意式刑事诉讼行为主要存在于审查起诉和审判阶段。侦查阶段有达成合意的可能性，但条件并不充分。在侦查阶段，犯罪嫌疑人在接受讯问时，可能交代涉嫌犯罪的案件事实，也可能笼统地表示愿意接受法律的惩罚，有形成合意的可能性。但是，由于案件还处在不断收集证据的过程中，案件事实没有完全查清，对于案件如何处理还不能形成一个清晰的意见，控诉方的诉讼主张也没有形成，所以，从实际情况看，控辩双方在侦查阶段就达成具有诉讼意义的合意的可能性不大。即使达成合意，也只能是笼统或模糊的合意，而且这种合意还可能发生变化。

在审查起诉阶段，控辩双方有条件就诉讼中的主要问题达成合意。在这个阶段，侦查机关已经向公诉机关提交了移送审查起诉意见书，犯罪嫌疑人涉嫌何种犯罪、涉嫌犯罪的事实、证明犯罪的证据都已基本清楚，控诉方的意见和基本的诉讼主张已经形成，只要犯罪嫌疑人有承认控诉方某个诉讼行为、诉讼主张的意思表示，就有可能达成合意。审查起诉阶段可能达成的合意，有证据、案件事实认定、犯罪指控等方面的合意。到了审查起诉阶段的后期，当检察机关有了明确的量刑建议，且已经将此量刑建议告知被追诉人后，才有可能形成量刑建议方面的合意。

在审判阶段，控辩双方有全面达成合意的充分条件。其一，案件被起诉到法院后，控诉方的诉讼主张基本确定，被告方清楚地知道控诉方的意见，从而可以选择是否与控诉方达成合意。其二，如果被害人提出附带民事诉讼请求，赔偿数额已经明确，便于被告方考虑和把握。其三，控诉方对案件事实的认定已然清晰，所举证据已经提交法院，便于被告方考虑是否接受控诉方的举证、案件事实认定以及犯罪指控。

合意式刑事诉讼行为有重要的诉讼价值。诉讼案件的发生都是因争而起。"讼，争也。从言，公声。"（《说文解字》卷3）刑事诉讼更是因争而起，争则对抗，所以对抗是刑事诉讼的底色和常态。但是，事物都是一分为二的。"在刑事诉讼程序中，控辩对立双方并不是完全不存在协商解决问题的可能。"[1] 在刑事诉讼中，由于被追诉人的承认，诉讼双方可以在证据提出、案件事实认定乃至犯罪指控、量刑建议等各方面均达成一致，形成诉讼中的合意。合意达成后，不仅对抗的程度会大大减轻，甚至可能会消灭对抗。

合意式刑事诉讼行为最重要的价值，是可以简化诉讼行为和诉讼程序。我们知道，刑事诉讼承载着重要使命，也有着多重目的，但解决被追诉人与国家、被害人之间的纠纷是最为直接的目的。这些纠纷解决好了，被追诉人和被害人口服心服，其他刑事诉讼目的才能实现。反之，如果刑事诉讼结束后，被追诉人或者被害人仍有不同意见，刑事诉讼的目的就难以充分实现。所以，各国和地区刑事诉讼制度都以解决控辩双方的冲突为出发点，立足于控辩双方的全面对抗来设计普通程序。如果控辩双方在所有问题上都存在争议，裁判者会按照程序规定，一个一个地解决这些争议。对抗式刑事诉讼程序，就是在解决一个又一个控辩争议的过程中进行

---

[1] 詹建红：《刑事诉讼契约研究》，中国社会科学出版社，2010，第65页。

的。但是，当控辩双方就某个问题达成合意，相关诉讼活动就可以简化。欧洲理事会部长委员会通过的《关于简化刑事司法的第18号建议》指出："只要被告人自愿认罪，刑罚方面就不应当过久地处于不确定状态。只要被告人认罪，就应当简化程序规则。"①在一个诉讼程序中，如果诉讼活动、规则方面的简化越来越多，就有可能从量变到质变，形成与对抗式刑事诉讼相对应的合意式刑事诉讼。

控辩双方在审查起诉阶段达成合意，可能对诉讼产生以下影响。第一，影响案件是否提起公诉。2018年《刑事诉讼法》第177条规定，对于犯罪情节轻微，依照《刑法》的规定不需要判处刑罚或者免除刑罚的，检察院可以作出不起诉决定；第182条规定，犯罪嫌疑人自愿如实供述涉嫌犯罪的事实，有重大立功或者案件涉及国家重大利益的，经最高人民检察院核准，检察院可以作出不起诉决定。根据上述规定，犯罪情节轻微的案件，如果犯罪嫌疑人承认犯罪，犯罪嫌疑人很有可能不被起诉；犯罪情节较重甚至严重的案件，犯罪嫌疑人承认犯罪，如果案件涉及国家重大利益，或者犯罪嫌疑人有重大立功表现，也有可能不被起诉。第二，影响检察院对适用审判程序的建议权。根据2018年《刑事诉讼法》第214条、第222条的规定，检察院在提起公诉时，可以建议法院适用简易程序、速裁程序。若控辩双方达成合意，案件符合适用简易程序的条件，检察院在提起公诉时，就可能提出适用简易程序审理案件的建议；若控辩双方达成合意，案件符合适用速裁程序的条件，检察院在提起公诉时，就可能提出适用速裁程序审理案件的建议。第三，影响强制措施的适用或变更。2018年《刑事诉讼法》第97条规定，犯罪嫌疑人、被告人及其法定代理人、近亲属或者辩护人有权申请变更强制措施。犯罪嫌疑人、被告人被逮捕后，检察院仍应当对羁押的必要性进行审查，对不需要继续羁押的，应当建议予以释放或者变更强制措施。②检察院批准或者决定逮捕，应当将犯罪嫌疑人、被告人涉嫌犯罪的性质、情节以及认罪认罚等情况作为是否具有社会危险性的考虑因素。根据上述规定，当犯罪嫌疑人在审查起诉阶段

---

① Recommendation No. R (87) 18 of the Committee of Ministers to Member States Concerning the Simplification of Criminal Justice, 转引自魏晓娜《背叛程序正义——协商性刑事司法研究》，法律出版社，2014，第56页。

② 参见2018年《刑事诉讼法》第95条。

自愿承认犯罪,并表示愿意接受法律制裁,乃至接受检察院的量刑建议后,其社会危险性会大大降低:不大可能再去实施威胁证人或毁灭、伪造证据的行为;不大可能继续犯罪;逃避审判的可能性基本消失。总之,没有继续羁押的必要性,检察院可以把原先采取的逮捕措施变更为取保候审或监视居住。

审判阶段达成的合意,对诉讼进程乃至诉讼结果有直接影响:第一,控辩双方就控诉方举出的单个证据达成合意后,法院无须再组织控辩双方进行询问、质证这些法庭调查程序;第二,控辩双方就控诉方举出的所有证据达成合意,就可以免除控诉方的举证责任;第三,控辩双方就案件事实达成合意,就可免除法院查明案件事实的证明责任;① 第四,控辩双方就控诉方关于罪名、罪状、罪数的指控达成合意,则法院无须再就定罪问题组织控辩双方进行辩论;第五,控辩双方就量刑达成合意,则法院无须再就量刑问题组织法庭辩论;第六,被告人和被害人就民事赔偿问题达成合意,附带民事诉讼的审理即可简化。总之,法院可以根据诉讼中达成合意的情况,结合《刑事诉讼法》的规定,或者免除控诉方的举证责任,或者简化审判程序,或者确定案件适用简化的审理程序,以便合理配置审判资源、提高审判效率、节省审判成本。

合意式刑事诉讼行为主要存在于合意式刑事诉讼程序中,但在对抗式刑事诉讼程序中也有存在的可能。比如,在对抗式刑事诉讼程序中,被告人在法庭上对公诉方举出的某个证据没有异议,这表明控辩双方就该证据的举证达成了合意;被告人对于控诉方指控的数个犯罪,承认其中的某个犯罪,这表明控辩双方就该罪的指控达成了合意。

(二) 合意式刑事诉讼程序

合意式刑事诉讼程序,是指由被追诉人的承认、控辩双方的合意以及法院依法根据合意处理案件等活动组成的连贯性诉讼活动以及诉讼关系的总和。合意式刑事诉讼程序由一系列合意式刑事诉讼行为组成,其处理的是整个案件而非案件中的某个问题。

---

① 笔者主张举证责任和证明责任分设:举证责任主要由控诉方承担,证明责任由主持诉讼的司法机关承担。参见王新清、李蓉、穆远征编著《刑事诉讼法》,中国人民大学出版社,2014,第115页。

合意式刑事诉讼程序所要求的合意，必须包括控辩双方就犯罪指控这个关键问题所达成的合意。因为控辩双方就犯罪指控（包括罪名、罪状和罪数）达成合意后，他们对诉讼中的核心问题就没有重大分歧了。这个合意自然包括就控诉方举出的证据、案件事实认定达成的合意。在这种情况下，控诉方不需要在法庭上承担举证责任，庭审不需要传唤证人，不需要进行询问、反询问和交叉询问，不需要质证，不需要对罪名认定进行辩论；法院可以在控辩双方合意的基础上，直接将法庭活动切换到量刑辩论环节。如果控辩双方就量刑、赔偿等问题都已经达成合意，法庭调查和辩论就都不需要进行了。这几种合意下的审判程序，就与对抗式刑事诉讼的审判程序有重大区别。

从逻辑上讲，以被追诉人认罪、控辩双方就犯罪指控达成合意为分水岭，可以把刑事诉讼程序分为对抗式刑事诉讼程序和合意式刑事诉讼程序。对抗式刑事诉讼程序是指被追诉人不认罪，控辩双方就犯罪指控没有达成合意，法院在控辩双方对抗的基础上查明案件事实、确定刑事责任的刑事诉讼形式。就传统刑事诉讼模式而言，"无论职权主义模式，还是当事人主义模式，均奉行诉讼两造平等对抗的诉讼理念，以国家与被告人之间的关系为支撑框架，都只是对抗式诉讼模式之下的子模式"。[1] 现代刑事诉讼的多数原则和规则，诸如无罪推定、辩论主义、沉默权、非法证据排除、传闻证据，大都是为对抗式刑事诉讼程序规定的。各国刑事诉讼法规定的证据制度和规则、侦查、审查起诉和审判程序，大都也是基于对抗式刑事诉讼程序的。可以说，对抗式刑事诉讼程序是刑事诉讼程序的基本形式。在有些国家，虽然适用对抗式刑事诉讼程序处理的案件数量约占10%，[2] 但对抗式诉讼依然是其刑事诉讼的基石。

2018 年《刑事诉讼法》第 15 条规定了"犯罪嫌疑人、被告人自愿如实供述自己的罪行，承认指控的犯罪事实，愿意接受处罚的，可以依法从宽处理"的一般原则，据此，我国的刑事诉讼程序可以划分为对抗式刑事诉讼程序和合意式刑事诉讼程序。然而，单个的或者不成体系的少数合意式刑事诉讼行为，还不能构成合意式刑事诉讼程序，只有体系化的合意式

---

[1] 谭世贵：《论刑事诉讼模式及其中国转型》，《法制与社会发展》2016 年第 3 期，第 109 页。
[2] 〔美〕伟恩·R. 拉费弗、杰罗德·H. 伊斯雷尔、南西·J. 金：《刑事诉讼法》下册，卞建林、沙丽金等译，中国政法大学出版社，2003，第 1036 页。

刑事诉讼行为的组合，才能构成合意式刑事诉讼程序。2018年《刑事诉讼法》在第一审程序中增加了速裁程序，这个程序与简易程序、当事人和解的公诉案件诉讼程序以及审查起诉阶段处理认罪认罚案件的有关程序一起，构成了一个具有中国特色的合意式刑事诉讼程序体系。根据2018年《刑事诉讼法》的规定，合意式刑事诉讼程序包括合意式起诉程序和合意式审判程序，而侦查阶段尚不存在合意式诉讼程序。

首先，侦查阶段不存在合意式刑事诉讼程序。在侦查阶段，办案机关的主要任务是适用法定的各种侦查措施，依法全面收集证据材料，查明案件事实，抓捕犯罪嫌疑人归案等。[①] 如果侦查阶段适用合意式刑事诉讼程序，会导致侦查机关因接受犯罪嫌疑人"认罪"、"认罚"而放弃全面收集证据的任务。因此，合意式刑事诉讼程序和对抗式刑事诉讼程序一样，都建立在侦查任务完成的基础上。可以说，侦查是对抗式刑事诉讼程序和合意式刑事诉讼程序共有的诉讼阶段，两者的分野是从审查起诉阶段开始的。

需要指出的是，侦查阶段只有"合意式刑事诉讼相关行为"。这些行为是指犯罪嫌疑人的认罪认罚行为，侦查机关的认罪认罚从宽告知行为、认罪认罚记录及移送行为等。这些诉讼行为虽属单方法律行为，却是达成合意的前提和基础。在侦查阶段，侦查人员应当告知犯罪嫌疑人如实供述自己罪行可以得到从宽处理和认罚的法律规定，提醒犯罪嫌疑人通过认罪认罚、与控诉方达成合意的方式可以实现案件的快速处理以及实体上的从宽处理。同时，侦查人员将犯罪嫌疑人自愿认罪的情况记录在案，随案移送，并在移送起诉意见书中写明有关情况，避免移送起诉时忽视犯罪嫌疑人认罪事实，甚至诱骗犯罪嫌疑人认罪却不兑现相关政策的情况发生。侦查中的这些行为尽管还不能构成合意式刑事诉讼程序，但可以为后续阶段合意式刑事诉讼程序的开展奠定基础。

其次，起诉阶段的合意式起诉程序。合意式起诉程序，是指控辩双方在犯罪嫌疑人自愿认罪认罚的基础上，就犯罪嫌疑人构成什么犯罪、应给予其什么刑罚以及适用什么程序审理案件进行协商，控方根据达成的合意起诉。在审查起诉阶段，对于犯罪嫌疑人认罪认罚的，应当开展以下工

---

① 陈卫东：《认罪认罚从宽制度研究》，《中国法学》2016年第2期，第55页。

作。(1) 商谈。公诉机关应当就下列问题提出意见,并同犯罪嫌疑人、辩护人或者值班律师、被害人及其诉讼代理人进行商谈:涉嫌的犯罪事实、罪名及适用的法律规定;从轻、减轻或者免除处罚等从宽处罚;认罪认罚后适用的案件审理程序;其他有关事项。在这个诉讼阶段,犯罪嫌疑人及其辩护人、近亲属,还应当与被害人及其诉讼代理人就附带民事诉讼赔偿等问题进行商谈。(2) 犯罪嫌疑人作出认罪认罚具结。刑事责任追究商谈结束后,如果犯罪嫌疑人自愿认罪、同意量刑建议和程序适用,就在被害人或者值班律师在场的情况下签署认罪认罚具结书。(3) 对案件进行处理。针对达成刑事责任追究、民事赔偿合意的案件,检察院可以依法作出以下处理:对于犯罪情节较轻的案件,在犯罪嫌疑人认罪认罚后,依照《刑法》的规定不需要判处刑罚或者可以免除刑罚的,检察院可以依照2018年《刑事诉讼法》第177条第2款的规定,作出不起诉决定;犯罪嫌疑人认罪认罚后,即使是犯罪情节严重的案件,但犯罪嫌疑人有重大立功表现或者案件涉及国家重大利益,经最高人民检察院核准,检察院也可以作出不起诉决定,或者同意公安机关撤销案件;犯罪嫌疑人与公诉机关就刑事责任追究达成合意,犯罪嫌疑人与被害人或其法定代理人达成附带民事诉讼赔偿合意,案件符合适用速裁程序的条件的,按照速裁程序的要求提起公诉。

最后,审判阶段的合意式审判程序。合意式审判程序,是指根据控辩双方达成的合意而适用的审判程序。根据2018年《刑事诉讼法》的规定,控辩双方达成合意的案件的审判程序有简易程序和速裁程序两种,它们都是基层法院审判案件所适用的程序。这两种审判程序的区别有两点。一是所适用的案件的被告人被判处的刑罚可能不同。简易程序适用于基层法院审判的案件,速裁程序适用于基层法院审判的被告人可能被判处3年有期徒刑以下刑罚的案件。二是控辩双方达成的合意不同。简易程序适用于控辩双方仅就证据、案件事实认定、犯罪指控达成合意的案件,速裁程序适用于控辩双方就所有争议问题都达成合意的案件。

四 合意式刑事诉讼的体系化建构

2018年《刑事诉讼法》为合意式刑事诉讼搭建了一个基本框架,但从逻辑结构上分析，这一框架仍不十分完备。目前的合意式起诉程序仅适用于犯罪嫌疑人认罪认罚的案件，对于审查起诉阶段犯罪嫌疑人只认罪不认罚，控辩双方在量刑、赔偿等问题上未达成合意的案件，法律则缺乏相应的规定，使得起诉程序和审判阶段的简易程序无法很好地对接。目前的合意式审判程序也不周延。比如，对于可能判处的刑罚高于3年有期徒刑的案件，假若被告人认罪认罚，也同意检察机关的量刑建议，还与被害人或其法定代理人就民事赔偿问题达成合意，适用什么程序审理？2018年《刑事诉讼法》对此没有明确规定。按照"明案速审，疑案慎断"的原则，对该类案件适用普通程序审理，有"用高射炮打蚊子"之感；适用简易程序审理，似乎也没有必要。

为了保障合意式刑事诉讼顺利进行，有关的配套制度也要完备。从目前的法律规定看，有下列问题需要研究。（1）合意式刑事诉讼作为与对抗式刑事诉讼相对应的一种刑事诉讼形式，应有其专门原则。目前我国《刑事诉讼法》和有关规范性文件①规定的认罪认罚从宽、贯彻宽严相济的刑事政策、罪责刑相适应、证据裁判和公检法三机关配合制约等原则，既适用于合意式刑事诉讼程序，也适用于对抗式刑事诉讼程序。（2）对于合意式刑事诉讼中被追诉人享有的特殊诉讼权利，还没有清晰的界定。（3）2018年《刑事诉讼法》已经规定了认罪认罚从宽的一般原则，还规定了合意式起诉程序、简易程序、速裁程序这些合意式刑事诉讼程序，但是，当事人和解的公诉案件诉讼程序如何与这些程序衔接，需要研究。笔者认为，为了保障合意式刑事诉讼的体系化建构以及在司法实践中的有效运行，应当从以下几个方面着手予以完善。

（一）完善合意式刑事诉讼的基本原则

根据合意式刑事诉讼的特点，应当确定以下几项专门原则。

第一，自愿承认原则。自愿承认原则是不得强迫自证其罪原则在合意式刑事诉讼中的体现。2018年《刑事诉讼法》第15条规定："犯罪嫌疑人、被告人自愿如实供述自己的罪行，承认指控的犯罪事实，愿意接受处

---

① 比如2019年最高人民法院、最高人民检察院、公安部、国家安全部、司法部联合发布的《关于适用认罪认罚从宽制度的指导意见》。

罚的,可以依法从宽处理。""可见,'自愿'是被追诉人认罪认罚的前提和必备要件。如果被追诉人认罪认罚非出于自愿,那不仅其自由意志和法律人格受到侵犯,而且还有可能产生冤假错案。"① 自愿承认原则的基本含义是,被追诉人是否承认控诉方的诉讼行为和诉讼主张,由他自己选择和决定,公安司法机关不能强迫。即便是事实清楚、证据确实充分的案件的被追诉人,如果他们不愿意作出承认行为,也不能强迫其承认。这里的"不能强迫"包括不能通过过度协商进行诱导,也不能通过精神强制逼其就范,更不能通过肉刑或变相肉刑予以强制。

　　第二,诚实信用原则。诚实信用原则包含以下几层含义:被追诉人的承认要有事实根据和法律依据,没有事实根据和法律依据的承认不发生法律效力;公安司法机关对于被追诉人的承认要实事求是地对待,不能强迫、引诱、欺骗被追诉人承认;凡是自愿、真实、依法认罪认罚的,都要依法兑现有关政策,实现实体上从宽处罚、程序上从简处理;控辩双方对于达成的合意,不论是刑事责任追究方面的合意、民事赔偿方面的合意,还是程序适用方面的合意,都要认真履行,不能无故反悔。因为"认罪认罚具结书是公法意义上的契约,一经签署,对控辩双方就具有约束力,决不能任凭其中的一方无正当理由地反悔,否则,认罪认罚从宽制度就难以顺利实施,其价值目标也难以实现"。② 诚实信用原则,可以保障合意式刑事诉讼顺利进行,保障客观公正处理案件,保障提高刑事司法效率。

　　第三,平等适度商谈原则。平等适度商谈原则是指在被追诉人自愿认罪的前提下,被追诉人与公诉机关、被害人可以就刑事责任追究、民事赔偿、程序适用等问题,进行平等和必要的交流对话,以取得一致意见、平息争议。在商谈过程中,不能因为被追诉人是涉嫌犯罪之人而剥夺他们自由表达意见的权利。司法机关也不能以国家权力机关自居,在商谈过程中高高在上,压服当事人,与当事人达成显失公平正义的合意。在商谈过程中,如果控辩双方达不成一致意见,也不能没完没了地组织商谈或者强令商谈。经过商谈达不成合意的,应当及时按照对抗式刑事诉讼程序进行处理。

---

① 朱孝清:《如何对待被追诉人签署认罪认罚具结书后反悔》,《检察日报》2019 年 8 月 28 日,第 3 版。
② 朱孝清:《如何对待被追诉人签署认罪认罚具结书后反悔》,《检察日报》2019 年 8 月 28 日,第 3 版。

（二）明确规定合意式刑事诉讼当事人享有的诉讼权利

2018年"刑事诉讼法"对被追诉人诉讼权利的规定，基本上是根据对抗式刑事诉讼的需要而设定的，有些诉讼权利在合意式刑事诉讼中是无法行使或者不需要行使的，比如质证权、申请新的证人到庭的权利等。所以，应当根据合意式刑事诉讼的需要，为被追诉人设定一些专门权利，以保护其合法权益，保障刑事诉讼顺利进行。此外，我国规定了当事人和解的制度和程序，被害人有参与合意式刑事诉讼的权利。"在那些有明确被害人的刑事案件中，没有被害人与被告方的协商和合意，检察机关与被告方不可能达成任何富有实质意义的'协议'，公力合作模式也没有存在的空间。"① 因此，也应当为被害人设定一些诉讼权利。笔者认为，合意式刑事诉讼的被追诉人可以享有以下权利：获知控诉方收集的证据、认定的案件事实、起诉意见书的权利，自愿认罪认罚的权利，与控诉方平等商谈有关问题的权利，自愿达成合意的权利，认罪认罚后请求适用合意式刑事诉讼程序处理案件的权利，控诉方违背诚实信用原则时撤回认罪认罚意思表示的权利，等等。被害人在合意式刑事诉讼中享有以下权利：知悉案件事实和证据的权利，选择是否和解的权利，与被追诉人达成合意的权利，平等商谈的权利，请求司法机关执行赔偿协议的权利，等等。由于合意式刑事诉讼中的被追诉人自愿认罪认罚，从而涉及权利处分的问题。对于这个问题，笔者基本赞同郭松的观点：对于实体权利中源于基本权的人身权利，如人身自由、人格尊严等，不能任由被追诉人处分与放弃；程序权利属于个人自决的范围，可以由被追诉人在明知后果的情况下，基于自由意志进行处分。②

（三）完善合意式起诉程序

完善合意式起诉程序的重点，是完善关于合意形成过程和合意表现形式的法律规定。刑事诉讼中的合意主要在审查起诉阶段达成，公诉意见的形成是达成合意的重要条件。所以，2018年《刑事诉讼法》把犯罪嫌疑人

---

① 陈瑞华：《刑事诉讼的中国模式》，法律出版社，2018，第105页。
② 郭松：《被追诉人的权利处分：基础规范与制度构建》，《法学研究》2019年第1期，第170页。

认罪认罚、签署认罪认罚具结书、适用速裁程序的商谈工作规定在审查起诉阶段。然而，2018年《刑事诉讼法》对审查起诉阶段达成合意的方式、方法和步骤只作了比较简单的规定，不仅缺乏合意形成过程的规定，也缺乏合意表现形式的规定。

不论犯罪嫌疑人在侦查阶段是否认罪，根据达成合意的一般原理，在审查起诉阶段为促成合意的达成，均应当进行以下几个工作步骤。第一，公诉机关审查案件后，认为犯罪嫌疑人的行为构成犯罪，依法应当提起公诉的，形成基本的公诉意见。第二，公诉机关向犯罪嫌疑人告知控诉方认定的案件事实以及相关证据、公诉意见，并讯问其是否认罪。第三，犯罪嫌疑人在辩护人或值班律师的帮助下，认真分析案件情况和相关证据，考虑是否认罪。第四，犯罪嫌疑人向公诉机关作出认罪的意思表示。第五，公诉机关提出具体的量刑意见，包括主刑、附加刑、适用缓刑的条件等。第六，犯罪嫌疑人作出认罪认罚的意思表示。第七，公诉机关召集犯罪嫌疑人及其辩护人或值班律师、被害人及其诉讼代理人，告知犯罪嫌疑人已经作出认罪认罚的意思表示，要求犯罪嫌疑人当场签署认罪认罚具结书；如果存在附带民事诉讼赔偿问题，告知犯罪嫌疑人、被害人可以通过协商达成赔偿协议。第八，公诉机关在犯罪嫌疑人签署的认罪认罚具结书上签署意见，主要内容是认可犯罪嫌疑人认罪认罚，依法对案件作出实体处理从宽、程序处理从简的意见。第九，犯罪嫌疑人与被害人就民事赔偿进行协商后，公诉机关与犯罪嫌疑人及其辩护人或值班律师，根据诉讼中达成合意的具体情况，协商适用何种程序处理案件。

为了简化手续，控辩双方达成的合意可以通过一张表格来体现，表格的名称就叫《犯罪嫌疑人认罪认罚合意书》。该表格具体包括以下内容：其一，公诉机关认定的案件事实及相关证据；其二，公诉机关有关犯罪指控和刑罚适用的具体意见；其三，犯罪嫌疑人认罪认罚具结书；其四，犯罪嫌疑人与被害人就民事赔偿问题等达成的和解意见；其五，控辩双方就程序适用达成的具体意见。

（四）完善合意式审判程序

完善合意式审判程序的重点有两个：一是协调处理好适用简易程序、速裁程序的案件范围，二是加强法院对控辩双方所达成的合意的审查。

2018 年《刑事诉讼法》规定的合意式审判程序有两种，即简易程序和速裁程序。简易程序适用于控辩双方就犯罪指控、简易程序适用达成合意，但在量刑或民事赔偿等问题上没有达成合意的案件。速裁程序适用于相关主体在刑事责任追究、民事赔偿和速裁程序适用等问题上都达成合意的案件。这两种审判程序在案件适用范围上有较大区别，但其程序构造差别不大。简易程序适用于基层法院管辖的案件，从可能判处的刑罚看，一罪最高法定刑为 15 年有期徒刑的案件，都可以适用。而速裁程序只能适用于基层法院管辖的可能判处 3 年有期徒刑以下刑罚的案件。这就存在一个问题：可能判处的刑罚高于 3 年有期徒刑的案件，即使被告人已经认罪认罚，而且与控诉方就所有争议问题都达成合意，也不能适用速裁程序，而只能适用普通程序或者简易程序审理。适用普通程序审理不符合"明案速审，疑案慎断"的原理，适用简易程序审理似乎也不合适。简易程序和速裁程序的区别是审理方式略有不同。简易程序不受法庭调查规定的程序限制，速裁程序一般不进行法庭调查；在是否进行法庭辩论的问题上，简易程序是经过审判人员许可，可以进行法庭辩论，速裁程序则一般不进行法庭辩论，但法官要听取被告人及其辩护人的意见。在两种审判程序的构造差别不大的情况下，笔者认为，可以扩大速裁程序的适用范围，把速裁程序扩展至基层法院管辖的控辩双方对所有争议问题都达成合意的案件，以使适用简易程序、速裁程序的案件范围协调一致。

对于中级人民法院以上的法院审判的第一审公诉案件，被告人认罪甚至认罪认罚的，可否通过合意式审判程序审理？笔者认为不可以。因为中级人民法院以上的法院审判的第一审公诉案件是案情重大复杂且被告人可能被判处很重刑罚的案件，按照合意式审判程序审理，与保障人权的宗旨不符，也显示不出审判重大案件的严肃性。所以，中级人民法院以上的法院审判的第一审公诉案件，仍应按照对抗式审判程序审理。被告人认罪认罚的，可以按照 2018 年《刑事诉讼法》第 190 条第 2 款的规定，由审判长告知被告人享有的诉讼权利和认罪认罚的法律规定，审查认罪认罚的自愿性、认罪认罚具结书内容的真实性和合法性。法院可以对法庭调查和法庭辩论作适当简化，但不能省略法庭调查和法庭辩论环节。

从逻辑上说，审判是裁决纠纷的，如果没有纠纷或者纠纷已经由控辩双方的合意化解，审判就没有必要了。但是，刑事诉讼是事关社会秩序安定、公民生命财产安全的重要活动，法院必须对控辩双方的合意进行审查，以判明合意是否具有自愿性、真实性与合法性。所以，合意式审判程序的重点是审查合意的自愿性、真实性与合法性。笔者认为，不论是简易程序还是速裁程序，审判的主要任务都应放在对控辩双方所达成的合意的审查上，查明合意是否出于当事人自愿、是否有事实和证据基础、是否符合法律的规定。在这方面，2018年《刑事诉讼法》的规定还不完备。笔者建议在简易程序、速裁程序中完善合意自愿性、真实性与合法性审查程序的规定，要求审判案件的法官在开庭前详细查阅案卷材料，询问被告人，听取被告人及其辩护人或值班律师的意见。如果发现控辩双方达成的合意违背自愿性、真实性、合法性要求，应及时将案件转为对抗式程序进行审理。

（五）改革当事人和解的公诉案件诉讼程序

当事人和解的公诉案件诉讼程序，是2012年修改《刑事诉讼法》时增加的一个特别程序。综观《刑事诉讼法》对这个程序的规定可以发现，它不是一个独立的诉讼程序，它实质上是一项公诉案件当事人和解的确认制度。在2018年《刑事诉讼法》规定了认罪认罚从宽的一般原则以及合意式起诉程序、合意式审判程序的情况下，可以对当事人和解的公诉案件诉讼程序作如下改造。其一，废除当事人和解的公诉案件诉讼程序，把当事人和解作为一项诉讼制度规定在《刑事诉讼法》总则中。其二，有学者指出："中国的刑事和解是一场主要以解决被害方民事赔偿问题为目标的司法过程，而与'恢复性司法'的宗旨相去甚远。"[1] 应当改变上述片面追求损害赔偿的倾向，把当事人和解扭转到恢复性司法的理念上来。其三，把当事人和解的案件适用范围扩展至适用合意式审判程序的刑事案件，以使当事人之间的合意与检察机关主导的控辩双方合意同向而行，为合意式刑事诉讼的顺利进行创造条件。其四，在合意式刑事诉讼程序中规定对当事人和解的审查程序，以审查和解的自愿性、真实性与合法性，确认当事人和解的效力以及对诉讼进程和结局的影响。总之，把公诉案件当事人和解制度作为合意式刑事诉讼程序的重要组成部分而规定在《刑事诉讼法》总则中，使其对合意式刑事诉讼程序的开展发挥积极作用。

---

[1] 陈瑞华：《刑事诉讼的中国模式》，法律出版社，2018，第117页。

第三编 刑事诉讼总论

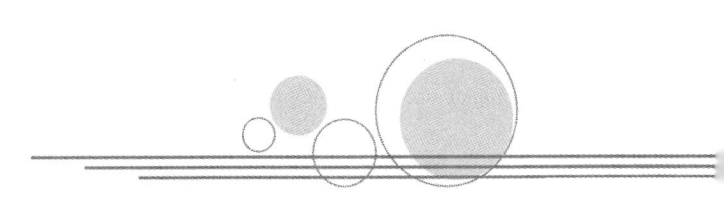

解读公正审判权[*]
——从刑事司法角度的考察

熊秋红[**]

摘　要：公正审判权在国际人权法中的确立已逾40年，它以英美法中的"法律的正当程序"为直接的理论依据。在刑事司法中，公正审判权用来保护受刑事指控者免遭不合法、不公正的定罪。国际人权公约从司法组织和司法程序两个方面规定了公正审判的保障措施。作为对多元法律文化的规制，公正审判的国际标准体现出原则性与灵活性的结合。在我国，有必要明确树立保障公正审判权的观念，并在有限的条件下，最大限度地促进现行刑事司法制度与国际标准相协调。

关键词：公正审判权　正当程序　国际标准　司法改革

一　引言

近些年来，在我国刑事司法领域，以《中华人民共和国刑事诉讼法》的修改为标志，以我国政府签署《公民权利和政治权利国际公约》（以下简称《公约》）为契机，发生了一场观念上的革命。学界论争话题的范围从

---

[*] 本文原载于《法学研究》2001年第6期。
[**] 熊秋红，论文发表时为中国社会科学院法学研究所副研究员，现为中国政法大学诉讼法学研究院院长、教授。

无罪推定、审判独立、律师提前介入逐步延伸至警检一体化、沉默权、一事不再理等过去极少涉猎的领域。一方面，从讨论的深入程度看，学者们已摆脱单纯作定性分析的窠臼，更多地注重从基本原理、现实的社会需要出发，探讨国际社会公认的刑事司法标准如何与我国国内立法和司法相协调，以及如何参照这些标准推进我国刑事诉讼制度的改革与完善，这一切表明我国刑事诉讼法学的研究水平提高到了新的层次。但是，另一方面，目前学界对国际标准的认识和把握总体上还处于初级阶段，表现在：人们主要凭借《公约》条文的字面意思去理解和推断《公约》的要求，对条文的形成过程、背后的理论依据以及实践状况缺乏深入的了解。这导致某些判断难免有过于轻率和武断之嫌。因此，我国法学研究及司法实践领域有待对《公约》中涉及的许多问题进行深层次的探讨。

研究刑事司法的国际标准无疑是重要的，因为它在一定程度上代表着国际社会在刑事司法领域形成的共识，对于我国刑事司法制度的改革有指导意义。《公约》中涉及刑事司法的规定较为集中地体现在第9条和第14条。第9条规定了审前羁押，第14条规定了公正审判权（the right to fair trial）。笔者在研究上述条款的过程中发现：第14条所规定的公正审判权目前已成为一个独立的或专门性的研究课题，为各国学者所广泛关注。而在我国，对许多人来说，"公正审判权"还是一个相当陌生的名词。这种状况使笔者深感有对此问题进行系统梳理之必要。在本文中，笔者拟将第14条作为考察的主要对象，从该条产生的背景、基本含义、实践状况等方面对公正审判权的内在要求进行诠释，以期发掘对完善我国刑事司法制度有启发意义的理念、观念、规则，并形成对国际标准切合实际的判断，在此基础上进一步探讨我国法律与国际标准的衔接问题，推动我国在此方面的研究不断深化。

二 公正审判权：受刑事指控者的权利？

"公正审判"这一概念在国际人权法中的出现源于1948年《世界人权宣言》（以下简称《宣言》）。宣言第10条规定："人人完全平等地有权由一个独立而无偏倚的法庭进行公正的和公开的审讯，以确定他的权利和义务并判定对他提出的任何刑事指控。"《宣言》另列条款规定了辩护权和无罪推定原则（第11条）。此后，在1950年《欧洲人权公约》第6条中，公正审判权的内涵得以扩展——无罪推定原则被纳入其中，同时该条文确立了受刑事指控者所拥有的最低限度的人权保障。1966年《公约》第14条沿袭了《欧洲人权公约》第6条的模式，但在具体内容上有进一步的扩充，增加了反对被迫自我归罪、上诉权、禁止双重受罚、刑事错案赔偿等规定。在1984年通过的《欧洲人权公约》第7议定书中，增加了上诉权、禁止双重受罚、刑事错案赔偿等规定，但仍未规定反对被迫自我归罪的权利。1969年《美洲人权公约》第8条作了与《公约》第14条相类似的规定，并且在一定程度上提高了公正审判权的要求，比如规定"被告有权自由地和私下与其律师联系"，"只有在不受任何强制的情况下，被告的口供才算有效"，这些规定在《公约》中未得到明确的表述。

自1948年公正审判权被确立以来，国际性人权机构、区域性人权机构一直在解释、规范和发展这一权利。联合国人权委员会1984年对《公约》所作的"一般性评论"，对第14条的基本含义作了阐述；联合国人权委员会还通过处理申诉、审议国家当事人报告等方式对第14条的有关内容进行了说明。联合国消除种族歧视委员会也承担了对此权利进行解释的工作。欧洲人权委员会及人权法院、美洲国家间人权委员会及人权法院通过大量的案例，对公正审判权的具体要求作了阐释。1989年9月，联合国防止歧视和保护少数小组委员会委任两名成员作为特别报告人，专门就公正审判权的国际标准及如何保障这一权利不被减损进行研究，该举措得到了联合国人权委员会的赞同。特别报告人在1990年、1991年、1993年、1994年分别提交了准备性报告、预备性报告、进展报告和终期报告，对公正审判权的国际标准及实践状况作了深入的考察，并提出了强化公正审判权的一系列建议。尤其值得关注的是，作为终期报告的附件，特别报告人完成了两项草案：其一为《〈公约〉第三任择议定书草案》——旨在保障一切情况下的公正审判权及其救济；其二为《关于公正审判权的原则框架及其救济草案》。[1] 上述情况表明，在国际人权法视野中，公正审判权已越来越受到重视。

在学术界，一些学者展开了对公正审判权的专门性研究，出版了有关

---

[1] E/CN.4/Sub/1994/24.

专著,① 发表了大量论文。互联网上也有不少关于公正审判权的宣传材料和研究资料。1996年在德国召开了关于公正审判权的国际研讨会,来自美国、英国、加拿大、德国、丹麦、挪威等近二十个国家的代表参加了会议。此次会议的重点在于探讨公正审判权在不同国家的实施状况,以便促进各国实践与公正审判的国际标准相符合。② 在澳大利亚,有学者对是否应将公正审判权作为一项宪法性权利作了研究。③

在世界范围内,公正审判权已成为民主法治社会中公民所享有的一项基本人权,尽管在不同的国家和地区,由于经济、社会、文化发展水平的不同及历史、宗教和其他因素的影响,人们对公正审判权具体内涵的界定有或多或少的差异,因此,促进不同国家和地区对公正审判权的内涵达成更多的共识,进一步提高对国际标准的执行力,是国际社会努力的方向。

根据《宣言》和《公约》的规定,享有公正审判权的主体为"受到刑事指控的人"和"在诉讼案中其权利和义务有待被确定的人",即公正审判权的享有者不仅包括刑事诉讼中的被指控人,而且包括民事、行政诉讼中的当事人。从《公约》的规定看,公正审判的原则和标准更多地涉及刑事诉讼中被指控人的权利。在本文中,笔者仅选取受刑事指控者作为研究的对象,侧重于从刑事司法的角度考察公正审判权的理论与实践。

在我国,公正审判权作为一项基本人权,作为一个专门的法律术语,还未被刑诉法学界广泛了解。尽管在修改后的刑事诉讼法中首次出现了"公正审判"这一名词,④ 尽管实体公正和程序公正的观念正日益为人们所认同,尽管司法公正被视为司法改革的首要目标,但是,学者们很少明确地从公民权利的角度去透视与公正审判相关的问题。长期以来,职权主义观念在我国诉讼法学中居于主导地位。在刑事诉讼中,公安、司法机关被

---

① 参见 David J. Bodenhamer, *Fair Trial: Rights of the Accused in American History*, Oxford University Press, 1992; Stephano Stavros, *The Guarantees for Accused Persons for Accused Persons under Article 6 of the European Conventionon Human Rights*, Martinus Nijhoff Publishers, 1993; Line Ravlo, Accessto Courtin Civil Cases as Ensured by Article 6 of the European Convention on Human Rights, University of Tromso, Norway, 2000。
② 参见 David Weissbrodt & Rudiger Wolfrum eds., *The Right to a Fair Trial*, Springer, 1998。
③ 参见 Janet Hope, A Constitutional Right to a Fair Trial? Implication for the Reform of the Australia Criminal Jusitce System, http://law.anu.edu.au/publications。
④ 《刑事诉讼法》第191条规定,第二审人民法院发现第一审人民法院违反法律规定的诉讼程序,可能影响公正审判的,应当裁定撤销原判,发回原审人民法院重新审判。

视为主导者，是当然的诉讼主体；犯罪嫌疑人、被告人则是参与者，其主体地位总是处于不确定的状态。① 在司法实践中，刑讯逼供、超期羁押、随意拒绝律师介入、限制律师权利、司法腐败、裁判不公等现象的存在，使得"公正审判"在较大程度上体现为国家专门机关的职权行为，甚至沦为国家专门机关对公民个人的恩赐。随着刑事诉讼法的修改，保障公民诉讼权利的观念得到大大强化。但是，由于传统观念的惯性影响以及传统法律文化的排拒作用，"公正审判权"这一概念未能从我国刑事司法制度中内在地、自发地生成和繁衍。

从外部引入"公正审判权"之概念，有助于加深我们对现代刑事司法制度本质的认识，加强对受刑事指控者诉讼权利的保障。现代社会是"按照民有、民治、民享原则构筑而成的法治社会"，如果把现代社会视为一种宏大的构造，那么贯穿其始终的基本设计思想，则是维护和实现民权。从这个意义上说，现代社会的一切制度设计，在根本上都可以也应该以民权为基本衡量尺度。② 刑事司法制度也不例外。公正审判权是现代刑事司法制度中的核心范畴，它标示着：国家对犯罪的追诉和惩罚应以保障被追诉者的公正审判权为前提，换言之，现代刑事程序的设置旨在防止公共权力的专横和滥用产生的侵害。惩罚犯罪与保障"均衡论"（或曰"平衡论"、"并重论"）已成为我国学者在阐释刑事诉讼目的时的一种流行的理论。该理论对于纠正我国司法实践中长期盛行的"重打击、轻保护"、"重实体、轻程序"观念和现象有积极意义。然而，在刑事诉讼中，惩罚犯罪与保障人权之间的冲突是内在的、固有的，"均衡论"所持的协调、折中态度并不能为解决冲突提供具体的方案，因此，它的理论指导意义是较为有限的。比如，律师提前介入的问题，如果采取"均衡论"的立场，或许我们可以说，"侦查终结时介入"比"侦查开始时介入"更具有合理性。

---

① 20世纪80年代中期，我国占主导地位的诉讼理论认为，我国刑事诉讼不应当采用西方的诉讼主体说，如果一定要采用"诉讼主体"这个词的话，那么，我国刑事诉讼的诉讼主体应当是公安机关、人民检察院和人民法院。这样，也就完全否定了受刑事指控者的诉讼主体地位。进入90年代之后，诉讼主体说被越来越多的学者认同。但在对沉默权、实体法与程序法之间的关系等具体问题的探讨上，部分学者所持观点不自觉地显现令受刑事指控者的主体地位发生动摇的倾向。

② 张志铭：《当代中国的律师业——以民权为基本尺度》，载夏勇主编《走向权利的时代》（修订本），中国政法大学出版社，2000，第110页。

还有，关于非法证据的排除问题，"均衡论"无法对是否排除以及排除的具体范围作出回答。同样从"均衡论"的立场出发，我们可以对沉默权得出肯定和否定两种结论。上述情况表明，"均衡论"尽管以促进惩罚与保障的平衡、提升权利保障的地位为出发点，但从长远来看，却可能产生降低人权保障内在要求的后果，因为为了追求均衡，保障人权的任何举措都可能以惩罚犯罪为由予以一定程度的削减或抵消。因此，对"均衡论"的局限性，应当有清醒的认识。刑事司法以实现国家刑罚权为目的，这是不言而喻的要求。现代刑事程序的重点在于建立防止国家刑事追诉权和惩罚权被滥用、防止公民权利被侵害的机制。因此，惩罚犯罪更多地体现为刑事程序的隐性目的，而保障人权则是刑事程序的显性要求。"公正审判权"概念的提出及其内涵的界定，旨在对现代刑事司法制度在保障人权方面的基本要求作出说明，它有助于以民权为基本尺度对刑事司法制度进行评价和认识，避免因满足惩罚犯罪的需要而减损受刑事指控者获得公正审判的权利。

三　公正审判权之理论基础

《公约》第 14 条的规定被简称为"公正审判权"。但从其理论依据来看，它源于英美法中的"法律的正当程序"（due process of law）。[①] "法律的正当程序"这一提法最早可以追溯到 1215 年的英国《大宪章》。《大宪章》第 39 条规定："国王要允诺任何自由人不得被逮捕、监禁、侵占财产、流放，或者以任何方式被杀害，除非他受到贵族法官和国家法律的审判。"[②] 1354 年英王爱德华三世第 28 号法令第三章规定："未经法律的正当程序进行答辩，对任何财产和身份的拥有者一律不得剥夺其土地或住所，不得逮捕或监禁，不得剥夺其继承权和生命。"[③] 后来，这一规定被美国吸收了。1787 年纽约州通过一部法律规定，除非依照正当的法律程序，否则，任何人都应得到保证，不被剥夺特定的权利。[④] 1789 年通过的美国

[①] 参见 Manfred Nowak，*U. N. Covenant on Civil and Political Rights*: *CCPR Conmmentary*，N. P. Engel，Publisher，1993，p. 236。

[②] Van Dijk, Pieter, The Right of the Accused to a Fair Trial under International Law, SIM Spelials NO. 1, 1f, Utrecht, Nether Lards: SIM, 1983.

[③] 转引自〔英〕丹宁勋爵《法律的正当程序》，李克强等译，法律出版社，1999，第 1 页。

[④] 〔美〕伯纳德·施瓦茨：《美国法律史》，王军译，中国政法大学出版社，1997，第 55 页。

联邦宪法第 5 条修正案规定:"未经法律的正当程序,不得剥夺任何人的生命、自由或财产。"1866 年通过的第 14 条修正案对各州提出了相同的要求。"法律的正当程序"是美国宪法传统中的核心概念,它所表达的政府对公民基本权利的限制或剥夺,只有在遵循法律规定和接受司法审查的前提下方有效的观念,在美国宪法中起着非常重要的作用,有的学者称"没有法律的正当程序,自由和权利将不存在"。[1]

根据美国学者和联邦最高法院的解释,法律的正当程序分为实体性正当程序和程序性正当程序。前者是对联邦和各州立法权的一种宪法限制,它要求任何一项涉及剥夺公民生命、自由或财产的法律不能是不合理的、任意的或反复无常的,而应符合公平、正义、理性等基本理念。后者则涉及法律实施的方法和过程,它要求用以解决利益争端的程序必须是公正的、合理的。《布莱克法律辞典》将程序性正当程序解释为:"联邦宪法第 14 条修正案规定的对自由和财产的保护,包括为贫穷被告人指定律师的权利、复印案卷的权利、对质的权利;第 6 条修正案具体规定并通过第 14 条修正案适用于各州的所有权利。程序性正当程序的中心含义是指:任何权益受到结果影响的当事人都有权获得法庭审判的机会,并且应被告知控诉的性质和理由,……合理的告知、获得庭审的机会以及提出主张和辩护等都体现在'程序性正当程序'之中。"《公约》第 14 条涉及的是"法律的正当程序概念中的程序方面"。[2]

"法律的正当程序"是一个与"自然正义"、"法治"一脉相承的概念。有学者说,最好在"法律的正当程序"这一主题下讨论宪法和法律的规定,因为相比较而言,"自然正义"范畴似乎显得过窄,而"法治"范畴又显得过宽。"法律的正当程序"的内涵与"法治"最为接近,它至少包括公平、不偏袒、独立、公开、理性、确定性、普遍性等成分。[3] 这些成分在《公约》第 14 条第 1 款中得到了充分的体现。"自然正义"是一项古老的正义原则,其理论基础是传统的自然法理论。"自然正义"有两项基本

---

[1] 参见 David J. Bodenhamer, *Fair Trial: Rights of the Accused in American History*, Oxford University Press, 1992, p. 4。

[2] Van Dijk, Pieter, The Right of the Accused to a Fair Trial under International Law, SIM Spelials NO. 1, 1f, Utrecht, Nether Lands: SIM, 1983.

[3] 参见 J. Roland Pennock & John W. Chapman eds., *Due Process: Nomos XVIII*, New York University, 1977, pp. 69 – 70。

要求：(1) 任何人不得做自己案件的法官；(2) 应当听取双方当事人的意见。1932 年英国大臣权力委员会的一份报告指出，对于是否存在自然正义的第三项原则——无论处理争议的程序是司法的还是准司法的，争议各方都有权了解作出裁决的理由，人们尚有争论。因为治安法官、陪审团在裁定被告人有罪还是无罪时，不可能说明具体理由。① 美国早期的法官运用自然权利和社会契约学说来限制政府的权力，后来，出现了对自然法的怀疑，宪法的核心因而从自然法理论转向包含在正当程序条款中的明示的限制，法院"用实质性正当程序代替了自然法"。② 可见，相对于"自然正义"而言，"正当程序"意味着某种超越和发展。英国《大宪章》使用了"国家法律"一词，而后它被"法律的正当程序"所取代，其中体现了对公民权利的限制或剥夺应当依法进行的观念，而这正是"法治"的基本精神。"法律的正当程序"一词，其含义较"法治"狭，但在英美法中其是一个非常重要的概念。它不仅强调了"程序"在"法治"中的作用，而且直接表明了法律应具备"正当性"的道德要求。

从哲学基础看，正当程序根植于道德原则，特别是避免权力滥用的原则。美国学者认为，在一项特定的制度中，是否需要设置正当程序以及如何体现程序的正当性，主要应考虑以下问题：(1) 假如对权力不加约束，其超出正当理由行使的可能性有多大？(2) 权力的滥用将造成怎样的危害后果？(3) 正当程序对于权力的行使将形成有效的制约吗？(4) 采用正当程序的代价是否过大？是否有降低成本的其他方式？一般而言，"如果一项制度赋予一些人控制或介入他人生活的权力，那么，正当程序是该制度在道德上具有可接受性的条件之一"。③ 在美国，"正当程序出现在刑法、民法和行政法中，它适用于多种多样的组织如警察机构、行政机构、立法机关和法院等的活动"。④ 在刑事诉讼中，司法机关的判决直接决定着被告人的命运，被告人面临被剥夺财产、自由乃至生命等刑事处罚，因此需要

---

① 参见 J. Roland Pennock & John W. Chapman eds., *Due Process: Nomos XVIII*, New York University, 1977, pp. 78–79。
② 〔美〕伯纳德·施瓦茨：《美国法律史》，王军等译，中国政法大学出版社，1997，第 56 页。
③ 参见 J. Roland Pennock & John W. Chapman eds., *Due Process: Nomos XVIII*, New York University, 1977, p. 94。
④ 参见 J. Roland Pennock & John W. Chapman eds., *Due Process: Nomos XVIII*, New York University, 1977, p. 206。

设立正当程序对司法机关的权力进行制约，以防止其作出任意性的裁断。这里，"法律的正当程序"体现为受刑事指控者应当享有依法获得公正审判的权利。换言之，非经公正的审判，受刑事指控者不得被确定有罪。

"法律的正当程序"深植于历史，是一个发展中的概念，它的内涵是逐步演进的。当英国人将"国家法律"写入《大宪章》的时候，它被用来保障英国人（至少保障贵族）依普通法所享有的权利。在17世纪，根据爱德华·科克的解释，法律的正当程序主要是程序性的，包括采取正式的起诉方式、在场权和令状主义。[1] 到了现代社会，英国上诉法院前院长丹宁勋爵解释说："法律的正当程序系指法律为了保持日常司法工作的纯洁性而认可的各种方法：促使审判和调查公正地进行，逮捕和搜查适当地采用，法律援助顺利地取得，以及消除不必要的延误等等。"[2] 在美国，当麦迪逊将正当程序写入他起草的《权利法案》初稿时，他只把正当程序看作一种程序上的保障。19世纪中叶，在纽约州法院的判决中发展出一种主张，即不论是从实体法还是从程序法看，个人的权利都为正当程序所保护。[3] 而后，联邦最高法院采纳了同样的解释。20世纪60—70年代，隐私权、堕胎权等实体性权利被纳入了正当程序的讨论视野，正当程序被用来处理至关重要的争议，实体性正当程序的内涵不断被拓展。"与程序性正当程序相比，实体性正当程序是一个更加主观的概念。"[4] 20世纪60年代，美国经历了"正当程序革命"，"法律的正当程序"的实际内涵不断扩大，它几乎包括了整个《权利法案》，其中言论自由和刑事被告人的权利成为联邦最高法院首要关注的对象，"最高法院最初拒绝承认，有关反对适用非法手段获取证据的权利和被告获得律师辩护的权利是包括在正当法律程序中的基本权利。现在他改变了以往的态度"。[5] 可见，同样是"法律的正当程序"一词，在不同的历史时期，其含义有较大不同，"正当程序从经

---

[1] 参见 Edward Coke, *The Second Part of the Institutes of the Laws of England*, 4th ed., London, 1671, p.46。
[2] 〔英〕丹宁勋爵：《法律的正当程序》，李克强等译，法律出版社，1999，第1页以下。
[3] 〔美〕伯纳德·施瓦茨：《美国法律史》，王军等译，中国政法大学出版社，1997，第56页。
[4] Havey Fireside, *The Fifth Amendment : The Right to Remain Silent*, Enslow Publishers, Ine, 1998, p.23.
[5] 〔美〕伯纳德·施瓦茨：《美国法律史》，王军等译，中国政法大学出版社，1997，第259页。

验中获得了它的内涵"。①

英美法中的"法律的正当程序"观念对公正审判权在国际人权法中的确立有直接的影响。其他国家的法律制度中尽管不存在"法律的正当程序"这一概念，但法治原则、程序公正原则得到普遍的认同。如德国奉行"法制国家程序原则"，根据此原则，可"推导出要公正地实施程序的规定。这一点，在禁止国家滥用权力，要求国家权力自我限制，应当给予公民防御权利，借以抵御国家权力侵犯的规定上，得到了体现"。②"程序公正"与"程序性正当程序"的含义大体相近，但后者经过长达数百年的历史发展，形成了更加具体、更加系统、更加明确的内涵，其影响也因此更为深远。日本法学界一般认为，"法治"的概念来自近代西方。然而这一概念却有两个来源，一个是英美法所谓的"法治"（the rule of law）概念，另一个则是大陆法（尤其是对此进行了精致的理论化、体系化的德国法律）的"法治国"（Rechtsstaat）或"法治主义"思想。尽管在违宪审查制度、市民的司法参与以及基本人权的保障等方面这两个法系曾经存在相当的差异，但第二次世界大战后这两种法治思想已基本实现了实质意义上的趋同。有学者将这种趋同性的实质内容归纳为宪法的最高法规性、对基本人权的尊重、对法院特殊作用的承认以及对正当程序要求的认同等四个方面。③"法律的正当程序"首先出现在刑事诉讼中，在国家作为追诉者而占有压倒性优势的情况下，如何保障被追诉者的公正审判权构成了程序性正当程序的特殊内容。

四 公正审判权之理论基础

在国际人权法中，公正审判权是由一系列确定的、相互关联的权利组

---

① 参见 David J. Bodenhamer, *Fair Trial: Rights of the Accused in American History*, Oxford University Press, 1992; Stephanos Stavros, *The Guaranteesor Accused Persons for Accused Persons under Article 6 of the European Conventionon Human Rights*, Martinus Nijhoff Publishers, 1993; Line Ravlo, *Access to Courtin Civil Cases as Ensured by Article 6 of the European Conventionon Human Rights*, University of Tromso, Norway, 2000, p. 29。

② 〔德〕约阿希姆·赫尔曼：《德国刑事诉讼法典》中译本引言，李昌珂译，中国政法大学出版社，1995，第11页。

③ 参见王亚新《民事诉讼的程序、实体和程序保障》，载〔日〕谷口安平《程序的正义与诉讼》，王亚新、刘荣军译，中国政法大学出版社，1996，第8页。

合而成的一项权利，其含义未被具体界定。① 国际人权法对公正审判权的规范以《公约》第 14 条为核心，其内容大体可分为两个方面：司法组织——"独立和不偏袒的法庭"与司法程序——"公正和公开的审判"。规范公正审判权的国际性文件，不仅包括《宣言》、《公约》及区域性人权公约，还包括联合国在司法领域尤其是在刑事司法领域的大量文件，如《关于司法机关独立的基本原则》、《关于检察官作用的基本原则》、《关于律师作用的基本原则》、《禁止酷刑和其他残忍、不人道或有辱人格的待遇或处罚公约》、《保护所有遭受任何形式拘留或监禁的人的原则》、《囚犯待遇最低限度标准规则》、《关于保护面对死刑的人的权利的保障措施》、《联合国少年司法最低限度标准规则》等。从"公正审判权"的字面意思分析，它似乎是一项仅在审判阶段才有的权利，但实际情况并非如此。在讨论刑事诉讼中的公正审判权时，国外学者往往按诉讼阶段将其分为审判前的权利（如迅速获知指控、获得律师帮助）、审判中的权利（如法庭前平等、公开审判、审判时在场、询问证人）和审判后的权利（如上诉权、刑事错案赔偿权）。② 这是因为：刑事诉讼虽然由侦查、起诉、审判、执行等阶段组成，但国家对公民的刑事处罚通过审判程序得以最终确定，从这个意义上说，审判是刑事诉讼的中心，侦查和起诉是为审判做准备的阶段，执行只不过是审判的延伸。审判程序本身又分为一审程序和救济程序（上诉审程序、再审程序）。在英美法国家，救济程序在很大程度上仅为有利于被告而启动，对被告人进行刑事处罚的威胁主要来自一审程序，学者们所说的"审判"往往指一审，因此，上诉权被视为审判后的权利。鉴于审判在刑事诉讼中所处的中心地位，刑事程序被分为审判前程序、审判程序和审判后程序，受刑事指控者在刑事诉讼中所拥有的一系列权利被笼统地称为"公正审判权"。公正审判权贯穿于刑事诉讼全过程，它是对若干具体权利的抽象，或者说上述权利的行使旨在保障受刑事指控者获得公正审判的权利。目前，审判前的权利受到高度重视，因为审判前程序所产生的结果将对审判产生重大影响。没有审判前的公正，也很难有审判中的公正。

---

① 参见 Gudmundur Alfredssonand & Asbjorn Eide, *The Universal Declaration of Human Rights: A Common Standard of Achievement*, Martinus Nijhoff Publishers, 1999, p. 223。
② 参见 What Is a Fair Trail? A Basic Guide to Legal Standards and Practice, http://www.Ichr.org/pubs/fairtrial.htm。

《公约》第 14 条对公正审判权的规范，深受英美法律正当程序理论的影响，同时又渗透着人们对公正审判的一般性认识。一方面，公正审判是一个有着明确的价值指向但具体含义不十分清晰的概念。公正与人的感觉相联系。法官在审理案件时，往往针对个案的事实情况，综合法律思想与社会利益，作出他认为公正的判决。一个具体案件的审判是否公正，不同的人可能会有不同的认识，如案内人与案外人、原告人与被告人可能对审判作出不同的评价。社会中人们对公正审判的整体性评价往往受政治、经济、文化、法律、历史、宗教等因素的影响，因此，在社会发展的不同时期，人们对公正审判的理解可能会有或多或少的差异。这说明公正审判具有某种不确定性。另一方面，公正审判又有某种恒定的内涵，如公正的审判应当是客观的审判，公正的审判应当是不偏袒的审判。当我们回到"公正"概念的起点，考察其一般性含义，便可发现，在人们对公正审判的理解中，上述两个命题具有普适性，为不同的法律文化所吸收。当谈到审判的客观性时，通常指案件的事实是否已被证明、是否依据相关的法律作出评估、是否遵循了合适的程序。在大多数的案件中，审判是客观的即表明它是公正的。也有少数例外的情形，如法官适用过时的法律作出裁断。"不偏袒"与审判的过程相联系，它是指法官或陪审员在审判中不能厚此薄彼，当事人应有同等的机会表明他们的主张；审判者对正在审理的案件应采取合适的态度，应当不带偏见地进行证据评价。"客观"与"不偏袒"之间有密切的联系，二者都表明了审判者在审判中应有的态度，"不偏袒"是对"客观性"的最高保障，尽管不是完全的保障。但二者之间也有区别，"客观性"与审判程序和审判结果的正确性相联系，"不偏袒"则偏重从审判过程进行衡量。审判的客观性可通过审判公开、当事人参与、对证人进行质证等方式加以保障；审判的不偏袒则主要通过确立裁判者的独立和中立地位、保障双方当事人的平等地位实现。由于客观性与不偏袒之间存在紧密联系，我们很难在保障客观性与保障不偏袒的措施之间画一条清晰的线，一般而言，对客观性的保障往往也是对不偏袒的保障。上述经验性的考察和分析有助于我们从另一侧面理解《公约》第 14 条中的"独立"、"不偏袒"、"公开"、"公正"等概念。

《公约》第 14 条为受刑事指控者获得公正审判设计了两方面的保障：组织性保障和程序性保障。组织性保障主要包括对司法机构和司法人员的要求。联合国人权委员会的一般性评论认为,《公约》第 14 条第 1 款要求：法庭必须依法成立,宪法和有关立法中应有关于司法、行政、立法部门相互独立以及如何设立法庭、如何委任法官以及委任的条件、任职期限、晋升、调职、停职的条件等规定。其内容主要包括：(1) 司法机构应具有独立性,国家应向司法机构提供充分的资源,以保障其整体独立；(2) 司法人员的个体独立同样是重要的,它是法官在司法活动中摆脱外界干扰、影响或控制的重要条件,国家有责任采取积极的措施确保法官不被媒体、工会、政党等影响；(3) 法官的司法能力和道德素质是公正审判的重要前提,为此,法官的委任及晋升应注重法官的职业经验和内在条件；(4) 在刑事诉讼中,检察官和律师也应具有独立性和高素质,这对公正审判的实现同样是重要的。组织性保障是实现公正审判之基础,是程序性保障之前提。没有组织性保障,程序性保障将是无效的。

从程序性保障看,《公约》确立了程序公开与程序公正两项原则。

程序公开包括动态的审理公开和静态的判决公开。审判公开、司法透明是对历史上秘密司法的否定,体现了司法的民主性,同时也是对公正审判的保障。审理公开主要适用于一审程序的庭审阶段。在上诉审中,如仅涉及法律争议,一般不需要公开。但是,如果上诉审在本质上决定对被告人的刑事处罚,那么,审理也应公开。审理公开原则不是绝对的,在某些情形下可排除传媒和公众的出席：(1) 道德原因,如涉及性犯罪；(2) 涉及公共秩序特别是法庭内的秩序；(3) 涉及国家安全,如重要的军事机密；(4) 涉及当事人私生活领域的利益；(5) 涉及司法利益的极特殊情形,如旁听者的情感反应威胁到审判的继续进行。根据《公约》的规定,判决公开比审理公开有更严格的保障。除涉及少年利益、婚姻纠纷及监护权外,判决必须公开。在法律规定的例外情形下可采取匿名或简略的形式发布判决。公开判决的权利能为任何人所主张,即判决对任何人来说都是可以知晓的。这样做是为了确保司法为人民所控制。审判公开既是当事人的权利,也是民主社会中公众的权利。

程序公正通过无罪推定、最低限度的程序保障、少年案件的特殊程序、上诉制度、刑事错案赔偿制度、禁止双重受罚等规定得到体现。这些程序性措施作为一个整体发挥作用,以促进公正审判的实现。立法者在设置受刑事指控者的程序性权利时,遵循了武器平等原则,赋予了被告人一些特权,用来矫正公诉方与被告方之间固有的不平等。鉴于无罪推定原则在刑事诉讼中的特殊重要性,《公约》第 14 条第 2 款对其单独作了规定。根据无罪推定原则,在刑事诉讼中举证责任由控诉方承担,只有控诉方对被告人的有罪指控得到确实的证明,才能认定被告人有罪;疑罪应作无罪处理。此外,法官在庭审前不能形成有罪的预断。在诉讼过程中,所有公共当局不应对审判结果作任何预测,媒体和其他社会团体不应对审判施加影响。当法官面临外界的强烈影响时,国家负有确保无罪推定的积极责任。《公约》第 14 条第 3 款规定了受刑事指控者所享有的"最低限度的保障",包括迅速获知指控、辩护权、不迟延地被审判、法律援助、询问证人、免费获得翻译、不得被迫自证其罪等 7 项权利。关于"最低限度的保障",有学者用一种"非正义感理论"或"消极性正义理论"来加以解释。这种理论认为,没有人能够客观地和确定地知道什么是正义,正义也无法得到合理的证明,但是人们能够对程序不公正的情况产生感性和直观的判断,因此人们可以通过对非正义感的分析,提出最低限度程序公正标准。① 笔者认为,如果说凭借人们的"正义感"无法解决程序公正的标准问题,那么根据人们的"非正义感"同样难以得出令人信服的答案。公正与人的感觉相联系,给人们"公正感"的某些程序特征往往是对一定时期人们所熟悉和认同的程序制度的反映。反过来,诉讼中某些程序特征的缺失则带给人们"非正义感"。无论是通过分析"公正感"确定公正审判的内涵,还是通过"非正义感"确定"最低限度的保障",本质上都是经验主义的总结和概括。《公约》第 14 条规定"最低限度的保障"旨在说明,即使审判完全符合《公约》的规定,也可能仍未达到公正审判的要求。换言之,遵守这些程序保障只是公正审判的必要条件,而非充分条件。从实际功能看,规定最低限度标准,一方面可以促进尚未达到此标准的国家在刑事立法与司法中注意与国际社会接轨,另一方面又为已经达到此标准的国家进一步加强刑事诉讼中的人权保障留下了空间。

在探讨公正审判权的保障问题时,以下两点认识或许是重要的。其一,保障公正审判的措施是极为广泛的,法律手段只是其中之一。某些政治因素、经济因素和其他因素影响着公正审判的实现。因此,如何为公正

---

① 参见陈瑞华《刑事审判原理论》,北京大学出版社,1997,第 58 页。

审判创造或提供有利的外部环境,应被纳入我们的考量视野。其二,在公正审判的保障与公正审判的实现之间不能简单地画等号。"保障"一词可能给人造成错误的印象,即认为特定的措施、特殊的程序能确保公正审判的绝对实现。事实上,"公正审判"是一个开放性的概念,其内涵超出了"公约"所确定的保障措施之和。换言之,即使审判完全符合"公约"的有关规定,可能它仍与公正审判的要求存在差距。确立这一观念的意义在于,让立法者、司法者永远保持对公正审判的动态的追求。在此方面,普通法显示了它的优越性。在英国,法官拥有较大的自由裁量权,该权力围绕公正审判之核心行使。在1979年的女王诉桑一案中,史卡曼勋爵指出:"法院有责任确保被告人获得公正的审判,这在英国刑事司法中是一项根本性的原则。我不相信如果没有自由裁量权,法官也能有效地履行其职责。"① 英国《1984年警察与刑事证据法》第78条第1款规定:"在任何程序中法庭可以拒绝采纳起诉方赖以起诉并向法庭出示的证据。法庭应考虑全部情况,包括取得证据的情况,证据的采纳将会对诉讼公正产生不利影响的,法庭不得采用。"在澳大利亚,过去法庭援引普通法中构成公正审判权的一些特殊规则,对公诉方滥用程序问题作出诉讼行为无效的处理。在1989年的杰戈诉新南威尔士州地区法院一案中,大多数法官认为,法庭的权力不限于对特殊规则的适用,法庭具有防止不公正的一般性权力,它可直接以维护公正审判权为由对公诉方滥用程序的行为作出处理。②在1992年的迪厄垂奇诉女王一案中,高等法院的大多数法官再次强调了公正审判权,并进一步解释了刑事诉讼中公正与合法的关系。有法官认为,公正分为根据社区价值的公正和根据法律的公正。支持前者,非法庭之义务;维护后者,则是法庭应尽之责。有法官反驳说,公正的要求独立于合法性的要求,前者是对后者的补充。大多数法官的意见是:给予被告人公正的审判是法律上的要求,因此,公正审判是一项法律权利。但是,有必要将公正的要求分开予以考量,因为公正的要求超出了特殊的法律规则和原则的内容,并且它为普通法要求遵守的规则和实践提供了最终的理论注

---

① Reg. v. Sang [H. L. (E.)], The Weekly Law Report, August 17, 1979, p.291.
② 参见 Janet Hope, A Constitutional Right to a Fair Trial? Implication for the Reform of the Australia Criminal Jusitce System, http://law.anu.edu.au/publications。

释。① 公正审判权在美国的实践也说明它是一个极具张力的概念。在普通法中，证据规则和程序规则被用来降低对无辜者定罪的风险，对公正审判权的发展在很大程度上是法院关注不合适定罪的结果。在刑事诉讼中，公正与效率的矛盾、保护被告人与保护被害人之间的冲突，总是使公正审判权的保障面临挑战，为了防止公正审判权在利益冲突面前被削弱，国际社会试图通过确立公正审判的最低限度标准来维护、强化和发展这一权利。

五　国际标准的原则性与灵活性

当谈到中国法律与国际标准接轨问题时，我们不禁要问：摆在面前的是怎样一种国际标准？有学者将其视为"普适性公理"，② 这样的表述本身使国际标准有了一层耀眼的光环。笔者认为，为了获得对国际标准更为本质的认识和更为准确的评判，我们需要对国际标准的形成过程及实践状况作些考察。

有关资料表明，③ 在《公约》第 14 条形成过程中，英美法系国家所起作用相对要大一些，特别是美国，其宪法中规定了法律的正当程序，对第 14 条草案的形成起了重要作用。在具体条文的拟定上，法庭前平等原则由苏联提出，社会主义国家表示支持；社会主义国家还提出了民主原则，但被否决；法国提出了审判公开原则，英美则提出了"公开的例外情形"；及时获知指控、有充分的时间和条件准备辩护由英国提出；被告人有权与其律师联络、不迟延地被审判、审判时在场、上诉权由以色列提出；法律援助由美国、英国和菲律宾提出；免费翻译由美国、菲律宾、智利提出；刑事错案赔偿由菲律宾、法国、比利时提出；一事不再理则是基于日本和意大利的动议。由上可见，第 14 条的形成在总体上可视为英美法系国家、大陆法系国家以及社会主义国家共同起作用的结果。但从第 14 条的具体内容看，公正审判的国际标准在较大程度上与英美法系国家的法律规范相融合。在欧洲，关于怎样将英美的正当程序原则及构成公正审判权的特殊规

---

① *Dietrich v. R*（1992） 177CLR192.
② 参见龙宗智《相对合理主义》，中国政法大学出版社，1999，第 3 页以下。
③ 参见 Janet Hope, A Constitutional Right to a Fair Trial? Implication for the Reform of the Australia Criminal Jusitce System, http://law.anu.edu.au/publications. p. 3。

则适用于大陆法,存在很多争议,如怎样解释第 14 条中的"民事权利和义务"、"刑事指控"、"法庭"、"公正审判"等。这些概念在英美法中比较容易界定,但在大陆法中则需对其含义重新进行解释。

《公约》第 14 条的规定存在一些模糊措辞,如"迅速"告知指控、"有相当的"时间和便利准备辩护、受审时间不被"不当迟延"、"在司法利益有需要的案件"中指定辩护等。这种模糊性体现出不同法律制度之间的协调,但也给国际标准的实施带来了困难,潜藏着削弱共同标准的风险。从欧洲人权法院的实践看,《欧洲人权公约》第 6 条是引起诉讼最多的条款。可以说,针对此条中任何一款都可能提出法律争议,此条在实践中最易被违反。① 随着对人权保护重视程度的日渐提高,欧洲人权法院对第 6 条的要求呈逐步严格的趋势。下面对《公约》第 14 条的实践状况略作考察和分析。

1. 对"刑事指控"的解释

对"刑事指控"一词的解释,关系到在什么情况下公民享有《公约》第 14 条规定的法律保障。"刑事指控"本身有一个自治性的解释——涉及对刑事犯罪的追诉。但实践中,国家当事人可能通过行政处罚或纪律处罚回避对第 14 条的适用。在一国法律中被认为是犯罪的行为,在他国法律中可能被作为违纪行为。在此方面,欧洲人权法院存在大量的案例。欧洲人权法院制定了判断是否存在"刑事指控"的三条标准:(1)国内法上的定性;(2)应受处罚的行为的性质;(3)处罚的严厉程度。法院综合这三条标准,以决定一种处罚是否属于刑事处罚,而不论有关成员国将其称为行政处罚还是纪律处罚。这些标准是从对不同制度及其哲学基础的比较中抽象出来的。一般而言,当处罚不仅具有预防性特征,还具有报复性和威慑性,且针对一般的公众适用时,它便符合欧洲人权法院所称的刑事处罚,如交通犯罪中的罚金。但欧洲人权法院认为,针对特定群体或职业(如士兵、囚犯等)的未超过一定强度(如 5 天拘禁)的纪律性处罚,不被视为刑事处罚。这样的标准可以转移到《公约》第 14 条的适用中来。联合国人权委员会在此方面未提供更多的指导。

---

① Stephanos Stavros, *The Guarantees for Accused Persons for Accused Persons under Article 6 of the European Conventionon Human Rights*, Martinus Nijhoff Publishers, 1993, preface.

2. 不迟延地被审判

《欧洲人权公约》将"不迟延地被审判"表述为"在合理时间内受审"。这一权利不仅适用于审理过程,也适用于判决过程。此外,它还适用于审前程序。审判是否在合理时间内进行或是否构成不当迟延,需结合案件的具体情况和复杂程度进行判断。欧洲人权法院在实践中提出了关于"合理时间"的三个标准:(1)案件的复杂程度;(2)案件的处理方式;(3)被告人自己的行为,要注意区分被告人的行为属于不合作、妨碍诉讼还是正当行使权利。一般来说,诉讼时间超过9年在多数情况下被视为"不合理"。在欧洲人权法院的一些案例中,诉讼持续了7—8年,也被人权法院视为"不合理"。从联合国人权委员会处理申诉的情况看,委员会认为多数案件构成了"不当迟延"。如在加拿大的一个案件中,制作诉讼文件的副本花了29个月,导致上诉被拖延了将近3年。总的来说,"不当迟延"、"合理时间"等表述弹性较大,在实际适用上也不太严格。

3. 辩护权和在场权

《公约》规定,受刑事指控者应有充足的时间和条件准备自己的辩护,在司法利益有此需要的案件中,为其指定法律援助。"充足的时间"依案件的具体情况和复杂程度而定,但几天时间通常是不充足的。"充足的条件"包括被告人和他的辩护人可得到文件、记录,为法庭辩护做准备,但这不意味着向其提供所有相关文件的复印件。是否提供法律援助,根据被指控犯罪的严重程度及可能受到的惩罚而定。如死刑案件必须指定律师,交通违章判处罚金的案件一般不必指定律师。律师应为受刑事指控者提供有效的辩护。在《公约》第14条起草过程中,关于能否进行强制辩护,争论十分激烈。在《公约》适用过程中,仍有两种相反的观点存在,这是由大陆法系与英美法系审判方式之间的差异造成的。《公约》还规定了被告人审判时在场的权利。《欧洲人权公约》和《美洲人权公约》对此未作明确规定。欧洲人权法院认为,《欧洲人权公约》第6条从总体上表明受刑事指控者有权参与庭审。① 但在场权能否被放弃(如被告人因身体原因不能到庭)或者受到限制(如为了保护证人),有关机构对此未作出明确解释。联合国人权委员会在一般性评论中指出,在异常情况下,法院在有正当理

---

① *Colozza v. Italy*, 12. 2. 85 series A, No. 89, Para. 27.

由对被告人缺席审判时，应注意保障被告人的权利。欧洲人权法院的判例表明，所谓异常情况，通常指被告人逃避审判，起诉方应作"真诚的努力"找寻被告人，如要求法庭作缺席审判，应承担证明被告人逃避审判的责任，并且辩护律师应出庭辩护。

4. 传唤和询问证人

被告人有权要求传唤和询问证人是武器平等原则的重要体现，但在《公约》中传唤和询问证人不是绝对性的权利。1949年的《公约》草案将其规定为不受限制的权利，即被告人可要求强制有利于己的证人出庭。但1952年最终确定下来的条款放宽了条件，采取了与《欧洲人权公约》相一致的表述：有利于己的证人与不利于己的证人应在相同的条件下出庭和接受询问。这就赋予了法庭相当广泛的自由裁量权。在乌拉圭的一起案件中，被告人在缺席和秘密审判下被判30年监禁，无机会传唤有利于己的证人。联合国人权委员会认为该案的处理违反了《公约》第14条有关传唤和询问证人的规定。欧洲人权法院赋予法庭一定程度的自由裁量权，以确认和拒绝与案件事实无关的询问。从总体上看，在执行此项规定时，要考虑英美法系与大陆法系审判方式的差异，但最重要的是保障双方当事人在通过询问证人介绍证据方面得到平等对待。

5. 免费翻译

关于免费翻译权，存在的主要争议是：该项权利是仅适用于听审还是包括对所有相关的书面文件（如起诉书、证据材料和判决）的翻译？从《公约》第14条的规定看，应当对整个庭审过程进行翻译，对有关指控性质和原因的信息也应当进行翻译。但免费翻译是否适用于书面文件，则模糊不清。欧洲人权法院认为，为了确保公正审判，应对所有与刑事审判相关的书面材料和口头陈述进行翻译。此外，这一权利还适用于侦查阶段对犯罪嫌疑人的讯问。免费翻译是一项绝对性的权利，它适用于外国人和语言方面的少数人。但联合国人权委员会在审议法国的一个案件时认为，《公约》第14条未赋予法庭以某人选择的语言或以他通常使用的语言进行审判的权利。假如一个外国人或语言方面的少数人精通正式的法庭用语，那么他没有获得免费翻译的权利。

6. 反对被迫自我归罪

《公约》和《美洲人权公约》对此作了规定，但《欧洲人权公约》至今未作明确规定。"被迫"涉及各种形式的直接或间接的身体或精神压力，范围从刑讯到欺诈、威胁等非人道的待遇。尽管《公约》未明确禁止使用被迫作出的口供或陈述，但联合国人权委员会在一般性评论中呼吁国家当事人建立禁止使用此类证据的法律。关于此款是否包含沉默权，委员会未作明确解释。但《联合国少年司法最低限度标准规则》中有关于沉默权的明确规定。1994年英国向联合国人权委员会递交了第4阶段国家当事人报告，联合国人权委员会在结论性观察中指出：英国在《1994年刑事审判和公共秩序法》中规定"可从被告人的沉默作不利推断"，违反了《公约》第14条的规定，建议英国重新对上述做法进行审议。欧洲人权法院认为，"公正审判"原则暗含着受刑事指控者享有"保持沉默"和"不自证其罪"的权利。然而，这项权利并不是绝对的，根据法律规定，从受刑事指控者的沉默中得出不利于他的推论并不违反《欧洲人权公约》第6条。[①]可见，在保障沉默权方面，国际标准与欧洲标准有程度上的差别。

7. 上诉权

《公约》第14条第5款规定了上诉权。上诉权在《公约》中的确立源于以色列的动议。以色列代表强调，他感兴趣的仅仅是上诉权原则，至于上诉的形式可依各国法律具体规定。由于各国上诉制度存在较大差异，因此，在适用《公约》关于上诉权的规定方面存在不少争议，主要有：以下五方面。(1) 能否将上诉范围仅限于法律问题？《公约》规定，被判定有罪者，应有权就"定罪和量刑"提出上诉。但在《欧洲人权公约第七议定书》第2条中，以"定罪或量刑"替换了"定罪和量刑"，其中的用意显而易见：将上诉范围仅限于法律问题符合《欧洲人权公约》的要求。可见，在此问题上国际标准与欧洲标准有所不同。在丹麦，对陪审团作出的有罪裁决不允许上诉，故对《公约》第14条第5款提出了保留。(2) 在轻微犯罪案件中被告人是否有上诉权？联合国人权委员会在一般性评论中指出，上诉权的适用"不限于最严重的犯罪行为"，给国家当事人对上诉权设立例外情形留下了余地。《欧洲人权公约第七议定书》明确规定了上诉权的例外情形，其中包括法律规定的轻微犯罪。"轻微犯罪"被解释为

---

① 参见杨成铭《人权保护区域化的尝试——欧洲人权机构的视角》，中国法制出版社，2000，第152页。

监禁刑以下的处罚，即凡在一审中被判处监禁刑以上的人均享有提出上诉的绝对性权利。（3）公正和公开审判的保障是否适用于上诉程序？这涉及二审程序的审理方式问题。联合国人权委员会在一般性评论中指出，复审法庭在处理诉讼案件时，应当遵循《公约》第14条第1款关于公正和公开审判的规定。但是，上诉程序毕竟在许多方面不同于一审程序，一审程序中被告人享有的某些权利在上诉程序中可能受到限制。如何对待这种限制，联合国和欧洲人权机构的实践未提供明确的答案。（4）在上诉法院加重量刑的案件中，被告人是否享有上诉权？一些国家如奥地利、比利时、德国、卢森堡允许法院在上诉审中加重量刑。为此，它们对《公约》第14条第5款提出了保留。有学者认为，对于上述保留是否必要，是有疑问的，因为第14条仅规定了二审终审的原则。但其同时认为，假如定罪是上诉程序的首次结果，即被告人在一审中被判无罪但在二审中被判有罪，被定罪的人应当被赋予进一步的上诉权。（5）最高法院一审的案件中被告人是否有上诉权？一些国家（如比利时、意大利和荷兰）规定最高法院拥有对某类犯罪的一审管辖权，对此类案件采取一审终审制。为此它们对《公约》第14条第5款提出了保留。

8. 禁止双重危险

《公约》中规定的禁止双重危险经历了长期的争论。许多国家的法律允许在例外情形下提起新的审判，即使新的审判可能对已被定为有罪或无罪的被告人不利。其理由包括存在严重的程序缺陷（如伪造文书、贿赂证人或法官等）以及新的或新发现的事实。欧洲议会的专家委员会建议有关国家提出保留，对此，奥地利、丹麦、芬兰、冰岛、荷兰、挪威、瑞典等国提出了保留。但联合国人权委员会在一般性评论中认为，在例外情形下允许进行新的审判，并不违反禁止双重危险原则。委员会建议各国根据这一解释重新考虑其保留，但此建议未被任何国家采纳。

9. 刑事错案赔偿权

该权利是起草《公约》第14条时争议最大的条款之一。通过该款时，赞成、反对和弃权票各占1/3。1984年《欧洲人权公约第七议定书》确认了该项权利，其表达接近于《公约》第14条。刑事错案赔偿的前提条件是：（1）终局定罪，指包括轻微犯罪在内的任何定罪；（2）定罪被正式推翻或者罪犯被赦免。关于因赦免而提出赔偿，存在异议，因为赦免可能出于人道考虑，但司法错误也是赦免的原因之一。刑事错案赔偿基于以下理由：（1）司法错误的确认，即新的或新发现的事实表明确实发生误判。在法国的一个案件中，被告人因拒绝服兵役被判 11 个月监禁，后军事服务审查委员会认为他拒绝服兵役是基于意识形态的原因，不久他被赦免。联合国人权委员会否定了被告人的赔偿请求，因赦免不是由于司法错误，而是出于公平考虑。（2）司法错误的发生不是被定罪人自己的原因。假如被告人为了避免背叛真正有罪的人，而故意让他自己被定罪，他将不能获得国家赔偿。（3）被告人已服刑。仅在被告人无辜遭受了实际的惩罚时才能获得国家赔偿。

上述情况表明，作为对多元法律文化的规制，国际标准体现出原则性与灵活性的结合。一方面，国际社会试图在保护人权方面树立不可逾越的界碑，"最低限度的保障"一词将其中的价值预设表露无遗；另一方面，国际标准在制定时不得不给法官留下解释的余地，同时也要承认国家有评判的余地，以防止法律机械化和法律文化方面的话语霸权。如果不引入软法带来的灵活性、模糊性，建立统一的国际标准几乎是不可想象的。但是，这种模糊性带来了弱化共同标准的风险。随着"冷战"的结束和监督机制的改进，国际人权机构在保障共同标准有效实施方面发挥着越来越大的作用，对公正审判权的保障呈日益加强的趋势。此外，前南斯拉夫问题国际刑事法庭、卢旺达问题国际刑事法庭的建立，创立国际常设刑事法院协议的达成，也促进了对公正审判权的进一步研究。各国在保障公正审判权方面正在达成越来越多的共识，公正审判的国际标准更加明确和具体。

六 公正审判权在中国的实践

"公正审判权"作为一个显性的法律范畴尚未被我国学者普遍了解，此方面的专门性研究也相当欠缺。但是，这并不意味着我国缺乏此方面的实践。我国刑事司法制度改革的突出特点之一是对国际标准予以自觉的参照。修改后的刑事诉讼法在保障受刑事指控者权利方面取得了明显的进展，如增加司法机关独立行使职权，未经人民法院依法判决对任何人不得定罪，律师在侦查阶段可以参加诉讼，加强对强制措施的制约，加强被告人对审判活动的参与等规定，这与国际标准的要求一致或基本一致。但是，还有一些权利如迅速获知指控、审判时在场，未被法律明确规定；一些权利如沉默权、禁止双重受罚，尚处于争论阶段；法律已确立的权利在实施中是否符合国际标准的要求，也值得作进一步的研讨。随着我国政府签署《公约》及社会各界对司法改革的呼吁，如何参照国际标准继续推进我国刑事司法制度的改革和完善，已经成为人们关注的一个热点问题。

公正审判权及其标准在国际人权法中的确立已逾40年，多年来"冷战"造成的壁垒以及我们自身的封闭和僵化，导致我们将其拒之门外。从20世纪到21世纪，随着世界政治、经济、文化秩序的巨大变迁以及我国改革开放的逐步深入，国际标准对我们来说已不陌生。"在20世纪，国与国之间，文化与文化之间，区域与区域之间，有着明确的界限，这个界限是社会构成的关键。不同的政治、文化和区域实体依靠着这些界限来维持内部的秩序，并形成它们之间的相互关系。而在21世纪，民族国家及其文化的分化格局面临着如何在一个全球化的世纪里更新自身的使命。"① 在经济发展方面，我国正在进行从农业社会到工业社会，再从工业社会到信息社会的跳跃，融入经济全球化进程已成为一种自觉的行动。经济全球化要求我们在法律制度领域进行深刻的变革，我国的法律制度和国际法律规范之间应当有更多的契合之处。诚然，公正审判权的国际标准更多地体现了西方国家特别是英美法国家的价值观念，但应当看到，其中对个人权利的尊重、对理性的重视，正是我国的刑事司法制度有待加强的方面，我们应从全球化进程中获得发展的动力，推动我国刑事司法制度的改革和完善。研究美国法律史的学者曾指出，在美国历史上影响公正审判权发展的因素主要包括英国法律传统及其革命性的继承、民主化的个人主义、农业社会向工业社会的转型、社区本质和意义的变化、职业化和官僚化的影响、司法激进主义等。上述一些因素也存在于我国现阶段，如农业社会向工业社会进而向信息社会转型、市场经济带来的个人主体地位的提升、人与人之间关系的变迁、法律职业化程度的提高、司法能动性的增强等，从而为公正审判权在我国的确立和发展奠定了现实基础。

笔者认为，参照国际标准改革我国刑事司法制度，首先需要明确树立保障公正审判权的观念。这意味着对惩罚犯罪与保障人权均衡论的某种超

---

① 费孝通：《"三级两跳"中的文化思考》，《读书》2001年第4期。

越。在刑事诉讼中，公诉方与被告方在力量对比上存在固有的不平衡。受刑事指控者作为被追诉对象，其权益极易受到国家专门机关的侵害。一方面，国家专门机关由于打击犯罪心切，容易侵犯公民个人的权利；另一方面，对"犯罪者"权利的侵犯容易获得社会公众心理上的默认，因为损害少数人利益是为了保护大多数人。赋予受刑事指控者公正审判权，体现了"救济最需要救济者"的原则，体现了对少数人的保护。美国学者罗纳德·德沃金曾对《权利法案》的确立依据作如下分析："我们建立政府所依据的宪法理论并不简单地是大多数人的理论。宪法，特别是权利法案，是被设计用来保护公民个人和团体以反对大多数公民可能要去制定的某些决定，甚至大多数人认为它是社会普遍的和共同的利益的决定。"[①] 而在我国，刑事程序对于保护少数人的意义尚未被人们充分认识。刑诉法学界称为通说的惩罚犯罪与保障人权均衡论，其中的保障人权包括以下四个方面：（1）保护一般公民的合法权益；（2）保障无罪的人不受刑事追究；（3）保护所有诉讼参与人的权利；（4）使有罪的人受到公正的惩罚。[②] 这种面面俱到的人权保障观模糊了保护多数人与保护少数人的区别，易导致二者在发生冲突时难以适从的局面。在刑事司法领域，公共权力（以保护大多数人的形式出现）与个人权利之间的冲突极为明显。刑事法治的基本精神在于约束公共权力，防止其专横和腐败，以维护公民个人作为自治主体的尊严，因此，刑事程序规则的设置应以保护少数人为基本出发点。我国文化传统中根深蒂固的少数人利益应服从多数人利益的观念，使我们总是解不开刑事司法中惩罚犯罪与保障人权何者为先的结，折中的说法是二者并重，但这种持平之论难以回答我国刑事司法中面临的一系列理论和实践问题，而且由于传统法律文化的惯性作用，并重论往往容易滑向惩罚犯罪优先论。确立保障受刑事指控者公正审判权的观念，明确刑事司法中保护少数人权利的重要性，有助于摆脱我国现行刑事诉讼理论的局限。

目前学界在探讨有关国际标准的话题时，刻意的意识形态化的排斥立场已不多见，绝大多数学者的看法是应当继续减少我国刑事司法制度与国

[①] 〔美〕罗纳德·德沃金：《认真对待权利》，信春鹰、吴玉章译，中国大百科全书出版社，1998，第179页。

[②] 参见陈光中、严端主编《中华人民共和国刑事诉讼法修改建议稿与论证》，中国方正出版社，1995，第82页以下。

际标准之间的差异。但是，我们究竟应该走多远？走到什么地步算是合适？对上述问题的回答有较大的分歧。近来一种流行的观点认为，在司法改革中应奉行"相对合理主义"，这是对国际标准与中国国情相结合的一种理论表述。其理论前提是视国际标准为普适性公理，认为中国目前由于客观条件的制约，无法达到国际标准的要求，因此，只能采取相对合理主义，"不求最好，只求较好"。[1] 这种观点既认识到国际标准的普适性价值，又客观理性地承认我国厉行法治条件不足的现状，力求在两者之间寻找一个动态的平衡点，使我国的刑事司法制度逐步向国际标准靠拢。应当说，这种观点切合实际，也有助于解决当前司法实践中存在的一些问题。但笔者通过对公正审判权国际标准确立、发展过程的考察，认为上述主张所依赖的理论前提值得商榷。首先，国际标准本身是对多元主义的规制，体现为原则性与灵活性的结合。其中带有原则性的内容，即所谓质的规定性，如禁止酷刑与其他残忍、不人道和有辱人格的待遇，法庭前的平等，无罪推定，司法独立等，理应予以严格遵循，不应变通。至于带有灵活性的规定，如传唤和询问证人、上诉权、禁止双重受罚等，其本身已为各国依据本国的情况参照执行留下了变通的余地。既然如此，所谓"最好"就很难明确说指的是什么。其次，国际标准本身不是一成不变的，它随着社会政治、经济条件的变化而发展。英美法律正当程序观念在历史上的演进，公正审判权内涵的实质性扩充，公正审判权在各国的实践，均表明公正审判权是一个动态的概念。如果我们以发展的眼光看待国际标准，那么怎样在国际标准与中国法律的衔接中体现出"相对合理"呢？再次，各国由于政治、经济、文化方面的差异，在实施国际标准方面存在程度上的不同。但公正审判权作为一项积极性权利，要求国家采取积极的措施，促进其中所涵盖的各项具体权利逐步得到充分的实现。这表明，无论一个国家处于什么样的历史阶段，都应尽己所能最大限度地保障国际标准的实现，而不应设置一个"只求较好"的出发点。最后，公正审判的国际标准中蕴含着这样一种思想：公正审判是人类司法活动所追求的理想目标，刑事司法制度的设计与运作应无限地接近这一目标，即使不能完全达到这一目标。国际社会正努力将公正审判权确定为一项绝对性权利，国家即便在紧急状态下

---

[1] 参见龙宗智《相对合理主义》，中国政法大学出版社，1999，第3页以下。

也不能对其进行克减。① "相对合理主义"所体现的在国际标准与中国国情之间寻求平衡、对公正审判权进行减损的思路,显然与《公约》的要求不相吻合。此外,从各国批准或加入《公约》的情况看,初级阶段论、条件制约论不足以构成我国采取"相对合理主义"的依据。迄今为止全世界已有100多个国家批准或加入《公约》,其中包括不少发展中国家。笔者在研究过程中注意到,在公正审判权问题上,发达国家对《公约》第14条所作保留多于发展中国家,而以世界人权保卫者自居的美国直到1992年才批准《公约》,并且对《公约》第6条和第7条(涉及死刑和禁止酷刑)提出了保留。这一事实说明,各国对国际标准的认同程度并未以发展中国家和发达国家为绝对的分界线。当然,笔者并不否认《公约》中所规定的"法律援助"、"免费翻译"、"刑事错案赔偿"等权利的充分实现需要以国家经济实力为支撑,但是,应当看到,国际标准并非难以实现的标准,我国在经过努力、创造条件后是完全可以达到的。"相对合理主义"运用到实践中易蜕变为"相对不合理主义"。比起迁就现实的低调哲学,我国的刑事司法改革或许更需要理性化的精神引导,因为目前司法实践中存在的主要问题是以部门本位、违规操作、司法腐败、枉法裁判等为表现形态的庸俗实用主义。理性化的精神引导并不足以解决所有问题,但没有它,情况会更糟。美国学者所作的大量实证性研究表明,甚至那些被认为对警察行为限制最严的规则,在实践中对警察的活动也仅能产生很小的影响。②这为刑事司法中坚持理性标准的必要性提供了又一佐证。

为了促进我国法律与公正审判的国际标准相协调,我们需做以下工作。(1)深入研究国际标准的内在要求,确保我国有关法律、法规的规定与《公约》的精神相一致。①根据国际社会对"刑事指控"一词的解释,我国的劳动教养本质上属"刑事指控",被教养者应享有《公约》第14条所规定的权利保障,因此,现行劳动教养制度有待改革;②明确认同无罪推定原则;③保障律师会见权和阅卷权,改善辩护条件;④对被告人审判时在场权以及缺席审判问题作出明确规定;⑤对免费翻译问题作出更加具体的规定;⑥保障辩方证人与控方证人在相同的条件下出庭和接受询问;

---

① E/CN. 4/Sub/1994/24.

② 参见 David J. Bodenhamer, *Fair Trial: Rights of the Accusedin American History*, Oxford University Press, 1992, p. 138。

⑦取消"犯罪嫌疑人对侦查人员的询问,应当如实回答"的规定,赋予受刑事指控者反对被迫自我归罪的权利;⑧确立禁止双重受罚原则,对审判监督程序的启动施加更严格的限制。(2)加强对法官、检察官、律师等法律职业人员的培养和选拔,使他们有能力保障受刑事指控者的公正审判权。(3)改革司法体制,加强对司法机关独立行使职权的组织性保障。(4)完善救济机制,明确规定违反刑事程序的法律后果,还可考虑借鉴外国经验建立人权保护机构,使公正审判权受到侵犯的公民能够获得有效的法律救济。

七 结语

在刑事司法中,公正审判权用来保护公民免遭不合法、不公正的定罪,其在国际人权法中得以确立的直接依据是英美法中的法律的正当程序理论。公正审判权表面上仅适用于审判程序,实则贯穿刑事诉讼始终。公正审判是刑事司法制度追求的理想目标,但又是其难以企及的目标。国际社会试图通过确立公正审判的最低限度标准,来引导各国不断加强对公正审判权的保障。影响公正审判的因素是多种多样的,既有制度的因素,也有人的因素,既有文化传统的因素,也有社会政治、经济条件的因素。因此,保障公正审判权的措施是十分广泛的,法律手段是其中之一,但它是极为重要的手段。《公约》规定了保障公正审判的法律措施,这些措施大体上可分为两方面:组织性保障和程序性保障。这两方面的保障相辅相成,共同促进公正审判权的实现。"独立和不偏袒的法庭","公正和公开的审判",《公约》中的两组措辞对公正审判权的关键要素作了揭示。公正审判的国际标准以《公约》的规定为核心,加之其他国际性文件的规范,形成了一个内容丰富而复杂的体系。公正审判的国际标准体现出原则性与灵活性的统一,既是对刑事司法规律性认识的揭示,又是对法律多元主义的规制。

近些年来,我国的刑事司法制度在向国际标准靠拢方面取得了较大进展,但对国际标准中蕴含的法律思想的研究,我们做得还远远不够。修改后的刑事诉讼法中首次出现了"公正审判"这一名词,但许多人尚没有将它作为一项权利看待。"公正审判"与"公正审判权",一字之差,但其内涵却大有不同。仅就"公正审判"而言，可以说，从古至今人类都将其作为司法制度的理想目标，即使在纠问式诉讼中也是如此。但是，将公正审判作为受刑事指控者的一项权利，并赋予它特定的内涵，则是一定历史条件下的产物。以历史的眼光看，从公正审判到公正审判权，标志着主体角色的转换，前者的主体为追诉者，后者的主体则为被追诉者。进行这样的观念转换，对于我国刑事司法制度的进一步改革有较为深远的意义。有学者说："没有法律思想指导的法律制度，是一种没有方向和灵魂的法律制度，法律思想的境界和视野将直接赋予法律制度以生命特征和生命活力，直至决定其命运。"① 的确，我们需要对支撑国际标准的理论作探索，以促进我们的法律思考并使之提升到更高的境界。21 世纪的经济全球化使人类的生存和发展有了全新的面貌，也给我国的法律改革注入了更多的动力。在此背景下考察公正审判的国际标准并探讨它与中国法律之间的衔接问题，既有理论价值又有实践意义。公正审判权是一个涉及面相当广的课题，绝非一篇文章所能廓清，本文的研究权当是"引玉之砖"吧。

---

① 〔德〕阿图尔·考夫曼：《后现代法哲学——告别演讲》，米健译，法律出版社，2000，译者前言第 2 页。

比较法视野中的刑事强制措施[*]

孙长永[**]

摘　要：从比较法的角度看，我国刑事强制措施制度具有立法授权的分散性和实际权力的集中性、适用对象的特定性和适用目的的单一性等特点，但在体系上过度依赖羁押性手段，在制度设计上未能充分体现人权保障的精神，司法实践中"惩罚性"地适用强制措施以及追诉机关自我授权和执法违法的现象比较突出。为了保障公民的人身自由不受非法侵犯，应当对适用强制措施的权力进行重新分配，形成以强制到案的措施和强制候审的措施为基本类型的强制措施新体系，将取保候审设计为最常用的一种强制措施，并且完善相关的配套制度，健全适用强制措施过程中的权利救济机制。

关键词：人身自由　强制措施　司法审查　未决羁押　取保候审

"强制措施"对任何一个国家刑事诉讼的正常进行来说，都是不可缺少的。从公元前5世纪古罗马的《十二铜表法》和我国的《法经》，到现代法治国家的刑事诉讼法典或其他相关的单行法规，都有关于强制措施的规定。然而，就其固有性质来说，强制措施不可避免地会对个人的人身自由或其他基本人权造成一定的侵害。因此，强制措施对于刑事诉讼而言实

---

[*] 本文原载于《法学研究》2005年第1期。
[**] 孙长永，论文发表时为西南政法大学教授，现为上海交通大学凯原法学院教授。

在是一种"必要之恶"。从人权保障的需要出发，对强制措施的适用必须控制在必要的最低限度内。近代以来的人权思想，主要是以刑事诉讼中强制措施的控制和合理化为中心而发展起来的，在这个意义上，可以说，刑事诉讼的历史，就是对强制措施不断加以合理限制的历史。[①]

我国 1996 年修改《刑事诉讼法》时，立法者对强制措施的适用条件和程序作了较大的修正，如：废除了公安机关长期采用的"收容审查"措施，相应地扩大了拘留的适用对象，放宽了逮捕的适用条件；同时对取保候审、监视居住的具体程序作出了明确的规定，将拘传后的最长留置时间限定为 12 小时；确认犯罪嫌疑人自被第一次讯问后或采取强制措施之日起有聘请律师的权利，允许被逮捕的犯罪嫌疑人及其律师申请取保候审。这些修改在很大程度上反映了改革开放的新形势下加强人权保障的总体趋势，同时也兼顾了侦查机关追究犯罪的现实需要。

但是，从《刑事诉讼法》的实施情况来看，无论是在立法上，还是在实务上，我国刑事诉讼中的强制措施制度都还存在不少的问题，距离法治原则和刑事司法的国际准则还有较大的差距，因而必须采取有效措施加以完善。本文拟从比较法的角度对我国刑事强制措施的主要特点加以简要的说明，然后对我国现行刑事强制措施制度存在的问题加以剖析，最后从制度设计和立法的角度就改革和完善我国刑事强制措施制度提出一些初步的设想。

一 我国刑事强制措施的主要特点

虽然强制措施已经成为各国刑事立法中普遍确认的一项诉讼制度，但是各国法律规定的强制措施在种类、适用条件和程序等方面存在较大的差异。概括地说，可以将刑事强制措施界定为参与刑事诉讼的国家机关为了收集、保全犯罪证据，迫使犯罪嫌疑人或被告人到案受审以及保证将来有罪判决所处刑罚的执行而依照法定程序采取的限制个人基本人权的各种强制方法。根据不同的标准，可以对刑事强制措施进行不同的分类。如根据侵犯的权利性质不同，可以把强制措施大体上分为以下四类：一是限制或剥夺人身自由的强制措施，如拘传、逮捕、羁押等；二是限制财产权的强制措施，

[①] 参见〔日〕高田卓尔《刑事诉讼法》二订版，青林书院，1984，第 144 页。

如搜查和扣押等；三是侵犯身体健康的强制措施，如强制采样；四是侵犯通信权或隐私权的强制措施，如监听或拦截通信、强制进行人身检查、秘密录像等。[1] 除侵犯财产权的强制措施外，其他三类强制措施还会在不同程度上侵犯个人的人格尊严。根据其适用对象不同，可以把强制措施分为对犯罪嫌疑人、被告人的强制措施以及对证人、保证人或其他人的强制措施，前者如对犯罪嫌疑人的逮捕和搜查，后者如对证人的拘传或罚款、对保证人的罚款以及对第三人住宅的强制搜查，等等。根据强制措施的功能不同，又可以将其分为强制到案的措施、强制候审的措施、强制取证的措施、诉讼保全措施和妨碍诉讼的制裁措施五种。强制到案的措施如拘传或拘捕；强制候审的措施如逮捕后的羁押或附条件释放；强制取证的措施如强制搜查、扣押和强制人身检查；诉讼保全措施如对可能判处罚金刑的犯罪嫌疑人、被告人所有财产的查封、冻结或扣押；[2] 妨碍诉讼的制裁措施如对违反保证义务的保证人的罚款或保证金的没收，对有做证义务却拒绝做证的证人的罚款，对违反法庭秩序的人的勒令退庭、罚款或拘捕，等等。根据决定或实施强制措施的权力主体不同，还可以将强制措施区分为侦查机关自行决定采取的强制措施、侦查机关经法官或法庭许可采取的强制措施和法院应侦查机关或犯罪嫌疑人的请求亲自采取的强制措施三类。[3]

---

[1]　与逮捕、羁押、搜查、扣押等直接对人的身体或物品实施物理强制不同，监听或拦截通信由于侵害权益的特殊性，通常并不需要对权利人的人身或物品进行物理强制。但是，在未经权利人同意的情况下，监听或拦截通信必然对权利人的隐私权或者通信秘密权造成侵害，而这种侵害是完全违背权利人意志的，所以当代法治国家普遍将监听或拦截通信视为"强制措施"。

[2]　如《德国刑事诉讼法典》第132条规定，"未构成签发逮捕令的前提条件时，为了保障刑诉讼程序的进行，对在本法效力区域内无固定居所或者住所的、有重大犯罪嫌疑的被指控人，法官（在紧急情况下，检察院或者其附属官员）可以责令其对可能的罚金、程序费用提供适当的担保"；根据同法第111条c至111条p的规定，有重要根据估计命令追缴价值补偿、收缴价值补偿的前提条件已经成立时，法官（在紧急情况下，检察院或者其附属机构官员）可以命令以提取、作扣押登记、冻结等方式对有关动产或不动产加以扣押。《意大利刑事诉讼法典》第316条也规定："如果确有理由认为缺乏或者将丧失支付财产刑、诉讼费用或其他应向国库缴纳的款项的保障，公诉人可以在诉讼的任何阶段和审级中要求对被告人的动产或不动产或者归属于他的钱财实行保全性扣押，上述扣押应遵守法律为正式扣押规定的有关限度。"

[3]　如《日本刑事诉讼法典》第179条规定，在侦查阶段，犯罪嫌疑人或者其辩护律师可以在符合证据保全的条件时请求法官作出扣押、搜查、勘验、询问证人或者鉴定人的决定，收到此项请求的法官与法院或者审判长有同等权限。

与西方法治国家刑事诉讼中的强制措施不同,我国《刑事诉讼法》第一编第六章规定的"强制措施"是狭义上的强制措施,专指为了保障刑事诉讼的顺利进行而限制或剥夺人身自由的强制措施,包括拘传、取保候审、监视居住、拘留、逮捕和扭送六种。但理论界的通说认为,"扭送"不是一种独立的强制措施,不具有诉讼性质,而是立法上赋予公民同犯罪分子作斗争的一种权利,旨在调动公民同犯罪作斗争的积极性。[①] 至于搜查、扣押、查封、冻结、监听等,则一般被视为侦查中的"强制性措施",而不是一种独立的"强制措施"。

与西方法治国家相比,我国刑事诉讼中的强制措施有以下三大特点。

(一) 立法授权的分散性和实际权力的集中性

根据我国法律的规定和理论界的通说,刑事诉讼中的强制措施只能由依法享有侦查、起诉和审判权力的机关决定适用,其他任何机关、团体和个人都无权实施强制措施。在这个意义上,可以说,强制措施具有"专属性"。但是在侦查、起诉和审判机关之间,如何合理分配适用强制措施的权力,并没有具有充分理论依据的指导原则,而基本上取决于各自的"办案需要"。公安机关依法享有侦查权,为了调查收集证据、查获犯罪嫌疑人、查明案件事实,自然应当有权适用强制措施,因而法律赋予了它拘传、取保候审、监视居住、拘留以及提请批准逮捕和执行逮捕的权力。检察院享有部分案件的立案侦查权,并且承担绝大多数刑事案件的起诉职责,为了保证检察权的有效行使,法律赋予了它拘传、取保候审、监视居住、拘留和自行决定逮捕的权力;同时,检察院还是国家的法律监督机关,有权对公安机关的侦查活动实行法律监督,基于法律监督以及分权制约的需要,法律对公安机关立案侦查的案件中的逮捕权进行了分割:公安机关只有提请批准逮捕和执行逮捕的权力,而批准逮捕的权力则由检察院行使。法院作为审判机关,有责任依法惩罚犯罪分子,同时保障无罪的人不受刑事追究,为了确保审判活动的顺利进行,防止被告人逃避审判或应得的惩罚,法律授权法院可以对被告人予以拘传、取保候审、监视居住和

[①] 参见陈光中、徐静村主编《刑事诉讼法学》修订版,中国政法大学出版社,2000,第217页。

逮捕。从立法上看，侦查、起诉、审判三机关适用强制措施的权力是并行的，没有高低或大小之分，除办案程序上的分工、制约和配合关系之外，三机关都有权独立决定适用相应的强制措施，不受其他机关的审查。特别是公安、检察机关采取强制措施，既不需要法院的事先授权，也不受法院的事后审查。因而，立法上关于强制措施的授权具有相当的分散性。但从刑事诉讼的实务运作来看，由于我国刑事诉讼采取了"流水作业"的操作方式，公安、检察机关和法院分别承担侦查、起诉和审判职责，加之起诉阶段和审判阶段相对于侦查阶段而言时间较短，调查取证、查获犯罪嫌疑人、查明案件事实的主要压力集中在侦查阶段，因而实际上适用强制措施的权力主要集中在侦查机关，尤其是负责主要侦查职责的公安机关手中。即使是逮捕这样一种公安机关不能独立决定的强制措施，在司法实践中也主要是针对公安机关侦查的犯罪嫌疑人适用的。这与其他国家将紧急情形以外的人身强制措施的决定权统一交由独立的司法机关行使形成了鲜明的对比。

（二）适用对象的特定性

这是指强制措施只能适用于犯罪嫌疑人、被告人，包括现行犯和重大嫌疑分子，而被害人和其他诉讼参与人（如证人）以及诉讼参与人以外的人，即使其严重违反诉讼程序，或者有妨害诉讼的行为，只要尚未达到构成犯罪的程度，就不能对其适用强制措施，而只能用其他方法对其作出相应的处理。这一特点表明，强制措施只能在刑事诉讼过程中适用，必须受到刑事诉讼法的严格限制。这反映了立法机关对历史经验教训的认真总结和深刻反省。因此，虽然法律上明确规定，对违反保证义务的保证人可以处以罚款，对违反法庭秩序的诉讼参与人和旁听人员可以勒令退庭、罚款或拘留，但这些处罚手段并没有被作为"强制措施"对待，而只是作为附带的程序性制裁手段在有关章节中分别加以规定。在立法者看来，由于强制措施直接限制或剥夺公民的人身自由，并且是出于追究刑事责任的需要而适用的，在历史上这种权力有过被滥用的情形，曾经导致不少无辜的公民丧失人身自由，甚至最后被迫害致死，因而必须加以特别严格的约束，在适用对象以及相应的条件和程序上作出专门的规定。根据这一立法精神，任何单位或个人对犯罪嫌疑人、被告人以外的人适用强制措施，都是非法的。

（三）适用目的的单一性

我国的刑事强制措施不仅不能对被追诉者以外的人适用，而且即使是对被追诉者本人，也不能任意适用。根据《刑事诉讼法》的规定，逮捕犯罪嫌疑人、被告人必须具有法定的条件或理由，拘留的适用必须以存在紧急情况或者重大嫌疑为前提，其他三种强制措施也只能在立案以后的诉讼过程中出于保证诉讼活动顺利进行的目的而选用。具体来说，刑事强制措施的主要目的在于防止犯罪嫌疑人、被告人逃跑、自杀、串供、毁灭证据、伪造证据、转移赃款赃物，保障侦查、起诉和审判活动的顺利进行，防止犯罪嫌疑人、被告人继续实施新的犯罪或其他危害社会的行为。如关于逮捕的条件，我国《刑事诉讼法》第60条规定："对有证据证明有犯罪事实，可能判处徒刑以上刑罚的犯罪嫌疑人、被告人，采取取保候审、监视居住等方法，尚不足以防止发生社会危险性，而有逮捕必要的，应即依法逮捕。对应当逮捕的犯罪嫌疑人、被告人，如果患有严重疾病，或者是正在怀孕、哺乳自己婴儿的妇女，可以采用取保候审或者监视居住的办法。"根据这一规定，决定逮捕犯罪嫌疑人、被告人必须同时具备"证据要件"、"罪行要件"和"必要性"三要件，特别是"必要性"这一要件，清楚地表明了逮捕措施只能在为了保证诉讼顺利进行而不得不用时才能决定适用，而不能出于其他任何目的而加以适用。如果说强制措施适用对象的特定性是为了防止对被追诉者以外的人非法适用强制措施的话，那么，强制措施目的的单一性则是为了防止对被追诉者本人滥施强制措施，二者都体现了立法对公民人身自由的高度尊重和严密保障。

二 我国刑事强制措施制度存在的主要问题

关于我国刑事强制措施存在的问题，学界近年来有较多的讨论。理论界和实务界分别从不同的角度提出了各种意见，还有一些实证性的调查报告和专题性的比较研究成果。① 根据个人的观察和思考，对照国际社会公认的刑事司法准则，笔者认为，我国刑事强制措施制度主要存在以下问题。

（一）在强制措施的体系上，过度依赖羁押性手段，而对羁押的替代措施重视不够

如前所述，在现代各国刑事诉讼中，都存在剥夺人身自由和限制人身自由两种强制措施。然而，单就审讯或审判前采取的强制措施而言，剥夺人身自由只是一种例外，即使是已经被逮捕的犯罪嫌疑人，也往往能够附条件地被释放，在基本自由的状态下等候审判和准备辩护。如在德国的前西德各州，2000 年全年只有 36000 人受到审前羁押，大约占刑事法院判决人数的 4%，如果不考虑违警罪，被审前羁押的嫌疑人比重大约为 6%。② 英国自《1976 年保释法》实施以后，羁押候审的比重大幅度下降，1990 年降至 10%，其后虽有一定程度的回升，但比重最高的 2000 年也只有 14%。③ 日本法务省《平成十五年犯罪白皮书》显示，在 2003 年，日本各地检察机关处理的刑事案件（不含与交通有关的过失罪和违反道路交通规则的犯罪）中，犯罪嫌疑人的逮捕率仅占 32.3%，全体犯罪嫌疑人的羁押率则更低，不足 30.4%，与上一年度的逮捕率和羁押率基本相同。④ 在美国，根据联邦司法部的统计，1996 年，在警察逮捕后被指控犯联邦法上的罪行的 56982 人中，经法院批准羁押的仅占 34%，其他多数被告人均以个人具结或保释的形式被释放。⑤

---

① 参见陈卫东主编《刑事诉讼法实施问题调研报告》，中国方正出版社，2001，第 9 页以下；樊崇义主编《刑事诉讼法实施问题与对策研究》，中国人民公安大学出版社，2001，第 125 页以下；陈瑞华《问题与主义之间——刑事诉讼基本问题研究》，中国人民大学出版社，2003；陈光中主编《中德强制措施国际研讨会论文集》，中国人民公安大学出版社，2003；陈卫东主编《保释制度与取保候审》，中国检察出版社，2003；李忠诚《刑事强制措施功能研究》，《法制与社会发展》2002 年第 5 期。
② 参见〔德〕托马斯·魏根特《德国刑事诉讼程序》，岳礼玲、温小洁译，中国政法大学出版社，2004，第 95 页。
③ 参见〔英〕麦高伟、杰弗里·威尔逊主编《英国刑事司法程序》，姚永吉等译，法律出版社，2003，第 110 页以下。
④ 参见日本法务省《平成十五年犯罪白皮书》，http://www.moj.go.jp。
⑤ Federal Bureau of Statistics, Federal Pre-trial Releaseand Detention 1996, http://ww.usdoj.gov.

《公民权利和政治权利国际公约》第9条规定："等候审判的人受监禁不应作为一般规则，但可规定释放时应保证在司法程序的任何其他阶段出席审判，并在必要时报到听候执行判决。"联合国人权委员会在关于该条规定的"一般性评论"中明确指出："审前羁押应是一种例外，并尽可能地短暂。"① 联合国大会1988年12月9日通过的《保护所有遭受任何形式羁押或监禁的人的原则》第39条规定：除了在法律规定的特殊案件中，经司法机关根据司法利益决定羁押的以外，被追诉者有权在等待审判的过程中被释放。联合国大会1990年12月14日批准的《非拘禁措施最低限度标准规则》第6.1条也规定："在适当考虑对指控犯罪的调查以及对社会和被害人的保护的同时，审前羁押应当作为刑事程序中的最后手段加以使用。"这些规定均表明，犯罪嫌疑人和被告人在判决以前的等待过程中不被长时间地剥夺人身自由应当是一种原则，而未决羁押只是在迫不得已的情况下才能采取的例外措施。

与法治国家的做法和国际准则的要求不同，我国刑事诉讼中的强制措施以剥夺人身自由的拘留、逮捕措施为核心，犯罪嫌疑人、被告人在羁押状态下接受侦查、检察人员的讯问以及等候审判，是绝大多数刑事案件的"常规"程序。根据最高人民检察院的工作报告和《中国法律年鉴》，自1997年新《刑事诉讼法》实施以来的七年里，全国检察机关每年批准和决定逮捕的犯罪嫌疑人人数有三年（1997年、1998年和2000年）都超过决定提起公诉的人数，最低比值2002年的0.91，② 即使扣除部分虽被逮捕但最后被决定不起诉的犯罪嫌疑人，被告人的羁押候审率也在90%以上；考虑到公安机关在提请批准逮捕以前通常都会先行拘留犯罪嫌疑人，检察机关也有权决定适用拘留，而每年都有大量被拘留的犯罪嫌疑人后来没有被批准逮捕，侦查阶段犯罪嫌疑人的羁押率实际上肯定远远高于被告人的羁

---

① CCPR General Comment No. 08: Right to Liberty and Security of Perso (Art. 9), 30/06/82, http://www.unhchr.ch/tbs/doc.nsf.

② 1997—2003年全国检察机关批准逮捕和提起公诉的人数见下表：

	1997年	1998年	1999年	2000年	2001年	2002年	2003年
批捕人数	537363	598101	663518	715833	841845	782060	764776
起诉人数	525319	584763	672367	708836	845306	854870	819216

资料来源：《中国法律年鉴》（1997—2003）。

押率。① 相比之下，立法虽然规定对可能判处管制、拘役以及没有逮捕必要的犯罪嫌疑人、被告人可以适用取保候审或监视居住的强制措施，但事实上，公安、检察机关很少适用。之所以很少适用取保候审或监视居住，除了执法观念、侦查模式方面的原因外，主要是因为立法上对取保候审和监视居住的条件规定得不明确，取保候审的担保措施不力，监视居住的执行难以操作，侦查、起诉机关在实际适用时感到非常"不方便"，不足以保证侦查、起诉活动的顺利进行；加之对拘留、逮捕后的羁押程序缺乏有效的监督审查机制，在犯罪嫌疑人被羁押以后调查取证和讯问工作会非常便利，所以侦查、起诉机关自然会"优先"适用羁押性的强制措施。持续不断的"严打"斗争和专项打击活动，进一步强化了侦查、起诉机关对羁押手段的依赖，从而导致羁押的普遍化。

羁押的普遍化可能造成多方面的消极后果。首先，对于中国这样一个发展中国家来说，它直接增加了执法和司法的成本，有限的看守设施和财政预算也很难为人数众多的在押犯罪嫌疑人提供基本的人道待遇；其次，为极少数执法官员实施刑讯逼供提供了便利条件；再次，加大了错误羁押的概率，这不仅使公民的人身自由随时受到威胁，而且也人为地扩大了国家对错拘、错捕的赔偿责任；最后，容易导致在押犯罪嫌疑人在犯罪恶习或手段方面的"交叉感染"，加重了国家在有效控制犯罪、稳定社会秩序方面所承受的压力。

（二）在制度设计上未能充分体现人权保障的精神，侵权预防和救济机制不健全

现代刑事诉讼的基本原则之一是无罪推定，根据这一原则，任何人在法院依法判决有罪之前在法律上都是无罪的，既然如此，他的人身自由就应当得到法律的保障。而强制措施却直接限制或剥夺犯罪嫌疑人、被告人的人身自由，导致一个在法律上无罪的公民丧失或者基本丧失了从事正常

---

① 例如，2002 年，全国检察机关决定批准逮捕的犯罪嫌疑人累计 466357 人，这些人在公安机关提请批准逮捕时，几乎无例外地已经被拘留。如果把这一数字与当年批准决定逮捕的人数（782060）相加，比当年检察机关决定起诉的人数（854870）与不起诉的人数（106715）之和还要多。如果不考虑撤销案件的数量，则对犯罪嫌疑人的羁押率已经超过 100%，也就是说，没有一个犯罪嫌疑人不曾被拘留或逮捕。

社会活动的必要条件。有鉴于此，法治国家普遍确立了程序法定原则、比例原则和司法审查原则，通过宪法或法律明确对强制措施的适用条件、程序、期限等加以限定，要求对于强制措施种类和期限的选择必须与涉嫌犯罪的严重程度和犯罪嫌疑人的人身危险性相适应，并且通过独立的司法官（法官）进行事先授权和事后审查，为人身自由受到限制或剥夺的公民提供有效的司法救济。大陆法系的预审法官制度（特别是法国2000年修改《刑事诉讼法典》时确立的"自由和羁押法官"制度）、英美法系的"人身保护令"制度等，都对政府在刑事诉讼中限制或剥夺公民的人身自由施加了严格的限制条件，并且为人身自由受到限制或剥夺的公民提供了充分的程序救济。《公民权利和政治权利国际公约》第9条规定："二、任何被逮捕的人，在被逮捕时应被告知逮捕他的理由，并应被迅速告知对他提出的任何指控。三、任何因刑事指控被逮捕或拘禁的人，应被迅速带见审判官或其他经法律授权行使司法权力的官员，并有权在合理的时间内受审判或被释放。……四、任何因逮捕或拘禁被剥夺自由的人，有资格向法庭提起诉讼，以便法庭能不拖延地决定拘禁他是否合法以及如果拘禁不合法时命令予以释放。"根据联合国人权委员会的意见，审前羁押的合法性和必要性必须由独立和不偏不倚的法院进行及时、有效的审查，法院在审查羁押合法性、必要性时应当听取被羁押人或其律师的意见。[①]

我国1996年修改后的《刑事诉讼法》关于强制措施的规定虽然在一定程度上体现了保障人身自由的精神，但从立法规定和实务运用来看，这种保障仍然显得力度不够，其突出表现是：所有剥夺或限制人身自由的强制措施一律采用单方面的行政审批程序，缺乏司法授权和司法审查程序，不足以防止强制措施被滥用。根据现行法的规定，公安机关有权独立决定拘传、取保候审、监视居住和拘留；经检察机关批准，还可以适用逮捕措施。公安机关独立决定适用强制措施时，由公安机关的领导内部审批即可，不需要采取任何形式的听证程序；检察机关审查批准逮捕时，完全依据公安机关单方面侦查取得的书面证据材料不公开进行，既不听取犯罪嫌疑人或者其律师的意见，也不举行听证；检察机关在自行侦查案件过程中

---

① 参见 United Nations, *Human Rights in the Administration of Justice: A Manual on Human Rights for Judges, Prosecutors and Lawyers*, New York and Geneva, 2003, pp. 197 - 209。

需要适用强制措施时，也同样采用内部的、书面的审批程序。公安、检察机关在适用强制措施时，除在取保候审决定书、监视居住决定书或者拘留证、逮捕证上载有涉嫌犯罪的罪名以外，甚至连采取这一措施的理由也不必告知犯罪嫌疑人。这些强制措施对犯罪嫌疑人人身自由的限制或剥夺，短则可能持续十几天（如拘留），长则可能达数月（如监视居住）、一年（如取保候审），甚至超过一年（如逮捕后的羁押）。不仅如此，立法上针对可能出现的复杂情况，为公安、检察机关延长羁押期限作出了诸多灵活性的规定，如：在侦查过程中发现犯罪嫌疑人另有重要罪行的，重新计算侦查羁押期限；为犯罪嫌疑人作精神病鉴定的时间，不计入羁押期限；办案机关改变管辖的，重新计算办案期限；等等。这些期限的重新计算都不需要其他机关批准。至于法律允许的在各种情形下对羁押期限的"延长"，也只需要上级检察机关的批准，根本不容犯罪嫌疑人或者其律师提出任何申辩。在如此漫长且灵活多变的过程中，被采取强制措施的犯罪嫌疑人除了向公安、检察机关提出申诉以及在强制措施的期限届满以后要求解除强制措施以外，没有权利向法院提出申诉，要求法官对强制措施的合法性进行审查，而只能无可奈何地等待公安、检察机关对案件实体问题的处理结论。可以说，面对公安、检察机关采取的强制措施，犯罪嫌疑人基本上处于一种无助的状态。

针对实践中出现的错案，人们常常总结经验说"根源在于刑讯逼供"，殊不知刑讯逼供的前提是施行刑讯逼供的侦查人员控制了犯罪嫌疑人的人身自由，因此错案的起始原因在于公民个人的人身自由未能得到程序法的有效保障。这不仅是我国刑事强制措施制度的一种缺陷，也是我国宪法制度存在的问题之一。

（三）"惩罚性"地适用强制措施的情况仍存在

强制措施本来是以保障刑事诉讼活动顺利进行为宗旨的，其固有特征在于它对合法诉讼活动的保障性和对程序违法的预防性，而不具有惩罚性，因此它与刑罚和行政处罚等实体法上的"制裁"方法有着本质的区别。国际准则不仅禁止非法适用强制措施，而且也禁止"不合理地"或"不必要地"适用强制措施。然而在我国的刑事诉讼中，仍存在强制措施"惩罚化"的情况，即公安、检察机关有意识地把强制措施作为对犯罪嫌疑人、被告人的一种惩罚，甚至是对其他人的一种威慑。考察司法实务，可以发现，"惩罚性"地适用强制措施主要表现在拘留、逮捕等剥夺人身自由的强制措施的适用，有三种不同的形式：一是通过"公处大会"或"公捕大会"的方式，把拘留、逮捕当作与行政拘留和刑罚相当的惩罚性措施加以适用，明确地向普通公众传达"违法犯罪的下场"；二是把被拘留、逮捕的犯罪嫌疑人、被告人当作"准罪犯"对待，不仅强制性地将其中不少人的头发剃光，还以刑讯逼供等非法方法和不合理的长期羁押等"合法"手段迫使犯罪嫌疑人、被告人"交待"罪行；三是滥用《刑法》关于未决羁押可以折抵刑期的规定，对判决前已经受到较长时间羁押的被告人，在其被指控的犯罪缺乏确实、充分的证据的情况下，由法院作出有罪判决，并且"适当参考"甚至完全"比照"被告人的被羁押期限判处相应的刑罚。

"惩罚性"地适用强制措施，是"以阶级斗争为纲"的年代里以处理"敌我矛盾"的方式办理刑事案件的做法在新形势下的延续。其观念上的前提是有罪推定，对犯罪嫌疑人、被告人一律以罪犯相待；其现实条件是公、检、法三机关"平起平坐"的诉讼构造。既然三机关的职能都是"打击犯罪，保护人民"，公安、检察机关抓获的"人犯"当然也会被法院认定为罪犯，以"先行羁押"的方式"预支"部分刑罚，自然完全符合"办案需要"。这不仅与刑事司法的国际准则和宪法关于"尊重和保障人权"的要求相抵触，而且也有悖于强制措施本身的固有性质，使刑事程序几乎完全沦为专门机关借以"治罪"的工具，而在很大程度上丧失了最起码的权力制衡和权利保障的功能，从而导致滥用强制措施现象的加剧，客观上为新的冤、假、错案的产生提供了便利。

（四）侦查、起诉机关自我授权和执法违法的现象比较突出

在我国，《刑事诉讼法》是依据《宪法》制定的基本法律之一，其他一切有关刑事诉讼的法律、行政法规、部门规章、司法解释、条例和地方性法规等都不得与之相抵触，否则就应当是无效的。这既是我国《宪法》和《立法法》的基本精神之一，也是法治原则的基本要求之一。但是，在强制措施的解释和适用方面，公安、检察机关的有关部门规章和司法解释却存在明显的自我授权现象，从而削弱了法律对公民人身自由的保障。如

公安部1998年制定的《公安机关办理刑事案件程序规定》（以下简称《规定》）第112条规定，"犯罪嫌疑人不讲真实姓名、住址、身份不明，在三十日内不能查清提请批准逮捕的，经县级以上公安机关负责人批准，拘留期限自查清其身份之日起计算"。这一规定与《刑事诉讼法》第128条第2款的规定相冲突，因为后者的规定是"犯罪嫌疑人不讲真实姓名、住址，身份不明的，侦查羁押期限自查清其身份之日起计算"。对照同法第124条，这里的"侦查羁押期限"是指对犯罪嫌疑人"逮捕后的"羁押期限，而不是拘留以后提请批准逮捕的期限。《规定》第96条在《刑事诉讼法》以外增加规定："被监视居住的犯罪嫌疑人在监视居住期间，公安机关根据案情需要，可以暂扣其身份证件、机动车（船）驾驶证件。"《规定》第63条、第94条"授权"公安机关对检察机关已经决定不批准逮捕、不起诉的犯罪嫌疑人适用取保候审或监视居住措施，变通了《刑事诉讼法》第72条和第143条关于在这两种情形下"应当立即释放"的规定，扩大了公安机关的权力。类似的"自我授权"的情形还有最高人民检察院1999年制定的《人民检察院刑事诉讼规则》第55条关于取保候审期限的规定以及最高人民法院、最高人民检察院、公安部、国家安全部1999年联合发布的《关于取保候审若干问题的规定》第12条关于暂扣保证金的规定等。

公安、检察机关在适用强制措施过程中违法执法的现象也较为突出。如以连续拘传的方式变相延长控制犯罪嫌疑人的期限；对同一犯罪嫌疑人重复取保候审，违反法定条件适用取保候审；以变相拘禁的方式执行监视居住；对不符合《刑事诉讼法》第69条第2款规定的犯罪嫌疑人也适用30日的提请批准逮捕的期限，对没有逮捕必要的犯罪嫌疑人批准逮捕，超期羁押；对处于强制措施控制之下的犯罪嫌疑人进行刑讯逼供；以部门规章、司法解释或地方规范性文件的形式随意限制犯罪嫌疑人或者律师的权利；等等。[1] 立法上对违法适用强制措施的做法缺乏适当的救济措施，有关的责任追究机制不够健全，犯罪嫌疑人的人身自由受到非法剥夺或限制却无法在刑事诉讼领域内得到有效的救济，造成了一些严重的错案，一些犯罪嫌疑人的亲属因此被迫走上了"上访"的道路，引起社会舆论的强烈不满。自20世纪90年代以来，最高人民法院、最高人民检察院和公安部

---

[1] 参见陈卫东主编《刑事诉讼法实施问题调研报告》，中国方正出版社，2001，第9页以下。

等机关多次集中清理"超期羁押",① 虽然大幅度地减少了非法羁押的现象,但是"边清边超、前清后超"的现象较为突出,如何从制度上防止强制措施的非法适用(包括超期羁押问题),至今仍然没有答案。

(五) 立法规定的强制措施与实际适用的强制措施相脱节,存在一些"法外"的强制措施

在法治原则之下,每一种国家权力的行使都必须有法律上的依据,符合法定的程序。尤其是剥夺或限制人身自由的强制权力,更要受到法律的严格限制,以防止政府无根据地非法限制或剥夺公民个人的人身自由。法治国家都对刑事诉讼中能够适用的强制措施以成文法或判例法的方式作出明确的规定,除了这些明确规定的强制措施以外,不得出于收集保全证据、保证犯罪嫌疑人或被告人于审判或执行刑罚时到场的目的而以任何其他的方式限制或剥夺人身自由。《公民权利和政治权利国际公约》第 9 条第 1 款规定:"人人有权享有人身自由和安全;任何人不得加以任意逮捕或拘禁。除非依照法律所确定的根据和程序,任何人不得被剥夺自由。"我国《宪法》第 37 条规定:"中华人民共和国公民的人身自由不受侵犯。任何公民,非经人民检察院批准或者决定或者人民法院决定,并由公安机关执行,不受逮捕。禁止非法拘禁和以其他方法非法剥夺或者限制公民的人身自由,禁止非法搜查公民的身体。"《刑事诉讼法》第 3 条规定:"对刑事案件的侦查、拘留、执行逮捕、预审,由公安机关负责。检察、批准逮捕、检察机关直接受理的案件的侦查、提起公诉,由人民检察院负责。审判由人民法院负责。除法律特别规定的以外,其他任何机关、团体和个人都无权行使这些权力。人民法院、人民检察院和公安机关进行刑事诉

---

① 参见《最高人民法院、最高人民检察院、公安部关于严格执行刑事诉讼法 切实纠防超期羁押的通知》(2003 年 11 月 12 日);《最高人民法院于清理超期羁押案件有关问题的通知》(2003 年 7 月 29 日);《最高人民检察院关于进一步清理和纠正案件超期羁押问题的通知》(2001 年 1 月 21 日);《最高人民检察院、最高人民法院、公安部关于严格执行刑事诉讼法关于对犯罪嫌疑人、被告人羁押期限的规定,坚决纠正超期羁押问题的通知》(1998 年 10 月 19 日);《最高人民检察院关于清理和纠正检察机关直接受理侦查案件超期羁押犯罪嫌疑人问题的通知》(1998 年 6 月 5 日)《公安部关于建立看守所、收审所在押人员超期羁押时限关押情况报告、通报制度的通知》(1995 年 11 月 14 日);《最高人民检察院、最高人民法院、公安部、国家安全部关于严格执行刑事案件办案期限,切实纠正超期羁押问题的通知》(1993 年 9 月 3 日)。

讼，必须严格遵守本法和其他法律的有关规定。"《立法法》第 8 条规定，有关"犯罪和刑罚"、"限制人身自由的强制措施和处罚"等事项，只能由"法律"作出规定。这些规定均表明，剥夺或限制人身自由的强制措施必须以严格意义上的"法律"为依据，不仅其他任何机关、团体和个人无权适用强制措施，即使是专门办理刑事案件的机关，也只能严格依据法定的条件、程序和期限适用强制措施。

然而，由于历史和现实的多种因素，在我国，实际被用于调查、保全证据和防止犯罪嫌疑人、被告人逃避或阻碍侦查，以及起诉和审判活动的强制措施，远远不止《刑事诉讼法》所规定的五种。其中比较明显的表现有三个方面：一是《警察法》第 9 条规定的"留置盘查"被普遍用于刑事案件，[①] 有的公安机关拘留的犯罪嫌疑人 90% 以上都事先经过留置盘查；[②] 二是关于劳动教养等的"行政法规"所规定的审查措施或行政处罚手段也被一些公安机关用于查处刑事案件，以避免直接决定刑事拘留后超过法定的羁押期限，甚至对同一犯罪嫌疑人连续适用行政拘留、刑事拘留和劳动教养三种不同性质的剥夺人身自由措施；[③] 三是执政党的纪律检查委员会和政府的监察部门普遍使用"双规"、"两指"的办法参与查办国家工作人员贪污、受贿等渎职犯罪案件。[④] 这些游离于《刑事诉讼法》以外的强制措施，对法定的强制措施造成严重的冲击，对公民的人身自由构成多重威胁。如何正确对待各种没有"法律"依据的强制方法以及如何协调各种合法强制措施之间的关系，成为完善我国刑事强制措施体系时必须面对的一个急迫现实问题。

三　我国刑事强制措施制度的改革与完善

我国刑事强制措施制度存在的上述问题，源于多种不同的因素，而且

[①] 这一做法已经得到公安部的认可，参见郝赤勇《关于〈公安机关办理刑事案件程序规定〉的说明》，载中国法学会诉讼法学研究会编《公检法机关执行刑法刑事诉讼法新规定》，群众出版社，1999，第 320 页。
[②] 参见万传《对公安机关使用留置盘问的几点思考》，《中国刑事法杂志》1998 年第 6 期。
[③] 参见黎伟华《关于公安权力的法律思考》，《民主与法制》2000 年第 16 期。
[④] 参见陈光中主编《刑事诉讼法实施问题研究》，中国法制出版社，2000，第 81 页。

不同的问题，起因也不完全相同，概括起来，基本原因大体上有以下六个方面：一是全社会的人权意识尚不够强，对人身自由的保障未能真正从法治的角度给予重视，特别是一些侦查、检察人员有罪推定、等级特权的陈旧观念根深蒂固，以至于根本没有把犯罪嫌疑人当作与自己有着平等人格和尊严的人来对待；二是立法者和执法者对强制措施的性质认识偏颇，赋予强制措施太多的、不应有的功能，特别是盲目推崇强制措施的威慑作用，以至于强制措施与刑罚不分；三是"侦查中心主义"的诉讼构造使得侦查阶段收集的证据基本上可以不受限制地进入庭审程序，成为定罪判刑的根据，从而几乎将定案处理的全部压力和实际权力集中在侦查阶段；同时，"口供中心主义"的侦查模式又使得侦查机关对案件的侦破和案件事实的调查过分倚赖口供，强制措施则成为侦查机关获得口供和其他证据线索、查获余罪的"捷径"，并且成为全案最终能够以有罪判决终结的基础条件；四是在制度设计上未能贯彻拘留、逮捕与羁押相分离的原则，而将承担监管职责的看守所交由主要的侦查机关——公安机关领导，并且缺乏对强制措施的独立的司法审查机制，为部分公安、检察机关滥用强制措施特别是滥用羁押手段提供了便利；五是对现有的取保候审和监视居住措施程序设计不合理，又缺乏其他有效的羁押替代措施，导致羁押的普遍化；六是立法技术上对剥夺或限制人身自由的强制措施缺乏通盘考虑，行政强制措施、刑事强制措施、纪律检查手段之间缺乏必要的协调，对强制措施的决定、执行、变更、撤销和解除程序的规定缺乏可操作性，为行政法规、部门规章、司法解释、地方规范性文件等随意扩大公安、检察机关的权力，限制犯罪嫌疑人或其律师的权利提供了可乘之机。

可见，我国刑事强制措施制度存在的问题，不仅仅是强制措施制度本身的问题，它涉及我国刑事诉讼的基本理念、刑事政策、司法权力的配置、诉讼构造、看守所管理体制、程序规则、证据规则等各个方面。因此，要彻底解决这些问题，需要从以上各个方面进行"综合治理"，这当然不是短期内就可以做到的。然而，根据我国已经签署的《公民权利和政治权利国际公约》以及其他国际性文件和宪法关于人身自由不受非法侵犯的原则规定，必须积极、稳妥地推进刑事强制措施制度的民主化、法治化进程，弥补刑事强制措施所存在的制度性缺陷，切实贯彻无罪推定、程序法定、分权制衡和司法救济原则，使专门机关适用强制措施的权力被控制在保证刑事诉讼活动顺利进行所必要的最低限度以内，从而为公民的人身自由提供足够的程序保障。从制度设计的角度出发，改革和完善我国刑事强制措施制度，应当采取以下措施。

（一）对适用刑事强制措施的权力进行重新分配，健全刑事强制措施体系

首先，将所有用于办理刑事案件的人身强制方法统一作为刑事强制措施加以规定。除行政机关可以依法适用行政拘留、强制戒毒、强制医疗、驱逐出境和紧急状态下的强制隔离措施以及法院依法判处的刑罚以外，禁止国家专门机关以外的任何机关、团体和个人适用剥夺或限制人身自由的强制方法，以实现刑事强制措施与刑事诉讼以外的剥夺或限制人身自由的强制方法与刑罚之间的衔接，保证公民的人身自由不受非法侵犯。在这一方面，《欧洲人权公约》第5条以明文列举方式规定合法剥夺人身自由的强制方法的做法值得借鉴。[①]

其次，将刑事诉讼中的人身强制措施区别为"强制到案的措施"与"强制候审的措施"两大类。在侦查、起诉阶段，原则上，适用强制到案的措施属于公安、检察机关的权限，公安、检察机关有权独立决定适用，但利害关系人在事后可以申请法院进行司法审查；适用强制候审的措施原则上属于法院的权力范围，只有法院才能以程序性裁判的方式命令适用。强制到案的措施包括留置、拘传、拘留、逮捕，强制候审的措施包括羁押、取保候审和监视居住。对已经被留置、拘传、拘留、逮捕的犯罪嫌疑人，公安、检察机关认为应当适用强制候审的措施的，应在法定期限届满以前以书面方式向法院提出申请，由法院作出裁定；但侦查机关在符合法定情形时也可依职权或者应利害关系人的申请决定适用取保候审。这样，

[①] 《欧洲人权公约》第5条第1款规定："每个人都享有人身自由和安全。任何人不得被剥夺自由，但在下列情形下，依据法定程序进行的除外：（1）经合格的法院定罪之后对一个人的合法羁押；（2）因不遵守法院的合法命令或者为了确保履行法律规定的任何义务而对一个人的合法逮捕或者羁押；（3）有合理根据怀疑一个人已经犯罪，或者可以合理地认为有必要防止其实施犯罪或在犯罪之后逃跑时，为了把他带至合格的法律机关而进行的合法逮捕或者羁押；（4）出于对未成年人的教育管束或者为了把他带至合格的法律机关而对他的合法羁押；（5）为了预防传染病的传播而进行的合法羁押以及对心智不健全、醉酒、吸毒成瘾、流浪的人的合法羁押；（6）为了防止一个人非法入境或者对拟驱逐出境或引渡的人而进行的合法逮捕或羁押。"

一方面可以保证公安、检察机关有足够的手段查获犯罪嫌疑人、制止现行犯罪，便于他们依据法定程序收集犯罪证据；另一方面又可以将他们的"固有权力"限制在"强制到案"的范围内，超出这个范围，则原则上必须事先获得司法授权，并且必须接受法院的事后审查，从而为人身自由受到侵犯的公民提供必要的司法救济。

（二）对强制到案的措施适用的对象、理由、期限和程序作出明确的规定，防止公民被非法地或者无根据地置于犯罪嫌疑人的地位

首先，鉴于"留置盘查"事实上已经被作为刑事强制措施在使用，而且其适用对象主要是正式立案前被他人控告或指认有犯罪嫌疑的人以及有其他违反治安管理或犯罪嫌疑的人，应当在《刑事诉讼法》中对其作出明确的承认，并对其适用的实体要件和程序要件作出明确的规定。公安部已于2004年7月12日公布了《公安机关适用继续盘问规定》（以下简称《规定》），并决定于同年10月1日起实施。《规定》总结了近年来公安机关适用留置盘查的经验教训，对留置盘查的适用对象和时限、审批和执行程序、候问室的设置和管理以及执法监督机制作了具体的规定，反映了公安部以部门规章的形式改进公安执法工作、加强人权保障的积极努力，值得肯定。但《规定》的内容仍有待进一步修改完善，如留置的对象应当包括群众扭送到案的犯罪嫌疑人，以便公安机关有足够的时间对被扭送人进行必要的调查讯问；留置盘查的时间一般不得超过12小时，最长不得超过24小时，如果在24小时内仍然不能发现合理的根据足以怀疑犯罪嫌疑人已经实施了某一特定的犯罪，不论其真实姓名、住址、身份是否查清，均应予以释放，不能因为被留置人不讲真实姓名、住址和身份而随意进行留置盘查。禁止利用连续留置的办法变相拘禁被留置人。为了与其他强制措施相衔接，应当继续总结《规定》的实施经验，待条件成熟后吸收其精神，并在我国《刑事诉讼法》中予以借鉴，通过基本法律保障公民的人身自由不被公安机关非法侵犯。

其次，将拘传的对象限定为有证据怀疑其实施了某一特定犯罪的嫌疑人，或者已经被取保候审、监视居住的犯罪嫌疑人或被告人。为了防止公安、检察机关以连续拘传或者拘传与留置连续使用的方式变相拘禁犯罪嫌疑人，立法上应当明确规定：对同一犯罪嫌疑人不得连续使用拘传和留置盘查的措施，两次拘传之间至少应当间隔 12 小时。

再次，将拘捕区分为有证拘捕与无证拘捕。无证拘捕仅仅适用于"现行犯"和"准现行犯"，包括《刑事诉讼法》第 61 条第 1、2 项规定的情形；有证拘捕则适用于《刑事诉讼法》第 61 条第 3—7 项规定的情形。由于拘捕主要是在"紧急情形"下适用的一种制止犯罪、抓获犯罪嫌疑人的强制措施，完全要求有证拘捕是不现实的。事实上，《公安机关办理刑事案件程序规定》第 106 条第 2 款规定：对于符合本规定第 105 条所列情形之一，"因情况紧急来不及办理拘留手续的，应当在将犯罪嫌疑人带至公安机关后立即办理法律手续"。这实际上已经承认了无证拘捕。但是由于《刑事诉讼法》第 64 条明确要求"公安机关拘留的时候，必须出示拘留证"，公安部的上述部门规章有违反《刑事诉讼法》之嫌。因此，修改《刑事诉讼法》时应当明确肯定无证拘捕，以满足侦查机关查办刑事案件的正当需要。同时，检察机关拘捕的条件也不应当限于《刑事诉讼法》第 61 条第 4 项和第 5 项规定的情形，而应当包括除第 6 项以外的其他六种情形，以适应检察机关的侦查需要。

关于拘捕的期限，《刑事诉讼法》第 69 条规定：公安机关对被拘留的人，认为需要逮捕的，应当在拘留后的 3 日以内，提请检察机关批准逮捕；在特殊情况下，提请批准逮捕的时间可以延长 1—4 日；对于流窜作案、多次作案、结伙作案的重大嫌疑分子，提请批准逮捕的时间可以延长至 30 日；检察机关审查批准逮捕的期限一律为 7 日。在实务方面，各地公安机关普遍不加区别地将所有犯罪嫌疑人拘留后的羁押期限延长至 30 日，造成对公民人身自由的非法侵犯。权衡侦查讯问和调查取证的实际需要与保障犯罪嫌疑人人身自由的正当要求，应当区别有证拘捕和无证拘捕的情形，明确不同的审批权限，并且分别规定不同的期限：有证拘捕应当经过检察机关批准，并且签发拘捕令；无证拘捕，公安机关可以自行决定，但应当在 48 小时内报请检察机关审查确认，并且转化为有证拘捕，否则应当释放被拘捕人；对有证拘捕的人，公安机关应当在 7 日以内经过同级检察机关审查同意后提请同级法院批准羁押，对流窜作案、多次作案、结伙作案的重大嫌疑分子，经过同级检察机关书面许可，提请批准羁押的时间可以延长 7 日；负责审查批准羁押的法院应当在 7 日内作出是否批准羁押的决定。这样，公安机关无证拘捕的期限不得超过 48 小时，有证拘捕的期限一般不得超过 14 日，最长不得超过 21 日。取消《公安机关办理刑事案件程序规定》第 112 条的规定。检察机关有证拘捕的期限可以维持《刑事诉讼法》第 134 条的规定不变。

最后，公安、检察机关对被留置、拘传或拘捕的犯罪嫌疑人，必须当面告知其留置、拘传或拘捕的原因，犯罪嫌疑人认为留置、拘传或拘捕违法的，可以通过法定代理人或近亲属、律师向当地基层法院提出申诉，由基层法院预审法庭以"对席辩论"的方式进行合法性审查。法院审查后认为留置、拘传、拘捕措施违法的，应当作出公安、检察机关撤销留置、拘传、拘捕的裁定，释放犯罪嫌疑人。受到非法留置、拘传、拘捕的犯罪嫌疑人可以依法申请国家赔偿。

（三）对未决羁押的权力、条件、程序和期限作出明确的规定，使其成为在司法权力控制之下的独立于拘捕的强制候审措施

首先，除羁押县级以上的人大代表需要经过同级人大或者其常委会同意以外，批准羁押的权力应当统一由法院行使，取消检察机关的批准逮捕权，以防止"以捕代侦"，贯彻《公民权利和政治权利国际公约》第 9 条规定的司法审查原则。为此，可以考虑在基层人民法院、中级人民法院设置对应的预审法庭，配备必要的预审法官，专门负责审查批准羁押、强制侦查的令状签发、证据开示、审前会议以及解决控辩双方关于证据可采性的争议等程序性裁判和审前准备事项。

其次，参照现行法规定的逮捕条件，对未决羁押的条件作出合理的规定。可以将羁押的条件规定为"有确实证据足以怀疑某一犯罪已经发生和犯罪嫌疑人实施了这一犯罪，并且没有任何其他措施能够防止犯罪嫌疑人逃避侦查、审判，或者妨碍证人、被害人、鉴定人依法做证，或者继续危害社会，因而有羁押必要的"。这一规定较《刑事诉讼法》第 60 条逮捕条件的规定有三大改进：（1）根据无罪推定原则，羁押的正当根据是"犯罪嫌疑"而非"犯罪事实"，因而该规定去除了现行逮捕条件上的有罪推定色彩；（2）羁押的"必要性"这一要件被具体化，体现了未决羁押的"例外原则"，便于将替代羁押的候审措施放在优先位置加以适用；（3）规定"有确实证据足以怀疑"而非"证明"犯罪嫌疑人实施了某一犯罪，降低了羁押的门槛，有利于缩短拘捕的期限。

再次，在审查批准羁押的程序中引入拘捕前置原则和司法审查原则。具体内容包括：（1）羁押的批准权由法院专门设置的3位预审法官组成合议庭来行使；（2）公安机关提请批准羁押应当通过同级检察机关提出书面申请，并且由承办检察官签名；（3）提请批准羁押的对象只能是已经被拘捕的犯罪嫌疑人；（4）预审法庭审查批准羁押应当举行听证，检察官必须当庭说明羁押的理由并提供证据证明羁押的必要性，对此，侦查人员有义务予以协助，犯罪嫌疑人及其律师有权提供证据反驳羁押的理由，并且申请取保候审；（5）预审法庭听取控辩双方的意见后，应当按照少数服从多数的原则，在法定期限内于犯罪嫌疑人或者其律师、检察官在场的情况下宣布是否批准羁押的决定，并且说明理由；（6）对不批准羁押的犯罪嫌疑人，预审法庭应当根据控辩双方的申请和案件情况裁定取保候审或者立即释放，并且依法宣布取保候审所附带的条件；（7）对预审法庭不批准羁押的裁定，控方不得声明不服，但是可以要求预审法庭在裁定取保候审时附带必要的条件，当犯罪嫌疑人违反取保候审的条件时，或者有新的证据足以证明有羁押必要时，可以再次提请批准羁押；对批准羁押的裁定，辩方可以依法向上级法院提出上诉，并且可以申请取保候审。

复次，关于侦查羁押期限，可以继续沿用现行法的规定。但是，为了防止出现超期羁押，凡是需要延长羁押期限、重新计算羁押期限的，应当分别呈报上级法院或者最高法院审查批准，而不应当由上级检察机关批准。法院审查批准延长或者重新计算羁押期限，应当在法定期限届满以前根据相应的检察机关的书面申请举行听证。听证之后，法院没有批准延长或重新计算羁押期限的，应当命令释放犯罪嫌疑人或者依法裁定取保候审。此外，鉴于《刑事诉讼法》第128条关于"犯罪嫌疑人不讲真实姓名、住址，身份不明的，侦查羁押期限自查清其身份之日起计算"的规定在执行过程中成为某些侦查机关超期羁押的"借口"，应当取消这一规定。犯罪嫌疑人虽然姓名、住址、身份不明，但只要有证据证明其犯罪事实，应当按照其自报的姓名或按照规定确定的编号依法起诉和审判；如果没有证据证明其有犯罪事实，或者证明其犯罪的证据不足的，应当依法撤销案件、决定不起诉或者宣告无罪。在任何情况下，都不应当以其不讲真实姓名、住址，身份不明为由无限期地羁押犯罪嫌疑人。

最后，改革看守所的管理体制，实行看守所中立化。根据现有的管理法规，看守所在体制上由公安机关领导和管理，这种管理体制使得看守所不可能在侦查机关与被羁押人之间保持中立。相反，为了实现追究和惩罚犯罪的共同目标，看守所往往会为侦查机关的侦查行为乃至违法行为提供相应的便利。因此，借鉴英国、日本和美国等国家的经验，应当使看守所独立于侦查机关，将其从公安机关划归司法行政部门领导，并且明确规定看守所的主要职责之一是保障被羁押人的合法权益，其中包括告知被羁押人在羁押期间享有的权利，如告知指控犯罪的性质和理由，有权委托律师、申请取保候审，羁押的合法期限，有权要求进行身体检查，等等。特别是要明确，看守所应当在法定羁押期限届满以前预先通知办案机关，如果被羁押人的羁押期限已经超过了法定期限，看守所有义务通知采取强制措施的机关解除或变更强制措施。

（四）进一步充实取保候审的程序规定，努力使其成为刑事诉讼中最常用的一种强制候审措施

为了贯彻国际人权法中的"羁押例外"原则，借鉴英美法"保释"制度，应当大力改革取保候审制度，使多数犯罪嫌疑人、被告人能够在基本自由的状态下等候传讯或审判。具体可以采取以下措施。

首先，将取保候审规定为所有犯罪嫌疑人、被告人的一项诉讼权利。除恐怖犯罪和可能处死刑、无期徒刑的其他重大犯罪以外，所有犯罪嫌疑人、被告人，不论是否已经被留置、拘捕或羁押，都有权申请取保候审。公安机关拒绝取保候审时，犯罪嫌疑人有权再次向检察机关提出取保候审的申请；检察机关拒绝取保候审时，犯罪嫌疑人可以继续向法院预审法庭申请。所有驳回申请的决定，都必须具体说明理由。

其次，增加取保候审的附带条件。取保候审的附带条件是担保犯罪嫌疑人、被告人不逃避或妨碍侦查、审判的重要保证，犯罪嫌疑人能否满足这些条件，是办案机关判断是否适用取保候审的前提。因此，立法上允许附带哪些条件、这些条件能否起到应有的作用、办案机关在具体案件中应当如何选择附带的条件，对于扩大取保候审的适用并且保证取保候审被正确适用，具有重要的意义。根据近几年的司法实践经验，参酌英美法中保释的条件，应当对现行法的规定作如下改革：（1）只要确有必要，保证人担保与保证金担保可以并用；（2）保证金可以由犯罪嫌疑人本人亲自缴纳，也可以由其他自然人、法人或非法人单位代为缴纳，以鼓励专业担保公司的建立和发展；(3) 保证金的形式可以是现金，也可以是国内法院有条件没收的有价证券或不动产，可以是人民币，也可以是可兑换的外币；(4) 对被取保候审的犯罪嫌疑人，除可要求其提供保证人和保证金以及遵守《刑事诉讼法》第56条规定的条件以外，在必要时，还可以附带其他条件，如不得继续实施新的犯罪，[1] 上交机动车（船）驾驶证、护照或其他可供其出入境使用的有效证件，不得接触本案被害人，不得妨碍本案鉴定人客观公正地进行鉴定，每天定时向执行机关报告活动情况，禁止出入娱乐场所，接受对其酒瘾、毒瘾的治疗，在出于其升学、就业考试或者其他特定的目的而取保候审时，考试或其他事务处理完毕之后及时返回看守所受押，等等。

再次，充实关于取保候审的决定、变更或撤销程序的规定。公安、检察机关决定适用取保候审时，必须事先听取犯罪嫌疑人及其律师的意见，并且根据法律的规定选择附带适当的条件；犯罪嫌疑人或其律师认为取保候审的决定或者取保候审所附带的条件不合法或者不必要的，可以申请法院予以撤销或者变更，法院对此应当在举行听证以后作出裁定。

最后，完善取保候审的执行程序和执行条件。对被取保候审人的监督和考察，应当与被监视居住人、被判处缓刑或假释的人的监督考察一起统筹安排，必要时可以考虑由社区服务机构根据当地派出所的委托有偿进行；在没有社区服务机构的地方，取保候审仍然应当由当地公安派出所的专人负责执行，但必须将对被取保候审人的监督考察落到实处。执行过程中，需要对保证人进行罚款、没收保证金时，应当经过决定机关事先批准，并且告知被取保候审人可以向上级机关申诉，也可以向法院申请进行司法审查。

（五）对监视居住的适用条件和期限加以修正，防止变相拘禁和恶意延长羁押期限

关于监视居住，目前有两种截然不同的意见。一种意见认为，应当予

---

[1] 这一条件实际上已经包含在1999年最高人民法院、最高人民检察院、公安部、国家安全部《关于取保候审若干问题的规定》第12条之中。

以废除。理由是：监视居住与取保候审难以区分，而且有时还成为变相拘禁，使监视居住失去应有的独立存在的价值，不取消不足以防止其弊端。[①] 另一种意见认为，应当予以保留，但应加以改革和完善，防止变相拘禁。[②] 笔者认为，监视居住虽然实际适用率很低，效果不理想，但毕竟是一种不同于羁押的强制候审措施，对于减少未决羁押的人数、节约司法成本以及减少对公民人身自由的侵犯，具有一定的积极意义，因此，应当予以保留。但是，为了防止变相羁押，同时划清监视居住与取保候审的界限，应当对监视居住的对象、权限以及被监视居住人的权利等作出更加明确的规定。(1) 监视居住的对象原则上应当限于在办案机关所在地没有固定住处以及有继续流窜作案嫌疑的犯罪嫌疑人、被告人，对其他不符合羁押条件的犯罪嫌疑人、被告人，原则上应当适用取保候审的措施。(2) 对监视居住的期限加以更加严格的限制，并对适用监视居住的权力加以具体分割：公安机关决定监视居住的，不得超过1个月；1个月以上、3个月以下的，必须报经检察机关批准；超过3个月的，必须经过法院预审法庭批准，但在判决以前监视居住的期限累计不得超过6个月。(3) 被监视居住的人及其律师有权被告知监视居住的理由，有权申请法院对监视居住的合法性进行审查，并且有权申请取保候审。法院认为对犯罪嫌疑人适用监视居住不合法的，应当撤销监视居住，但可以根据案件情况以及检察机关的申请，裁定予以取保候审。(4) 取消《刑事诉讼法》第57条第1项关于被监视居住的犯罪嫌疑人、被告人"不得离开住处，无固定住处，未经批准不得离开指定的居所"的规定，可以修改为"不得离开以固定住所为中心的正常生活、工作所必要的活动区域；无固定住处的，该活动区域由决定机关在本市、市辖区、县、自治县以内指定"。

---

① 徐静村主编《21世纪中国刑事程序改革研究》，法律出版社，2003，第255页；陈光中：《关于刑事诉讼法再修改的几点思考（上）》，《检察日报》2003年11月6日，第3版。另参见晏向华、韩红《刑事诉讼法再修改时机已经成熟》，《检察日报》2003年12月17日，第3版。
② 陈光中、张小玲：《中国刑事强制措施制度的改革与完善》，《政法论坛》2002年第5期；另参见陈卫东主编《刑事诉讼法实施问题对策研究》，中国方正出版社，2002，第16页；甄贞主编《刑事诉讼法学研究综述》，法律出版社，2002，第127页。

（六）完善相关的配套制度，健全适用强制措施过程中的权利救济机制

根据法治国家的经验，适当的救济机制是防止公民的人身自由不被非法地或者无根据地剥夺或限制的重要保证。这种救济机制内在地包含了犯罪嫌疑人的一系列诉讼权利，如被告知指控的性质和理由的权利，在合理期限内接受审判或被释放的权利，获得律师帮助的权利，获得人道待遇的权利，对非法关押获得国家赔偿的权利，获得司法救济的权利，等等。其中多数权利在我国现行法律制度中已经有一定的规定，对有些权利前文也已经作了探讨。这里需要补充说明的是以下三项权利。

首先，获得律师帮助。我国《刑事诉讼法》第96条赋予了犯罪嫌疑人自被第一次讯问后或者采取强制措施之日起聘请律师的权利，允许律师代理申诉、控告，提供法律咨询，向侦查机关了解犯罪嫌疑人涉嫌的罪名，会见在押的犯罪嫌疑人，向犯罪嫌疑人了解有关案件情况。但是，由于立法上的限制和执法上的干扰，这些权利在实践中很难得到落实。根据《公民权利和政治权利国际公约》第14条的规定，"有相当时间和便利准备他的辩护并与他自己选择的律师联络"是犯罪嫌疑人享有的最低限度的"程序保障"标准，我国作为该公约的签约国，应当积极采取措施来落实这一标准，不应当有任何折扣。为此，应当对犯罪嫌疑人在侦查阶段获得律师帮助的权利进一步加以充实。（1）允许任何犯罪嫌疑人聘请律师，而不管案件性质是否涉及国家秘密，此项权利应当由公安、检察机关在采取强制措施之日或者第一次讯问之前告知犯罪嫌疑人。（2）在押犯罪嫌疑人有权在第一次讯问结束以后立即会见律师，或者与律师、近亲属进行通信联络，以及接受亲友提供的衣物或现金；对犯罪嫌疑人与其律师之间的会见或通信，公安机关经检察机关依法批准，可以推迟不超过5日，但不得派人在场，或者监听、拦截；出于安全考虑确有必要时，可以进行监视。（3）为了保证在押犯罪嫌疑人能够平等地获得律师帮助，可以借鉴加拿大、英国、日本的经验，在每个看守所建立"值班律师"制度，[①] 免费向

[①] 关于这一制度在日本的适用情况，参见宋英辉、吴宏耀《刑事审判前程序研究》，中国政法大学出版社，2002，第393页以下。

所有的在押犯罪嫌疑人提供第一次法律咨询,将其作为国家法律援助制度的组成部分。

其次,获得人道待遇。保障在押犯罪嫌疑人受到人道的待遇,既是国际人权法的要求,也是我国《看守所条例》的要求。[①] 只是在司法实践中,各种不人道的待遇甚至酷刑时有发生。为了杜绝这种现象,除了加强看守所的文明管理以及设施建设以外,最重要的是建立对在押犯罪嫌疑人的定期健康检查制度:任何犯罪嫌疑人,在进入看守所时,应当由合格的值班医师或者定点医院指派合格的医师进行健康检查,并建立医疗档案;随后,在整个拘捕期间,至少应当进行两次健康检查;批准羁押以后,犯罪嫌疑人及其律师可以再次申请进行医疗检查,对此项申请,看守所原则上不得拒绝。前两次检查的费用,由看守所在预算经费中支付,之后进行检查的费用,由申请人自行支付,但最后被宣告无罪的人有权要求国家补偿。犯罪嫌疑人或者其近亲属、辩护律师可以自费获得检查结果和有关记录的复印件。

最后,获得司法救济。这里的司法救济是指,所有的强制措施最终必须接受法院的合法性审查,其中取保候审、监视居住和羁押这三种强制候审措施,还必须接受法院的"必要性审查"。特别是羁押,不仅要经过法院的事先授权,而且必须应犯罪嫌疑人或其近亲属、辩护律师的申请接受法院的两次事后审查:(1)犯罪嫌疑人等不服预审法庭批准羁押的裁定时,可以向上级法院提出上诉;(2)被告人等认为未决羁押超过法定期限的,可以申请预审法庭解除羁押或者变更为取保候审。犯罪嫌疑人、被告人或者其辩护律师认为羁押不合法或者侵犯其宪法权利的,甚至可以逐级对羁押裁定提出上诉。法院审查以后认为适用强制措施违法的,可以裁定撤销强制措施,命令释放犯罪嫌疑人、被告人;认为适用强制候审的措施不必要的,也可以撤销强制措施,命令释放犯罪嫌疑人、被告人或者变更为取保候审或监视居住。凡是违法适用强制措施的,预审法庭应当根据犯罪嫌疑人、被告人或者其辩护律师的申请,或者依职权,排除犯罪嫌疑人、被告人在被采取强制措施期间所作的供述,不允许控方把它用作指控该犯罪嫌疑人、被告人有罪的证据。

---

① 参见我国《看守所条例》第22条至第27条。

逮捕审查制度的中国模式及其改革[*]

刘计划[**]

摘　要："侦查中由人民检察院批准、决定逮捕"，构成逮捕审查制度的中国模式，其理论基础是检察监督理论。定量分析表明：逮捕在我国刑事诉讼中被普遍适用，有违法定逮捕要件，对公正审判与有效辩护造成不利影响；逮捕被普遍适用的根源在于，享有批准、决定逮捕权的检察机关实为追诉机关，其执行的实体标准、审查程序及"快捕快诉"的追诉性指导思想，挤压了取保候审等羁押替代措施的适用空间。解决逮捕普遍化问题，应依据"互相制约"的宪法原则确立法院审查模式，由法院统一行使逮捕决定权，即在检察机关初次审查的基础上，增加法院审查程序，以制约公安机关、检察机关的追诉权，更好地实现保障人权的刑事诉讼目的。

关键词：逮捕　人身自由　程序正义　审查逮捕模式

一　引言

　　人身自由是生命权之外最为重要的基本权利，是公民从事政治、经济、社会活动的前提。人身自由的最大威胁来自国家专门机关的犯罪追诉，一个人一旦遭受犯罪指控，人身自由即处于被限制与被剥夺的危险之

---

[*] 本文原载于《法学研究》2012年第2期。
[**] 刘计划，论文发表时为中国人民大学法学院副教授，现为中国人民大学法学院教授。

中。保护人身自由是宪法和法律的一项重要功能。我国《宪法》第37条第1款规定，"中华人民共和国公民的人身自由不受侵犯"，同时第2款规定"任何公民，非经人民检察院批准或者决定或者人民法院决定，并由公安机关执行，不受逮捕"。刑事诉讼法进一步确立了公安机关享有先行拘留权但逮捕必须报请检察院审查批准，以及检察院对直接受理的案件自行作出拘留、逮捕决定的体制。由此形成了"侦查中由人民检察院批准、决定逮捕"与"审判中由法院决定逮捕"的双轨制逮捕审查模式。

大约自1998年始，针对"侦查中由人民检察院批准、决定逮捕"的中国模式，相继有学者提出实行逮捕司法化改革即由法院统一审查逮捕，主张将检察院行使的批准、决定逮捕权转移给法院，公诉案件由检察院向法院提出逮捕申请，由法院裁定是否逮捕，并赋予控辩双方上诉权。① 十余年来，有关逮捕决定权的归属，刑事诉讼法学界和检察理论界进行了激烈的争论。②

20世纪90年代末，逮捕决定权归属问题引发争论并非偶然，它是随着我国逐步融入国际社会、修改宪法以及刑事诉讼程序法治化的进程而出现的法律改革话题。从外部来看，1998年我国政府签署了《公民权利和政治权利国际公约》，其中第9条规定了未决羁押司法审查原则。从内部来看，它是在我国1996年《刑事诉讼法》修改确立控辩式庭审模式以及1997年党的十五大提出司法改革的背景下，深化刑事程序改革促进司法公正的内在要求。同时，也成为1999年"法治"入宪与2004年"人权"入宪的先导。这两次修宪，前者要求限制政府权力，是手段，而后者则明确提出尊重和保障人权，是目的，二者是一体两面的关系。在此背景下，作为追诉权力和公民自由调节器的刑事诉讼法应当规定科学合理的拘留与逮捕制度，以妥善处理惩罚犯罪与保障人权之间的关系。因此，改革逮捕审查制度是贯彻宪法修改精神的必然要求。谁有权作出逮捕决定？应当通过

---

① 参见郝银钟《论批捕权的优化配置》，《法学》1998年第6期；郝银钟《批捕权的法理与法理化的批捕权——再谈批捕权的优化配置及检察体制改革兼答刘国媛同志》，《法学》2000年第1期；陈卫东、刘计划《谁有权力逮捕你——试论我国逮捕制度的改革（上）》，《中国律师》2000年第9期；陈卫东、刘计划《谁有权力逮捕你——试论我国逮捕制度的改革（下）》，《中国律师》2000年第10期。

② 参见刘国媛《也谈批捕权的优化配置——与郝银钟同志商榷》，《法学》1999年第6期；张智辉《也谈批捕权的法理——"批捕权的法理与法理化的批捕权"一文质疑》，《法学》2000年第5期；高峰《对检察机关批捕权废除论的质疑——兼论检察机关行使批捕权的正当性》，《中国刑事法杂志》2006年第5期。

什么程序作出决定？逮捕要件特别是必要性要件如何判断？在审查程序中，犯罪嫌疑人有无自行辩护的机会？有无获得律师帮助的权利？对逮捕决定，能否向更高级别的机构寻求司法救济？这些关涉法治和人权的疑问，是无法回避而需要认真回答的。

2009年国务院新闻办公室发布了《国家人权行动计划（2009—2010年）》（以下简称《人权计划》），这是"国家尊重和保障人权"入宪后，我国政府制定的第一个保障人权的阶段性、纲领性文件。《人权计划》的出台表明，在实行依法治国和保障人权的宪法精神指引下，全面保障人权成为一项国家战略。《人权计划》第二部分"公民权利与政治权利保障"的前两项内容分别为"人身权利"和"被羁押者的权利"，是对当前刑事司法实践要求的积极回应。

近几年来，看守所非正常死亡事件时有发生。[①] 为了解决羁押场所管理中的问题，公安部监所管理局在全国范围内加强了对看守所的规范管理。[②] 在全社会普遍关注看守所内部管理与被羁押人权利保障问题的同时，更需要检讨现行逮捕体制，推进逮捕制度的改革和完善，加强对公民人身自由的程序保障，以解决过度适用逮捕导致的普遍羁押问题。虽然最高人民检察院已经意识到逮捕审查程序存在缺陷，并推出了一些改革举措，如将职务犯罪案件逮捕决定权上提一级，审查逮捕"原则上讯问犯罪嫌疑人"，等等。但是，这些改革并非解决未决羁押相关问题的根本之策。本文将运用定量分析和定性分析等方法，探讨"侦查中由人民检察院批准、

[①] 为媒体所公开报道的看守所非正常死亡事件有云南省晋宁县李某某"躲猫猫死"（2009年2月）、海南省儋州市罗某某"洗澡死"（2009年3月2日）、福建省福州市温某某"床上摔下死"（2009年3月24日）、江西省九江市李某某"做噩梦死"（2009年3月27日）、广东省吴川市林某某"发狂死"（2009年6月26日）、山东省乳山市于某某"粉刺死"（2009年11月13日）、云南省昆明市邢某"纸币捅开手铐，鞋带自缢死"（2009年12月12日）、陕西省富平县王某某"激动死"（2009年12月12日）、江西省修水县陈某某"如厕摔跤死"（2010年2月16日）、河南省鲁山县王某某"喝开水死"（2010年2月18日）、湖北省公安县薛某某"洗脸死"（2010年4月7日）、黑龙江省哈尔滨市王某某"感冒发烧死"（2010年6月中旬）以及广东省茂名市戚某某"盖被死"（2010年11月25日）等。参见黄秀丽《"风暴眼"中的看守所雷打不动》，《南方周末》2010年6月10日；崔木杨《哈尔滨看守所在押嫌犯身亡警方称感冒发烧致死》，《新京报》2010年6月23日；《男子命丧看守所存疑警方否认曾称"盖被死"》，《新京报》2010年12月4日。

[②] 参见蒋安杰《公安部监管局：让阳光充盈在新起点和新步伐》，《法制日报》2011年3月9日。

决定逮捕"模式的局限与弊端，论证法院统一审查逮捕模式的正当性和可行性，为我国逮捕审查制度的改革提供理论支持。

二 我国检察机关适用逮捕的定量分析

逮捕虽然具有保障刑事诉讼顺利进行的功能，但作为剥夺尚未被认定有罪的人人身自由的强制措施，法律对其适用条件作了严格限定。刑诉法第79条第1款规定"对有证据证明有犯罪事实，可能判处徒刑以上刑罚的犯罪嫌疑人、被告人，采取取保候审尚不足以防止发生下列社会危险性的，应当予以逮捕"。该款规定了适用逮捕的三项要件，即证据要件、刑罚要件和必要性要件。首先，证据要件是首位的，没有犯罪事实或者没有证据证明犯罪为某人实施，当然不能逮捕。其次，之所以规定"可能判处徒刑以上刑罚"这一刑罚要件，是因为逮捕以剥夺自由为实质，与徒刑无异，必须符合比例原则，即逮捕的适用应与涉嫌犯罪的性质、严重程度相称。最后，之所以规定必要性要件，是因为未经法院确定有罪，被指控者在法律上还不是罪犯，故逮捕只有在不得已时才能采取，以存在现实的"社会危险性"为前提。

我国检察机关批准、决定逮捕模式是否需要改革，应在考察检察机关适用逮捕的质量的基础上作出判断，而评价逮捕质量应根据法定要件对逮捕适用数据进行定量分析。本文将从不同方面分析逮捕数据，所有数据均来源于《中国法律年鉴》。由于《中国法律年鉴》中的相关数据存在缺失，法院系统和检察系统并未公布更为详细的年度数据，因此，本文仅能进行有限的数据分析。

（一）检察机关批准、决定逮捕人数与法院审理刑事案件被告人判决生效人数的比较

表1显示，2002—2009年，[①] 全国检察机关共批准、决定逮捕7024200人，全国法院审理刑事案件被告人判决生效6896571人，逮捕人数超过判决

[①] 《中国法律年鉴》从2002年才开始有"全国法院审理刑事案件被告人判决生效人数"的数据，为此表1仅列出了2002年以后的相关数据，表2、表5亦同。

人数，捕判比为101.85%。由于生效判决中包括自诉案件、公诉案件被告人未被逮捕或被判无罪等情形，因此，捕判比还要高于101.85%。由此可知，就公诉案件而言，检察机关批准、决定逮捕的人数超过了法院判决有罪的人数。

表1 2002—2009年全国检察机关逮捕人数与法院审理刑事案件生效判决人数对比

单位：人，%

年度	全国检察机关批准、决定逮捕的人数	全国法院审理刑事案件被告人判决生效人数	捕判比	年度	全国检察机关批准、决定逮捕的人数	全国法院审理刑事案件被告人判决生效人数	捕判比
2002	782060	706707	110.66	2007	937284	933156	100.44
2003	764776	747096	102.37	2008	970181	1008677	96.18
2004	828180	767591	107.90	2009	958364	997872	96.04
2005	876419	844717	103.75	2002—2009	7024200	6896571	101.85
2006	906936	890755	101.82				

在2002—2009年的8年间，有6年检察机关逮捕人数超过了法院审理刑事案件被告人判决生效人数，其中2002年捕判比最高，为110.66%；仅有两年即2008年、2009年比例略低，但也分别达到了96.18%、96.04%，判捕差额分别为38496人、39508人。如前所述，全国法院审理刑事案件被告人判决生效人数中还包括自诉案件被告人、公诉案件被告人未被逮捕或被判无罪等情形。遗憾的是，《中国法律年鉴》中仅有2002年自诉案件的数据，即全国法院收案42863件，审结42726件。而假设2008年、2009年自诉案件数与2002年持平的话，在仅排除自诉案件后，这两年检察机关批准、决定逮捕的人数同样超过了公诉案件判决生效人数。

对于"公诉案件逮捕人数超过法院判决有罪人数"这一事实，实务中有这样一种解释，即这是由法、检系统各自的年度收案、结案的统计起止时间不同以及案件流程存在时间差造成的。但无法否认的是，法院每年生效的判决中也包括上一年旧存案件；再者，单一年度可能存在这种差异，但如果连续8年的数据乃至8年数据的总和都是如此，就足以证明这种解释并无说服力。

对于检察机关批准、决定逮捕的人数超过法院判决有罪人数甚至超过法院审理刑事案件被告人判决生效人数这一事实，更符合实际的原因是，检察机关一直以"捕得准"、"诉得出"、"判得下"来掌握逮捕标准。① 在检察机关看来，"有证据证明有犯罪事实"即可逮捕，逮捕不过是法院定罪的"预演"。检察机关也在以有罪判决率来衡量逮捕质量，即只要被逮捕的人被法院判决有罪，那么批准、决定逮捕就不存在错误。一则新闻报道这样宣传：某省区检察院侦查监督科的一名副科长 10 年间"办理各类刑事批捕案件 1000 多件至今没有出现错案"。② 所谓"没有出现错案"，无非指没有出现无罪判决。而该检察官正是凭着如此"业绩"被评为"省检察机关侦查监督办案能手"、"第一届全国侦查监督优秀检察官"、"第二届全国侦查监督业务竞赛优胜者"。这无疑也是在承认存在逮捕后判决无罪的情形，否则，全国检察机关侦查监督部门的所有检察官都应被评为"办案能手"、"侦查监督优秀检察官"。

由"检察机关批准、决定逮捕的人数超过法院审理刑事案件被告人判决生效人数"这一事实，可得出逮捕被普遍适用乃至被滥用的结论。检察机关逮捕人数超出法院生效判决人数的背后，还存在捕后撤案、捕后未诉以及撤回公诉等几种情形。遗憾的是，最高人民检察院并未公布这些数据。有人认为，被告人如果被判有罪则不存在错误逮捕，即便被告人最后被法院判无罪或者捕后撤案、捕后未诉以及撤回公诉，也不等于逮捕质量不高。只要审查过程中依据事实、证据和法律作出决定，不能因为在审判中的结果而追溯评价检察机关审查逮捕阶段的工作。③ 这种为普遍逮捕进行的辩解经不起推敲，因为法定逮捕条件并非只有"证据要件"一项，这种过分强调追诉利益的倾向与慎用逮捕保障人权的宪法精神无疑是不符的。

（二）检察机关批准、决定逮捕人数与法院生效判决适用刑罚情况的比较

评价检察机关适用逮捕的质量，可以通过比较检察机关批准、决定逮

---

① 参见吴玮《确保捕得准诉得出判得下》，《检察日报》2010 年 7 月 30 日。
② 参见徐日丹《颜煜群："火眼金睛"严把证据审查关》，《检察日报》2011 年 1 月 2 日。
③ 参见徐国华、袁园、宋亚坤《逮捕条件的完善——以审查逮捕案件质量为视角》，《人民检察》2011 年第 4 期。

捕人数与法院审理刑事案件生效判决适用徒刑、自由刑的人数来进行。这是因为，刑事诉讼法规定了"徒刑以上刑罚"作为逮捕的"刑罚要件"，而自由刑是检验比例原则的直接指标。

1. 根据逮捕刑罚要件的分析

表 2 显示，2002—2009 年，全国检察机关批准、决定逮捕 7024200 人，法院生效判决中判处徒刑（实刑）以上刑罚的为 4466759 人，后者仅为前者的 63.59%。考虑到存在两种情形，一是自诉案件被告人被判处有期徒刑（实刑），二是公诉案件被告人被判处徒刑（实刑）以上刑罚但未被逮捕，① 因此，仅就公诉案件而言，被逮捕人数中被判处徒刑（实刑）以上刑罚的比例还要低于 63.59%。表 2 还显示，2002—2009 年，有 2557441 人被检察机关批准或者决定逮捕，但未获徒刑（实刑）以上刑罚，占被逮捕人的 36.41%。这些人要么被判处管制、拘役、罚金、剥夺政治权利、没收财产和有期徒刑宣告缓刑，要么免予刑事处罚或者不构成犯罪，但都被检察机关批准或者决定逮捕。这些数据表明，检察机关对于"徒刑以上刑罚"这一逮捕要件的适用要求十分宽松，不符合比例原则。再者，即便有 60% 以上的被逮捕的人被判处徒刑（实刑）以上刑罚，但其中仍有部分人被侵犯了人身自由，因为所判徒刑（实刑）的刑期短于其捕后被羁押的时间。

表 2 2002—2009 年全国检察机关批准、决定逮捕与法院判处被告人刑罚对比

单位：人，%

年度	全国检察机关批准、决定逮捕的人数	法院判处有期徒刑以上人数	法院判处有期徒刑以上人数占逮捕总人数的比例	法院未判徒刑以上人数但被逮捕人数	法院未判徒刑以上刑罚但被逮捕人数占所有被逮捕人数的比例	法院判处自由刑（徒刑以上刑罚及拘役）人数	法院判处自由刑人数占检察机关批准、决定逮捕人数的比例	检察院批准、决定逮捕人数与法院判处自由刑人数之差
2002	782060	505675	64.66	276385	35.34	551113	70.47	230947
2003	764776	516553	67.54	248223	32.46	569645	74.49	195131
2004	828180	509249	61.49	318931	38.51	568721	68.67	259459
2005	876419	546017	62.30	330402	37.70	610693	69.68	265726

---

① 《中国法律年鉴》中没有这两种数据。

续表

年度	全国检察机关批准、决定逮捕的人数	法院判处有期徒刑以上人数	法院判处有期徒刑以上人数占逮捕总人数的比例	法院未判处有期徒刑以上刑罚但被逮捕人数	法院未判徒刑以上刑罚但被逮捕人数占所有逮捕人数的比例	法院判处自由刑（徒刑以上刑罚及拘役）人数	法院判处自由刑人数占检察机关批准、决定逮捕人数的比例	检察院批准、决定逮捕人数与法院判处自由刑人数之差
2006	906936	563295	62.11	343641	37.89	629085	69.36	277851
2007	937284	581488	62.04	355796	37.96	648094	69.15	289190
2008	970181	622186	64.13	347995	35.87	695369	71.67	274812
2009	958364	622296	64.93	336068	35.07	688421	71.83	269943
小计	7024200	4466759	63.59	2557441	36.41	4961141	70.63	2063059

2. 根据自由刑（实刑）刑罚人数的分析

法院判决适用的刑罚中，自由刑包括拘役、有期徒刑、无期徒刑。表2显示，2002—2009年，法院生效判决中判处自由刑（实刑）的被告人有4961141人，全国检察机关共批准、决定逮捕7024200人，前者占后者的比例为70.63%。考虑到判处自由刑的情形包括两种，一是自诉案件被告人被判处自由刑，二是公诉案件被告人被判处自由刑刑罚但未被逮捕，排除上述两种情形，可以得出以下结论：被检察机关批准、决定逮捕的人中，被法院判处自由刑（实刑）刑罚的比例低于70.63%。

此外，实践中存在以下两种情形：一是公诉案件被告人被判处自由刑，但刑期短于判决生效前已被羁押的时间；二是公诉案件被告人因之前被检察机关批准、决定逮捕，而失去被判徒刑或者拘役并宣告缓刑以及更轻刑罚的机会。[①] 由此可以得出如下结论：第一，公诉案件被告人应当被判处自由刑（实刑）的比例更低；第二，公诉案件被告人被判处自由刑（实刑）刑罚，但刑期长于未决羁押时间的比例也会更低。

另考虑到，有些公诉案件被告人曾被逮捕，但被判拘役，未决羁押的

---

① 实践中存在羁押多长时间，法院就判自由刑多长时间的情形。在美国，经验亦表明，审前被拘押比审前获释的被告人更可能被宣告有罪和获得监禁处罚。参见〔美〕爱伦·豪切斯泰勒·斯黛丽、南希·弗兰克《美国刑事法院诉讼程序》，陈卫东、徐美君译，中国人民大学出版社，2002，第355页。

时间虽可折抵刑期,但拘役执行期间罪犯可以回家,因此其对公民生活的影响与完全剥夺人身自由的逮捕相比要小。

综上,可以得出如下结论:被检察机关批准、决定逮捕的人中,真正符合"捕当其罪(刑)"的比例要低于七成。

为减少逮捕的适用,早在 1979 年 12 月 17 日,最高人民法院、最高人民检察院、公安部就共同发布了《关于执行刑法、刑事诉讼法中几个问题的联合通知》,其中第 2 项明确指出:"按照刑法的有关规定,对判处管制、拘役、罚金、剥夺政治权利、没收财产和有期徒刑宣告缓刑的公诉案件,是否要经人民检察院批准逮捕和提起公诉的问题。根据刑事诉讼法第四十条规定的精神,对可能判处上述刑罚的人犯,不应逮捕。这类案件在公安机关侦查终结后,移送人民检察院审查起诉,由人民检察院提起公诉,人民法院依法判处。"而表 2 显示,2002—2009 年,公诉案件被逮捕的被告人中未被判处自由刑(实刑)刑罚的比例为 29.37%,有 2063059人,平均每年超过 257882 人,其罪行未达到判处自由刑(实刑)的严重程度而被适用逮捕,由此遭受未决羁押。这无疑和该通知的精神背道而驰,与保障人身自由的宪法精神不符。近三成被逮捕人论罪不该被判处剥夺自由的刑罚,却遭受了长时间的未决羁押,这构成了对公民人身自由的实质侵犯,构成逮捕权的不当行使,而这些人并不在国家赔偿的范围之内。

表 2 表明,检察机关提起公诉的被告人多于法院判决的人数。在近三成被检察机关批准、决定逮捕但未被判处自由刑刑罚的被指控者中,并不都是有罪判决,还存在撤案、不起诉以及撤诉等情形,然而他们同样不能获得国家赔偿和其他救济。

(三) 检察机关批准、决定逮捕人数与提起公诉人数的比较

逮捕的第三个要件是"必要性要件",即具有社会危险性。所谓"社会危险性",是指如果对犯罪嫌疑人、被告人采取取保候审、监视居住等非羁押措施,尚不足以防止其逃跑,打击报复报案人、控告人或者再次犯罪等。① 相较于前两个要件,必要性要件更为重要,因为仅具备前两个要

---

① 参见全国人大常委会法制工作委员会刑法室编《中华人民共和国刑事诉讼法条文说明、立法理由及相关规定》,北京大学出版社,2008,第 174 页。

件（充分性要件）而不具备该要件是不能逮捕犯罪嫌疑人的。检察机关在实践中是如何掌握这一要件的呢？

表3显示，1990—2009年，全国检察机关共批准、决定逮捕14579934人，提起公诉15550883人，捕诉率为93.76%。[①] 表4表明，仅就刑事犯罪案件来说，上述20年间共批准逮捕犯罪嫌疑人14148048人，提起公诉14917109人，捕诉率高达94.84%，高于同期职务犯罪案件的捕诉率68.16%。这意味着刑事犯罪案件嫌疑人相对于职务犯罪案件嫌疑人，获得取保候审更为困难。而上述捕诉率是在《人民检察院刑事诉讼规则》（以下简称《高检规则》）规定"应当逮捕但患有疾病"、"应当逮捕但正在怀孕或者哺乳自己婴儿"等情形不得逮捕的情况下达到的，如果没有这些限制，捕诉率还会更高。

表3　1990—2009年全国检察机关批准、决定逮捕人数与提起公诉人数对比

单位：人，%

年度	批准、决定逮捕人数	提起公诉人数	捕诉率	年度	批准、决定逮捕人数	提起公诉人数	捕诉率
1990	636804	636626	100.03	2001	841845	845406	99.59
1991	550955	550455	100.09	2002	782060	854870	91.48
1992	511150	520430	98.22	2003	764776	819216	93.35
1993	558008	505714	110.34	2004	828180	897974	92.23
1994	629331	610495	103.09	2005	876419	981009	89.34
1995	608678	596624	102.02	2006	906936	1029052	88.13
1996	704148	751749	93.67	2007	937284	1113319	84.19
1997	537363	525319	102.29	2008	970181	1177850	82.37
1998	598101	584763	102.28	2009	968364	1168909	81.99
1999	663518	672367	98.68	1990—2009	14579934	15550883	93.76
2000	715833	708836	100.99				

[①] 其中有8年逮捕人数超过提起公诉人数，即使是1996年修正的《刑事诉讼法》实施后的7年间，有3年即1997、1998、2000年亦属这种情形。这表明，检察机关适用逮捕具有普遍性与滥权性。

表4　1990—2009年全国检察机关刑事犯罪与职务犯罪案件逮捕人数与起诉人数对比

单位：人，%

年度	刑事犯罪案件 批准逮捕人数	刑事犯罪案件 提起公诉人数	刑事犯罪案件 捕诉率	职务犯罪案件 决定逮捕人数	职务犯罪案件 提起公诉人数	职务犯罪案件 捕诉率
1990	605406	599904	100.92	31398	36722	85.50
1991	521610	525677	101.15	29345	38788	75.65
1992	487888	489103	99.75	23262	31327	74.26
1993	532394	479860	110.95	25614	25854	99.07
1994	598633	570693	104.90	30689	39802	77.13
1995	576033	555842	103.63	32645	40782	80.05
1996	673733	707704	95.20	30415	44045	69.05
1997	512978	493762	103.89	24385	31577	77.27
1998	582120	557929	104.34	15981	26834	59.56
1999	645632	647440	99.72	17886	24927	71.75
2000	696265	681254	102.20	19568	27582	70.94
2001	823167	817479	100.70	18678	27827	67.12
2002	765899	829530	92.33	16161	22676	71.27
2003	748756	793092	94.41	16020	26124	61.32
2004	811102	867186	93.53	17078	30788	55.47
2005	860372	950804	90.49	16047	30205	53.13
2006	891620	999086	89.24	15316	29966	51.11
2007	920766	1082487	85.06	16518	30382	53.57
2008	952583	1143897	83.28	17598	33953	51.83
2009	941091	1134380	82.96	17273	34529	50.02
小计	14148048	14917109	94.84	431966	633744	68.16

由表3、表4可以得出如下结论：公诉案件被告人几乎都被逮捕以羁押待审，适用逮捕成为检察机关提起公诉时的常态。这和在现代各国，单就等候审讯或审判的强制措施而言，剥夺人身自由只是一种例外，即使是已经被逮捕的嫌疑人也往往能够附条件地被释放，在基本自由的状态下等

候审判和准备辩护形成了巨大反差。① 如在德国的前西德各州，2000年受到审前羁押者约占刑事法院判决人数的4%，若不考虑违警罪，被审前羁押的嫌疑人比例约为6%。②

在我国刑事诉讼中，逮捕后公诉成为常态，进一步印证了检察机关审查逮捕标准的单一化，即"构罪即捕"：检察机关认为有证据证明犯罪嫌疑人构成犯罪就批准或者决定批捕。正是检察机关以"捕得准"、"诉得出"、"判得下"为标准，才导致捕诉率如此之高。这不禁让人产生疑问：检察机关是如何审查逮捕必要性要件的？是怎样判断"社会危险性"的？批准、决定逮捕每一名犯罪嫌疑人，都是基于何种危险性？难道94.84%的被提起公诉的刑事犯罪案件嫌疑人都具有社会危险性，都需要被逮捕而羁押待审？显然，检察机关以抽象的危险性代替了具体的、客观的危险性，放弃了对逮捕必要性要件的实质性审查。

（四）小结

我国《刑事诉讼法》第12条虽不是完整意义上的无罪推定原则，但犯罪嫌疑人因尚未被确定有罪，原则上应享有人身自由，正如《公民权利和政治权利国际公约》第9条的规定："等候审判的人受监禁不应作为一般规则，但可规定释放时应保证在司法程序的任何其他阶段出席审判，并在必要时报到听候执行判决。"然而，1990—2009年，94.84%的被公诉的刑事犯罪被告人被检察机关批准逮捕，适用逮捕率如此之高，且被逮捕人数超出法院生效判决的人数，无疑与我国诉讼原则相悖，与国际公约精神不符。

逮捕是程序性措施，而检察机关在适用逮捕时出现了实体化倾向，即将逮捕与定罪挂钩。于是，法定的逮捕三要件被检察机关简化为一要件，即"有证据证明有犯罪事实"。被逮捕的人中仅有六成左右被判处徒刑（实刑）以上刑罚，七成左右被判处拘役（实刑）以上刑罚，三成多的被告人不需坐牢而被逮捕。这表明，对检察机关而言，嫌疑人将来判处什么刑罚并不重要。而94.84%的被提起公诉的刑事犯罪被告人被逮捕表明，在检察机关看来，只要有证据证明某人犯了罪，其就具有社会危险性，从

---

① 参见孙长永《比较法视野中的刑事强制措施》，《法学研究》2005年第1期。
② 参见〔德〕托马斯·魏根特《德国刑事诉讼程序》，岳礼玲、温小洁译，中国政法大学出版社，2004，第95页。

而有被逮捕的必要。检察机关审查逮捕时，仅仅关注犯罪的认定，至于嫌疑人是否可能被判处徒刑以上刑罚以及是否有证据确信嫌疑人会逃跑、威胁证人、再次犯罪，这两项要件的审查被搁置，认为只要案件"捕得准"、"诉得出"、"判得下"，就符合逮捕条件，这是典型的实体法思维而非程序法思维。在这种思维方式下审查逮捕，不符合逮捕作为程序措施的性质及法定要件。检察机关仅凭被逮捕的人被判处管制、拘役、缓刑以及免予刑事处罚就评价逮捕质量不高，以符合证据要件来自我辩护，而不承担任何法律责任，表现出对公民人身自由的漠视态度。在此情况下，"国家尊重和保障人权"的宪法理念无以充分体现与落实。

逮捕给被羁押者造成重大影响，被羁押者不仅要遭受羁押带来的自由剥夺、健康损害、精神煎熬、亲情疏离、名誉贬损、经济损失等诸多不利后果和利益丧失，还要面临失学、失去工作、家庭解体、人际关系恶化以及回归社会的巨大困难。由于看守所隶属于公安机关，被羁押者还易遭受刑讯及变相刑讯。而普遍逮捕还导致看守所人满为患，既易交叉感染，又容易导致监管不力，造成在押人员非正常死亡事件发生。普遍逮捕还需要国家巨额的财政支出，造成人力、物力、财力的巨大靡费。[1]

逮捕适用普遍化还造成刑事诉讼"下游"生态恶化，检察机关实行逮捕考核机制等多种因素，导致逮捕"绑架"了整个刑事司法体制的运行。第一，检察机关提起公诉及法院一审、二审都要迁就逮捕。检察机关批准、决定逮捕，表明其认为案件"捕得准"，能够"诉得出"、"判得下"。因此，逮捕了就要起诉，否则就是错捕，影响考核。被告人被起诉后，法院必须定罪，除非有明确的证据证明被告人无罪，否则检察机关不会"答应"；或者在证据不足时，检察机关主动、有时在法院建议下自行撤回公诉，在作出不起诉决定或者取保候审后不了了之，以规避无罪判决与国家赔偿义务。第二，各种刑事证据规则无法发挥作用。因为一批准、决定逮捕，就意味着检察机关提前作出了有罪认定，这导致证人出庭做证、非法证据排除等各种证据规则无法发挥作用，因为实施这些证据规则都可能导致无罪判决。第三，影响法院的量刑，包括刑罚的种类与执行方式，导致

---

[1] 参见刘计划《逮捕功能的异化及其矫正——逮捕数量与逮捕率的理性解读》，《政治与法律》2006年第3期；刘计划《刑事拘留与审查逮捕的期限应予缩短》，《中国司法》2009年第3期。

本不必判处自由刑的判处自由刑，本可适用缓刑的判处实刑。第四，导致以捕代侦，犯罪嫌疑人的当事人地位受损，沦为犯罪的工具。由于实行羁押性、强制性讯问，且律师无在场权，讯问全程同步录音录像机制形同虚设，① 被指控者遭受刑讯后，难以证明刑讯的存在。第五，导致辩护律师进行的无罪辩护很难获得成功。无罪判决不仅导致检察机关形象受损，还使国家因错误逮捕而产生赔偿义务，这就使得法院在检察机关的压力下难以作出无罪判决。因此，只有降低逮捕率，减少逮捕的适用，才能给法院带来宽松的审判环境，为依法作出无罪判决和公正量刑提供应有的空间，才能保证现代刑事证据规则在中国的确立和实施，也才能为律师辩护"松绑"。

三　逮捕为何被普遍适用

（一）检察机关审查逮捕的实体标准限制了取保候审的适用

除了逮捕之外，刑事诉讼法还规定了取保候审、监视居住这两种非羁押性强制措施，它们同样具有保障刑事诉讼顺利进行的功能。同时，二者虽为强制措施，但实际上是作为逮捕的替代措施来规定的，具有避免羁押、保护自由的功能。《刑事诉讼法》第65条规定，"可能判处管制、拘役或者独立适用附加刑的"以及"可能判处有期徒刑以上刑罚，采取取保候审不致发生社会危险性的"，可以取保候审。可见，刑事诉讼法不仅没有规定不得取保候审的对象，而且对于适用取保候审持积极与鼓励的态

---

① 公安机关没有普遍实行讯问录音录像制度，最高人民检察院要求下级检察院实行讯问全程同步录音录像制度，但是该制度由于缺乏监督而异化为固定口供的工具。实践中，对于讯问过程中发生的嫌疑人非正常死亡事件，即便是检察机关也从不提供讯问的录音录像来自证"清白"。如谢某某案，2010年12月3日中午，辽宁省本溪市南芬区公安分局局长谢某某从家中被本溪市检察院反贪侦查一处侦查员带走调查，次日晚6时死亡。本溪市检察院办公室的工作人员透露，审讯时谢某某病发，被送往医院后死亡。参见李丽、王晨：《公安局局长接受检察院讯问时死亡》，《中国青年报》2011年1月13日。再如冉某某案，2011年6月4日，湖北省巴东县检察院在提审嫌疑人湖北省利川市都亭办事处原主任冉某某过程中，冉某某身体不适，被送往医院，当天16时30分，冉某某经抢救无效死亡。参见姚祯：《湖北一受贿干部异地受审时死亡　死因尚未查明》，《中国青年报》2011年6月8日。

度。特别是 1996 年修法完善了取保候审制度，在原有提出保证人形式的基础上增加了缴纳保证金的形式，目的即在于扩大取保候审的适用范围。

然而，检察机关过分依赖逮捕，[①] 抵制乃至拒绝适用取保候审，消极对待公民人身自由，与公安机关如出一辙。公安部制定的《公安机关办理刑事案件程序规定》第 64 条规定："对累犯、犯罪集团的主犯，以自伤自残办法逃避侦查的犯罪嫌疑人，危害国家安全的犯罪、暴力犯罪，以及其他严重犯罪的犯罪嫌疑人，不得取保候审。"而《高检规则》第 38 条规定："人民检察院对于严重危害社会治安的犯罪嫌疑人，以及其他犯罪性质恶劣、情节严重的犯罪嫌疑人不得取保候审。"上述规定将犯罪行为"情节严重"等同于"有社会危险性"，从而一概地剥夺了嫌疑人获得取保候审的权利。上述规定大大限缩了取保候审的适用范围，导致逮捕在绝大多数情况下成为唯一选项，这是违反刑事诉讼法关于取保候审的立法精神的，是对保障人权宪法要求的直接拒绝，也导致了逮捕被普遍适用。表 2 更表明，检察机关不仅对"危害社会治安的犯罪嫌疑人"以及"其他犯罪性质恶劣、情节严重的犯罪嫌疑人"批准逮捕，而且对那些被判处管制、拘役或者独立适用附加刑的人同样几乎全部批准逮捕。

（二）检察机关审查逮捕程序具有重大缺陷

《高检规则》第 92 条第 1 款规定，审查逮捕部门办理审查逮捕的案件，应当指定办案人员进行审查。办案人员应当审阅案卷材料，制作阅卷笔录，提出批准或者决定逮捕、不批准或者不予逮捕的意见，经部门负责人审核后，报请检察长批准或者决定；重大案件应当经检察委员会讨论决定。这种内部行政审批程序，存在重大缺陷。

首先，在行政化审查模式下，审查内容单一导致逮捕必要性审查缺失。根据《刑事诉讼法》第 85 条的规定，公安机关要求逮捕犯罪嫌疑人的时候，须移送提请批准逮捕书和案卷材料、证据。由于办案人员审查范围限于公安机关移送的卷宗与证据，注定审查只能围绕犯罪事实展开，难以通过案卷对逮捕的必要性进行有效审查。于是，检察机关将逮捕的条件

[①] 在检察机关看来，逮捕最具保障功能，因为可以避免可能发生的各种危险。即便近年来发生被羁押人员非正常死亡事件，也鲜见检察机关对其普遍逮捕的做法进行检讨，似乎这仅是看守所和公安机关的责任。

简化为"有证据证明有犯罪事实"这一个要件。承办检察官为了规避取保候审的风险,更乐于在"有证据证明有犯罪事实"时提出适用逮捕的意见,这样对于自身而言更"安全":既可以消除嫌疑人逃跑的可能性,又能满足被害人要求严惩凶手的诉求,树立检察机关对犯罪"严厉打击"的形象,还可以免于承担任何法律责任。将逮捕审查内容单一化处理,或许是一种安全的方式,但背离了逮捕的功能。

其次,行政化的审查方式剥夺了犯罪嫌疑人获得辩护权。检察机关传统的审查逮捕程序为书面审查,并不听取犯罪嫌疑人及其律师的意见,极少考虑适用取保候审。依内部的审批程序,一旦承办人提出适用逮捕的意见,则部门负责人、检察长的审查程序形同虚设。[①] 为了回应质疑,最高人民检察院、公安部于2010年印发《关于审查逮捕阶段讯问犯罪嫌疑人的规定》,以"保证办理审查逮捕案件的质量,依法打击犯罪,保障犯罪嫌疑人的合法权利"。该规定要求检察院办理审查逮捕案件,"必要时应当讯问犯罪嫌疑人","公安机关应当予以配合"。增加讯问程序是一种改良,在一定程度上有助于保障犯罪嫌疑人的辩护权。

审查逮捕不应只是审查证据、确认有犯罪事实及犯罪事实为嫌疑人所为,更重要的是在此基础上审查嫌疑人的危险性即逮捕的必要性,换言之即适用取保候审的可能性。因此,这一程序必须满足以下要件:申请者陈述逮捕的必要性,允许犯罪嫌疑人委托律师或者指定律师为其申辩或者申请取保候审。无论是批准逮捕还是取保候审,均应通过听证程序来实现,由中立审查者在充分考虑取保候审的可能性的基础上作出判断,而这些检察机关并没有在审查程序中做到。

再次,检察机关审查逮捕程序规则限制了取保候审的适用。根据《刑事诉讼法》第64条的规定,检察院根据案件情况,对犯罪嫌疑人、被告人可以取保候审或者监视居住。据此,检察机关审查后,一方面要严格适用逮捕,另一方面,在具备取保候审的条件下应为嫌疑人办理取保候审。然而《高检规则》第92条第2款规定:"审查逮捕部门办理审查逮捕案件,不能直接提出采取取保候审、监视居住措施的意见。"该规定意味着

[①] 实践中,一些地方的检察长将批准、决定逮捕权"下放"给主管副检察长,这本身就是一种违法的做法。

检察机关审查后只能作出批准与不批准逮捕的决定，而另一重要选项取保候审则被剥夺。

复次，检察机关批准逮捕后，不向嫌疑人说明理由。检察机关在审查逮捕并作出决定后，对公安机关和嫌疑人有两种截然不同的对待方式。根据《刑事诉讼法》第88条的规定，对于不批准逮捕的，检察院应当说明理由，而对于批准逮捕的，并不要求说明理由，《刑事诉讼法》第91条只是要求在逮捕后24小时内通知被逮捕人的家属。

近年来，检务中实行"双向说理"，但只是在公安机关与检察机关之间互相说理。于是，检察机关不批准逮捕要向公安机关"说理"，[①] 而批准逮捕却不向嫌疑人"说理"，对逮捕的必要性不作解释，批准逮捕是根据危险性中逃跑、重新犯罪、干扰做证中的哪一项抑或哪几项作出的，并未提及。检察院批准逮捕决定书的内容为：经本院审查认为，该犯罪嫌疑人涉嫌某犯罪，符合刑事诉讼法规定的逮捕条件，决定批准逮捕犯罪嫌疑人某某，请依法立即执行，并将执行情况于3日内通知本院。可见，除了认定涉嫌罪名，批准逮捕决定书不对逮捕的必要性作任何说明。这实为"不讲理"的逮捕书。而在日本，《刑事诉讼规则》第70条规定，羁押证应当记载《刑事诉讼法》第60条第1款各项规定的事由。[②] 逮捕证中记载逮捕必要性事由，能够防止仅因涉嫌犯罪而羁押嫌疑人，必要性事由理应成为不可缺少的内容。

最后，对于检察机关批准逮捕的决定，嫌疑人无任何救济权利。《刑事诉讼法》第90条规定，公安机关对检察院不批准逮捕的决定有权要求复议，如果意见不被接受还可向上一级检察院提请复核；而嫌疑人对检察院批准逮捕的决定，既不能向检察机关申诉，也不能请求法院审查。嫌疑人虽有权申请取保候审，但只能向公安机关提出。此外，《刑事诉讼法》第97条仅赋予犯罪嫌疑人、被告人在羁押期满时要求解除强制措施的权利。《公民权利和政治权利国际公约》第9条第4款则规定了被逮捕人获

---

① 实践中，有些地方的检察机关在批捕环节甚至邀请侦查人员及其部门领导列席讨论案件，参见任丕建《四川阆中：不捕案请侦查人员列席讨论》，《检察日报》2007年3月28日。
② 日本《刑事诉讼法》第60条第1款规定："法院有相当的理由足以怀疑被告人有犯罪行为并符合下列情形之一时，可以羁押被告人：（1）被告人没有一定住居时；（2）有相当的理由怀疑被告人将毁灭罪证时；（3）被告人有逃亡行为或者有相当理由怀疑被告人有逃亡可能时。"

得法院司法审查的权利,即"任何因逮捕或拘禁被剥夺自由的人,有资格向法庭提起诉讼,以便法庭能不拖延地决定拘禁他是否合法以及拘禁不合法时命令予以释放"。

(三) 检察机关奉行"快捕快诉"的指导思想

逮捕是剥夺尚未定罪公民人身自由的强制处分,检察机关在审查逮捕时本应审慎为之,而实务中却以"快捕快诉"为指导思想,惯于适用逮捕而非取保候审等非羁押措施。

最高人民检察院 2005 年的工作报告中有这样一段话:"面对刑事犯罪多发、治安形势严峻的状况,各级检察机关认真履行批准逮捕、提起公诉职能,与有关部门密切配合,……依法快捕快诉,始终保持对严重刑事犯罪的高压态势。……全年共对公安、国家安全等机关侦查的犯罪嫌疑人批准逮捕 811102 人,提起公诉 867186 人,分别比上年增加 8.3% 和 9.3%。"该报告频频使用"密切配合"、"快捕快诉"、"保持高压态势"等词语,并以逮捕率的提高为"巨大成绩",表明检察机关将自己定位为追诉机关。作为审查逮捕者,检察机关是侦查监督制约者和自由保护者,但同时又是犯罪指控者,在不同角色的冲突中,检察机关选择了追诉优先,根本无法兼顾保护自由的职责。在"快捕快诉"的指导思想下,检察机关不可能在审查逮捕时保持中立,也不可能充分考虑适用取保候审的可能性。可以说,"重打击轻保护"、"重逮捕轻取保"是检务活动的真实写照。

(四) 逮捕功能异化且检察机关人为控制不捕率

逮捕被滥用还源于逮捕功能严重异化。种种迹象表明,逮捕还被检察机关赋予惩罚犯罪、震慑犯罪、安抚社会等不同功能。如《检察日报》第 2 版"社会万象"栏目几乎每天刊发熟人犯罪的嫌疑人被逮捕、定罪的实例,[①] 第 1 版则经常发布有一定社会影响的案件如"犯罪嫌疑人某某已被批准逮捕"之类的新闻,其他版面也在报道各地仍在举行"公捕大会"。以上种种,无非是向社会传达嫌疑人已受到"控制"和"惩罚",无非是为了震慑犯罪、安抚民众。在检察机关发布的逮捕信息里,逮捕的必要性

---

① 参见汤松晖、严永《结婚本是你情我愿的事》,《检察日报》2011 年 3 月 2 日。

从来都不被提及。这些无疑都是背离逮捕功能的。

在美国，两项预防羁押的研究不约而同地发现，只有5%的有潜在拘押必要（也就是有暴力罪行）的刑事被告人保释在外时因暴力罪行而再次被逮捕。[①] 我国检察机关实行普遍逮捕制，意味着几乎将所有嫌疑人认定为具有逃跑、干扰做证或者再次犯罪的危险。而对所有嫌疑人予以羁押，因释放可能发生的各种危险自然全部化解。这种简单化的处理方式固然"有效"，然而如果因只有极小比例的嫌疑人需要羁押而剥夺了所有嫌疑人获得自由的权利，则无疑是专断与不公的。正如美国研究人员指出的，对于暴力犯罪的嫌疑人，看似有效的解决方案是撒一张很宽的网，但无疑会罩住其实安全的人们。而波士顿的研究得出了"为了控制所有事实上危险的人，我们不得不在拘押一个危险人物的同时拘押十九个不危险人物"的结论，即每准确拘押一个危险人物，将有十九个不危险人物被错误拘押。这一错误的费用则翻了几倍，不但触犯了这些没有必要拘押的人的权利，而且看守所的经历将促使他们中的许多人产生敌对社会的态度和行为，再者，关押这么多人的费用也非常惊人。[②] 尤其我国检察机关从预防与惩罚犯罪的角度规定"不捕率"，人为地控制"不捕率"，[③] 实为检察机关追诉思维的体现，构成重大的程序违法。检察机关作为追诉机关，在逮捕的适用上，强调控制犯罪功能至上，最终导致自由成为涉罪公民不可企及的奢望。具有比较法意义的是，美国联邦政府收集的全美最大的75个县关于重罪被告人审前释放的数据资料（BJS 1991，1992，1994）显示，所有重罪被告人中仅有6%没有获得保释而被拘押。[④]

（五）小结

检察机关作为侦查中具有逮捕决定权的唯一主体，自然成为逮捕适用的唯一责任主体。上述种种逮捕长期普遍适用的原因，可归结为体制性的

---

① 参见〔美〕爱伦·豪切斯泰勒·斯黛丽、南希·弗兰克《美国刑事法院诉讼程序》，陈卫东、徐美君译，中国人民大学出版社，2002，第355页。
② 参见〔美〕爱伦·豪切斯泰勒·斯黛丽、南希·弗兰克《美国刑事法院诉讼程序》，陈卫东、徐美君译，中国人民大学出版社，2002，第367页。
③ 参见贾春旺《不能人为控制不批捕率不起诉率》，《人民检察》2007年第16期。
④ 参见〔美〕爱伦·豪切斯泰勒·斯黛丽、南希·弗兰克《美国刑事法院诉讼程序》，陈卫东、徐美君译，中国人民大学出版社，2002，第357页以下。

根源，即侦查中实行由检察机关批准、决定逮捕的模式，而缺乏独立、中立的法院控制系统。

《公民权利和政治权利国际公约》第 9 条第 2 款规定："任何因刑事指控被逮捕或拘禁的人，应被迅速带见审判官或其他经法律授权行使司法权力的官员，并有权在合理的时间内受审判或被释放。"有人认为，中国检察官（检察院）是"经法律授权行使司法权力的官员"，由检察院决定逮捕符合公约精神，有宪法依据。然而，在讨论"侦查中由人民检察院批准、决定逮捕"模式是否具有正当性时，必须认识检察机关在刑事诉讼中担负的职责。《人民检察院组织法》规定了检察机关的侦查权与公诉权，① 人民检察院是我国重要的侦查机关之一，是唯一的公诉机关，是追诉职能的最主要行使者，这是研究检察职权包括逮捕权配置的基础和最基本的出发点。

在"侦查中由人民检察院批准、决定逮捕"模式下，检察院作为兼具侦查、公诉职能的追诉机关，集中行使追诉职能，却有权批准、决定逮捕嫌疑人，这是典型的"原告决定被告的命运"，其实质就是"原告抓被告"，诉讼还有何公平可言？普遍逮捕的事实表明，检察院在审查逮捕时，完全根据侦查、审查起诉的需要适用逮捕，导致逮捕依附于追诉活动，沦为侦查的工具。因此，面对逮捕普遍化的现实，人们有充分的理由质疑检察院行使逮捕权的中立性、公平性与合理性。

我国检察院行使逮捕批准、决定权的理论基础为检察监督理论，审查逮捕被解释为检察院实施侦查监督的方式。殊不知，检察院就是一个侦查机关，和其他侦查机关一样会滥用权力，侦查权的易滥用性并不因行使者的不同而有区别，检察院无疑会为了侦查需要而逮捕嫌疑人。虽然检察院内部有侦查部门与侦查监督部门之分，然而面对检察院兼负侦查与公诉职责，以及"检察长统一领导检察院的工作"的检察体制，② 检察长既领导侦查和公诉，又有权决定逮捕，试想这种"自我监督"能够实现吗？这无异于一种制度神话。如果检察院能做到自我监督，又如何否认公安机关也

---

① 《人民检察院组织法》第 11 条规定："人民检察院发现并且认为有犯罪行为时，应当依照法律程序立案侦查，或者交给公安机关进行侦查。"因此，检察机关是法定的所有犯罪的侦查权主体，只不过可以授权公安机关具体实施而已。

② 参见《人民检察院组织法》第 3 条。

可以通过自侦、自捕的内部分工机制实现自我监督？

　　检察监督理论具有天然的局限性。该理论并不表明检察院具备"监督者"应有的中立性，相反导致检察院职能冲突、缺乏制约，处于一种矛盾的诉讼地位和错乱的诉讼法律关系中。首先，"检察监督"掩盖了监督者就是追诉者的本质。检察院本为侦查机关和公诉机关，处于诉讼法律关系之中；同时又处于监督关系中，以监督者的名义拥有剥夺其指控对象自由的权力，这一权力必然成为专断的权力。其次，"检察监督"将检察院推上"监督者"的高位，导致嫌疑人、被告人不能与作为侦控官的检察官平等地进行"对抗"，不能以检察院的指控为防御对象。很难想象，嫌疑人作为诉讼当事人，却由以追诉犯罪为己任的公诉机关、侦查机关决定逮捕。因此，检察监督理论在根本上否定了犯罪嫌疑人、被告人的实质当事人地位。最后，"检察监督"的后果还在于，检察院被"装扮"成中立的"监督者"、保障人权的"司法机关"，根本上排斥了法院对含有侦查权的检察权的制约。当检察院的逮捕决定具有终局效力时，公民自由就失去了获得法院有效救济的机会。总之，检察监督理论与由控审分离、裁判者中立、控辩平等构成的现代刑事诉讼结构理论相悖，阻碍了逮捕制度乃至刑事诉讼程序的改革。

　　为了回应社会对检察机关自侦、自捕体制的质疑与批评，自2009年9月开始，最高人民检察院将自侦案件的逮捕决定权上提一级。这一改革本身就宣告了之前自侦、自捕内部制约机制的失败。而实践表明，改革效果也并不理想。如武汉市人民检察院在改革后的一年间，共承办区院报请审查批捕案件160件186人，审查后决定逮捕158件183人，决定不逮捕仅2件3人，逮捕率高达98.4%。这不免让人对改革生疑，而看到"市院决定逮捕的案件到目前为止，无撤案、无不诉、无无罪判决"的"总结"，[①] 即可明白根源所在：上一级检察院审查逮捕的标准仍然是"构罪即捕"。可见，将自侦案件的逮捕决定权上提一级的改革并没有改变检察院的追诉倾向和思维方式，也没有弥补其审查程序非公开性、非诉讼性、非权利性的根本缺陷。而改革却因异地报请带来审查时限延长乃至审查拖延、成本增加等问题，因为除了直辖市、省会城市、设区的市的上下级检察院在距离上

---

① 参见《武汉："上提一级"改变办案理念》，《检察日报》2010年12月15日。

不算太远以外，绝大部分的省、市、县都存在上下级检察院距离很远的问题，且省级检察院、市级检察院大多有十几个下级检察院，审查案件的压力骤然提升了十几倍，审查的效率与效果可想而知。

即便检察院对公安机关侦查的案件中逮捕的审查，也属公诉机关的审查而非中立机构的审查，也不可能做到中立审查。这从前文分析的检察院实行的逮捕实体标准、审查程序、"快捕快诉"的追诉性指导思想以及对逮捕功能的错误理解几个方面可得到充分印证。

"侦查中由人民检察院批准、决定逮捕"模式所依赖的检察监督理论具有天然的局限性，在实务中造成了逮捕被滥用的后果。消除逮捕被滥用的痼疾，应当贯彻法治与保障人权的宪法精神，深化逮捕制度改革。逮捕制度改革的核心问题是，检察院不能行使逮捕的决定权。而改革的要义在于，将侦查中的逮捕决定权分为申请权与决定权，由检察院对公安机关提出的逮捕申请进行初步审查，再由检察官向法院申请逮捕。此改革并非取消检察院对逮捕的审查，而是在继续发挥检察院审查、监督与过滤功能的基础上，加强法院的制约作用。

四 法院统一审查逮捕模式的中国化证成

（一）法院统一审查逮捕模式的宪法根据和理论基础

探讨逮捕何以由法院审查决定更有利于保障人权，必须充分理解现代法院及其审判的价值。在现代刑事诉讼中，检察机关职司起诉，但其指控是否成立，必须由法院审理判定。换言之，检察机关的指控仅具有"暂定的效力"，只有法官亦认同被告人有罪，才能最终认定其有罪。在此意义上，法院是中立的司法机关，负有否定检察机关错误、不当指控的职责，审判是实现罪刑法定、罪刑相适应刑法原则的保障。而无论是在理论上还是在实践中，都存在检察机关指控错误的可能性。因此，审判并非定罪的形式，其具有保障人权的功能。正是在此意义上，法院被称为"法律帝国的首都"，法官被称为"帝国的王侯"。[①]

---

① 参见〔美〕罗纳德·德沃金《法律帝国》，李常青译，中国大百科全书出版社，1996，第361页。

表 5 显示，2002—2009 年，全国检察机关共提起公诉 8042199 人，而全国法院审理刑事案件被告人判决生效 6896571 人，排除无罪判决和自诉案件，公诉案件被告人的定罪率低于 85.75%。可见，虽然提起公诉的条件"犯罪事实已经查清，证据确实、充分"与有罪判决的证明标准"案件事实清楚，证据确实、充分"完全相同，但仍有超过 14.25% 的被告人虽经检察机关提起公诉却未被法院认定有罪。这就是法院及其审判程序的价值所在。

表5 2002—2009 年全国检察机关提起公诉人数与法院审理刑事案件判决生效人数对比

单位：人，%

年度	全国检察机关提起公诉人数	全国法院审理刑事案件判决生效人数（含自诉）	起诉后判决比例	年度	全国检察机关提起公诉人数	全国法院审理刑事案件判决生效人数（含自诉）	起诉后判决比例
2002	854870	706707	82.67	2007	113319	933156	83.82
2003	819216	747096	91.20	2008	1177850	1008677	85.64
2004	897974	767591	85.48	2009	1168909	997872	85.37
2005	981009	844717	86.11	2002—2009	8042199	6896571	85.75
2006	1029052	890755	86.56				

检察指控与法院审判的结果竟有如此大的出入，为了侦查、起诉的需要，检察机关审查逮捕时又何尝不从宽解释呢？因此，法院统一审查逮捕是必要的。详言之，首先，逮捕的实质乃剥夺自由，持续时间长，与刑罚无异，应由法院裁决。其次，为了防止逮捕沦为侦查、起诉的工具，防止侦查人员利用羁押逼取口供甚至实施刑讯，应由法院对犯罪嫌疑人施加保护。基于侦查的易侵权性，就保护人权而言，法院对逮捕的审查相比于审判更具必要性和重要性。最后，有利于防止对涉嫌罪行轻微的嫌疑人适用逮捕，以及避免羁押超过应判刑期。总之，为了保障公民人身自由不受侵犯，应当确立"未经人民法院依法裁定，对任何人不得逮捕"的原则。

在我国，逮捕由法院统一审查具有宪法根据。首先，根据宪法规定，法院享有逮捕决定权。其次，符合"互相制约"的宪法原则，是法院制约检察院以贯彻制约原则的应有之义。法院统一审查逮捕是实现法院制约作为侦查机关的检察院和公安机关的重要形式,能够消除"以捕代侦"现象。只有法院开庭审查,才能将审查的重点转移到逮捕的必要性上,才能实现对侦查权的同步制约。最后,有利于实现"国家尊重和保障人权"的宪法原则。法院统一审查逮捕,意味着在检察院审查的基础上,增加法院审查程序,无疑强化了对犯罪嫌疑人人身自由的程序保障。根据宪法原理,《宪法》第37条第2款为人权保障条款,而非对检察机关的授权条款。既然法院统一审查逮捕能够更好地保障公民的人身自由权,那么此改革是符合宪法精神的。法院统一审查逮捕改革对于宪法规定冲击不大,只需将《宪法》第37条第2款修改为"任何公民,非经人民法院裁定,不受逮捕"即可。

我国建立法院统一审查逮捕模式的理论基础为现代司法审查理论,而造成普遍逮捕现状的理论症结即在于检察监督理论代替了司法审查理论。我国宪法规定法院是国家的审判机关,传统的审判是狭义上的,主要表现为实体审判。现代审判则是一种广义上的审判,包括刑事诉讼全过程中的程序性裁判,逮捕审查即是其中之一,在域外,它属于司法审查的范畴。根据现代司法审查理论,凡是剥夺公民权利的行为包括针对人身、财产、隐私权利而采取的强制处分如逮捕、羁押、搜查、扣押、秘密侦查,原则上都要经由法官的司法裁决。陈光中、崔洁主张并论证中国语境中的司法机关包括检察机关和法院,认为意大利、俄罗斯两国立法规定了司法机关包括法院和检察院,还认为德国克劳斯·罗科信教授、法国卡斯东·斯特法尼教授主张检察官是司法官员。[①] 但是上述四个国家都实行严格的控审分离,都实行法官司法审查制度,检察官只是逮捕、羁押、搜查、扣押、秘密侦查的申请者,法官才是决定者。可见,无论将检察官定性为行政官还是司法官,均不影响这些国家羁押应由法官审查的看法。而陈先生仅仅论证我国检察机关为司法机关,并没有进一步回答检察机关和法院之间的职权划分问题,有可能对我国刑事程序改革产生误导。

德国虽然奉行检察官客观义务原则,也有人主张检察官是司法官,但是基于诉讼分权原理以及出于对检察官的不信任,建立了法官对检察官的全面监督与制约机制,这对我们研究法、检关系和改革逮捕审查制度不无

---

① 参见陈光中、崔洁《司法、司法机关的中国式解读》,《中国法学》2008年第2期。

启示。德国法院审查包括三项内容,即对强制处分的审查、中间程序、强制起诉。所谓对强制处分的审查,是指逮捕、羁押及搜查等涉及人身自由与财产权利的强制处分由检察官申请、法官审查作出决定。所谓中间程序,是指检察机关的公诉须经法官庭前审查,确认符合开庭条件才能启动审判程序。所谓强制起诉,是指对于检察院作出的不起诉决定,州高等法院可以根据被害人的申诉进行审查,并决定审判。学理上认为,"整个欧陆德国法系的检察官制中,理论上最为圆融,实务上最具成效的监督机制,既非上级监督,亦非国会责任,而是法院审查制"。[①] 这是因为,上级检察机关的审查因属行政审批模式且流于书面形式而难以发挥制约作用。之所以说"非国会责任",主要是因为国会不可能对检察机关侦查、起诉的案件逐一进行审查,这也不是国会的职责。而同级法院的审查可以弥补上述缺陷,如同级法院对逮捕、羁押的审查,不仅因为法官具有专业经验,还因为法院审查属国家权力之间的制约,具有以下优势:第一,通过诉讼分权,实现了裁判职能与追诉职能的彻底分离,实现了法官对追诉活动的全程制约;第二,法官不承担追诉职能,保持了裁判者的中立性;第三,法院审查能够做到在程序上同等听取控诉与辩护的意见,尤其有利于实现辩护权,充分保护自由;第四,法院的审查程序有利于控辩双方活动公开、透明;第五,法院与检察院对应设立,在空间距离上也最近;第六,法院实行上诉制,可以为检察机关和嫌疑人双方提供同等的救济。

(二)法院审查程序比检察机关审查程序更符合程序正义

衡量逮捕权配置是否公平的一项标准是,能否有效实现相对人的程序参与权,即嫌疑人能否有效地参与到逮捕的决定过程之中,以及这种参与是否符合程序正义。我国《宪法》第125条规定,被告人有权获得辩护。对于被指控者而言,辩护权贯穿于刑事诉讼全过程,其在审判程序中固然重要,但在逮捕审查程序中更具有特别意义。基于逮捕剥夺自由而与刑罚无异的实质,应当保障犯罪嫌疑人在逮捕审查中的参与权、获得律师帮助权以及上诉权。正是基于这些程序保障机制,才能实现对犯罪嫌疑人人身自由权的法律保护。就审查程序而言,法院对逮捕的审查程序较检察机关

---

① 林钰雄:《检察官论》,法律出版社,2009,第117页。

的审查程序更符合程序正义的要求。

　　检察机关审查逮捕程序有违程序正义。程序正义要求剥夺一个人的基本权利需要满足"裁判者中立"、"裁决者同等听取双方意见"、"说明理由"、"权利可救济"等要求。检察院是一个职权充满矛盾的主体，在承担包括侦查、公诉在内的追诉职能的同时，又有权以"监督者"的身份决定追诉对象的自由，具有裁判者不中立的根本缺陷；在程序上具有书面性、行政性、秘密性等特征，虽经承办检察官、侦监部门负责人、检察长的层层审查，但审查程序不公开、非对抗，[①] 决定不可上诉，因此并不具有程序正义的品格。逮捕决定者如果不通过开庭的方式审查，相当于剥夺嫌疑人的辩护权，相当于连嫌疑人的面都不见就直接下结论，无异于流水作业。2009 年最高人民检察院虽进行了审查逮捕"必要时"讯问嫌疑人的改革，但"讯问"仅停留在核实证据的层面上，没有改变"构罪即捕"的实体控制模式。而将职务犯罪案件逮捕决定权上提一级的改革，也并没有改变其行政审批的本质，嫌疑人仍不能有效地行使辩护权。实践中甚至出现"立案下沉"的现象。[②] 由于检察机关审查程序不公开，律师无法参与其中为嫌疑人申请取保候审，因此程序功能极为有限，甚至导致嫌疑人家属上访等社会问题。近年来，律师执业中抱怨申请取保候审难，主要原因就是检察机关非中立以及惯行的书面、秘密审查方式。而检察机关只交代涉嫌罪名，从不说明逮捕的理由，从不明示羁押的期限，也不告知不服逮捕决定的救济方法，这反映出对公民自由的轻慢态度。

　　只有法院的审查程序才能维护嫌疑人的各项诉讼权利，因为法院审查程序有别于检察机关审批程序，并非层级报批制，而是由法官成立专门的羁押庭，以审判方式进行。它是由检察官作为羁押申请方、嫌疑人及其律师作为辩护方，分别提供信息，由法官依法对是否羁押作出裁定的司法裁判机制。站在被指控者权利保障的角度，这种逮捕审查模式更具有合理性。因为与检察机关审查逮捕程序相比，法院的审查程序具有中立、开

---

① 这些缺陷还导致取保候审适用中的人情案、关系案及钱权交易等诉讼外因素被遮盖，而这些案件中被取保候审的嫌疑人又极易脱保，反过来成为侦查机关攻击取保候审存在风险的口实，导致取保候审不能得到正常适用。

② 所谓"立案下沉"，是指某些市级检察院利用指定管辖权，将本应由本院立案侦查的职务犯罪案件指定给辖区内基层检察院办理，而后以基层检察院的名义上报本院侦监部门审查逮捕，以规避上级检察院的审查。

庭、公开、透明、言词辩论、诉辩对抗、裁判者中立、信息全面、裁定可上诉等程序优点,能够保障当事人的参与权,特别是嫌疑人、律师的辩论权,使得当事人得以将注意力转移到法庭上,更能知晓并处理当事人的不满,符合程序正义的各项要求。

有人认为,"检察机关的错误批准和决定逮捕可以最后得到法院的救济",[1] 事实上,面对普遍逮捕,被指控者并无获得救济的机会。在域外,警察逮捕嫌疑人后在很短的时间(一般为 24 小时)内交由检察官向法庭申请羁押的程序设计,体现了对逮捕与羁押的双重监督与制约,体现了法官对检察官与警察的制约。审查的及时性实现了监督的有效性。在我国,公安机关刑事拘留的期限长达 7 天,最长可达 30 天,检察机关刑事拘留的期限为 14 天,再报请检察机关审查逮捕部门审查逮捕,审查期限长达 7 天。公安机关和检察机关侦查部门长时间拘留犯罪嫌疑人,逮捕审查程序严重滞后,加之审查书面化与行政化,看守所隶属于公安机关,最易发生嫌疑人权利被侵犯的现象,实践中发生的刑讯逼供及被羁押人员非正常死亡事件都与此程序设计有关。[2] 而被检察机关撤案、不起诉、撤诉以及最终被法院判处管制、缓刑、单处附加刑的嫌疑人、被告人,业经检察机关批准、决定逮捕,依法不能寻求国家赔偿。因此,对于自由最有效的保护是审判前的程序保护,即检察机关的逮捕决定不具有终局效力,须经法院审查,以避免不必要的逮捕。

(三) 我国法院统一审查逮捕与公正审判的关系

法院统一审查逮捕,有利于实现保障人权的宪法原则。然而有研究者反对由法院统一审查逮捕,认为这将影响法院公正地行使审判权,下面对反对的理由予以回应。

1. 关于法官独立问题

有观点认为,我国宪法规定的是法院独立而不是法官独立,将逮捕权

---

[1] 种松志:《检警关系论》,中国人民公安大学出版社,2007,第 200 页。
[2] 参见刘计划《刑事拘留与审查逮捕的期限应予缩短》,《中国司法》2009 年第 3 期。云南省"躲猫猫事件"的被害人李某某因盗伐林木被刑拘,在看守所被关押 11 天后死亡。一个青年为了结婚盗伐集体林木以筹集婚资固然有责,但在"犯罪事实"被公安机关确认的情况下,对于逃跑、再犯、干扰做证等逮捕的必要性,有客观的证据证明吗?有提请逮捕的必要吗?如果他能够及时获保,何至于在侦查中就丧命呢?悲剧何至于上演呢?

交给法院，改变不了法院行政决定的方式，因此法院决定逮捕与检察机关的决定程序没有区别。这种说法不符合事实。诉讼法意义上的法院，由独任制或者合议制组成。①《人民法院组织法》第9条亦规定，法院审判案件实行合议制或者独任制，而该法并无院长、庭长审批案件的规定，院长、庭长无权对自己未参加法庭审理的案件进行干预。因此，法院依法独立行使审判权的实质就是法官独立。法官在法庭上依法对逮捕申请进行审查，当庭作出是否逮捕的裁定，有组织法依据。再者，就像法院院长不会不顾事实与证据而命令审判法官作出有罪判决一样，其也不可能要求法官作出逮捕决定。

有人认为，必须设置与审判法院属于不同裁决系统的预审法院或者治安法院、侦查法院，预审法官的批准和决定逮捕才不会直接影响审判的结果。在缺少这些西方有关制度的情况下，将逮捕审查批准和决定权交由法院行使，只会造成法院形成"先入为主"的印象，逮捕即判决。② 这种认识是不准确的。在日本、韩国等国和我国台湾地区，羁押的审查都由审判法院的法官负责。如在韩国地方法院，由法院院长指定专任法官负责签发逮捕、羁押令状；在我国台湾地区，对于羁押的审查则由法官轮值负责。其共同点是，审查羁押的法官与判决的法官不是同一人，彼此的见解并不会互相约束，因此，由法院审查羁押并非以设立治安法院为前提。

2. 关于法官预断问题

反对由法院统一审查逮捕的一种理由是，法官既负责审查逮捕，又负责审判，必然会形成"先入为主"的印象，产生预断，从而影响正式审理阶段的公正审判。甚至有人认为，"在我国由法院行使审查批捕权，与庭审改革的宗旨相悖。假如把批捕权交给法院，法院就要对案件进行实质审查，要了解是否有证据证明有犯罪事实存在，并对是否可能判处有期徒刑以上刑罚进行判断"。③

其实，所谓的预断是不成立的，是可以避免的。宪法赋予法院逮捕决定权，无论规定其是在审判阶段行使，还是在侦查中行使，无论是公诉案

---

① 参见〔日〕田口守一《刑事诉讼法》，张凌、于秀峰译，中国政法大学出版社，2010，第171页。
② 参见种松志《检警关系论》，中国人民公安大学出版社，2007，第200页以下。
③ 孙连钟：《刑事强制措施研究》，知识产权出版社，2007，第177页。

件，还是自诉案件，只是基于保障被告人到庭的需要。法官审查逮捕时，虽然审查证据与涉嫌犯罪的严重程度，但是仅有部分证据，更多的是审查逮捕的刑罚要件，特别是必要性要件，即评估嫌疑人的危险性，尽可能地在符合条件的情况下采用取保候审等非羁押措施，仅凭逮捕审查阶段的证据不会产生有罪的预断。日本的判例即认为，不能说参与了拘留、逮捕、保释的法官进行的审判，就是不公平的法院作出的审判。① 退一步讲，可以实行审查逮捕法官与审判法官分离的制度来解决这一问题。

3. 关于"逮捕即定罪"问题

反对由法院统一审查逮捕的一种理由是，逮捕权交给法院会导致"逮捕即判决"。在持此观点的人看来，一旦法官决定逮捕，审判时就必然定罪，否则就是自相矛盾。回应此质疑其实很简单，那就是要认真思考一个问题：是否法官作出逮捕决定法院就要判有罪？毫无疑问，逮捕与判决之间没有必然的直接联系：被取保候审的人不一定被判无罪，而被逮捕的人也不一定是罪犯。法官一旦裁定逮捕就必须定罪，否则就是错误逮捕，这种将逮捕与定罪画等号的认识逻辑是错误的。

法院的审判权与逮捕决定权之间并不矛盾，二者都是对公民自由和权利施加程序保护的司法权。所谓法院一旦批准逮捕，审判法官就会判决有罪，这种说法是没有根据的。因为逮捕审查与正式开庭审查的内容、逮捕的理由（条件）与有罪判决的标准是根本不同的。法院决定适用逮捕时，固然需要符合初步的证据要求，即便被逮捕的人存在重大的犯罪嫌疑，但是并未达到判决有罪即"证据确实充分"的程度，也不能判定其有罪，亦即认定有逮捕必要，并非代表法官认定本案证据足以证明被告人有罪。

这无疑是有差异的。批准逮捕和被告人最终被判无罪之间并不矛盾，也无所谓错误逮捕的问题。再如，即便《刑事诉讼法》第172条规定的提起公诉的证据标准与第195条规定的有罪判决的证明标准是相同的，但是不能认为提起公诉的案件的被告人一定是有罪的，也不能因存在检察院审查起诉程序就否认法院审判的必要性。因此，是否适用逮捕，由检察院申请，再经法院的审查，旨在增加一道过滤程序，与审判权并不矛盾，仅是为

---

① 参见〔日〕田口守一《刑事诉讼法》，张凌、于秀峰译，中国政法大学出版社，2010，第177页。

了确保逮捕决定的作出更为慎重。

4. 关于国家赔偿问题

有人认为，如果将逮捕决定权交给法院，为了规避赔偿责任，一旦法官决定逮捕，到了审判阶段，就会判决被告人有罪。上述论断实属臆测。《国家赔偿法》第 17 条第 2 项规定，"对公民采取逮捕措施后，决定撤销案件、不起诉或者判决宣告无罪终止追究刑事责任的"，受害人有取得国家赔偿的权利，然而需注意两点。第一，该法第 21 条规定"决定逮捕的机关为赔偿义务机关"，但并不意味着逮捕决定机关是经济利益的受损者。由于"赔偿费用列入各级财政预算"，因此刑事赔偿是国家的责任，并非法院或者法官的责任。第二，向法官追偿限于特定情形。该法第 31 条规定："赔偿义务机关赔偿后，应当向有下列情形之一的工作人员追偿部分或者全部赔偿费用：（一）有本法第十七条第四项、第五项规定情形的；（二）在处理案件中有贪污受贿，徇私舞弊，枉法裁判行为的。"其中该法第 17 条第 4 项、第 5 项规定的情形分别是："刑讯逼供或者以殴打、虐待等行为或者唆使、放纵他人以殴打、虐待等行为造成公民身体伤害或者死亡的"；"违法使用武器、警械造成公民身体伤害或者死亡的"。因此若法官正常行使职务，其个人不承担任何责任。因此，逮捕的赔偿责任不是法官的错案责任，法院也不会为了免除所谓的赔偿责任，而在证据不足的情况下判决被告人有罪。再者，被告人享有上诉权，一审判决还要受上级法院审查。

事实上，逮捕权交给法院行使，使得逮捕经过检察院与法院的双重审查，程序控制更加严格，能够在更大限度上减少逮捕数量、缩短羁押期限，从而整体上降低国家赔偿的可能性。表 6 表明，即便目前由检察机关批准、决定逮捕，每年决定刑事赔偿的案件也不过几百件，尚不及每年宣告无罪的人数多。因此，逮捕权交由法院统一行使后，国家赔偿的案件数量只会减少而不会增加。

表 6 2002—2009 年全国法院审理国家刑事赔偿案件情况统计

单位：件

年度	收案	结案	撤回赔偿请求	决定赔偿	决定不赔偿	其他	判无罪人数
2002	1672	1606	113	718	274	501	4935

续表

年度	收案	结案	撤回赔偿请求	决定赔偿	决定不赔偿	其他	判无罪人数
2003	1775	1876	143	853	361	579	4835
2004	1878	1835	148	740	343	604	2292
2005	1652	1673	115	745	326	487	2162
2006	1263	1316	130	585	202	399	1713
2007	961	959	117	415	126	301	1417
2008	902	970	103	396	149	322	1373
2009	732	748	66	305	119	258	1206

（四）法院统一审查逮捕的可行性和程序设计

1. 法院统一审查逮捕的可行性

基于逮捕审查的程序裁判性质及各国的经验，应实行法官独任审查制。有三种方案可选择。第一种，由基层法院刑事庭法官轮值审查。这有利于克服专职化带来的长时间脱离审判等各种弊端。为了消除法官预断，应规定法官不得参加其审查逮捕案件的正式审判。第二种，由基层法院简易审判庭的法官负责审查。该庭正式审判的都是被告人认罪的案件，因此，审查逮捕不会造成法官在其后的正式庭审中产生预断。第三种，在基层法院设羁押庭，由院长指定专职审查法官，亦可由主管刑事审判的副院长直接充任。如法国2000年修法创设的"自由与羁押法官"，其级别必须是法院的院长或副院长，无疑有利于维护裁判的权威性。

我国实行法院统一审查逮捕改革在操作层面上亦可行。前两种方案对法院的现行审判体制不会产生影响，即便是第三种方案，法院现有审判力量也可以承受。如果设立专职审查法官，我们可以做一个测算。假定一名审查法官每天可审查对10名嫌疑人提出的逮捕申请，[①] 一年按200个工作日计算，[②] 可审查2000人次。全国共有3000多个基层法院，近年全国检

---

① 根据美国的经验，对于一般的案件，法官的整个审查过程可能只有几分钟。参见〔美〕爱伦·豪切斯泰勒·斯黛丽、南希·弗兰克《美国刑事法院诉讼程序》，陈卫东、徐美君译，中国人民大学出版社，2002，第332页。
② 在韩国，公休日亦有值班法官负责签发羁押令状。

察机关每年大约批准、决定逮捕95万人,如果检察机关全部提请法院审查,平均每个法院只需审查300人,1名法官就可胜任。对于每年刑事案件超过2000件的极少数法院而言,也仅需2名法官。以办理刑事案件最多的基层检察院北京市海淀区人民检察院为例,2008年该院批准逮捕3731人;2009年批准逮捕5029人,受理审查起诉5349人,提起公诉5314人。如果检察院将其批准逮捕的嫌疑人全部提请法院审查,海淀区人民法院配备3名法官即可。为了保障审查法官的工作顺利进行,可为每位审查法官提供一个法庭,并配备1名法官助理、1名书记员和2名法警。相应地,检察院取消内部审批程序,每个基层检察院设立专职检察官1—3名,负责向法院申请逮捕。

2. 法院统一审查逮捕的程序设计

(1) 法院审查逮捕采取开庭、辩论形式

侦查人员拘留嫌疑人后,认为需要逮捕的,应准备一份含基本案情、逮捕理由的报告(逮捕申请书)和基本证据,送交检察官审查,检察官认为有逮捕必要的,应在法庭上口头陈述犯罪事实和逮捕理由。法官开庭审查逮捕,除听取检察官意见外,还须讯问嫌疑人和听取律师的意见,并当庭作出决定。为了强化辩护权,需要建立值班律师制度,为没有委托律师的嫌疑人提供法律帮助。

为了防止侦查机关将羁押异化为讯问的工具,需改革羁押场所的管理体制。可在公安机关、检察机关内设立临时羁押场所,关押被拘留的嫌疑人,但一般不得超过24小时或者48小时。① 法官裁定逮捕的,嫌疑人应由法警送往看守所羁押,但看守所应被划归司法行政机关管理,或者隶属于法院。②

(2) 审查法官作出的裁定可上诉

对于审查法官作出的裁定,应赋予控辩双方上诉权,上一级法院的裁定是终局裁定。上诉机制的建立,有利于实现对审查法官的监督,实现权利救济。为了强化对人身自由权利的保障,还应当建立法官依职权复查逮

---

① 1954年《逮捕拘留条例》第7条规定,公安机关应当在拘留后的24小时以内,把拘留的事实和理由通知本级人民检察院;人民检察院应当在接到通知后的48小时以内,批准逮捕或者不批准逮捕。不过,拘留和审查逮捕的期限经历了一个不断延长的过程。

② 参见刘计划《论逮捕》,硕士学位论文,中国人民大学,1999,第42页以下。

捕裁定的机制。此外，羁押期限的延长亦应由法官审查批准。

五 结语

现代法治国家刑事程序的共同点是，警察逮捕嫌疑人后提请检察官审查，检察官再向法官申请羁押。十几年来，法国、俄罗斯等国进行了羁押司法化改革，对于我国改革逮捕制度不无镜鉴意义。1997年我国台湾地区修正刑事诉讼方面的规定，大幅修正了"被告人之羁押"相关条款。此次修正羁押制度共涉及17个条文，包括羁押的事由、声请、审理、执行、期间、延长、撤销、停止以及再羁押条款。最主要的变革是将侦查中对犯罪嫌疑人的羁押、撤销羁押、停止羁押、再执行羁押等有关羁押的各项处分的决定主体，由检察官改为法院。① 2000年法国修改刑事诉讼法，特别创设"自由与羁押法官"，取代行使未决羁押决定权的预审法官，以解决预审法官权力过于集中的问题，并在羁押审查过程中加入更多的对抗性。②

在讨论我国强制措施改革时，人们普遍不满于逮捕率居高不下，但对推行法院统一审查逮捕又往往心存疑虑：效果究竟会怎样？逮捕率真的能降低吗？如有学者认为，理想的状态应当是由法官决定逮捕，但现阶段把逮捕的决定权一律赋予法官，并不能解决现行逮捕制度存在的各种问题。③解答疑问的最佳方式是实践，而我国台湾地区和俄罗斯的改革则提供了难得的实证经验。

我国台湾地区自1997年实行羁押改革，将羁押权划归法院，而检察官仅有羁押声请权，之后，侦查中羁押人数即随之大幅减少。改革前的1990—1997年每年羁押2万人以上，改革后的前3年每年羁押人数降至6000多人，改革后第4年至第6年则降至每年5000多人。每万人侦查期间被羁押被告人数，1990—1997年每年在10人至13人，而1998—2003年则降至每年不及3人，其中1998年比改革前一年下降了72.3%，其后保

---

① 参见陈运财《刑事诉讼与正当之法律程序》，月旦出版社股份有限公司，1998，第240页。
② 参见赵海峰《法国刑事诉讼法典的重大改革评介》上，载赵海峰主编《欧洲法通讯》第1辑，法律出版社，2001，第174页。
③ 参见顾永忠《关于未决羁押的几个理论与实践问题——兼谈我国逮捕制度的改革思路》，《河南社会科学》2009年第7期。

持了相当的稳定性。① 根据我国台湾地区相关部门的统计，2008 年羁押人数仅占地检署起诉人数（含声请简易判决处刑）的 4.3%，可以说，改革使得审前羁押真正成了一种例外。②

我国台湾地区羁押制度改革后侦查中羁押率大幅下降，并非本地社会治安、犯罪率、人员流动等发生骤变，③ 亦非嫌疑人的危险性突然降低，进而导致羁押必要性丧失。毫无疑问，引致羁押率显著变化的最大因素是羁押改革，即检察官由羁押决定者变成了羁押声请者，增加了法官对羁押的审查程序。这也证明，检察官在侦查中更倾向于适用羁押，而正是法官对羁押的审查程序的引入，遏制了羁押的滥用，加强了对人民自由的保护，同时也节约了司法资源。④

俄罗斯早在 1993 年就进行了羁押制度前期改革，允许嫌疑人对检察机关的逮捕决定向法院申诉，结果对于嫌疑人的申诉，法官批准羁押的不足申请数的 20%。⑤ 正是在这种改革效果的推动下，2001 年俄罗斯彻底实现了由法官审查羁押的制度转型，废除了检察机关决定羁押的体制，改为由检察官向法院申请羁押的审查体制。

或许不能直接以我国台湾地区和俄罗斯羁押制度改革的经验来论证我国大陆逮捕制度改革的预期效果，但考虑到，我国台湾地区是中华法系的重要组成部分，与大陆同宗同源，俄罗斯则是我国建立社会主义法律制度包括检察制度时曾经师法的国家，因此，可比性自不待言。我国台湾地区和俄罗斯的羁押制度改革，无疑为我们提供了具有说服力的实证经验，能够给我们以启迪。我国宪法关于人民检察院"是国家法律监督机关"以及

---

① 参见王泰升《台湾检察史——制度变迁史与运作实况》，我国台湾地区"法务部"，2008，第 2 页以下。

② 值得注意的是，我国台湾地区羁押改革后羁押人数的减少，并非法院大量拒绝检察官的羁押声请，而是检察官声请的案件较其自行行使羁押权的案件减少很多。实际上，法院核准检察官声请羁押的占比极高，如 1998 年为 89.8%，自 1999 年至今维持在 85%—92%。这是改革前人们所始料未及的。

③ 我国台湾地区检察机关新收刑事案件是逐年递增的，如 1998 年为 286911 件，1999 年为 31274 件，而 2009 年则达到 408270 件。

④ 当初反对者也提出，羁押权如专由法院行使，法院将无法负担庞大的羁押案件量。但实践表明，由于检察官的自我审查更加严格，声请案件量没有当初预期的多，因此法院足以应对案件量带来的冲击。

⑤ 参见杨雄《刑事强制措施的正当性基础》，中国人民公安大学出版社，2009，第 167 页。

"依照法律规定独立行使检察权"的规定，并不能改变其追诉机关的性质，而法官的职责则是保持诉讼的公平并作出中立的裁判。因此，法官比检察官更能通过逮捕审查发挥保障人权的功能，而那些关于检察机关行使逮捕批准与决定权具有正当性的论证，都是罔顾基本法理和诉讼规律的。在积极推进人权保障事业和刑事诉讼程序法治化的背景下，我国推行由法官统一审查逮捕的改革，可谓科学、合理、务实、可行。而逮捕制度改革是侦查程序改革的首要环节，是刑事诉讼程序改革和刑事司法体制改革的重要一环，能够为实现对物的强制处分措施包括搜查、扣押的司法化奠定基础，能够将控辩式诉讼改革从审判延伸到侦查中，全面实现司法权对侦查权的动态制约。

第四编 刑事诉讼程序论

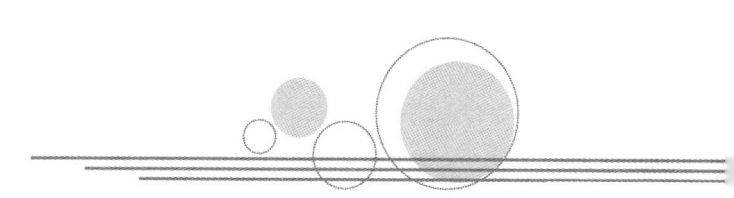

刑事程序中的技术侦查研究[*]

宋英辉[**]

摘　要：现代世界各国均重视科学技术手段在刑事侦查中的运用，我国立法也对技术侦查进行了规定。本文就具有代表性的两种技术侦查，即测谎检查和秘密录音录像等的运用进行了研究，并对其适用范围、条件、程序及所获得的材料的使用提出了立法建议。

关键词：刑事　技术　侦查

所谓技术侦查，是指利用现代科学知识、方法和技术的各种侦查手段的总称。将科学技术手段运用于刑事案件的侦查，是科学技术不断发展与进步在刑事诉讼领域的反映，也是实现刑事程序控制犯罪与保障人权的价值目标的客观需要。当今世界各国均重视科学技术手段在刑事侦查中的运用，我国立法也对技术侦查进行了规定。

从广义上讲，在刑事侦查中，多数案件都需要运用某些技术手段，如在勘验、检查中某些仪器设备的使用，为鉴别和判断某些事实而进行的鉴定等。从这种意义上讲，多数案件都存在技术侦查的问题。然而，在许多场合下，"技术侦查"这一概念还专指侦查中某些特殊手段的运用，而不是一般意义上的鉴定活动或勘验、检查中某些仪器的使用。例如，《中华人民共和国国家安全法》（以下简称《国家安全法》）和《中华人

---

[*]　本文原载于《法学研究》2000年第3期。
[**]　宋英辉，北京师范大学教授。

民共和国人民警察法》（以下简称《警察法》）中关于"技术侦察"① 的规定就是在后一种意义上使用的。1993年颁布的《国家安全法》首次明确规定了技术侦查。该法第10条规定："国家安全机关因侦察危害国家安全行为的需要，根据国家有关规定，经过严格的批准手续，可以采取技术侦察措施。"其后，1995年颁布的《警察法》第16条规定："公安机关因侦查犯罪的需要，根据国家有关规定，经过严格的批准手续，可以采取技术侦察措施。"根据有关解释，《国家安全法》和《警察法》所规定的"技术侦察"是指国家安全机关和公安机关为了侦查犯罪而采取的特殊侦察措施，包括电子侦听、电话监听、电子监控、秘密拍照或录像、秘密获取某些物证、邮件检查等秘密的专门技术手段。② 对于各国刑事诉讼立法而言，面对随着科学技术的进步而不断涌现的新的技术手段，首先应当解决两方面的问题。一是使用此类手段进行犯罪侦查的正当性（或合理性）。在这方面，除了其合法性以外，还涉及社会道德、伦理等方面的问题。二是采用这类手段所获得的资料，是否以及在怎样的条件下可以作为证据在法庭上使用。前者属于手段本身的正当性问题，后者属于运用手段所产生后果的正当性问题。

在世界各国的刑事侦查中，技术手段的运用大体可以分为两种情况：一是技术手段的使用对当事人公开，甚至需要征得其同意，如进行测谎检查；二是技术手段的采用在一定范围内秘密进行，如电话监听、秘密拍照或录像等。在此，仅就上述两种情况中具有代表性的技术手段的运用作一探讨。

---

① 《国家安全法》第10条和《警察法》第16条规定"技术侦察"时使用的是"侦察"而非"侦查"，主要是考虑到"技术侦察"一词是我国司法实务中的习惯用法，并无特殊的含义。因此，这里的"技术侦察"与"技术侦查"并无区别。参见郎胜、王尚新主编《〈中华人民共和国国家安全法〉释义》，法律出版社，1993，第72页以下；郎胜主编《〈中华人民共和国人民警察法〉实用问题解析》，中国民主法制出版社，1995，第80页。另，除引用法律规定外，本文在表述上均使用"技术侦查"一词。

② 尽管如上述解释的那样，国家安全法和警察法规定的"技术侦察"系指秘密的专门技术手段，但从刑事诉讼实务的角度看，将"技术侦察"界定为秘密手段显然欠妥当。因为在司法实践中，技术侦查既有秘密使用的，也有公开使用的。况且，从字面含义看，将"技术侦察"解释为秘密的专门技术手段，也是有悖于其通常的含义的。因此，确有必要对其含义予以重新解释。

一　测谎检查

所谓测谎检查，是指专门技术人员按照一定的规则，运用测谎仪器设备[①]记录测谎对象在回答其所设置的问题的过程中某些生理参量的变化，并通过分析测谎仪器设备所记录的图谱，对被测谎对象在回答有关问题时是否说谎作出判断的活动。测谎技术被运用于刑事司法领域，已有相当长的历史。在我国，关于在刑事诉讼中使用测谎检查，诉讼法学理论界以往简单地持否定态度。[②] 进入20世纪80年代后，我国开始引进和研究测谎仪，并逐步将测谎技术运用于刑事侦查和刑事审判活动中。[③] 应当说，与其他允许使用测谎技术的国家相比，我国不仅对测谎仪器的技术性问题的研究起步较晚，而且从刑事诉讼的角度讲，还欠缺规范其使用的法律规则，这方面的理论研究基本上也处于空白状态，这同我国刑事司法中测谎技术的实践状况是不相适应的。因此，怎样从刑事诉讼的角度规范测谎技术的使用，如何评判测谎结果的证据价值，是我国刑事诉讼法学理论亟须研究的一个课题。

在刑事诉讼法学领域，关于测谎技术，需要讨论的问题是，该项技术及其结果能否在刑事司法中使用，如果能够使用，则其使用应当具备什么样的条件，遵循哪些规则。

（一）测谎技术及其结果的许容性

关于测谎技术及其结果能否在刑事司法领域使用，实际上涉及两个问题：其一，该项技术及其结果的可靠程度（或说准确率），如果其可靠程度很高，甚至不存在误差，那么人们接受它的可能性就大，反之，就小；

[①] 测谎仪器设备通常被称为"测谎仪"或"测谎器"，基本上分为两种：一种是语言分析仪，一种是多参量心理测试仪。我国研制和使用的测谎仪为后者。
[②] 参见张子培主编《刑事诉讼法教程》，群众出版社，1987，第258页；陈一云主编《证据学》，中国人民大学出版社，1991，第349页。
[③] 在我国刑事侦查实践中，部分公安机关在20世纪80年代开始使用测谎仪辅助办案；有的人民法院在1994年就设立了测谎室；1998年4月，某市中级人民法院在审理一起毒品走私案件中，运用测谎仪对四名被告人进行了"谎言测试"，测试结果为认定此案证据提供了参考依据。参见《北京经济报·燕周刊》1998年8月13日。

其二，一个国家的价值观对该项技术的接受程度，如果一个国家占统治地位的价值观念并不排斥测谎技术，那么在立法上确认该技术手段的可能性就大，反之，立法就难以确认该手段。因此，妨碍在刑事程序中采用测谎技术及其结果的两方面因素，其一基本上是技术性的问题，其二则主要是价值判断的问题。

关于测谎技术及其结果的准确性和可信度，由于测谎技术本身的不断进步，人们对它的信任度也在提高。譬如，在美国，司法领域对测谎技术的首次研究是在1923年费赖伊诉美利坚合众国案件（哥伦比亚特区巡回法院）中。在该案中，审判法院驳回了有关被告的测谎试验结果的专家证据及被告在陪审团前提出的测验要求，因为这种测谎试验"未获得符合标准的科学认同"。法院认为："划分科学规则或发明何时为试验阶段或论证阶段是十分困难的。在交接阶段的某些时候必须认同该规则的证据力量，然而法院要经过很长一段时间才能从完全认同的科学规则或发明中接纳专家证据，因此该种经过演绎推理的证据必须经过充分的论证才能在它所属的特别领域中获得普遍认可。"① 这一论述被认为是拒绝接受测谎试验结果的一般规则，其中十分清楚地表明了对测谎结果准确性和可信度的强烈怀疑态度。但是，在之后的一些判例中，审判法院改变了对测谎试验结果的态度，而开始接受测谎证据。1962年，在美利坚合众国诉瓦尔德斯案件中，亚利桑那州最高法院裁定测谎原理的论证具有先进性，认为撒谎检查器作为一种检验确定信任度的方法，尽管还不完善，仍有许多地方要改进，但对它的论证不断深入发展足以保证其在特殊领域中得到普遍承认。其后，在1972年的美利坚合众国诉麦克迪维特案件中，上述观点进一步明确，新泽西州最高法院在举证接纳测谎结论作为证据没有错误时指出："测谎试验在刑事案件中发展到如此的可信度，以致被告和联邦州政府均可运用协议的规定，并要求被告申请进行测谎试验"，断言"测谎试验将毫无疑问地成为一种科学工具，不断地使用下去"。② 法院的态度之所以发生这样的变化，是因为测谎技术的可信度在不断提高。1971年公布的研究

---

① 参见〔美〕乔恩·R. 华尔兹《刑事证据大全》，何家弘等译，中国人民公安大学出版社，1993，第452页以下。
② 〔美〕乔恩·R. 华尔兹：《刑事证据大全》，何家弘等译，中国人民公安大学出版社，1993，第452页以下。

成果表明，有经验的测验人员仅查图表（检验中记录不同生理反应的图表）结果就可以达到86.2%的准确度。到20世纪80年代末，研究者通过大量个案分析得出了这样的结论：由最初进行实地测试的测谎员得出的说真话的结论正确度为91%~96%，而得出的说假话的结论的正确度为85%~95%；只对图表进行分析的测谎员所得出的结论的准确率稍低一些，而计算机分析的精确度要高一些。测谎器的支持者认为，测谎的发展已达到相当的水平，其准确度远远高于法院所承认的其他科学证据，培训合格的测验人员可以达到低于1%错误率的水平。[①] 在日本，法院基于同样的理由，确认了测谎结果的证据能力。[②]

关于对测谎技术的价值选择问题，实际上是在该技术手段及其结果有一定的可信度的前提下，其在刑事程序中的使用是否为占统治地位的价值观念或体现这种价值观的立法所认可的问题。在该问题上，不同的国家基于各自的价值判断作出了选择；即使在认可测谎技术的国家，就使用测谎证据的法律和政策问题，也发生过争议，反映出在是否认可测谎技术问题上的不同价值观。如在美国，尽管测谎技术在警察机关已普遍使用，且多数联邦巡回区的地方法院已承认测谎结果的证据能力，[③] 但仍有持批评意见者。反对测谎证据具有可采性的理由来自两个方面，其一是美国联邦宪法第5条修正案关于反对自我归罪特权的规定，其二是传闻证据规则。关于前者，法院在若干判例中强调了由嫌疑人或被告人提供自我归罪的言词证据与由其提供"实证或物证"之间的界限。在美利坚合众国诉韦德案件（1966年）中，警方的一次混杂辨认被指责侵犯了宪法第5条修正案规定的特权。对此，法院认为，强迫重复抢劫犯韦德所说的话也不属于供述，因为其目的是辨认，并非要求嫌疑人供述自己的罪行。联邦最高法院在该

---

① 这不包括被检测人生理、心理缺陷造成无法诊断的5%的案件。参见〔美〕乔恩·R. 华尔兹《刑事证据大全》，何家弘等译，中国人民公安大学出版社，1993，第456页；D. Raskin, J. Kircher, A Study of the Validity of Polygraph Examinations in Criminal Investigation (May 1988) (National Institute of Justice, Grant NO. 85 – J – CX – 0040)。
② 〔日〕最高法院裁定（1968年2月8日），最高法院刑事判例集第22卷第2号，第55页。
③ 在美国，"几乎所有的法律执行机关都利用测谎器探测涉嫌犯罪的人有罪或无罪的信息"，据估计，1993年联邦政府进行了23000件测试试验，美国11个联邦巡回区中9个区的地方法院承认测谎结果的证据能力。参见 Leonard Saxe, Denise Doupherty, Theodore Cross, The Valid of Polygraph Testing: Scientific Analysis and Public Controversy, *American Psychologist*, 1985；《北京经济报·燕周刊》1998年8月13日。

案中重复了美利坚合众国诉施梅伯案（1965年）中法官的一些意见，并解释了任何一种形式包括语言或身体的"交谈"与嫌疑人或被告人作为"实证或物证"来源之间在第5条修正案意义上的差别。其后，在美利坚合众国诉迪奥尼斯奥案件（1973年）中，法院在解释证人由于拒绝向大陪审团提供声音样本而被认定犯藐视法庭罪的理由时认为，要求证人提供的证据完全是为了测定证人声音的物理特征，而不是为了证实其所说的内容。根据这些判例，似乎可以推论出测谎结果是来自被测验人提供的"实证或物证"，而不被宪法第5条修正案所禁止。不过，由于测谎反应即生理学测量数据实际上是交谈行为的产物，因而无论如何都难以划清与宪法第5条修正案所禁止的行为的界限，反对论者也正是以此为论据的。对此，乔恩·R. 华尔兹教授认为，即使测谎证据因为与交谈行为有关而被禁止使用，仍有可能设计一种类似于"紧张峰"测试法的测谎技术，测谎对象在接受这种测试时并不必作语言回答，其生理反应将被监录，于是便可以将其归入施梅柏案中实证或物证的定义而不是言词证据的范畴。当然，无论将其定义为言词证据还是实证或物证，都不得违背法律对被测试对象进行强迫，因为在违法进行强迫时便不会有合法性可言。关于后者，即传闻异议，1972年在美利坚合众国诉赖丁案件中，法官驳回了针对测谎证据提出的传闻异议，并将测谎专家的证言与医生在检验病人并获准就该病人的生理状况陈述意见后所作的陈述进行了比较，认为测谎证据与传闻毫无共同之处。① 可以看出，即使在美国这样较早使用测谎技术的国家，在其许容性上仍有争议，且这种争议将会继续。正如乔恩·R. 华尔兹教授所说："测谎证据的自身发展会在不久的将来消除其不可靠性和不准确性。辩护律师们将不得不转向其他问题，如那些在宪法范围内的问题或涉及统计解释的问题等。"②

在我国，根据《国家安全法》和《警察法》的规定，国家安全机关、公安机关因侦查犯罪的需要，可以采取技术侦查措施（《国家安全法》第10条、《警察法》第16条）。从条文本身看，技术侦查措施可以理解为包括测谎技术。诉讼实务中也已在使用测谎技术和测谎证据。从有关报道的

---

① 参见〔美〕乔恩·R. 华尔兹《刑事证据大全》，何家弘等译，中国人民公安大学出版社，1993，第459页。

② 〔美〕乔恩·R. 华尔兹：《刑事证据大全》，何家弘等译，中国人民公安大学出版社，1993，第462页。

情况看，无论是对其准确性和可信度，还是对它的价值选择，诉讼实务界均给予了充分肯定。在学术界，有的学者认为，即使测谎器有99%的准确性，但那剩余的1%对于一个人来说就是100%的无辜，该人从而成为测谎器的受害者，这将严重破坏司法的公正。同时，这些学者也认为，测谎技术本身无所谓好与坏，关键是怎样使用，如何严格规范限制，杜绝滥用。[①]可见，在我国，关于刑事诉讼中测谎检查的关键，不是价值判断的问题，而是如何对其进行规范以避免滥用及如何保证其准确性的问题。而如何对测谎技术的使用进行规范以避免其滥用，以及如何最大限度保证其准确性，涉及测谎检查的组织和实施、测谎人员的资格、实施测谎检查的条件、测谎结果的审查判断等诸多问题。

（二）测谎检查的组织和实施

通常认为，测谎技术产生的基本前提是：（1）说谎与清晰的情绪反应之间有直接而牢固的联系；（2）情绪反应与生理反应之间有一定的关联作用。也就是说，人在说谎时的心理变化必然引起一些生理变化（如皮肤电、脉搏、血压、呼吸等的变化），这些变化一般只受植物神经系统的支配而不受大脑意识的控制，通过分析测谎仪记录的这些生理参量的变化，就可以观察受测谎人的心理变化，从而判断他所讲的是真话还是谎言。由于测谎技术是建立在说谎引起一定的情绪反应、一定的情绪反应引起某些生理变化的原理之上的，所以，凡是可能对该情绪反应及生理变化产生干扰的因素，都有可能影响测谎结果的准确性。美国研究测谎技术的专家里德和英博认为，影响试验的因素有：缺少对侦查可能性的关注；神经质；过分焦虑、愤怒以及试验过程中身体不适应；其他相似行为或攻击行为；测试前过多的讯问；自我掩饰和自我欺骗；提问用语不当；控制性问题不恰当及生理和精神不正常。此外，研究者特别指出，测谎技术的主要环节是测试人员在试验准备阶段和在实际反应的时间里对被测验人的观察。[②]显然，测试人员的技能和品格也是测谎结果准确性的决定性因素。可见，测谎检查的组织和实施应当妥善解决以下问题。

---

① 参见《北京经济报·燕周刊》1998年8月13日。
② 〔美〕乔恩·R. 华尔兹：《刑事证据大全》，何家弘等译，中国人民公安大学出版社，1993，第456、458页。

第一，明确测试人员的资格与诉讼地位。在刑事诉讼中，实施测谎检查的测试人员负责进行以下工作：判断犯罪嫌疑人是否适宜参加测试；组织恰当的问题；与被测验人建立一种和谐的关系；刺激被测验人作出生理反应；解释生理反应曲线图表，得出测谎结论。测试人员是否具有解决以上问题的知识和技能，其在诉讼中的地位如何，直接关系着测谎检查的客观性和公正性。因此，测试人员的资格和诉讼地位问题的妥善解决，对于正确实施测谎检查至关重要。

探讨测试人员的资格，所要解决的是测试人员进行测谎检查应当具备的基本素质和技能的问题。由于测试人员资格的确定关系测谎结果的准确性，所以，容许适用测谎技术的国家的立法和理论对这一问题均十分重视。在美国，联邦和各州对测试人员的资格要求不尽一致。美国测谎研究中心要求测试人员必须进行过为期3年的全日制学习，研究过250个庭审案例。墨西哥州法院认为，测试人员的最低资格要求是：（1）至少有5年测谎工作的经历或接受过同等程度的训练；（2）在结果将作为证据在法庭上提出的测谎试验进行前的1年时间内，接受过至少20个小时的连续教育。里德和英博认为，测试人员须具备以下条件：（1）具有大学学历；（2）在合格的有经验的测试人员的指导下学习，或是受过由具备丰富实践经验的测试人员在实际案件检验中进行的指导，以上学习为期至少6个月；（3）至少应当有5年的工作经验。在我国，随着测谎技术使用的逐步增多，有必要制定有关测试人员资格的规范。制定测试人员资格的规范，可以考虑在总结我国有关测谎技术研究和实践经验的基础上，借鉴外国的有关立法和理论，对测试人员的基本素质、学历、应具备的生理学和心理学知识、接受培训的要求等各项标准作出具体规定；对于经过学习和培训的人员，为考察其是否已经具备测试人员应当具备的资格，可以制定有关资格测验制度；对于已经取得测试人员资格的，应当定期使其接受再培训和参与有关案例的研讨，以保证其知识和技能的更新及经验的交流。

关于测试人员的诉讼地位。很显然，如果由侦讯人员同时担任测试人员，或者由侦查机关的其他侦查人员担任测试人员，就难以避免其因行使追诉职能或者经常扮演追诉角色及所处环境而可能出现不公正倾向，也难以保证测谎结果的可信度。因此，担当测试的人员必须是侦讯人员之外的有别于侦查机关的独立机构的人员。由于测试人员是运用其掌握的专门知识和技术对测谎仪记录的图谱进行分析并作出判断的,这种判断不是对案件的法律问题得出结论,而是解决案件中的技术性问题,因此其处于鉴定人的地位。有关测试人员的法律问题,应当依照立法关于鉴定人的规定办理。

鉴于测试人员的诉讼地位,尤其是其实施测谎试验必须基于中立、客观的立场,所以,测谎检查机构必须独立。在具体操作上,我国可以考虑将经审查合格的测谎试验的机构按其技术水平分为两级,即一级测谎检查机构和二级测谎检查机构,以便于解决测谎检查方面发生的争议。

第二,确立测谎检查的一般原则和具体条件。即使是在刑事程序中容许采用测谎技术的国家,也并非允许无条件地实施测谎试验。因为那样做可能导致不适当地进行测谎试验,而损害刑事程序的公正性。同样,我国也应明确规定测谎试验的一般原则和条件限制。这包括两方面,一是某一案件是否应当使用测谎技术,二是应当进行测谎试验的案件,在具备何种条件时才能进行测谎试验。关于某案件是否应当使用测谎技术这一问题,实质上是在具体案件中是否应当使用测谎技术的价值衡量和判断的问题。一般而言,在作出判断时,应当考虑案件的严重性及必要性。案件越是严重,使用测谎技术的意义就越大;反之,就越小。同时,对案件的证据情况也要予以考虑,如果根据案内证据足以得出案件结论,就无须使用测谎技术。此外,还应权衡在该案中使用测谎技术所涉及的其他利益。总的原则是,如果在某一具体案件中使用测谎技术可以获得相当的利益而由此丧失的利益显著较小或几乎没有利益丧失,那么,就应予使用;反之,就不应使用。

在确定是否应当使用测谎技术的一般原则后,还应当明确其使用的具体条件,以保证该技术手段的正确使用。测谎技术实施的具体条件,似应包括以下方面。(1)适用对象的条件。某些犯罪嫌疑人因特定的身心原因不适宜进行测谎试验,对于哪些人不适宜测谎试验,应具体列明。(2)实施的诉讼阶段和证据条件。在刑事审判前程序中,测谎检查适用的对象是涉嫌犯罪的人。与此相适应,在证明标准方面,测谎检查须在收集到足以确定其涉嫌犯罪的证据的前提下进行,不得在案内没有证据的情况下仅凭怀疑、推测来进行。(3)程序条件。其中最为重要的是与刑事程序的公正性、测谎结果的准确性及测谎结果的证据能力密切相关的若干问题,譬如测谎检查是否必须征得被测验人的同意,记载测谎结果的文件是否必须由被测验人署名等。考虑到测谎检查是一项与被测验人心理密切相关的活动,测谎结论是对记录其生理参量的图谱进行分析所得出的判断结论,因而与一般的鉴定活动在鉴定对象上有很大的不同,加之测谎过程若是测试人员与被测试人的言词交流过程的话,尚需考虑任何人不受强迫自证其罪原则的基本要求。所以,要求测谎检查以被测验人同意和署名为前提,对保障被测验人的权益及提高测谎结果的可信度是十分必要的。这方面,外国也有先例。譬如,美国的一些州要求进行测谎检查应有由被告和他的律师签字的书面文字协议。日本最高法院判例认为,已经《日本刑事诉讼法》第 326 条第 1 项的同意的测谎检查结果回答书具有证据能力。所谓第 326 条第 1 项的同意,即指检察官和被告人双方同意。①

为了维护犯罪嫌疑人的权益,立法应赋予犯罪嫌疑人及其律师申请测谎检查的权利。在某人被侦讯机关确定为犯罪嫌疑人时起,他或他的律师就可以申辩无罪并申请测谎检查;侦讯人员应当告知他依法享有此项权利。基于控、辩、裁诉讼构造的要求和司法权保障的原则,犯罪嫌疑人及其律师的申请可以向侦讯机关提出;在遭到拒绝时,可以向法院提出。由犯罪嫌疑人申请测谎检查的,不受上述决定测谎检查一般原则的限制。如果测谎检查的申请已向法院提出,则法院必须组织对该犯罪嫌疑人的测谎检查。该项权利的设立,有利于及时释放无辜的犯罪嫌疑人,避免错误追诉所造成的损失。

第三,制定科学的操作程序与规则。测谎检查的操作程序与规则,是测试人员进行测谎试验的活动应当遵循的程序与规则,包括测谎检查的技术性规范和诉讼程序规范。制定测谎检查的操作规程,可以规范测谎检查的程序和标准,使任何一个被测验人都能受到公平的对待,避免测谎检查的任意性,从操作程序上保证检查的客观性与准确性。

根据我国测谎检查的实践和有关国家测谎试验的理论与实务,制定测谎检查的操作程序与规则,其内容应当包括以下三个方面。(1)测前交流。测试人员应询问被测试人是否已经同意进行测谎和是否已经履行法定的手续,之后应告知被测验人测试人员的姓名、测谎的目的、测谎的实质、所要提问的问题和有关仪器设备的一些问题,以消除被测试人的紧张情绪、疑虑及对

---

① 〔美〕乔恩·R. 华尔兹:《刑事证据大全》,何家弘等译,中国人民公安大学出版社,1993,第 454 页以下;〔日〕最高法院裁定(1968 年 2 月 8 日),最高法院刑事判例集第 22 卷第 2 号,第 55 页。

测试的某些幻想。在测前交流阶段，测试人员要对被测验人的基本情况进行全面了解，以判断其是否适宜进行测谎检查，并对不适宜测谎的人作出不予测试的决定。此外，测试人员必须通过测前交流与被测试人建立有助于顺利实施测谎的和谐关系。（2）测试。测试人员必须基于中立、客观的立场组织和实施测谎试验。为了避免各种因素对测试过程的干扰，保证测试的正常进行，测谎试验必须在封闭、安静的场合进行。在测试过程中，除测试人员和被测验人外，其他人员特别是侦讯人员不得在场，但对于未成年的被测验人应当允许其近亲属在场，以安抚其情绪。测试人员实施测谎试验，应依照事先组织的问题提问。提问问题的设计对于能否得出科学的测谎结果至关重要，所以，关于问题的组织，必须在借鉴国内外经验的基础上制定强制的技术性指标。为了便于在法庭上对测谎检查的有关问题进行调查，应参照英国刑事程序中讯问时的录音录像制度，使用录音录像设施固定测谎试验的过程。（3）对图谱进行分析并得出结论。图谱分析分为由进行实地测试的人员进行的分析和由未参与实地测试的人员进行的分析，他们应当分别独立地分析图谱并得出结论，以便能够对测谎结果的分析意见进行比较。这样做的目的，是提高所得结论的准确性和可信度。在美国，测谎试验采取质度监控程序（Quality Control Procedures）。该程序又称盲人测试（Blind Examination），是与实地测试相对称的程序，指测谎试验专家未进行实地测试而仅通过对测谎仪记录的图谱进行分析得出结论的程序。美国联邦机构进行测谎试验必须经过质度监控程序。经验表明，该程序对提高测谎结果的准确性有着不可忽视的作用。我国也应实施类似的程序。

为了维护被测验人的合法权益，在测谎试验进行以前，侦讯机关应允许其律师浏览将要提问的问题。如果辩护律师提出异议，侦讯机关应通知测试人员，由其进行必要解释或在认为异议有理由时对将要提问的问题进行必要的修改。

（三）测谎结果的使用

测谎结果的使用，包括其作为证据的许容性、证据价值及其审查判断等问题。测谎结果可否作为证据，依国家法律是否确认其证据能力而定。在我国，依照国家安全法和警察法关于技术侦查措施的规定及刑事诉讼法关于证据的收集方法和种类的规定，测谎结果作为测试人员运用其知识和技能分析通过仪器记录的被测验人的生理反应所得出的判断结论，应当认为其具有证据能力。

不过，也必须看到，尽管测谎技术的发展使测谎结果的准确度不断提高，但同其他专家证人的判断一样，测谎结果也并非百分之百正确。从另一角度讲，即使测谎结果真实，其证明作用也只是表明被测验人说了真话还是撒了谎，并不能回答被测验人是否实施了被调查的罪行。因此，从证据价值的角度考虑，对于测谎证据，不应抱有任何不切实际的幻想或不合理的期待。关于这一点，即使是测谎技术的研究者，也认为在刑事程序中，测谎技术只是犯罪调查的一种工具。若得到正确使用，它会在案件侦讯中发挥一定作用，有时是较大的作用，但是不能把它看成是万能的，更不能以此代替侦查和审讯工作。没有一个正确的认识，也会把对该技术的使用引入歧途。[①] 鉴于此，对测谎证据的使用，不仅应当十分慎重，还要根据案件具体情况作出适当的处理。一般说来，如果测谎结果是不利于被测验人的证据，其只能作为进一步收集其他证据的线索或作为其他有罪证据的一种补强证据。若测谎结果显示对被测验人不利，还必须收集到足够的其他有罪证据，才能认定被测验人实施了被指控的罪行，而不能仅凭测谎结果或者依据测谎结果和尚不充分的其他有罪证据认定被测验人有罪。这是因为，一方面，不但测谎结果的真实性需要其他证据的印证，而且即使测谎结果真实，仅有显示主体实施了某行为的测谎证据也不能认定被测验人有罪，尚需要证明犯罪构成其他要件的证据；另一方面，认定公民有罪会直接关系到公民的财产、自由乃至生命等最基本和最重要的权益，所以，对误判给公民带来的灾难性后果必须予以充分的关注。而研究表明，仅仅依据测谎证据认定有罪是非常危险的。正如乔恩·R. 华尔兹教授所说："测谎技术的支持者通过统计给出了准确的指数。实际上，尽管有99%的准确率（在独立的基础上），但错误结果标准（如被测人被错误诊断为说谎）与说谎者的'实际'数量相比的准确指数远远低于测谎技术支持者研究调查的结果。斯科尔尼克在解释为何数据分析中对特征的要求极为严格时说，如果在审判中，'实际'说谎人的数字小于50%，那最后的准确指数将小于测谎技术人员所得到的独立根据。例如，1000名被测人，

---

① 参见《北京经济报·燕周刊》1998年8月13日。

其中包括10名说谎者。现假定测谎技术的准确率是90%。那么，试验结果将正确地发现9名说谎者；但对990名说真话的受验人来说，99名将被错误地认定为说谎者。即使是99%的准确率，仍将有10名说真话的人被错误地诊断为说谎人。"① 与作出有罪认定不同，如果测谎结果为无罪证据，而案内又没有足够的有罪证据，在未能收集到其他有罪证据的情况下，则只能作出无罪认定。因为且不论在测谎结果真实的情况下理应如此，即使测谎结果错误，由于没有足够的有罪证据，依照证明责任和证明标准的诉讼理论与法律规定，也只能认定犯罪嫌疑人无罪。

与其他证据一样，如果控诉方欲将测谎结果作为证据提交法庭，那么，就应当告知辩护方，并为其阅览该材料提供机会。作为有罪判决依据的测谎证据，除在证据告知程序中控辩双方签订同意将其作为证据的书面协议并经法庭确认无异议的以外，应当在法庭上经过控辩双方调查且无异议的情况下，才能作为定案的根据。关于法庭对测谎证据的调查，一般说来，如果控诉一方将测谎证据作为指控被告人有罪的证据，则辩护方有权就测试人员的培训情况、试验条件、试验进行的情况、可能出现的技术错误及其他任何有关问题发问。由于这种发问需要专门知识，考虑到辩护人对于测谎知识的缺乏，辩护方可以委托其他测谎专家来进行发问和发表意见。根据刑事诉讼法的规定，在法庭审理过程中，当事人和辩护人、诉讼代理人有权申请通知新的证人到庭，调取新的物证，申请重新鉴定或者勘验。据此，如果辩护方认为由控诉方委托进行的测谎试验的程序有失公正或结果错误，也可以申请重新进行测谎试验或者自己委托测试人员进行测谎试验。

二 侦听、截获通信、电子监控及秘密拍照或录像

侦听、电话监听、电子监控、秘密拍照或录像等，都可以被归为秘密采用的技术侦查手段。当今世界各国，为了侦查犯罪，对于使用电子装置听取他人的住所等场所的谈话，在通信线路上安装机械装置截获通话的内容，利用电子设备对特定人、物或场所进行监视，以及秘密拍照或录像等，立法及

---

① 〔美〕乔恩·R. 华尔兹：《刑事证据大全》，何家弘等译，中国人民公安大学出版社，1993，第457页。

实务界一般持肯定态度，因此，其许容性已不是突出问题。不过，对于其使用的范围、条件、程序控制及所获得的材料的可采性，不但学说认识不一，而且各国立法的规定也不尽一致。为了了解不同国家在这类侦查手段的使用上所具有的共同性，探讨其使用的一般规律，有必要对外国有关侦听、截获通信、电子监控及秘密拍照或录像等的学说、立法及实务作一详尽的考察。由于这些手段具有类似之处，故在此将其作为一类问题加以讨论。

（一）外国有关侦听等的学说、立法及实务

由于侦听、电话监听、电子监控、秘密拍照或录像等的使用时常导致控制犯罪与保障人权的利益冲突，所以，关于其运用，各国一直都有争论。在英国，通过国家权力截获通信的历史非常悠久。不过，由于这种对通信的截获并非依据法律规定而进行，所以，许多人对这种做法提出了尖锐批评，并要求法律对其作出明确规定。1985年，英国议会通过了规范通信截获的法律，即《通信截获法》。该法将非法截获通信规定为犯罪，同时也赋予了警察和情报部门在一定条件下截获通信的权力。该法规定，禁止截获通过邮电或公共电讯系统传递的通信，违背该法而截获通信的，处2年以下拘禁。但警察、情报部门依据内政大臣依法签发的令状进行截获，或者从事邮电及公共电讯业务的人员依法进行截获，不以犯罪论。该法规定了内政大臣签发令状的条件，即通信的截获必须基于下述目的之一：（1）维护国家安全；（2）防止和侦查重大犯罪；（3）维系联合王国经济之稳定。令状必须指明截获的对象，载明被截获人（或组织）的姓名（名称）、住所及电话号码。令状的有效期限为2个月，必要时可以再延长2个月，但内政大臣认为没有必要继续截获时，可以立即停止。1985年《通信截获法》没有确认所获资料的许容性，而是明确规定监听所得的证据不能在法庭上提出，这一点与其他国家不同。为了防止截获通信的权力被滥用及当该权力被滥用时能给受害人以赔偿，《通信截获法》设立了两个监督截获通信的机构，一个是裁决委员会，另一个是专员。裁决委员会是新设机构，由至少具有10年经验的出庭律师和事务律师组成。委员会的职责是处理其通信被截获的个人提出的申请；在截获违法时，委员会可以向申请人说明截获违法，并可以向首相提出调查报告。委员会认为必要时，可以发出以下命令：（1）撤销关于截获的令状；（2）禁止复制通过截获所得

到的资料；（3）向内政大臣提出赔偿申请人的损害。委员会的处理是最终结论，即使对其处理不服，也不得向法院起诉。专员由首相任命，负责对截获通信的活动实施监督。专员认为通信的截获违法时，即使受截获人没有提出申请，也可以进行调查，并将调查结果报告首相。此外，专员每年度都要向首相提交关于通信截获实施情况的报告书。如果报告书记载的内容可能威胁国家安全、妨害对重大犯罪的预防及侦查，以及使国家经济状况恶化，可由首相与专员协商，将该部分内容从报告书中删除。

在美国，联邦最高法院曾在奥姆斯特德诉美利坚合众国案件中针对窃听私人电话的行为指出，窃听不是对物体的侵犯，并未构成不合理的搜索与扣押，没有违反联邦宪法关于公民不受不合理搜查、扣押以及不得因刑事案件而强迫犯罪人自证其罪的规定。因此，所获资料是可采为证据的。1934年，针对滥用侦听而侵犯公民权利的情况，美国制定了《联邦通信法》。该法规定，任何人非经发讯者许可，不得截取任何通信及向他人公开或泄露通信内容、实质、要旨及意义（该法第605节）。据此，电话线窃听所得的证据材料于联邦追诉程序中不具有证据许容性，而被禁止在联邦最高法院引用。但其他形式的电子窃听，并不受上述规定限制，所取得的材料是否有证据许容性，要视在截取之际是否构成物质上的非法侵害而定。1967年联邦最高法院在伯杰一案中认为，办案确需采用窃听方法时，必须有法院颁发授权的"侦听证"。侦听证必须载明侦听的对象及有效期限，如果未予指明侦听的对象或有效期过长，则违背联邦宪法第4条修正案。1968年，美国制定《综合整治犯罪与街道安全条例》，禁止任何人在没有法院授权的情况下以电子的、机械的或者其他类型的设计装置来达到窃听或者企图窃听谈话和电话线传输的目的。该联邦法律中主要的程序规定包括以下几点。（1）起诉人对监控命令的申请必须包括对主要申请内容如对象、器材、地点等的详细说明。（2）申请只能针对比较严重的犯罪的侦查。（3）审查法官在批准命令之前必须认定：在申请中提出的合理原因能够使人相信某人正在犯罪或已经犯罪，以及预谋犯哪种罪。有合理的原因使人相信只有使用某种专门的窃听装置才能从某种犯罪中获得需要的信息。对某一案件来说一般的侦查方法都已经试过且不成功，或者一旦执行起来有很大的危险性。有使人信服的合理原因说明被监听的场所或机构将被用于拟定的犯罪活动，或者是以已知犯罪嫌疑人的名义出租和登记的，或者该犯罪嫌疑人经常在此活动。(4) 对于被监听的地点以及某机构的所有者，在授权命令时必须分类写明。此外，对所要监听的交谈必须详细说明，必须写明授权进行监听的时间。(5) 命令的执行期间是获得窃听所需要的唯一的时间周期，且超过 30 天便自动失效。在该命令的实施中不能添改，否则，必须重新申请。(6) 该命令必须规定在实行监控时要尽量减少对与侦查无关的通信的监听。(7) 如果可能的话，对通信的监听最好进行记录。对于监听记录的内容应封存且保留至少 10 年。(8) 在监听结束后的 90 天内，在诉讼申请上被指名的人必须被告知有关诉讼申请的情况，以及通信是否受到窃听。在法庭上使用通过窃听获得的证据的 10 日前，有关案件的各方必须都得到有关授权监听的信息。(9) 即使窃听的通信内容是有事实根据的，也不能随便泄露，除非是根据法院的授权，但那也只是在某种程度上泄露监听的内容。从监听内容中得到的信息以及从这些信息中找出的证据，只有执法官员有权使用，其应用范围决定于执法官员在他职务所允许的条件下的适当执行。在该联邦法律颁布之后，联邦最高法院作出了针对监听的判决。在卡恩案件（1974 年）中，联邦最高法院认为窃听的目的就是要揭发卡恩同伙们的身份、犯罪地点以及所涉及的阴谋的性质，而窃听电话交谈就能很好地达到上述目的。但是在电话交谈中并不一定要求卡恩是谈话人的一方。因为在命令中并没有强调窃听的必须是卡恩与他人之间的电话交谈，而只是说"卡恩与其他尚不知道的人"的谈话。在 1978 年的斯科特诉美利坚合众国案件中，联邦最高法院降低了对尽量不窃听与侦查无关的谈话的要求，认为评估是否尽量不窃听与侦查无关的谈话的问题不仅取决于监听人员的诚实，因为法院要客观估价在那段时间里监听人员所面对的事实以及所处的环境，还取决于他们的表现。只是如果调查人员有意漠视尽量不监听与侦查无关的谈话的要求，法院就要作出其他处理了。[①]

在法国，依照 1991 年 7 月 10 日第 91—646 号法律规定，在重罪或轻罪案件中，如果可能判处的刑罚为 2 年或 2 年以上监禁，预审法官出于侦查的需要，可以决定截留、登记和抄录邮电通信。决定应当载明截留的对方通信人的姓名及特征、导致截留的罪行以及截留的期限。预审法官或他

---

① 〔美〕乔恩·R. 华尔兹：《刑事证据大全》，何家弘等译，中国人民公安大学出版社，1993，第 10 章。

所授权的司法警官，可以抄录有助于查明案件真相的通信，可以要求邮电通信部属下或受其监督的任何合格人员，或者任何经许可经营通信网络或提供通信服务的合格人员安装设备，进行有效的截留。截留和登记行动均应进行记录，记录应载明行动开始和结束的日期和时刻。在该法律颁布以前的诉讼实务中，也曾有判例承认在严格程序控制下对电话窃听的合法性，所获得的资料可作为证据而被采用。①

德国刑诉法典规定了侦听、秘密录音录像和截获通信等技术侦查措施。该法典第100条c规定，在采用其他方式进行侦查成果甚微或者难以取得成果的情形下，不经当事人知晓，允许采取以下措施。（1）制作照片、录像。（2）在所侦查事项对于查清案件十分重要的条件下，使用其他的特别技术手段侦查案情、行为人居所。（3）在一定的事实使某人具有实施了第100条a所述之一犯罪行为嫌疑，并且采用其他方式不能或者难以查清案情、侦查被指控人居所的时候，允许使用技术手段，窃听、录制非公开的言论。窃听、录制非公开的言论必须由法官决定，在延误就有危险时也允许由检察院及其辅助官员决定；监视电讯往来的决定权属于法官，在延误就有危险时也可以由检察院决定，但检察院的命令必须在3日内获得法官确认，否则该命令便失去效力。当监视、录制的条件不存在时，实施者应不迟延地停止命令所规定的措施，并向法官、联邦邮政局或者其他公用电讯通信设备经营管理部门发出通知。此外，立法还要求，在通信侦听后，要通知曾被截获通信的人。关于通过上述技术侦查手段所获的材料，立法规定只有在处理分析时获得了为查明第100条a所述之一犯罪行为所需的资料时，才允许将其作为证据用在其他刑事诉讼程序中。② 追诉

---

① 陈朴生等：《比较刑事证据法各论》，汉林出版社，1984，第291页以下。
② 这些罪行包括：反和平罪，叛逆罪，危害民主宪政罪或者叛国罪，危害外部安全罪，危害国防罪，危害公共秩序罪，非军人煽动、辅助军人逃亡罪及煽动不服从命令罪，危害北大西洋公约组织之非德国公约成员国驻扎在德意志联邦共和国境内的部队之安全罪及危害三个占领国中的驻扎在柏林地区部队之安全罪，伪造货币、有价证券罪，重大贩卖人口罪，谋杀罪，非预谋杀人罪，灭绝种族罪，侵犯他人人身自由的犯罪，结伙盗窃罪或重大结伙盗窃罪，抢劫罪及抢劫性敲诈勒索罪，敲诈勒索罪，常业性接受赃物、结伙接受赃物或者常业性结伙接受赃物罪，刑法典第306条至第308条、第310条b第1至3款、第311条第1至3款、第311条a第1至3款、第311条b、第312、313条、第315条第3款、第315条b第3款、第316条a、第316条c及第319条所指的危害公共安全罪，以及武器法、战争兵器控制法、麻醉品管理法、外国人法、政治避难程序法有关条款规定的犯罪。

不再需要以监视、录制措施得来的材料时,应当在检察院监督下不迟延地将它销毁,并对销毁情况制作笔录。为了保证正当地适用上述措施,防止因其滥用而侵犯公民的权利,以及在出现滥用时能够公正地给受害人以救济,德国设立了两个监督机关:一个是由5名联邦议会议员组成的众议院委员会,另一个是由具有法官资格的委员长和两名委员组成的独立委员会。为保证其工作的客观性,这两个机关被赋予完全独立的地位,这与英国不同。

意大利1988年刑诉法典同样对谈话和通信窃听作出了规定。该法第266条规定,在与下列犯罪有关的刑事诉讼中,允许对谈话、电话和其他形式的电讯联系进行窃听:(1)依照第4条的规定依法应判处无期徒刑或者5年以上有期徒刑的非过失犯罪;(2)依照第4条的规定依法应判处5年以上有期徒刑的妨害公共管理的犯罪;(3)涉及麻醉品和精神刺激药物的犯罪;(4)涉及武器和爆炸物的犯罪;(5)走私犯罪;(6)利用电话实施的侵犯、威胁、骚扰或干扰他人的犯罪。但是,如果这种对话发生在刑法典第614条列举的地点,只有当有理由认为那里正在进行犯罪活动时,才允许对其进行窃听。该法第267条至第271条规定了适用窃听的前提条件和形式、窃听的执行、材料的保存、材料在其他诉讼中使用的限制、对材料使用的禁止和排除。

在日本,关于侦听、录音等技术侦查,一般是围绕其性质来进行讨论的。依照日本传统刑事诉讼法理论,若将技术侦查作为强制处分,那么,这种活动就要受到宪法上的令状主义(《日本国宪法》第33条、第35条)及刑事诉讼法上的强制处分法定主义(《日本刑事诉讼法》第197条第1项但书)的限制;若将其作为任意处分,则这种活动就没有必要受到如此严格的限制,而且必须对其容许的界限进行实质性探讨。在判例方面,一般认为,侦查机关以保全证据为目的而录制在公开场所的犯罪现场的人的声音,参照侦查的必要性、相当性,是被允许的。对于使用技术手段录制他人居所等场所内的谈话或者截获通信是否违法,判例认为,如果谈话的一方当事人在他方当事人不知晓的情况下录音,或者同意第三者录音,则属于该当事人对谈话支配的转移和对谈话秘密的放弃,也表明其承担这样做的风险,故此不能说是违法。正是基于这种理由,判例肯定了以下两种情形下的秘密录音的证据能力:(1)甲、乙谈话,其中一方未经对方同意而录音；（2）甲、乙谈话，第三者经其中一方当事人同意予以录音。对于第三者未经谈话人同意而将甲、乙之间的谈话予以录音，其能否作为证据，应当具体分析。判例认为，可以采证的情况有：该人已被确定为被疑人的，或该人虽属被疑人以外的人，但其言行的场所是不得已被窃听的场所的，或者个人言行虽受到窃听，但该第三者是与基于侦查的公共目的而应容许窃听的犯罪具有某种关系的。① 总之，应当考虑有无犯罪嫌疑、犯罪的严重性、窃听的必要性、窃听器所指对象同犯罪关系的疏密程度、采用的方法以及导致的侵犯权利的程度等因素，具体、个别地作出判断。此外，在本人不知道的情况下录制的现场录音，并不构成对本人表现自由的侵犯。② 1999年8月18日，日本通过《关于犯罪侦查中监听通信的法律》，对监听对象、要件、有权决定和执行的机关、程序、监听材料的使用及受监听人的权利等作出了明确规定。

综观以上各国的立法、理论和诉讼实务，对侦听、截获通信、电子监控及秘密拍照或录像等技术侦查手段的规范，主要包括以下几点。（1）案件范围及具体对象的限制。尽管角度不同，但各国都对可以使用此类侦查手段的案件范围和对象作出了规定，作为原则，一般限于较严重的犯罪，或者有此特殊需要的犯罪。（2）对此类手段的运用实行司法审查。多数国家规定，有权审查、批准或者决定使用此类手段的主体是法官。（3）具体实施的程序、期限和法律效力。都明确规定了实施的期限、如何使用此类手段和如何处理由此所得到的材料，以及违法实施时的后果。（4）受侦查人权利的保障。除及时销毁有关材料以维护被侦查人的权益外，一般都规定了受侦查人的知悉权、异议权和要求赔偿的权利，以及在行使辩护权时如何利用此类材料等。（5）监督制约机制。如有的设立了专门的监督委员会或类似机构，有的由法官进行了监督制约。此外，各国都强调，在具体案件中，侦听、截获通信、电子监控及秘密拍照或录像等技术侦查手段的运用，均须充分考虑其必要性和适度性。

以上国家既采用侦听等侦查方式，又对其可能侵害人权给予关注，究其原因，在于秘密录音录像的侦查方式，在实现实体正义与程序正义、控

---

① 〔日〕最高法院判决（1981年11月20日），最高法院刑事判例集第35卷第8号，第797页。
② 〔日〕东京高等法院裁定（1953年7月14日），高等法院刑事判决特报第39号，第15页。

制犯罪与保障人权的过程中，存在不同的利益冲突。一方面，国家基于控制犯罪的需要，不能绝对排除秘密侦听的侦查手段及由此获得的录音、录像证据和其他证据；另一方面，这种侦查方式具有侵犯监控对象宪法权利的重大可能性，无条件地对公民的言行进行监控，也是不应当允许的。因此，如何在秘密侦听的侦查方式上协调控制犯罪与保障人权的关系，寻找一个恰当的度，便成为至关重要的问题。

（二）我国有关侦听等技术侦查手段的理论和立法

在我国，关于侦听、截获通信、电子监控及秘密拍照或录像等技术侦查手段的正当性及以此所获得的材料能否作为证据使用，学术界有肯定说与否定说。否定说认为，侦听、截获通信、电子监控及秘密拍照或录像等技术侦查手段所获得的材料不应当采纳为证据，否则，有侵害公民基本权利的风险。肯定说则认为，任何侦查手段，如果运用不当，都有侵害公民基本权利的可能。因此，问题的关键是如何正当地运用这些手段。从刑事诉讼追求控制犯罪与保障人权相统一的直接目的看，确认侦听等技术侦查手段并承认其所获得的材料在一定条件下可以作为证据并无不可。一方面，它可以增加侦破案件的手段，更能适应惩治科技犯罪的现实需要。在以往的司法实践中，有的将技术侦查获得的材料转化为犯罪嫌疑人供述或证人证言等来使用，其局限性是显而易见的，特别是在案件缺乏其他物证的情况下，证据就显得很单薄，难以满足控制犯罪的需要，况且许多犯罪趋向隐蔽型、秘密型发展，很少有其他证据来证明犯罪事实，再将侦听、截获通信、电子监控及秘密拍照或录像等技术手段排斥于外未免过于迂腐。另一方面，运用侦听、截获通信、电子监控及秘密拍照或录像等手段，未必于保护人权不利。由于将其作为侦查手段，不仅可以在相当的程度上减少侦查中的刑讯等侵犯基本人权的现象，而且还有利于尽快解除对无辜的犯罪嫌疑人的怀疑，使其从诉讼中解脱出来。在司法实践中，有的案件有若干犯罪嫌疑人，均不能排除作案的可能性，但谁是真正的作案人，又难以认定，于是便对所有犯罪嫌疑人长期取保候审，久拖不决。对此类案件，若能采用侦听、截获通信、电子监控及秘密拍照或录像等技术手段，就为能早日确定作案人提供了更大的可能性。所以，从人权保障的角度讲，侦听等技术手段只要使用得当，未必侵犯公民权利。此外，侦查手段的秘密使用并不一定就是非法的。秘密相对于公开而言，非法相对于合法而言。公开不等于合法，秘密不等于非法。公开或者秘密，只表明侦查的方式不同，知晓人范围不同，并不表明是否合法。就秘密侦听、截获通信、电子监控及拍照或录像等技术手段而言，其在某种意义上与扣押犯罪嫌疑人的邮件、电报类似。在侦查中，对犯罪嫌疑人的邮件、电报的扣押也是在被扣押物品人不知道、不同意的情况下进行的。侦听、截获通信、电子监控及秘密拍照或录像等，与扣押记载谈话内容和行为方案的信函、电报并无实质性区别。既然可以扣押犯罪嫌疑人的邮件、电报，为何不能监听录取有关谈话内容或拍摄有关活动情况呢？

如前所述，我国国家安全法和警察法明确规定了技术侦查措施，可以说是肯定说在立法上的反映，也为侦听、电话监听、电子监控、秘密拍照或录像等技术侦查手段的使用提供了法律根据。不过，关于使用技术侦查的条件和程序，我国法律只是作了原则性规定，而没有具体的可操作性规范，有关机关的司法解释也没有对其运用及如何使用由此所获得的材料作出规定。可以说，这种状况是与刑事诉讼实务的需要不相符的。侦听、截获通信、电子监控及秘密拍照或录像等技术侦查手段是侦查犯罪的有力手段，同时其使用又极易侵犯公民的基本权利，故此，必须通过国家的法律对其使用条件、程序及所获材料的运用以一种明确无误的方式作出规定。具体应当包括以下内容：（1）只限于难以收集其他充分的证据或者采取其他侦查方法未能取得效果，必须采用此种手段的案件，即对于查明涉嫌的犯罪，有此特别必要性；（2）适用于危害国家、社会及公民重大利益的犯罪，如危害国家安全和社会公共安全的重大犯罪案件、重大经济犯罪案件、危害公民人身和财产的重大犯罪案件，或者通过网络进行的各种犯罪及利用电话等电信设备实施的敲诈、恐吓、骚扰等其手段本身即表明需要此项技术侦查的犯罪案件；（3）只针对犯罪嫌疑人及尚不知道但与嫌疑罪行有关的人使用；（4）要经过有权机关负责人批准并严格履行有关手续；（5）许可采用该手段的令状应当载明实施的具体对象、场所、方式、有效期限等要件。将侦听、截获通信、电子监控及秘密拍照或录像等技术侦查手段获得的材料作为定案证据时，必须符合法律关于运用证据的要求。此外，立法还应当明确以下几点：（1）受侦听、截获通信、电子监控及秘密拍照或录像等手段侦查的人，在受到该手段侦查后获悉有关情况的权利及就侦听等提出异议的权利；(2) 侦听、截获通信、电子监控及秘密拍照或录像等技术侦查手段的监督机关以及受理受侦查人异议的机关及其权限；(3) 运用该手段侵害公民基本权利时公民的救济措施及保障制度；(4) 运用侦听、截获通信、电子监控及秘密拍照或录像等技术侦查手段所获材料的使用及对采用此手段获得的材料不作为证据时的处理。在司法实践中，具体确定是否采用此种侦查方法及所获材料的必要性时，应当根据个案情况，综合考虑犯罪的严重性，犯罪的种类，使用技术手段的必要性、关联性、适度性等，权衡各种因素，特别是权衡因此可能牺牲的利益和所维护的利益来作出判断。在这方面，外国的有关判例，不无参考价值。

改"免予起诉"为"暂缓起诉"[*]

——兼论检察机关不应有刑事实体处分权

洪道德[**]

摘　要： 现行的免予起诉制度具有终止诉讼程序、处分被告人刑事实体权利的双重功能。免予起诉制度不符合诉讼的历史发展进程，违背了我国宪法及有关法律，限制了法院对刑事审判权的行使，侵犯了被告人和被害人的合法权益。在保留免予起诉终止诉讼程序功能的基础上，我国有必要将免予起诉制度修改为暂缓起诉制度。在建构暂缓起诉制度时，有必要研究暂缓起诉条件、适用对象、被告人合法权益维护、暂缓起诉的制约等问题。

关键词： 免予起诉　审判权　实体处分　暂缓起诉

免予起诉是我国现行刑事诉讼法中的一项重要制度。自从确立以来，在同刑事犯罪分子的斗争中曾起到积极作用。但若对免予起诉进行认真、深入的研究，不难发现这项制度缺乏正确、必要的理论基础和法律依据，其立法意图同预期的效果亦未能在实践中得到完全实现。笔者不揣冒昧，提出不成熟的看法，请专家、学者批评指正。

一

免予起诉，是人民检察院通过对公安机关侦查终结、移送起诉或者免

---

[*] 本文原载于《法学研究》1989年第2期。
[**] 洪道德，中国政法大学教授（已退休）。

予起诉案件，以及自行侦查终结的案件进行审查之后，所作出的一种处理决定。《刑事诉讼法》第 101 条规定 "依照刑法规定不需要判处刑罚或者免除刑罚的，人民检察院可以免予起诉"。决定免予起诉，必须具备三个条件：（1）案件事实清楚，证据确实、充分，这是首要条件；（2）被告人的行为已构成犯罪，应当负刑事责任，这是前提条件；（3）要有依法不需要判处刑罚或者可以免除刑罚的情节，这是必备条件。由此可见，就免予起诉决定自身的性质而言，一方面具有终止诉讼程序、结束诉讼活动的效力，另一方面也是对该案件所作的一种最终的实体性的评断，与人民法院免予刑事处分的判决具有相同的作用。免予起诉的决定是有罪决定，等同于人民法院的免刑判决。因为凡是免予起诉，必然有以下几点内容：（1）被告人犯了罪；（2）被告人的行为构成了某罪；（3）依法可不予以刑事处罚。而这些也正是刑事审判权的内容。在刑事诉讼中，审判权的行使主要是通过依照事实和法律，对被告人作出有罪或无罪、此罪或彼罪、罪轻或罪重、免除处罚或处以刑罚以及处何种刑罚的裁判来体现的。由于免予起诉也行使了判定有罪并触犯某罪名，以及不应处刑的权力，所以人民检察院的免予起诉权包含有刑事审判权的具体内容。

对于上述结论，存在着不同的看法。第一种意见认为，人民检察院的免予起诉是一种诉讼行为，其决定只具有终止诉讼程序、结束诉讼活动的意义，而没有对被告人刑事实体权利予以处分的作用。因为处分被告人刑事实体权利，对案件作出最终实体性的评断，是人民法院的权力。人民检察院参加刑事诉讼的职责是行使检察权以追究犯罪，代表国家提起公诉，将其认为犯罪的公民交付审判，并监督判决的执行。所以，人民检察院在刑事诉讼中的一些活动都不具有实体方面的意义。显然，这是站不住脚的，与刑事诉讼法对免予起诉的规定明显不符。根据法律规定，免予起诉必然包括处分被告人刑事实体权利的内容，或者说，对案件作出最终的实体性评断是人民检察院进行免予起诉的前提条件。的确，人民检察院从性质及职责上讲，在刑事诉讼中没有处分被告人实体权利、对案件作出实体性评断来终结诉讼程序的权力，但问题是检察院拥有这种权力。这虽然矛盾，却是事实，我们应当正视它。

第二种意见认为，刑事审判权是人民法院专有的权力，人民法院行使的定罪及量刑的权力才是刑事审判权，人民检察院的免予起诉决定虽然也处分了被告人的部分刑事实体权利，但不是在行使刑事审判权，也就没有侵犯人民法院的审判权。这种看法也是不妥当的，因为一种诉讼行为是不是审判权，并不以行使的主体来划分，而由其内容来决定。只要是处分了被告人的刑事实体权利，只要是对刑事案件作出了最终的实体性的评断，就是在行使审判权。至于行使者是谁，则不是必要的条件。如果说只有人民法院进行定罪量刑活动才算是行使刑事审判权，其他机关不能行使审判权，那么，为什么《刑事诉讼法》第3条要作出"其他任何机关、团体和个人都无权行使这些权力"的规定。这种观点没有搞清楚审判权的含义，而过分看重行使的主体。按照法律规定，刑事审判权应当由人民法院依法行使，但也存在其他机关非法进行定罪量刑的现象，而这种行为同样被认为是在行使刑事审判权。

第三种意见认为，审判权的核心是刑事处罚权，由于人民检察院的免予起诉决定中不包括刑事处罚权，因此，免予起诉权中没有刑事审判权的成分。同时，人民检察院的公诉权当中包括免予起诉权。我们同意刑事审判权的核心是实现国家刑事处罚权的观点，然而以人民检察院在免予起诉决定中不能行使刑事处罚权来论证检察机关的免予起诉权不具有审判权的性质，则失之偏颇。因为审判权虽然有核心内容和次要内容之分，但审判权绝不限于刑事处罚权，而是由定罪和量刑两部分权力共同组成。不论行使了哪一部分权力，都可以说是在行使审判权。对被告人既定罪又判刑，是审判权的体现，对被告人只定罪而不判刑，同样也是审判权的体现。难道人民法院作出免予刑事处分的判决就不是在行使审判权吗？至于免予起诉是否属于人民检察院公诉制度的必然内容，不能一概而论。如果从终止诉讼程序、结束诉讼行为来讲，公诉权可以包括免予起诉制度，如果从对案件作出最终的实体性评断、处分被告人刑事实体权利来看，公诉权则不包括这个内容。

第四种意见认为，审判权是一个不可分割的整体，人民检察院的免予起诉权既然没有包含刑事处罚的内容，那就不符合刑事审判权的概念，因而也就不存在刑事审判权行使问题。这种观点是不够全面的。定罪是判刑的必备前提，量刑则是定罪的必然结果，免予起诉决定要以被告人的犯罪行为具有法定的不需要判处刑罚或者免除刑罚的情节为条件，而不需要判处刑罚或者免除刑罚则是以犯罪行为应受刑事处罚为基础。此外，量刑权包括判刑和不判刑两部分。认为免予起诉决定没有行使刑事审判权的内容是没有道理的。另外，照这样的逻辑推理，人民法院也不应有免予刑事处分的权力。

总之，现行的免予起诉制度具有双重性。终止诉讼程序、结束诉讼活动仅是它的作用之一，其还包括对案件进行最终实体性评断、对被告人刑事实体权利进行处分的内容，这是人民检察院免予起诉的前提条件。

二

免予起诉以认定被告人有罪为前提对案件作出最终的实体性评断，是有问题的。

第一，免予起诉制度不符合诉讼的历史发展进程。当今世界各主要国家的刑事诉讼立法，都严格将控诉权与审判权分开，行使控诉权不能同时行使审判权；审判权的行使主体也不得同时拥有控诉权。封建制的刑事诉讼，控诉与审判是不分的。我国目前的刑事诉讼程序虽然彻底摒弃了法官行使审判权亦可行使控诉权的制度，而实行"不告不理"原则，但免予起诉制度，在某种程度上把控诉权和审判权集于人民检察院一身，即使同封建制的控、审不分有本质区别，在诉讼史发展进程中也是不和谐的。

第二，免予起诉制度违背了我国宪法及有关法律。我国《宪法》第123条规定"中华人民共和国人民法院是国家的审判机关"，第129条规定"中华人民共和国人民检察院是国家的法律监督机关"。《刑事诉讼法》第3条规定，对刑事案件的"批准逮捕和检察（包括侦查）、提起公诉，由人民检察院负责。审判由人民法院负责"。按宪法和法律所确定的法院、检察院的地位和职责，人民法院是我国行使审判权的唯一机关，而人民检察院既不处于审判机关的法律地位，也没有对刑事案件进行审判、作出最终实体性评断、处分被告人刑事实体权利的权力。那么，免予起诉制度就与宪法不相符合了。

第三，免予起诉制度限制了人民法院对刑事审判权的行使。其一，一种犯罪行为只有能够被人民法院免予刑事处分，才能够被人民检察院免予起诉，其范围规定在《刑法》下列条款中：(1) 第7条，在中华人民共和国领域外犯罪，依法应负刑事责任，但在外国已经受到刑罚处罚的，可以免除或者减轻处罚；（2）第16条，聋哑人或者盲人犯罪，可以从轻、减轻或者免除处罚；（3）第17条第2款，防卫过当的应当酌情减轻或者免除处罚；（4）第18条第2款，紧急避险超过必要限度造成不应有的危害的，应当酌情减轻或者免除处罚；（5）第19条第2款，对于预备犯，可以比照既遂犯从轻、减轻处罚或者免除处罚；（6）第21条第2款，对于中止犯，应当免除或者减轻处罚；（7）第24条第2款，对于从犯，应当比照主犯从轻、减轻或者免除处罚；（8）第25条，对于胁从犯，应当比照从犯减轻处罚或免除处罚；（9）第63条，犯罪较轻的自首分子或者犯罪虽较重，但有立功表现的自首分子，可以减轻或者免除处罚。可见，在上述条款中的制裁部分，有的是减轻处罚或者免除处罚，有的是从轻、减轻处罚或者免除处罚，并无一项只规定单一免除处罚的条款。也就是说，实际上并不存在"依照刑法规定不需要判处刑罚或者免除刑罚"的犯罪行为供人民检察院适用免予起诉决定，而是由人民检察院在从轻、减轻处罚或者免除处罚之间衡量选择，决定舍去从轻、减轻处罚而采用免除处罚的。这就使人民法院对于被检察机关免予起诉的案件，失去了根据犯罪分子的犯罪事实、犯罪性质、犯罪情节和对社会的危害程度进行综合考虑，决定是否处以刑罚和如何处罚的选择权。其二，司法实践中，检察院的决定与法院的认定不一定相同，检察院的处理与法院的判决也未必一致，如果将检察院免予起诉的犯罪分子交由法院通过审理进行判决，就有可能出现以下情形。（1）在犯罪分子是单个人的案件中，检察院决定免予起诉，法院则可能：①判处刑罚；②判处免予刑事处分；③宣告无罪。（2）在共同犯罪的同案被告人之间，检察院对甲免予起诉，对乙提起公诉，假设对乙的公诉正确且应判处刑罚，人民法院审理后作出的判决有：①认为甲的罪行重于乙，应当判刑；②认为甲的罪行虽轻于乙，但也应判刑；③认为如起诉甲，可判处免予刑事处分；④认为甲并未构成犯罪，若起诉则可宣告无罪。法院的上述七种判决，只有两种和检察机关的处理结果一致，其余五种都不相同。当然，并不是说人民检察院的免予起诉决定有2/3是不正确的，也不是说在任何情况下人民法院都是正确的。但是，既然审判机关是人民法院，那么，人民法院就有权依照法律掌握量刑尺度，对刑罚进行选择，并作出最终裁决。然而，由于人民检察院的免予起诉决定在先，人民法院就无法行使审判权了。上面提到的缺陷和矛盾，不是修改程序或者实践中注意就能解决的。因为刑罚的多样性及犯罪的复杂性，导致我国刑法不可能对适用刑罚的每种情况只规定一种处罚办法；另外，要求人民检察院和人民法院对案件的认识完全一致，也是不可能的。

第四，免予起诉制度侵犯了被告人和被害人的合法权益。例如，被告要求人民法院开庭审判、自行辩护或委托辩护、对一审判决不服提出上诉等权利，由于被告被人民检察院作了免予起诉处理，这些诉讼权利被限制甚至被剥夺了。又如，被害人提起附带民事诉讼、挽回犯罪行为造成的物质损失的权利，还有被害人对此享有的上诉权，被免予起诉后被告人不能进入审判程序，即使被害人对其提起附带民事诉讼，也无法获得审理，从而损害了被害人的合法权益。

三

修改和完善我国包括免予起诉在内的公诉制度，势在必行。对免予起诉问题，目前法学界有两种意见。一种意见主张取消免予起诉制度，人民检察院对于公诉案件，要么不予起诉，要么提起公诉。另一种意见则认为现行的免予起诉制度，基本上是好的、可行的，只需修改和完善有关执行程序的内容。例如，对免予起诉决定要有一定的制约和监督措施，要有必要的诉讼程序来保障被告人能够行使诉讼权利，等等。笔者认为，两种意见都不够全面。前者只看到了免予起诉制度的缺陷，而没有看到其中的合理部分，因而秉持了偏激态度，后者强调了免予起诉制度的可用部分，而没有看到这一制度的根本缺陷，秉持了总体肯定、细节修补的态度。

免予起诉制度中关于处分被告人刑事实体权利、对案件作出最终实体性评断的内容，由于既缺少理论根据，又与宪法及其他法律规定的原则相违背，因此，不应当继续保留下去。但对于免予起诉制度中有关终止诉讼程序、结束诉讼活动的内容，则应当予以保留。因为在公诉案件中，人民检察院作为代表国家提起公诉的唯一起诉人，是刑事诉讼主体之一，对于诉讼的提起、发展、中止或者终结，在法律划定的阶段范围内，拥有决定的权力。因此，笔者建议，在汲取免予起诉制度中合理因素的基础上，把免予起诉制度改为暂缓起诉制度。所谓暂缓起诉，是指人民检察院对于符合法律规定的条件的罪该起诉的被告人，暂不起诉，给予一定的考验期限令其进行自我改造,根据其悔罪程度以及改造情况,再决定是否提起公诉的一项制度。

暂缓起诉决定不以必须确定被告人犯了罪以及犯了什么罪为前提,也就是说人民检察院在作出暂缓起诉决定时,对被告人是否有罪以及犯了什么罪可不予回答。这是暂缓起诉这项制度同免予起诉制度最根本的区别,同时暂缓起诉制度也解决了免予起诉制度中部分内容与宪法原则相矛盾的问题。被暂缓起诉的被告人,在缓诉期限内,如果能够认真改造,有悔改表现,符合考验条件,人民检察院则最终决定不再提起公诉。因为被告人经过改造,事实证明已消除了社会危险性,所以就不需再进行刑事追究了。建立暂缓起诉制度的积极意义主要在于一方面可以加速犯罪分子的自觉改造,降低其社会危害性,另一方面又能够减轻司法机关的压力,以便集中主要力量办理重大案件。

暂缓起诉必须以被告人罪该起诉为前提,为什么本应起诉的犯罪行为,在经过一定期限和符合有关条件的情况下,就可以最终不被起诉呢?笔者认为,暂缓起诉制度的理论依据,可借鉴立法上关于追诉时效制度的规定。追诉时效制度的建立,无非是考虑犯罪人在一定时期内未犯新罪,表明他已经改过自新,继续追诉不必要了。《刑事诉讼法》第11条规定,犯罪已过追诉时效期限的,不追究刑事责任。既然国家法律承认和肯定犯罪分子自我改造的成绩,那么对于在检察机关监督下进行自我改造所取得的成绩,也应予以肯定。被暂缓起诉的犯罪人,应视为在追诉时效期限内已改造完毕,可以不再追究其刑事责任。

被暂缓起诉并最终不被起诉的人,究竟是有罪还是无罪,笔者认为,也可再一次借助追诉时效制度的理论。因犯罪行为已过追诉时效期限而不被追究刑事责任的人所处的法律地位和承担的法律后果,与被暂缓起诉并最终不被起诉的人所处的法律地位和承担的法律后果是一样的。如果只要求后者必须作出"有罪"或"无罪"的回答,是没有道理的,也不能由此否定暂缓起诉制度存在的客观条件。

四

建立暂缓起诉制度,有一些具体问题有待研究解决。

第一，凡是要作出暂缓起诉决定的，必须具备一定的条件。首先要符合起诉的条件：（1）被告人的行为构成犯罪；（2）案件的犯罪事实清楚，证据确实、充分；（3）不具有不予起诉的法定条件。其次要具备能够暂缓起诉的条件：（1）犯罪情节轻微；（2）犯罪后有悔改表现；（3）能够自我改造，不会继续危害社会；（4）被告人系初犯、偶犯或者共同犯罪中的从犯、胁从犯；（5）被告人的亲属，所在单位或组织等愿意接受委托对其进行监督。

第二，关于适用暂缓起诉决定的对象范围，可以考虑以免予刑事处分的适用对象为限，也可以考虑限制在依法可能被判处三年以下有期徒刑、拘役、管制及免予刑事处分的犯罪嫌疑人范围内。像杀人、放火、强奸、抢劫、爆炸、投毒以及严重破坏社会秩序的犯罪分子，惯犯、累犯，共同犯罪中的首犯、主犯等，不适用暂缓起诉。关于这个问题，有条件的可以先搞试验，待成熟后再作具体规定。

第三，关于维护被告人合法权益的问题。要建立必要的诉讼程序和制度，以切实保障被告人的诉讼权利能够得到充分行使。例如，凡是要作暂缓起诉处理的案件，在作出决定之前，应当允许被告人委托律师担任辩护人参加诉讼；要给辩护律师充分发表意见的时间和机会；被告人如果不服暂缓起诉的决定，有权在法定期限内向上一级人民检察院申诉，上级检察机关应对案件进行全面审查，并把复查结果告知申请人，被告人坚决要求起诉到人民法院的，只要符合起诉条件，人民检察院就应当向人民法院提起公诉，而不要作暂缓起诉处理；等等。

第四，关于暂缓起诉的制约问题。对于人民检察院的暂缓起诉决定一定要有制约。首先，要将暂缓起诉决定书副本送达移送起诉的公安机关，如果公安机关对决定有意见，有权用书面形式要求人民检察院复议；如果公安机关对复议结果不服，有权向上一级人民检察院提请复核。其次，对于有被害人的案件，暂缓起诉决定书副本要送达被害人，被害人如果不服，有权在法定期间内向上一级人民检察院申诉；对复查结果仍不服的，可以自诉人的身份将案件起诉到人民法院，人民法院以自诉程序进行审理、判决。为了防止检察机关滥用暂缓起诉，应明确规定人民检察院在作出暂缓起诉决定之前，必须征得被告人的同意，在有辩护律师的情况下，还要征求辩护律师的意见，否则不能作暂缓起诉处理。

刑事诉讼庭前审查程序研究*

龙宗智**

摘　要：目前我国庭前审查程序具有预审的简易性、预审功能的单一性、审判程序的易发性以及预审程序的折中性特征。新刑诉法对庭前审查程序的改革，向贯彻排除预断原则迈进了一大步，照顾了新旧制度的衔接和司法现实。但是排除预断的立法意图并没有实现。庭前审阅主要证据的做法容易造成法官庭前判断的扭曲。复印件移送制度为案件的全面实体审查创造了可能，但可能导致庭审"走过场"。未来庭前审查制度改革应当遵循有利于审判公正、顺利进行诉讼、重视诉讼效率以及充分考虑我国制度背景和实际条件原则。我国应当从基本维持现有做法、实行必要改良，到减少材料移送内容、实行基本的程序审，再到最后建立预审法官制度，分阶段、渐进式地推进庭前审查制度的改革。

关键词：庭前审查　预审　相对合理主义

就像看戏，人们只注意台上演员举手投足间的剧情演绎而不注意台前的排练和预演一样，庭前程序在诉讼程序研究中是一个容易被忽视的程序。[①] 然而，这一程序的意义绝不能低估。一是从庭前程序和庭审程序的关系看，庭前程序在很大程度上影响甚至决定庭审程序和庭审方式。例如，法官庭前审查采用案卷审查制度，由此形成心证，庭审就不需再由控

---

* 本文原载于《法学研究》1999年第3期。
** 龙宗智，四川大学法学院教授。
① 这里的庭前程序即狭义上的法院预审程序，指法官对起诉进行审查并准备庭审的程序。

方举证，而只需法官运用职权作某种程度的验证。这样，审判中的法官职权主义和一定程度的庭审虚置——"走过场"就难以避免。二是从庭前程序与判决结果的关系看，庭前程序的设置方式影响诉讼的结果。如法官在庭审前主要依据控诉方提供的证据形成心证和排除庭前预断而靠法庭上双方抗辩举证再作证据和事实判断两种方式，确有可能得出不同的结论，此点不言而喻。三是从现实情况看，庭前程序问题突出，亟须解决。适应庭审改革需要，我国新刑诉法重置庭前程序，但在实施中的矛盾和问题十分突出，既影响立法改革的效果，又影响司法活动的实际效益。因此可以说，司法的现实"逼迫"我们要认真研究庭前程序，考虑如何在现存法律框架内适当操作，同时斟酌庭前程序在制度上的合理化问题。

一　庭前程序的当前模式、特点及其利弊

在我国原刑事诉讼制度中，实行起诉的案卷移送和法官庭前的案卷审查制度，全部证据随起诉书移送法院，法院的案件承办法官对起诉书和证据进行审查。根据原刑诉法第108条的规定，这种审查系对程序和实体问题的全面而深入的审查。审查后认定"犯罪事实清楚、证据确实充分的"，应当决定开庭审判；对于"主要事实不清、证据不足的"，可以退回人民检察院补充侦查；对于"不需要判刑的"，可以要求人民检察院撤回起诉。根据第109条的规定，必要时，人民法院还可以进行勘验、检查、搜查、扣押和鉴定等搜集证据的工作。这种案卷移送和法官庭前实体审查而且可以调查的制度，具有明显的法官职权主义特征。

由于人们普遍认为，原庭审方式存在法官先入为主、庭前审查代替庭审使庭审"走过场"、法官中立客观性受到损害等弊端，因此1996年刑诉法的修改，对庭审程序作了重大改革，在确立以控辩方举证为特点的所谓"控辩式"或"类控辩式"庭审方式的同时，对庭前程序作了改革。

第一，改变检察院起诉案件的移送方式，检察机关在起诉时除移送有明确指控事实的起诉书外，只需附"证据目录、证人名单和主要证据复印件或者照片"，因此法院审查起诉案件的内容不再是案件的全部证据，而是"主要证据复印件"等法定材料。

第二，法院开庭的条件不再是"犯罪事实清楚、证据确实充分"，而

是只要有指控明确的起诉书，有证据目录、证人名单和证据复印件或者照片，法院就应当决定开庭审判，因此仅就开庭条件的法律要求而言，可以说新法律规定的庭前审是一种"程序审"。

第三，由于庭前审查范围有限，法院难以从初步审查中得出案件实体结论，而且为避免退案问题上的冲突，新法律废除旧法的有关规定，法院退侦权和庭前要求检察院撤诉权不复存在。而且法院可以进行庭前调查包括采取勘验、检查、扣押、鉴定等措施的规定被废止（在庭审中为核实证据可以采取特定的调查措施），这也是为了防止庭前实体审查和法院检察院职能的纠纷化。

分析以上庭前程序改革的立法，结合有权解释[①]以及相关司法实践，比较国外庭前程序设置方式，笔者认为，我国目前的庭前审查程序具有以下四个特点。

一是预审的简易性。多数国家在审判程序中设置了预审法官（区别于庭审法官）对公诉进行审查的程序，这种审查包括审查初步的或基本的事实与证据，有的还采用言词审查的方式，要求证人出庭。相比之下，我国目前的预审程序可谓十分简单：预审只是附属于庭审的一项准备性工作，并非相对独立的诉讼环节；预审由庭审法官，一般系主审法官进行，未设置专门的预审法官；预审活动只是依法审查法律规定移送的有关材料是否齐备，并不审查事实和证据，原则上也不决定是否驳回起诉以及更正和补充起诉（这是国外预审程序的普遍职能）。只是根据1998年最高人民法院《关于执行〈中华人民共和国刑事诉讼法〉若干问题的解释》第117条第5项的规定，对符合刑诉法第15条第2至6项规定的情形[②]的，应当裁定终止审理或者决定不予受理。但这也主要是一种表面性的审查，无须深入审查证据和事实。

---

① 有权解释，包括1998年最高人民法院《关于执行〈中华人民共和国刑事诉讼法〉若干问题的解释》、1998年最高人民检察院《人民检察院刑事诉讼规则》，以及1998年1月19日最高人民法院、最高人民检察院、公安部、国家安全部、司法部、全国人大常委会法制工作委员会六部门发布的《关于刑事诉讼法实施中若干问题的规定》。六部门的规定属于一种特别的解释，也许反映法律解释上的"中国特色"，但如何归类好像还不太清楚。

② 即"犯罪已过追诉时效期限的；经特赦令免除刑罚的；依照刑法告诉才处理的犯罪，没有告诉或者撤回告诉的；犯罪嫌疑人、被告人死亡的；其他法律规定免予追究刑事责任的"。应当注意，该条第1项，即"情节显著轻微、危害不大，不认为是犯罪的"，未被列入审查范围和据以不受理起诉的根据。因为这涉及实体审查。

二是预审功能的单一性。国外预审程序一般具有两项功能，其一，也是主要的功能，是审查公诉，防止不必要和无根据的审判发动，以保证公民的权利并节约诉讼资源。其二，是做相关的准备工作，以保证庭审的顺利进行。我国的预审程序，基本不具备审查并抑制公诉这一人权保障功能（上述对刑诉法第15条第2至16项的审查系表面审查，公诉机关一般不至于提起这类显然是无根据和不适当的起诉，如犯罪嫌疑人已经死亡或已被特赦还起诉）。因此预审基本上只是为庭审做准备，以保证庭审的顺利。这一点是我国预审程序与国外程序的一项重大区别。

三是审判程序的易发性。以上两个特点决定了我国庭审缺乏对公诉的把关和抑制的功能，这必然导致第三个特点，即审判程序的易发性。也就是说，审判的发动基本上为公诉所决定，除上述特殊情况外，公诉具有必然发动审判的效力。这和日本的情况相似，但有别于多数国家的立法和实践。这种易发性提高了公诉的效力，但很难使不适当的公诉受到及时的抑制。

四是预审程序的折中性。新法所确立的庭前审查程序，没有维系过去庭前实体审查形成确实心证（犯罪事实清楚，证据确实充分）的制度，但因实行主要证据复印件移送制度，而使法官能够在庭前接触主要证据，形成对案件的一定认识，因此并未贯彻排除预断的原则。而在法官的准备心理（"不打无准备之仗"，尤其对那些经验不足的法官或者案情复杂的案件而言）、对诉讼结果正确的关注心理（办错案将追究责任）的影响下，法官不会局限于单纯的程序审查，而必然在一定程度上审查案件的实体内容。因此可以说，我国目前的庭前审查方式并不是程序审方式，而是未贯彻排除预断原则，以程序审为主，不排除实体审查的一种特殊的审查方式。[①] 应当说，这种做法具有一定的过渡性，是为防止转折过大而实行的体制折中和妥协，属于"犹抱琵琶半遮面"的技术处理。

应当看到，新刑诉法对庭前审查方式的改革，其最大的优点就在于既向贯彻排除预断原则迈了一大步，有利于在一定程度上保证新庭审方式的"程序公正"，又照顾了新旧制度的衔接以及目前的司法现实。而且，鉴于

---

① 笔者将这一点列为我国新的刑事庭审方式的基本特点之一，参见龙宗智《论我国刑事庭审方式》，《中国法学》1998年第5期。

要在制度合理性与我国司法的现实状况之间找到一条适当而可行的结合路径十分困难,采取这种办法,不能不说有一定的"制度创新"的价值。①

然而,这种妥协和兼顾又带来相应的问题,主要有以下几点。

一是排除预断的立法意图没有实现。在控辩方举证的庭审制度中,庭审法官应当在庭前接触不到侦查材料,即实行所谓的"侦审阻断制"。这一方面是为了保持法官客观中立,防止"先入为主",尤其是有罪认定的"先入为主"。另一方面是为了保证庭审的实质化。因为法理和实践证明,公开的、受各种程序制约和保障的法庭审判是保障诉讼公正的最佳机制,通过公开庭审解决诉讼是现代社会冲突解决的主要方式。为此,必须设置相应程序制度来保障庭审的实质化,而庭前排除审判法官接触证据,从而使法官在庭审中保持一种客观中立的立场,就是实现这一目的的主要方法之一。然而,如前所述,新的庭审方式并未有效实现这一目的。

二是庭前了解案情不全面。较原有方式,目前这种阅览主要证据的做法似乎更容易造成法官庭前判断的扭曲。因为在原诉讼制度中,检察机关移送全部证据,为了保证判决的公正,一般说来,这些证据中也包括有利于被告的材料,这既是因为检察机关承担的客观公正义务,也是因为隐匿于被告有利的材料是可能导致纪律甚至法律责任的违规行为。因此,全卷移送虽然可能带有控诉偏向,但总的来看,比较有利于法官全面客观地把握案情。② 但采用主要证据复印件移送制,检察官有法律根据对全面证据进行挑选,一般说来,只是选用那些对支持指控有利的证据,因为就检察官方面而言,将这些证据作为"主要证据"无可厚非。这样,相对全面的接触证据变为较为片面的接触,所谓"预断的扭曲"即可能产生。

三是庭前审查的内容不确定。因为对"主要证据"的把握具有一定的主观性,而且根据六部门《关于刑事诉讼法实施中若干问题的规定》,人

---

① 当时还有两种有代表性的意见,一种意见是如陈光中先生主持研究的"中华人民共和国刑事诉讼法修改建议稿"的意见,庭审由控辩双方举证,但起诉时需移送案卷和其他证据,不过不要求以犯罪事实清楚、证据充分为开庭条件。见陈光中主编《中华人民共和国刑事诉讼法修改建议稿与论证》,中国方正出版社,1995,第44页、第290页;另一种意见是,实行起诉状一本主义,起诉时不移送任何证据。甚至有的司法机关也持这种意见。但前者似乎法理不顺,而后者实行太难,立法机关采取了一种折中的办法,这也是参考了著名学者的意见后的结果。

② 这一点可以由这一事实佐证:在过去的实践中,辩护律师的辩护主要根据案卷中有利于被告的内容进行。

民检察院针对具体案件移送起诉时，"主要证据"由人民检察院根据该规定确定：人民法院不得以移送的材料不充足为由而不开庭审判。这一规定虽然体现了法院庭前审查应趋于程序审的要求，也有利于避免检法两家扯皮而阻碍刑事诉讼的进行，但它使法院只能对检察院移送的主要证据复印件照单接收，而不能提出有约束效力的异议。受主观认识、客观条件以及公诉需要等因素的影响，检察院移送的主要证据复印件可能较多，也可能较少，这使得法院处于一种审查内容和范围不确定的状态。这不利于审判的规范化，不符合诉讼的规律。

四是复印件移送制度为案件的全面实体审查创造了可能，但"穿新鞋走老路"，可能导致庭审"走过场"。在实践中，有一些地区或因缺乏条件（复印），或因图方便，或者法院方面嫌复印量不足，检察机关索性直接移送案卷材料，法官全面审查证据，又走了老路，庭审仍然出现一定程度的虚置。而由于关于复印件的制度规定，这种做法还不能视为程序上的严重违法，不能作为程序无效的理由，因为主要证据与全部证据并无本质区别，既然可以审阅主要证据，为何就不可审阅全卷？相比之下，只有杜绝法官庭前接触证据，才能避免走回头路。例如，日本实行起诉状一本主义，检察官提起公诉时如果违反排除预断原则而添附材料，属于公诉方式的重大违法，受诉法院应依据《日本刑诉法》第338条第4项规定判决驳回起诉。因违反起诉状一本主义而被驳回公诉的，不得再行起诉。[①]

此外，复印件的使用提高了诉讼成本，经济不发达地区难以负担。这一问题看似不复杂，似乎只要增加一些经费就能解决，但实际上，其与目前的许多问题一样，仅仅一个经济问题，而且不是花很大一笔钱的问题，就能使一个看来合理的改革被搁置。从目前情况看，有的地方之所以不复印而仍然直接送卷，一个简单的原因就是：没有钱解决日复一日的复印问题。

以上问题，涉及司法的程序公正和实体公正，必须正视并予以解决。应当说无论复印件移送制度持续的时间长还是短，其只是一种过渡性措施，随着我国司法改革的进一步推进，以及相关制度的配套尤其是相关条件的具备，采用更为公正合理的新的庭前程序和庭前审查方式为势所必然。

---

① 参见孙长永《日本刑事诉讼法导论》，重庆大学出版社，1993，第208页。

然而，目前应当怎样改善庭前程序，今后采用何种庭前审查方式较为合理而且比较适合我国刑事司法的现实状况呢？

二 庭前程序的比较研究

对庭前审查程序作比较研究，其目的是探索不同庭前程序的机理和诉讼意义，从而得出合理性选择的依据。本文根据逻辑分析的需要，将各国法院庭前审查方式即预审方式大致区分为三种类型。

第一类，英美型。

英国刑事诉讼实行由治安法官预审的制度。警方和检察官提起控诉的案件，首先由治安法院进行审查，预审庭开庭时被告必须出庭。预审除有不得公开的理由外，一般公开进行。但是，由于预审并非正式审判，为保护被告人利益，其公开性仍受到严格限制。如果没有得到被告的同意，除审理结果与案件概况可以报道外，其他有关案件和审理时的详细情况，各种媒体都不得披露，否则有关责任人员将受刑事追究。

英国的预审有两种形式，即书面预审和言词预审，书面预审就是预审法官根据书面陈述，无须口头提证或辩论，审查后即将案件移送刑事法院以正式起诉程序审理。根据《1980年治安法院法》（Magistrates' Courts Act 1980）的规定，预审法官一般情况下只使用书面预审，只有在下列两种情况下才进行言词预审：（1）被告人没有律师出庭；（2）治安法官收到的起诉方提交的书面陈述（statement）中，要求把被告人提交正式审判的证据材料不充分。根据英国内政部未发表的统计资料，1989年预审法官适用言词预审的案件，只占整个预审案件的3.5%，1991年占7%。

言词预审的程序是，起诉方先向法庭说明案由，然后传唤证人进行主询问和交叉询问，如果认为有必要，可以进行第二次主询问和交叉询问。证人做证的证言笔录可以在庭审中作为证据。做证时，被告人必须始终在场。

在起诉方的证人做证后，治安法官如认为证据不充分，可裁决不将被告人交付正式审判。否则，治安法官会要求被告人对起诉方的控诉作出答辩。被告人可以申请传唤自己的证人到庭做证，反驳控诉，也可以保持沉默。但如被告有不在犯罪现场的辩解和证据（Alibi），则必须在预审时或预审结束后的七天内,将其不在现场的情况和证据提供给治安法官或起诉方。否则,在正式审判时不能使用该证据。

治安法官经过预审后,如果认为起诉方提供的证据在形式上有理由,能够成立案件(prima facie case),就可以决定将被告交付正式审判;如认为起诉方提供的证据不充分,就应决定不起诉,并将被告人立即释放。如果起诉人对治安法官决定不起诉有异议,可以向刑事法院提出自行起诉书(voluntary bill of indictment)。但提出自行起诉书要征得高等法院法官的同意,否则刑事法院可以驳回起诉。

预审治安法官决定移送正式起诉,交付审判,必须要确定指控的罪状(counts),确定移送起诉的法院,确定保释被告人或是还押,通知证人在指定的日期到庭做证,然后移送案卷。该案卷中要包括:①原来的起诉书;②证言笔录;③被告人的供述;④证人名单;⑤书证或物证清单;等等。同时,原来的起诉书与证言笔录的副本必须送达被告人。①

美国刑事诉讼中设有预审程序②,虽然其各司法管辖区的实践不够统一,但就较为普遍的做法也可概括出其特点。

其一,目的侧重性。美国的预审程序更加强调保护被告人的目的。如美联社一则报道的概述,"所谓预审,就是确定是否有足够的证据,证明一个人符合检察官的指控"。③ 一般认为,预审的目的在于保护重罪被告人免受没有根据的指控,防止轻率地将被告人交付审判。为此,预审中应进行证据审查,这种审查主要包括对证据合法性(可采性)的审查以及证据充分性的审查。对证据充分性的审查标准不是定罪标准,即排除合理怀疑,而是指控证据符合"成立案件"的要求。同时预审中还包括诉讼双方依法相互展示持有的证据。

其二,可选性。与上述保护性目的相关,在程序设置上,美国的预审对被控以重罪的被告人而言是一项权利但并非刑事诉讼中的必经程序,被告人可以放弃预审而直接进入审判阶段。另外,凡经大陪审团审查决定起

---

① 关于英国的材料主要引自中国政法大学陈开欣1993年11月撰写的《英国刑事司法制度概况——赴英考察报告》。
② 美国刑事诉讼中的预审(preliminary examination),有时称预先听证(preliminary hearing),或审查性审判(examining trial)。
③ 转引自林顿编著《世纪审判——令新大陆痴狂的辛普森杀妻案》,吉林人民出版社,1996,第35页。

诉的，一般不再经过预审。

其三，实体审查与言词审理。预审在案件发生的地区法院进行，检察官和被告人均应到庭，辩护律师也可以出庭。由于预审涉及证据合法性尤其是充分性问题，因此其是一种实体性审查。证人也需要出庭，被告人可以对控方证人进行交叉询问。被告人可以出示证据，但没有义务这样做（显示出上述保护性目的）。在实践中，被告方很少出示自己一方的证据，而仅仅了解起诉一方的证据，以便为日后的审判做好准备。

其四，预审程序的持续性。上述三个特点反映的是狭义的预审，而对法官的起诉审查，不仅限于由发案地地区法院的法官进行的预审，而且包括同一法院的审判法官或其他管辖法院的审判法官所进行的"提审"（arraignment）①。在预审结束法官裁定交付管辖法院审判，或者未经预审直接由检察官起诉至管辖法院审判，或者直接经大陪审团起诉后，管辖法院均应及时安排提审。提审的意义在于法官听取被告人对起诉书的答辩。提审公开进行，被告人必须到庭。法庭应向被告宣读或说明起诉书，告知其个人权利，接着要求被告人对指控作出答辩。被告人作认罪答辩的，一般可以直接判决；被告人作无罪答辩的，法院则应尽快安排正式审判。除这种提审外，在整个法官庭前审查过程中，诉讼双方还可以提出与程序进展相适应的诉讼动议（moving）。在美国刑事诉讼中，由当事人双方提出并由法官裁决的庭前动议主要包括：（1）关于"证据展示"的动议，主要是针对对方不展示的证据要求法官判令展示；（2）关于改变管辖动议，检察官和律师可以保证审判公正为由要求移送案件到其他法院审判；（3）排除证据的动议，主要是辩护律师要求排除控方非法审讯、搜查、扣押、窃听所获得的证据；（4）对起诉书作附加说明的动议，辩护方为作有利辩护，可以要求检察官提交一份附加说明书，具体阐述检控方的主张以及案件的细节；（5）关于延期审判的动议；（6）关于分裂指控的动议，辩护律师可以因处理不同指控需要不同技巧，而要求法院将检察官的某一指控分裂为数个指控；（7）关于撤销案件的动议，辩护律师可以检察官未提供必要证据推进诉讼为由而要求撤销案件，检察官也可能因为辩诉交易的达成或者发现证据不充分而要求撤销案件。在美国诉讼实践中，迄今使用最广泛的是

---

① 有的译作"传讯"、"聆讯"。

撤销案件和排除证据的动议。可见，即使被告不选择预审程序，提审和诉讼动议处理程序的存在也可以发挥庭审把关和庭审准备的作用。

第二类，法德型。

法国的预审制度在其刑事诉讼中有着十分重要的地位，然而这项制度有相当的复杂性和特殊性，尤其是法官的预审职能和侦查以及公诉的职能有一定程度的混淆，也带来研究上的某些困难。可以说，就轻罪和违警罪案件而言，[1] 预审程序比较简单（违警罪仅在检察官请求时才进行预审），但就重罪案件而言，法国的法官预审程序较为烦琐。这一制度由三部分组成：一是预审法官进行的预审，即一级预审；二是管辖重罪的地方上诉法院审查庭[2]的预审，即二级预审；三是审判长在庭前对审查庭批准的起诉及有关证据材料的审查。

其一，预审法官实施的一级预审。法国的预审法官制度是该国刑事诉讼中一项十分重要的制度，预审法官是法国长期司法传统的产物。然而，法国刑事诉讼中的预审是一个十分广泛的概念。法国学者皮埃尔·尚邦称："罪名审定——预审法官确认犯罪事实，查证情节，集中所有迹象，力求证实作案人，这就是预审。随后要对预审结果进行审定，这是这个诉讼过程中一个非常重要的阶段。这里要解决的问题，是弄清收集起来的罪状是否足以将案犯送交审判法庭。"可见法国的预审包括侦查和对侦查结果进行审查以决定是否交付审判这两方面的内容。由于预审法官负责领导、指挥对刑事犯罪，尤其是重罪案件的侦查，有人认为其实际上是一个超级警察。[3] 而且这一角色兼有起诉控制和审判的职能，批评者认为该角色职能混淆、程序上缺乏制约，呼吁改革，但目前尚无大的变动。

预审法官通常负责领导、指挥对重罪案件的侦查。他根据检察官的指控启动侦查程序。在侦查完成后，他如果认为该案件应当起诉，则应根据最充分的理由估计被告人将来可能被确定的罪行等级，作出裁定，把案件移送对该级罪行有管辖权的法院，即违警罪移送违警法院审理；轻罪移送

---

[1] 法国的违警罪、轻罪、重罪的区分是：违警罪由违警裁判所裁判，轻罪由轻罪法院裁判，重罪由重罪法院裁判。

[2] 中国检察出版社 1991 年 4 月出版，由陈春龙、王海燕翻译的〔法〕皮埃尔·尚邦《法国诉讼制度的理论与实践——刑事预审法庭和检察官》一书译作预审庭，还有的翻译为起诉庭。本文从中国政法大学 1995 年 4 月出版，李昌珂译《德国刑事诉讼法典》译法。

[3] 见中国刑诉法学家代表团 1993 年 11 月赴法国考察报告。

相应的初级法院审理；涉及重罪，则须连同证据移送至在上诉法院的检察长，再交由上诉法院审查庭作进一步预审，即二级预审。

其二，审查庭实施的二级预审。应当说，预审法官着重于侦查的控制和监督，而审查庭的审查，才是严格意义上法院预审制度的主体。在法国刑事诉讼制度中，上诉法院的审查庭作为二级预审主体，行使监督一级预审主体——预审法官（但因预审法官的独立性不得直接对其下达命令，而且监督权仅由审查庭庭长享有）、受理和裁决检察官不服预审法官裁定的抗议，以及审查先行拘留决定等司法职能，但其最重要的职能是对起诉意见和证据进行审查，以决定是否交付审判。

审查庭的审查包括两个方面，一是对案卷材料进行书面审查，二是进行庭讯，主持辩论并制作裁定。审查庭由一名庭长、两名法官组成。根据《法国刑事诉讼法典》第199条的规定，庭讯开始后，首先由一名法官报告案情，检察长和当事人的律师就案件提出各自的要求，提供自己的简要意见。刑事审查庭可以命令当事人亲自出庭，也可以命令将有罪证据呈验。对成年被告人进行庭讯时，应有关人员或其律师的要求，庭讯可以公开进行，除非足以影响侦查的正常进行，或者损害第三人的利益，损害公共秩序和良好风俗。在任何情况下，刑事审查庭都可以根据检察长或一方当事人的要求，或者依据自己的职权，命令进行补充侦查。

审查庭的审理包括程序和实体两个方面。程序方面，主要是审查案件的管辖权，其中包括"公诉的可受理性"，有无"撤销公诉的理由"、"不可归罪的理由和辩护事实"以及"减免的理由"。实体方面包括犯罪的基本事实和情节以及定性。审查庭和预审法官同样应"审查对被告人的指控有无充足的理由"，并且在其裁定中说明。刑事审查庭的裁决书应当对检察官公诉书中的所有要点作出裁决，否则无效。经审查，审查庭可以依法作出不予起诉的裁决、移转管辖至轻罪法庭和违警罪法庭的裁决，以及起诉裁决。起诉裁决应包含完整的、确切的和详细的事实及其情节描述。而且犯罪构成要素和加重罪行的情节，可以在同一程式内陈述。①

其三，审判法庭进行的预审。设在巴黎和各省的重罪法庭负责审判由

---

① 〔法〕皮埃尔·尚邦：《法国诉讼制度的理论与实践——刑事预审法庭和检察官》，陈春龙、王海燕译，中国检察出版社，1991，第十部分。

审查庭裁定起诉移送其审理的案件。重罪法庭审判庭由三名专职法官组成,包括一名庭长、两名陪审官。同时,组成九人的平民陪审团参加庭审。根据法律规定,曾担任本案预审法官或审查庭法官的人员不能担任审判法官。然而,法国刑事庭审并未贯彻排除预断的原则。在案件移送至重罪法庭时,诉讼案卷及其他有关证据也应当送交法院书记官室。审判长有权审阅案卷。通过审查,审判长如果认为预审尚不完整,或者在预审结束后发现新的情况,可以命令进行他认为需要的任何侦查行为,此项侦查行为由审判长或一名同庭的陪审官或者他所指派的一名预审法官进行(《法国刑事诉讼法典》第283条)。补充侦查的所有笔录、证据和文件存放于书记官室,且并入案件卷宗。书记官应通知检察院和当事人,其可以来查阅。

德国刑事诉讼中的预审程序较为简明,即检察官和警察的侦查完成后,检察官如提起公诉,则应将起诉书和案卷材料一并移送管辖法院(《德国刑事诉讼法典》第119条第2项)。对此,法院并非立即命令开庭审判,而是启动一个决定是否开庭的程序,以避免不必要的开庭审理。德国预审程序最突出的特点是由庭审法官实施预审,此外,其审理主要采取对起诉书和案卷材料进行书面审理的方式。为了使案情更明了,根据《德国刑事诉讼法典》第202条的规定,法院可以命令收集更多的证据。经过这一预审程序的审查,法院可以作出裁定。(1)如果认为被告人有足够的犯罪行为嫌疑,裁定开始审判程序。在一定情况下,法院开始审判的裁定可以依法改变某些指控,此时,检察院应提交与裁定相应的新的起诉书,但其中可以不写明侦查认定的主要事实,同时检察院享有不服抗告权。(2)可依事实证据或法律上的理由裁定拒绝开始审判程序。(3)经审查,可以将案件移送至更低级别的法院审判,或者通过检察院将案件移送更高级别的法院审判。在德国刑事审判中,排除预断的原则未予贯彻。因此德国著名刑诉法学家赫尔曼称:"即使在证人被当面质问的德国审判中,案卷的重要性也不能低估。法官可以因阅卷受到不适当的影响。在审判中,法官可以照着卷宗引导证人作证。"[①] 而且由于德国废除了预审法官制

---

① 引自1994年北京刑事诉讼法学国际研讨会上赫尔曼教授的发表的论文:《中国刑事审判改革的模式——从德国角度的比较观察》。

度,预审与庭审未分离,相较于法国,其法官预断乃至预决问题更为突出。可以说,德国预审程序是目前最具有职权主义特征的预审程序。[①]

第三类,日本型。

日本实行起诉状一本主义,从而排除了法院进行实体性预审的可能。所谓起诉状一本主义,是指检察官在提起公诉时,只能依法向有管辖权的法院提出具有法定格式的起诉书,表明控诉方面的起诉主张,而不得同时移送有可能使审判人员对案件产生预断的其他文书和控诉证据,也不得引用这些文书和证据的内容。应当说,日本和英美当事人主义都贯彻排除预断的原则,审判法官不得在庭审前接触证据材料,以防止诉讼之一方(主要是控诉方)抢先举证,从而使法官保持一种"空明"的心境,以保证在公开的、辩论式的程序中形成正确的心证。因此,注重排除法官预断,是日本程序的第一个特点。

然而,日本和英美程序的重大区别在于,日本取消了法官预审制度,虽然以司法令状主义保持对强制侦查(可能侵犯被侦查人权益的侦查,如逮捕与搜查扣押等)的司法审查,但对于检察官的起诉,并未设置一个专门的由非庭审法官主持的起诉审查程序,防止其提起不当的诉讼,而且日本也无美国大陪审团这样的起诉审查组织来代替法官预审,而是将起诉决定权和审判发动权完全赋予检察官。就此而言,日本的庭前程序缺乏人权保障功能,在审判发动的意义上,日本的刑事审判属于"易发型"审判程序。这可以说是日本庭前程序的第二个特点。

第三个特点是庭前准备程序的灵活性。庭审前的准备,除诉讼当事人各自收集、整理证据,拟订出庭方案等准备活动外,控辩双方应相互联系,进行证据开示、征求证据调查意见等活动以便准备庭审。法庭认为适当时,可以在第一次公审期日前命检察官和辩护人到庭,就指定公审日期和其他有关诉讼进行的必要事项进行商量,但不得涉及可能对案件产生预断的事项;法庭还可以命书记官向检察官或辩护人询问诉讼准备情况,并督促双方做好准备。为了排除预断,在第一次公审日期以前,不得作证据调查。除例外情况,当事人也不得提出证据调查的请求。[②]

[①] 笔者就此曾向陈光中先生咨询,陈先生访德时曾就法官预审问题专门与德国学者和法官探讨。
[②] 参见孙长永《日本刑事诉讼法导论》,重庆大学出版社,1993,第227—228页。

第四个特点是涉及实体问题的准备程序的"后发性"。根据日本刑诉规则第 194 条，对于复杂案件，或法庭认为必要时，可以在第一次公审日期后的任何时间启动一个准备程序。[①] 准备程序的主要目的是明确争点、整理证据，同时法官与控辩双方商量有关诉讼进行的必要事项，如庭审调查证据的顺序与方法等，以便顺利进行庭审。准备程序由主审法官或合议庭成员主持，一般情况下检察官、辩护人和被告人应到场。由于庭审已经开始，预断问题已不复存在，准备程序将涉及某些实体性问题，例如法官可以要求控辩双方提出证明文件或物证。[②]

上述三种类型，如果简单概括其主要区别的话，似乎可以说：英美型程序既有专门的法官预审（即对起诉的实体和程序一并审查）程序，又排除庭审法官预断；法德型程序专设法官预审程序，但因为实行案卷移送制度，未排除法庭审法官预断；日本型程序是通过起诉状一本主义排除法官预断，但无法官实体性预审。此外，在国外刑事诉讼中，预审程序的繁简可能因被审犯罪的轻重以及受审人的意愿而有区别，这也是我们应当注意的。

三　情况的分析与道路的选择

（一）庭前审查制度改革完善应遵循的原则

不能否认，上述不同类型的庭前审查制度都有其存在的法理根据和实践理由，而且均通过多年的经验积累，因而立法改进显得比较成熟。然而，我国可以借鉴哪一种模式，或者说，哪一种模式才符合我国的刑事诉讼实际并有利于我国刑事诉讼制度的完善，这是我们必须作出思考和选择的问题。对此，笔者认为，在制度选择和设计方面，应当遵循三项原则。

[①] 西南政法大学的孙长永先生就日本刑诉规则第 194 条为本文专门核查了有关资料并作了翻译，更正了北京政法学院 1980 年《刑事诉讼法参考资料》第 2 辑中翻译日本刑诉规则第 194 条之一，称公审前的任何时日均可进行准备程序的错误。

[②] 日本刑诉规则第 194 条之三："准备程序可以进行下列事项：（1）明确诉讼原因及罚条；（2）整理案件的争点；（3）关于计算及其他繁杂事项的阐明；（4）命作证据调查的请求；（5）明确证明的宗旨及讯问的事项；（6）命令提示证明文件及证物；（7）查明是否表示刑诉法第 327 条的同意；（8）查明是否提出根据法第 327 条的书面调查请求；（9）作出调查证据的决定或驳回调查证据请求的决定；（10）对请求调查证据声明的异议作出决定；（11）决定调查证据的顺序及方法。"

第一，有利于审判公正以及审判顺利进行的原则。庭前审查程序设置的基本目的，是审判的公正和审判的顺利进行。前者主要表现在法官运用庭前审查程序，确定对被告的起诉是否具有适当理由及合理根据，是否具备交付审判的必要条件，通过审判权对起诉权的制约，防止不必要的审判，保护被告的人权，防止资源的浪费，以实现审判发动的正当性。前面已经分析，我国庭前审查程序对起诉制约的作用较小，应适当予以改进。

同时，为实现审判公正，应当根据实际情况贯彻排除预断的原则。因为虽然庭前单方举证可能造成的先入为主容易因法官的经验受到抑制，但这种预断可能损害法官的客观公正还是一个具有一定的心理学基础以及经验证明的可能成立的判断。因而排除预断的原则应当说已经得到比较普遍的认可。我国的刑事诉讼制度改革，在允许的条件下，也应当贯彻这一原则。

第二，重视诉讼效率的原则。为解决司法资源有限性和司法任务繁重与艰难性之间的矛盾，我们必须重视诉讼的效率，即重视资源的投入产出率，同时注意有效完成刑事司法抑制犯罪、保护社会和公民个人权利的任务。尤其是在我国目前司法资源严重不足的情况下，对效率的考虑有相当意义。为此，庭前审查程序的设置不宜过于烦琐，例如，在庭前审查程序中，实行控辩式和言词审查原则，这固然有利于权利保护，但也带来程序的重复以及庭审对抗性的弱化。① 因此，过分烦琐的程序和过分严格的审查有悖于诉讼经济，而且由于资源的耗费以及给相关人员增加的负担，也可能给整个审判程序带来不利影响。

第三，充分考虑我国的制度背景和实际条件的原则。不能否认，刑事诉讼中应贯彻符合人类生存的自然法则，这是具有普遍性的原则。但具体制度的设置，以及对普遍原则的贯彻程度和方式，又必须从现实的条件出发。这包括一国司法制度的类型，某一特定程序所依附的诉讼制度的整体性质和相关制度的特点，某一制度设置和运行的实际条件，如资源、主体素质等。因此在贯彻同一原则的具体制度之间应当进行选择，而且为实现某一目的所设置的制度可能需要一个改良和渐进的过程，因为不顾实际状

---

① 对某些国家庭前审查程序的抗辩性，实务界和法学家也颇有微词，认为程序烦琐、缺乏效率，同时也使证人不胜其烦。参见中国政法大学陈开欣 1993 年 11 月撰写的《英国刑事司法制度概况——赴英考察报告》。

况所设置的程序是无法有效运作的。

（二）制度选择的难题和困境

前文已经分析了我国目前模式的弊端以及过渡性和需改进性，在上述原则的指导下，我们可以通过考察目前有效运行的不同的庭前审查模式，有选择性地进行借鉴。因为对有成熟立法、实践和法理的制度和程序的借鉴，无疑是我国司法改革的捷径。然而在这种选择性思考中，似乎遇到了难题。

第一，由于制度背景的区别，法德型程序已基本不能使用。德国、法国都设有专门的预审程序，以决定是否对诉讼案件交付审判，但因案卷移送制度而未使法官排除预断，这一点与我国改革前的庭前审查制度是一致的。然而，我国刑诉法的修改，为防止先定后审、庭审走过场并防止法官先入为主，确立了控辩式的法庭举证制度，在这种情况下沿用移送案卷的做法而让法官庭前接触案卷显然缺乏法理依据和实际必要性。再做案卷移送会导致审判制度的倒退，使改革已取得的成果丧失。可见，全卷移送和庭审法官庭前实体审查的做法有悖于我国刑事诉讼的改革走向。

第二，走英美预审方式之路目前存在难以克服的障碍。英美制度的特点是设置与庭审相分离的预审程序，使庭审法官排除预断。应当说这种制度设置有利于保证审判的质量，实现诉讼的公正。然而，在我国目前条件下，实行这种制度缺乏条件。其一，也是最重要的制度性障碍，是预审法官与庭审法官难以在实质上分离。（1）我国基层人民法院承担绝大部分案件的审判工作，在其下面再无治安法官一类更基层的法院设置，因此由审判法院外的其他法院来进行预审是不现实的。（2）如实行同一法院的预审法官和庭审法官相分离，也存在重大的制度障碍。因为我国实行法院独立审判而非法官独立审判，法院被视为一个整体，个别法官不具有独立性。法院内部结构的特点，院、庭长及审委会的作用，使预审法官难以在实质上独立于庭审法官，势必导致预审影响甚至决定庭审的状况。其二，分设预审和庭审法官的做法加重了法院的审判负担，造成资源耗用的增加，目前实行起来也有一定难度。

第三，借鉴日本型起诉状一本主义也存在问题。日本在战后彻底废除预审制度，实行起诉状一本主义，这固然有利于防止法官预断，保证法官的客观中立,但这种做法也带来一系列问题,日本实务界和学术界对此也颇有争议。因为,无对起诉的审查和庭前的准备,将一切问题拿到法庭上解决,遇到难题就休庭,容易造成诉讼的拖延。因此,日本的刑事诉讼被称为"牙科医生式"的诉讼作业。而就我国情况看,这种方式还存在一个实施条件问题。我国刑事诉讼目前虽然改变了举证的方式,但仍坚持实事求是的原则,强调对案件客观真实的发现,而且目前法官的素质普遍不高,要他们在完全不了解案件证据的情况下主持庭审,并在必要时运用职权查明案件真实,应当说是强人所难。这种情况,应当说在1996年刑诉法修改时已经被立法机关所考虑。因当时有的同志,包括某些机关,曾向人大建议实行起诉状一本主义,但未被采纳。立法肯定了移送主要证据复印件等材料的做法,就是考虑到公诉审查的必要性和庭审准备的需要,防止步子迈得过大反而损害诉讼的效率和效益。

(三) 立足现实,渐进式地、阶段性地推进改革

以上分析说明,我国刑事诉讼对庭前程序的选择处于一种较为尴尬的状态。维持目前做法存在这样那样的问题,改用其他几种模式又各有其难。那么,程序维系与制度改革如何是好?

基于一种"相对合理主义"[①]的观点,笔者主张渐进式地、阶段性地推进对庭前审查制度的改革和完善。

第一步,基本维持现有做法,实行必要的改良。目前立法所确认的移送和审查主要证据复印件的做法,固然存在弊端,但它也通过其"折中性"而体现出有利之处。如兼顾起诉审查、庭审准备但又防止过去那样的全案实体审导致庭审走过场,这种折中是制度改革中考虑到我国司法的实际承受力所采取的必要的过渡性的措施。因此,目前在体制改革和转折阶段,这一做法可以继续维持相当一段时间。这实际上是承认法院在对公诉案件实行程序审的同时,不排除一定程度的实体审。然而,为提高庭前程序效益,可考虑做两项改进。

---

① 所谓"相对合理主义",是笔者近年来主张和发展的一种司法改革的观点,指在一个不尽如人意的法治环境中,受多方面条件的制约,我们只能追求一种相对合理性,不能企求尽善尽美。如果不注意实际条件和多种复杂因素的制约而追求理性化,不仅不会奏效,还可能因为完全破坏了既成的有序状态而使情况更糟。

其一，移送材料注意正反两个方面均应反映。六部门《关于刑事诉讼法实施中若干问题的规定》第 36 条规定移送的"主要证据"包括：（1）起诉书中涉及的各证据种类中的主要证据；（2）多个同种类证据中被确定为"主要证据"的；（3）作为法定量刑情节的自首、立功、累犯、中止、未遂、正当防卫的证据。根据这个规定，移送主要证据的范围是比较大的，因此势必增加法官预断可能性。然而，这个规定使主要证据具体化，有利于防止在此问题上因理解不同而相互扯皮，损害司法效益；同时在目前条件下也有利于法官的庭审准备，尤其是在控辩双方相互展示证据制度未建立的情况下，有利于律师获得较多的诉讼信息。但这一规定似应作一个补充，就是要求起诉方将关键的辩护证据作为主要证据移送。因为这有利于法院的全面起诉审查，也有利于辩护律师掌握关键性的辩护材料，可以在一定程度上防止法官片面的先入为主。

其二，可以借鉴我国香港地区和其他国家的做法，实行审前讨论会制度。例如，根据我国香港地区《裁判官条例》和《刑事诉讼程序条例》的规定，在高等法院正式开始审判之前，高等法院的法官（一般为本案的主审法官）有权将当事人召集在一起对控辩双方所提出的证据进行审查，以确定他们对对方所提供的证据的态度，确定他们可能提出的异议和看法以及其他对审判的进行有意义的事情，为高等法院的正式审判做好准备。[①]我们借鉴这一制度（当然法官如认为无必要也可以不举行审前讨论会），有利于解决一系列庭前准备问题，也可以防止法官单方面接触当事人带来的片面性以及对其公正性的怀疑。审前讨论会或称审前会议，由法官主持，控辩双方参加，主要讨论决定控辩证据展示中出现的问题，开庭时间、证人出庭问题，以及证据调查顺序，等等。

第二步，减少材料移送内容，实行基本的程序审。鉴于复印件移送终究难以贯彻排除法官预断这一国际刑事诉讼的普遍性要求和我国刑事诉讼法修改的立法意图，因此随着进一步的改革以及实际条件的具备，庭前审查制度的发展应当进入第二阶段，即减少材料移送内容，实行基本的程序审。实现第二步设想的主要前提性条件包括两方面。其一，法官主持庭审能力有较大的提高，可以在庭前只作程序审的基础上，在庭审中随机性地

---

① 见甄贞主编《香港刑事诉讼法》，河南人民出版社，1997，第 231 页。

进行诉讼指挥，推动诉讼进行。其二，完善证据开示制度。律师与检察官能直接沟通信息，可以不通过起诉移送的复印件掌握证据。庭前程序审的实现，有利于我国刑事诉讼中程序公正水平的提高。

第三步，建立预审法官制度，同时贯彻排除预断原则，实行预审法官和庭审法官形式分离和实质分离的制度。一方面，庭前审查仅作程序审的弊端是缺乏公诉控制程序，难以防止不必要的审判，因而不利于有效保障公民权利。另一方面，预审程序太简易，也导致庭审的仓促和诉讼的拖延。因此，在条件具备的情况下，我国刑事审判的庭前审查程序可以作进一步的改革。这个改革的要点是：其一，对于较为严重的犯罪案件，建立法院预审程序和预审法官制度，通过预审程序，对案件作实质性审查（即审查案件是否具备"prima facie evidence"——表面和初步的证据，审判的形式理由和根据），防止将缺乏事实根据和法理理由的案件诉诸审判，同时审查某些证据的可采性，裁决控辩双方的审判建议，为审判创造条件；其二，庭审法官和预审法官相分离，二者不仅不能为同一人，而且禁止预审法官与庭审法官交换意见，禁止法院行政首长在预审法官和庭审法官之间作协调沟通。必须切实保障庭审法官能排除预断。

然而，这一步的改革必须以一定的制度变革为前提，其中最重要的有两项。一是法官独立原则的确立。如前所述，没有法官独立就不能实现预审法官与庭审法官的分离，预审法官制度就会损害庭审的公正性。二是刑事诉讼中简易程序的进一步发展。因为预审制为追求诉讼的公正而增加了法院的负担和诉讼的成本，为使法院能够承受，保证诉讼的总体效率，有必要扩大简易程序的适用范围，同时还可以使目前的简易程序进一步简化，做到繁简结合，效率与公正兼顾，推动我国刑事审判制度进一步完善。[①]

[①] 美国刑事诉讼中80%—90%的案件不经正式审判而以辩诉交易等简易程序直接处置，其余少数案件采用正式的对抗式程序，强调程序的公正性，这种繁简结合的制度设置和司法操作思路值得借鉴。

中国量刑程序改革：误区与正道*

左卫民**

摘　要：对抗化的量刑程序改革试点效果不尽如人意，在某种程度上可以归因于制度改革所赖于支撑的理论根据。该理论认为，量刑制度的主要问题是量刑程序不公正，解决之道是借鉴英美模式，建立对抗式量刑程序。然而，真正引起社会普遍关注乃至广泛质疑的是量刑不均衡与量刑僵化问题，这主要是实体法问题；认为英美法系在传统上采用对抗式量刑程序的观点在一定程度上也是对英美法系量刑制度与实践的误读。未来的量刑制度改革应以实体性改革为主，程序性改革为辅；而在量刑程序改革方面，不宜大改，可以小改或微调。

关键词：量刑程序　量刑模式　实体性改革　程序性改革

当下，以规范法官自由裁量权为中心，包括量刑程序在内的量刑制度改革正自上而下在全国范围内展开。[1] 量刑程序的对抗化是改革理论与实

---

* 本文原载于《法学研究》2010年第4期。
** 左卫民，四川大学法学院教授。
[1] 2007年8月28日，最高法院下发《关于进一步加强刑事审判工作的决定》，要求各地法院尽快制定死刑案件和其他刑事案件的量刑指导意见，建立和完善相对独立的量刑程序，严格控制和慎重适用死刑。2008年8月6日，最高法院下发《人民法院量刑程序指导意见（试行）》，将量刑纳入法庭审理程序，具体规定定罪事实的调查与量刑事实的调查、定罪问题的辩论与量刑问题的辩论相对分离，以及控辩双方就此进行对抗性调查与质证的庭审程序。随后，最高法院确定了两个中级法院和七个基层法院作为量刑程序改革试点法院。2008年10月26日，最高法院王胜俊院长在向第十一届全国人大常委会所作的《关于加强刑事审判工作维护司法公正情况的报告》中明确指出"总结量刑（转下页注）

践的重要面向,从实践情况看,对抗化改革的效果相当有限。通过本文的研究,笔者认为,中国现行量刑制度的根本问题不是程序法问题,而是实体法问题;对抗化的量刑程序理论与实践,不仅在中国缺乏针对性,还存在对英美法系量刑程序的误读。中国量刑制度的改革,应从以程序性改革为重心转向以实体性改革为主,量刑程序的改革应当适当展开,真正回应科学、公正量刑的需要。对此,下文将作具体分析。

一 实际效果检验:对抗化取向的量刑程序改革不尽如人意

对抗式量刑程序主张在相当程度上推动了我国量刑程序改革,成为各地法院试验和探索的主要方向。而最高法院《人民法院量刑程序指导意见(试行)》的出台,使对抗式量刑程序成为量刑制度改革的主要内容。① 相比较而言,尽管最高法院也制定了《人民法院量刑指导意见(试行)》并付诸全国法院进行试点,在程序改革的同时也大力推进量刑方式的改革,以期实现"定量分析为主,定性分析为辅"的量刑方式转型,有效地规范法官自由裁量权,② 但从试点情况看,各地主要着力于量刑程序改革而非量刑方法改革。③

(接上页注①)规范化试点经验,加快出台量刑指导性意见,依法规范刑罚自由裁量权的正确行使,防止重罪轻判、轻罪重判,维护法制统一"。2008 年 12 月 28 日,中央政法委在《关于深化司法体制和工作机制改革若干问题的意见》中,将"规范自由裁量权,将量刑纳入法庭审理程序"列为未来我国司法改革的一项重要任务。对此,最高法院迅速落实。2009 年 3 月 17 日,最高法院出台的《人民法院第三个五年改革纲要(2009—2013)》指出,应"规范自由裁量权,将量刑纳入法庭审理程序,研究制定《人民法院量刑程序指导意见》"。应最高法院要求,从 2009 年 6 月 1 日起,全国法院系统正式展开量刑规范化试点工作。

① 实践中,刑事审判以定罪事实的调查为中心。因此,我国刑事诉讼法规定的对抗式程序不过是定罪事实的调查机制。鉴于量刑问题的重要性,最高法院在《人民法院量刑程序指导意见(试行)》中明确规定了量刑情节的对抗调查程序。

② 参见《严格程序规范量刑确保公正——最高人民法院刑三庭负责人答记者问》,新华网,http://news.xinhuanet.com/legal/2009-06/01/content_11464962.htm,最后访问日期:2009 年 6 月 1 日。

③ 2009 年 6 月 1 日以来,最高法院在全国百余个法院开展量刑规范化试点。参见王斗斗、张亮《全国 120 余家法院量刑纳入庭审》,《法制日报》2010 年 2 月 20 日,第 1 版。相对而言,着力于进行量刑方式改革试点的城市为数不多,较典型者有江苏泰州、云南个旧。

以 S 省为例，从 2009 年 6 月 15 日至 11 月 30 日，在省高级法院统筹组织下，一个中级法院和七个基层法院进行了对抗式量刑程序改革试点。试点的主要内容是：控辩双方各自提出量刑主张，分别出示量刑情节的证据并相互质证，就量刑情节是否成立进行辩论。对试点情况，笔者与 S 省高院院长共同负责的课题组（以下简称"课题组"）在 2009 年夏天进行了调研。[①] 调查发现，量刑程序改革有其积极意义，但总体效果不明显，与制度预期存在不小差距。

在积极性方面，主要体现为通过对抗式量刑调查、辩论，量刑程序的透明性有所提升，量刑结果的公正性有所提升。问卷中，对于"量刑程序改革是否有助于提升庭审的公开性和透明度，促进量刑公正"一问，71 名试点法院法官中有 52 人（73.2%）持肯定态度，66 名公诉人中有 58 人（87.9%）对此表示认同。就"量刑说理"进行的满意度调查中，66 名公诉人中有 34 人（51.5%）选择"满意"或"比较满意"。进一步的访谈在一定程度上验证了上述结果的真实性。C 市 W 区法院 S 法官认为，改革后的量刑程序让被告人、辩护人乃至旁听群众更多地了解了量刑决定作出的整个过程，从而使裁判的接受度得到提高。该院 D 法官则认为，虽然试点后的量刑程序加大了法官的工作量，但也减少了法官授人口实的情况，因为即使有媒体和当事人质疑，法官可以说判决是严格按照量刑标准作出的。G 市 H 县法院 Z 副院长表示，推行量刑规范化改革，可以避免因法官素质问题而产生的人情案、关系案，这也是对法官的一种保护。需要指出，上述情况不仅为 S 省的试点与实证研究所印证，而且也为笔者在云南等地的调研以及参与的量刑程序研讨会议（如 2009 年 11 月在济南举行的中国审判学会刑事审判委员会的年会专题研讨及相关材料）所印证。这表明，其具有一定代表性。

---

① 笔者与某高院共同承担了最高法院 2009 年度重点调研课题"关于量刑程序的调研"，该课题采用以调研为主的实证方法，包括旁听庭审、问卷、访谈及采集试点数据等。涉及的试点案件共 1043 件。接受问卷调查的对象包括 71 名试点法院刑庭法官、66 名试点检察院公诉人，以及 600 名辩护律师和 696 名社会公众。访谈对象（法官）主要来自 C 市 W 区和 G 市 G 区、H 县。需要说明的是，C 市是 S 省省会，经济、文化、交通均较发达，G 市距 S 省省会约 280 公里，经济、文化、交通相对落后。两个地区分别代表了 S 省的较发达地区和不发达地区。如无特殊指明，本文的实证数据和材料均来自课题组的调研活动。

然而，量刑程序改革的积极性似乎也仅限于此。在量刑情节、量刑效果方面，量刑程序改革前后相差无几，而审判效率在改革后甚至明显下降，使不少试点地区法官、检察官产生疑虑。具体表现在以下方面。

第一，量刑情节和量刑证据的提出，在量刑程序改革试点中并未发生明显变化。

根据我国刑法规定，量刑情节可以分为法定情节和酌定情节。法定情节是刑法明文规定在量刑时应当予以考虑的情节，我国刑法规定的法定量刑情节有11类26个。[1] 酌定情节是刑法没有明文规定，根据立法精神与刑事政策，由人民法院从审判经验中总结出来的，在量刑时酌情考虑的情节。根据我国立法精神与刑事政策，一般来讲，刑事审判中应考虑的酌定情节有8种。[2]

如果我们承认在定罪与量刑一体的庭审程序中，否定法庭对量刑问题进行单独审判的可能，使得那些与定罪根据明显不一致的量刑信息无法有效地进入法官的视野这一前提性假设，[3] 那么，从逻辑上可以认为，之所以要设置相对独立的对抗式量刑程序，一个重要考虑是为了将那些可能影响对被告量刑的相关信息纳入法官的裁量范围，进而有理由认为，在一个对抗式量刑程序中，如果有较多与定罪根据明显不一致的证据或者信息被

---

[1] 具体是：（1）应当免除处罚的情节有1个：中止犯。（2）可以免除处罚的情节有2个：①犯罪较轻且自首的；②非法种植毒品原植物在收获前自动铲除的。（3）应当减轻或免除处罚的情节有4个：①防卫过当；②避险过当；③胁从犯；④犯罪后自首又有重大立功表现的。（4）应当减轻处罚的情节有1个：造成损害的中止犯。（5）可以免除或者减轻处罚的情节有1个：在国外犯罪，已在外国受过刑罚处罚的。（6）可以减轻或免除处罚的情节有5个：①有重大立功表现的；②在被追诉前主动交代向公司、企业工作人员行贿行为的；③个人贪污数额在5000元以上不满1万元的，犯罪后有悔改表现，积极退赃的；④在被追诉前主动交代向国家工作人员行贿行为的；⑤在被追诉前主动交代介绍贿赂行为的。（7）应当从轻、减轻或者免除处罚的情节有1个：即从犯。（8）可以从轻、减轻或者免除处罚的情节有2个：①又聋又哑的人或者盲人犯罪；②预备犯。（9）应当从轻或者减轻处罚的情节有1个：未成年人犯罪。（10）可以从轻或者减轻处罚的情节有5个：①尚未完全丧失辨认或者控制自己行为能力的精神病人犯罪的；②未遂犯；③被教唆的人没有犯被教唆的罪时的教唆犯；④自首的；⑤有立功表现的。（11）应当从重处罚的情节有3个：①教唆不满18周岁的人犯罪的；②累犯；③刑法分则规定从重处罚的。

[2] 具体是：①犯罪的手段；②犯罪的时空及环境条件；③犯罪的对象；④犯罪造成的危害结果；⑤犯罪的动机；⑥犯罪后的态度；⑦被告人的一贯表现；⑧有无前科。

[3] 参见陈瑞华《论量刑程序的独立性——一种以量刑控制为中心的程序理论》，《中国法学》2009年第1期。

提交法庭，则表明对抗式量刑程序有其价值与必要，反之，如果这种证据和信息的增加量很小，对这些事实和证据完全可以在传统的程序框架内或者通过对传统程序进行微调的方式加以处理，那么，在某种程度上可以认为，量刑程序的对抗式设计并不具有理论上所预设的价值。

在旁听了试点法院的庭审以及阅读、分析其庭审的材料后，笔者发现，与传统庭审程序相比，在适用官方的改革模式的庭审中，控辩双方提出的量刑情节和量刑证据虽然有所增加，但并不明显，而且增加的这些量刑事实和证据基本上都属于有无前科、犯罪后的态度、被告人的一贯表现、目前的家庭情况等酌定情节。比如有被告人提交被羁押待审期间被看守所评为文明个人的证据表明自己犯罪后的态度，有辩护律师出示社区居民的签名请求书以证明被告人一贯行为良好，有被告人述说家境困难的事实。而这些证据，在量刑程序改革之前的庭审程序中，控辩双方一般也会根据需要提出。

第二，在量刑效果方面，量刑程序改革前后差异不大。

衡量是否有必要改革传统量刑程序的一个重要指标是量刑效果。如果改革前后量刑效果差异较大，说明传统的量刑程序存在较大的缺陷，而改革效果明显，改革的必要性相应增加；如果改革前后量刑效果差异较小，甚至并无明显变化，那么说明在解决现有量刑问题时，传统程序与改革后的程序作用基本相当，如有问题，制度设计者应当重新去寻觅产生现有制度问题的真正原因。

课题组的问卷统计发现，参加了量刑程序改革的司法人员和辩护律师积极评价的比例不高。具体而言，对于"量刑程序对量刑结果影响如何"一问，66名受访公诉人中，认为"影响很大"的有18.2%；600名受访辩护人中，相应比例为16.8%；而71名受访法官中，选择此项的比例最低，仅为5.6%。访谈中，多名试点法院的法官反映，量刑规范化试点前后，量刑结果并没有发生实质性的变化。如C市W区法院的W法官在座谈发言时谈道，通过对比量刑规范化试点前后量刑结果的差异，发现差别很小，而只是让外界看来法官的量刑更加公开和透明。G市G区法院的Z副院长和刑庭庭长在受访时称，试点后，刑期没有明显变化，只是更加细化和规范。

量刑程序改革的目标之中包含通过公正量刑让被告人"认罪服判"的初

表。既如此，运行良好的量刑程序应对减少上诉、抗诉有所促进。然而，课题组考察发现，与 2008 年试点地区同期案件相比，上诉率、抗诉率不但没有明显下降，反而在单纯因量刑提起的上诉方面有所上升。1043 起试点案件中，有 45 起案件（4.3%）提起上诉，其中，单纯因量刑提起的上诉有 21 件（2.0%）；与之相比，2008 年同期的案件中，上诉率为 4.3%，单纯因量刑提起的上诉占 1.1%。抗诉率方面，试点案件中的抗诉案件有 2 件，占 0.2%；而对照组案件中，抗诉案件仅有 1 件，占 0.1%。

第三，在量刑程序运行的成本和效率方面，改革后的量刑程序耗费了更多的司法资源，而审判效率明显下降。这主要表现在以下方面。

一是明显增加了法官、检察官的工作量。接受问卷调查的 71 名法官中，65 名法官（91.5%）认为工作量有所增加，其中，认为较以前增加一半以上的有 30 人（42.3%），认为增加一倍以上的有 5 人（7.0%）。66 名公诉人中，认为工作量有所增加的有 64 人，占 97.0%，其中，认为较以前增加一半以上的有 23 人（34.8%），认为增加一倍以上的有 7 人（10.6%）。进一步的访谈发现，法官工作量增加的主要原因是庭审前后与量刑有关的程序性工作，以及与酌定量刑情节有关的调查、审理工作增加。二是延长了庭审时间。课题组对 C 市 W 区法院 2009 年 6 月至 11 月适用改革后的量刑程序审理的刑事案件进行了初步统计，发现平均庭审时间增加了 1/3 左右。① 主要原因是，调查辩论重复的环节较多，导致庭审不顺畅。对此，在其他法院的调查也可印证。如 G 市 G 区法院刑庭 H 庭长在访谈中认为，定罪量刑截然分开导致庭审时间延长，举证、辩论重复较多。该市 H 县法院副院长 Z 也表示，在目前的实体法模式下，区分定罪和量刑程序较为困难，人为区分后，调查、辩论的事实重复、累赘。三是审限，尤其是不认罪案件的审限更加紧张。统计发现，试点期间所有试点案件中超过 2/3 审限和延长审限的案件分别比上年同期增加了 1.9% 和 0.8%，而这主要集中在不认罪案件方面。

总体而言，在现有的刑罚结构下，带有对抗式性质的量刑程序改革虽

---

① 在此期间，该法院共受理刑事案件 490 件，结案 430 件。其中最高人民法院量刑规范化试点规定的五种罪名案件为 310 件，约占 72.1%。改革后的量刑程序主要运用在这五种罪名的案件中，其中普通程序审理的案件为 70 件，简易程序审理的案件为 240 件，刑事附带民事诉讼案件为 25 件，自诉案件为 2 件。

然有一定效果，但是，从试点的情况看，实践效果与改革预期——实现科学、公正量刑——尚有较大差距。① 就我们观察到的试点实践而言，改革后的量刑程序并未明显增加对量刑事实、情节的调查、辩论，对量刑结果影响有限，在科学性、实效性方面的效果也未凸显；与此同时，独立、对抗的量刑程序亦增加了庭审环节和司法成本，导致庭审效率明显下降。尽管说这一场改革是由最高法院推动、各地法院试点进行，而并非由法学界推动的自发性行动，② 但是，不能否认的是，任何改革行动背后都有着主导性的现实背景和理论根据支撑。而量刑程序改革的实践效果与理想预期之间的差距，在某种程度上可以归因于制度改革所赖以支撑的理论根据。当下中国量刑程序改革的试点效果有限，与参与改革方案设计的学者们对中国量刑实践中存在的问题把握偏误和对西方法治国家量刑程序的误读，有着密切的关系。

二 诊断之争：中国量刑制度的根本问题是否为程序法问题

支撑量刑程序改革乃至整个量刑制度改革的一种重要理论认为，量刑制度的主要问题是量刑程序不公正，具体表现在三方面。首先，从庭审的重点来看，刑事庭审程序只关注定罪问题，不关注量刑问题。"现行刑事审判程序的中心是法庭的定罪过程，裁判者所关注的主要是被告人是否构成犯罪的问题"，③ 由此，我国刑事庭审程序在本质上是以定罪为中心的，而不是以量刑为中心的。其次，在这种刑事庭审格局下，法官只关心定罪信息，不关注量刑信息。"那种使量刑依附于定罪过程的审判制

---

① 陈瑞华教授的最新研究亦认为，最高法院推行的量刑程序改革方案对于简易程序基本上是无法适用的，因为简易程序基本上不存在任何定罪审理过程，而属于一种简便快捷的量刑审理程序。那种将定罪审理与量刑审理交错设置的改革方案是没有制度根基的。而在被告人不认罪的普通程序中，最高法院的改革方案存在较为严重的问题，改革方案的实施将带来被告人无罪辩护权受到削弱、定罪审理程序的正当化进程受到冲击等问题。整体而言，最高法院的改革方案只在"认罪审理程序"中具有一定的现实可行性，同时具有进一步改造的空间。相关论述参见陈瑞华《量刑程序改革的模式选择》，《法学研究》2010年第1期。

② 参见陈瑞华《量刑程序改革的模式选择》，《法学研究》2010年第1期。

③ 参见陈瑞华《论量刑程序的独立性——一种以量刑控制为中心的程序理论》，《中国法学》2009年第1期。

度，往往错误地将定罪所依据的事实视为量刑的主要信息，以至于忽略了大量与定罪裁决毫无关联的量刑信息。"[1] 最后，现行刑事诉讼法没有按照诉讼形态建构量刑程序，法官以一种"办公室作业式"的决策方式对量刑问题作出草率的认定，容易导致其滥用自由裁量权，使被告人的实体权益得不到保障。[2]

然而，当我们把目光从有限的庭审空间转向更加宽广的刑事司法实践领域时，有充分的证据显示，真正引起社会普遍关注乃至广泛质疑的量刑问题并不主要在此，而是集中于其他两个方面：其一是量刑不均衡问题，其二是量刑僵化问题。

量刑不均衡现象在任何国家都存在，但在当下的中国似乎尤为突出。在课题组的调查中，受访司法人员、律师及社会公众认为法院量刑不均衡的接近 50%，不同受访主体的评价差异不大。其中，法官、公诉人、律师、社会公众认为法院量刑不均衡的比例分别为 44.1%、57.7%、46.8% 和 42.0%，相比而言，公诉人感受较深而社会公众感知较浅。实践中，量刑不均衡主要有三方面的表现。第一是"同案不同判"，即对于同一类型、情节相似的案件，量刑差异较大。如同是故意杀人案，量刑情节基本相当，而个案量刑则从有期徒刑（包括缓刑）到死刑不等，其后果是"造成了社会对司法公正的质疑，破坏法律面前人人平等原则，损害了司法的权威和公信力"。[3] 第二是特定类型案件的量刑普遍畸重或畸轻，导致社会影响不好。前者如近年来利用自动取款机故障的恶意取款案件，[4] 后者如职

---

[1] 参见陈瑞华《论量刑程序的独立性———一种以量刑控制为中心的程序理论》，《中国法学》2009 年第 1 期。

[2] 参见洪小璐《一项具有里程碑意义的刑事审判改革———就定罪与量刑程序分离改革访北京大学陈瑞华教授》，《太原日报》2009 年 12 月 25 日。

[3] 唐行：《"同案不同判"普遍现象危及司法公信 徐昕教授：构建案例指导制，力求司法统一》，http://tangxing.fyfz.cn/art/580971.htm，最后访问日期：2010 年 2 月 8 日。

[4] 许霆因涉嫌盗窃自动取款机上 17.5 万元一审被判无期徒刑一案，引发媒体、网民、刑法学者众口一词的声讨。该案最终在舆论压力下改判，此后，"云南许霆案"、"宁波许霆案"也相继曝光。参见南方网系列报道《许霆 ATM 机案》，http://www.nddaily.com/sszt/xuting/，最后访问日期：2010 年 2 月 8 日；李潮涛《"云南许霆"父母称要为儿子翻案》，《信息时报》2008 年 4 月 1 日。这些案件的共同特点是，法院的初审判决甚至生效判决都"严格"按照法律规定的盗窃罪量刑标准作出，而都被媒体、公众、学者们认为量刑过重。

务犯罪案件。① 对于两类案件的判决所表现出的严重的量刑不均衡现象，陈瑞华教授将其定格为"社会不平等"问题，从而揭示出量刑不均衡可能给社会秩序与稳定带来的不利的政治影响。② 第三是量刑不均衡现象存在较为明显的地区差异。白建军教授曾对2002年以来法意实证案例数据库的全部1107件抢劫案件进行分析，统计发现，不均衡（过轻、偏轻、偏重、过重）的比例累计为16.9%。其中，不均衡率较高的是西南地区，达19.1%；较低的是东北地区，为13.1%。③

量刑僵化问题，主要表现在法院的量刑缺乏灵活性，没有充分考虑案件的复杂情况和被告人的特点，过于机械地执行法律，由此判决的结果并不符合普通民众的常识判断，甚至也不符合刑罚个别化的量刑原则。"云南许霆案"中，被告人何某取款的金额高达42.97万元，一审法院按照盗窃罪的量刑标准判决其无期徒刑。④ 表面上，上述刑罚完全符合量刑标准的规定，⑤ 却没有考虑到被盗银行在管理方面存在的过错及被告人全额退赃、为在校学生等情节，以致被告父母坚决不服、长期上访。另一典型是上海浦东的"受虐妇女杀夫案"。该案中，被告人王某某长期受到丈夫虐待，愤而杀夫，审判中百名群众联名求情，但王某某仍被判处14年的重刑。该案及其他类似案件促成中国法学会反家暴网络在京召开"受虐妇女杀夫"案件审判问题研讨会。部分与会学者指出，此类案件判决畸重，根本原因在于没有充分考虑被告人的家庭生活状况及政府与社会的责任

---

① 从2001年至2005年，职务犯罪免予刑事处罚、适用缓刑的比例从51.38%升至66.48%。其中，2003年至2005年职务犯罪年均缓刑率为51.5%，而同期普通刑事案件的年均缓刑率只有19.4%。参见《三项对策遏制职务犯罪量刑偏轻》，《检察日报》2007年8月19日；《贪官落法网过半判缓刑严重影响打击腐败声威》，《检察日报》2006年12月15日。
② 陈瑞华教授指出，"社会公众对许霆案的强烈关注，各界对于法院判决的质疑，还有着深刻的社会原因。可以想象一下，一个被认定贪污、受贿10万元的官员，是断然不可能被判处无期徒刑的。事实上，中国法院对于涉嫌经济犯罪的权贵阶层，在量刑上已经出现了超轻刑化发展的趋势。面对这一现实，一个即使没有太多想象力的人也会提出疑问：权贵阶层与社会底层真的受到同等对待了吗？"参见陈瑞华《许霆案的法治标本意义》，《南方周末》2008年1月17日。
③ 参见白建军《罪刑均衡实证研究》，法律出版社，2004，第376页以下。
④ 参见李潮涛《"云南许霆"父母称要为儿子翻案》，《信息时报》2008年4月1日。
⑤ 最高人民法院、最高人民检察院、公安部《关于盗窃罪数额认定标准问题的规定》规定，个人盗窃公私财物"数额特别巨大"，以三万元至十万元为起点。

疏失。①

某些情况中，量刑不均衡可能为量刑程序不公所致，但总体上，量刑不均衡和量刑僵化反映的主要不是程序法问题，而是实体法问题。简言之，它们折射出我国刑罚制度的两个重大缺陷。其一是量刑标准不科学。现行刑罚制度规定的各种量刑情节基本都与犯罪事实有关，而缺乏对犯罪者人格特征及其社会特征的充分考量。② 实践中，即使辩护人提出关于被告人良好表现、家庭状况困难等背景性信息，法官对此也通常不予考虑。其二是量刑标准不统一。各地法院的量刑标准甚至同一法院内部的不同审判人员的量刑标准也不尽相同，从而造成量刑标准的混乱。当然，这也与中国地域差异大、各地情况不一有关。

三 处方之辩：英美法系量刑程序是否为对抗化的量刑模式

一些学者认为，在我国，导致量刑不公的根本原因是定罪与量刑程序不分，解决之道是将量刑程序从现行审判制度中独立出来，使控辩双方充分参与其中、平等对抗。为此主张借鉴英美法系的量刑模式，建立诉讼化的量刑程序，即在量刑程序与定罪程序相对分离的前提下，吸收公诉方、被害方以及被告方的共同参与，允许各方提出本方的量刑建议，提交各自的量刑证据，强调各自的量刑情节，并就量刑的事实信息和量刑方案展开充分的质证和辩论，从而对法官的量刑裁决施加积极有效的影响。③ 在上述主张中，存在对英美法系量刑程序的误解。在此，笔者以美国的量刑程序为例进行分析。

在学理上，根据控辩双方与法官的角色与作用的不同，可将量刑程序分为对抗式量刑程序与职权式量刑程序。对抗式量刑程序是指控辩双方各

---

① 参见蔡敏《"受虐妇女杀夫"量刑讨论》，《中国妇女报》2006年4月18日。
② 现行刑法认可的"品格证据"只有累犯情形，而有利于被告人的"品格证据"只属于酌定情节，对法官量刑不具有约束力。
③ 主要文献参见陈瑞华《论量刑程序的独立性——一种以量刑控制为中心的程序理论》，《中国法学》2009年第1期；陈瑞华《定罪与量刑的程序分离——中国刑事审判制度改革的另一种思路》，《法学》2008年第6期；陈卫东《定罪与量刑程序分离之辩》，《法制资讯》2008年第6期；陈卫东《量刑程序改革的一个瓶颈问题》，《法制资讯》2009年5月27日。

自提供对量刑结果产生影响的证据，并进行辩论，法官在听取量刑证据和控辩双方意见的基础上作出量刑裁判。职权式量刑程序是指法官主导量刑证据的调查，控辩双方只能进行有限的辩论，法官主要根据独立调查的事实和证据作出量刑裁判。观察法治发达国家的立法与实践，法国的量刑程序具有较为典型的职权式特征。然而，让人吃惊的是，美国的量刑程序——即使是适用于不认罪案件的量刑程序——的职权式特征甚至更加明显，与之前的定罪程序形成鲜明对比，以至于有美国学者称之为"一个对抗式躯体中的职权式灵魂"。① 这一事实显然与不少国内学者的认识差距较大。

在美国，审判中的量刑程序通常由法官委托缓刑官进行判决前调查，由后者制作量刑调查报告，法官通常在宣告被告人有罪后的一个月内举行公开的量刑听证会，并基于量刑调查报告和律师、被告人的陈述作出判决。无论在制度上还是实践中，这一程序均未表现出典型的对抗式或诉讼化特征。其职权式特征主要表现在以下两方面。第一，控辩双方之间缺乏真正的对抗。在量刑程序中，控辩双方都不承担提出诉讼主张和对此进行证明的责任。控辩双方都有权建议一个特定的刑罚，甚至为此提供一定的理由，但他们没有责任去证明上述主张或理由的适当性。进入量刑听证阶段以后，尽管双方当事人可以就量刑发表意见和提出建议，但这些意见和建议主要是围绕量刑调查报告展开的，起到的是强调说明或补充说明的作用，实务中，控辩双方的活动包括这种建议并不是量刑程序的主要活动内容。一般而言，这些意见和建议对法官并没有约束力。② 在此阶段，证人很少出庭，控辩双方的对质权和交叉询问权受到极大的限制，相应地，控辩双方并未展开激烈对抗，甚至连基本对抗都没有。如在 *Williams v. New York* 一案中，初审法官判处被告人死刑，Williams 以量刑听证违反正当程

---

① 参见 William T. Pizzi, Sentencing in the US : An Inquisitorial Soul in an Adversarial Body, in John Jackson, Maximo Langer, Peter Tillers (eds.), *Crime, Procedure, and Evidence in a Comparative and International Context*, Hart Publishing, 2008, Ch. 4。

② 可以分为两种情况：在适用量刑指南的情况下，（联邦系统和某些州）法官享有相对的自由裁量权，在特别情况下法官的量刑可以超出指南10%左右的幅度；在不适用量刑指南的情况下（大多数集中于州层面），法官有较为广泛的自由裁量权。综上，无论哪种情况，都显示量刑权首先表现为法官的职权，不受控辩双方的制约，而是受法律的制约。参见上文。

序为由提出上诉。最高法院在驳回其上诉的同时指出，"在公开法庭上对这些信息（指量刑调查报告——笔者注）进行交叉询问，完全是不现实的，如果不是不可能的话"。[①] 该案的判决创设了美国式的职权式量刑调查程序。有学者认为，Williams 案的判决虽发生在正当程序改革之前，但是在很多其他定罪阶段的诉讼权利由宪法性文件规定之后，至今仍然作为判例指导着与量刑程序权利相关的刑事案件。[②] 第二，法官积极、主动，并借助缓刑官进行庭外调查。宣告被告人有罪之后，法官可以就量刑情节进行调查，但通常委托缓刑官进行独立调查。虽然通常认为，缓刑官是一个中立的技术专家，但实践中，缓刑官与法官的关系极为密切，法官在作出量刑决策时高度重视缓刑官提交的报告。最高法院在 United States v. O'Meara 一案中确切地指出了这种关系机制，"现在很多重要的量刑裁决都不是由法官作出，而是由缓刑官作出，操劳过度的地区法官常常能够理解他们的技术知识而且会不加批判地接受"。[③]

那么，美国的量刑程序为什么采用"职权模式"？根本原因是法官具有充分的主体性，二元制权力结构和主观主义刑罚论赋予法官在量刑阶段较大的自由裁量权，使法官真正成为量刑制度的"法律主体"。[④] 量刑程序开始后，法官从陪审团的权力制约中解脱出来，独立接管了量刑程序支配权，对程序的进行、证据的调查与采信拥有了充分的裁量权。[⑤] 具体而言，从二元制权力结构角度来说，在定罪证据规则的适用将大量有关量刑的信息过滤掉后，为了全面收集这些信息，需要在随后的量刑程序中赋予法官较大的职权。对此，赫尔曼曾指出："量刑是法官的职责范围，因为它要求拥有自由裁量权、有实际经验并且了解许多技术性规则。"[⑥]

---

① *Williams v. New York*, 337 U. S. 241 (1949).
② 参见 Douglas A. Berman, Foreward: Beyond Blakely and Booker : Pondering Modern Sentencing Process, 95 *North Western Journal of Criminal Law & Criminology* 3 (2005)。
③ *United States v. O'Meara*, 895 F. 2d 1216 (8th Cir.).
④ 参见〔英〕麦高伟、切斯特·米尔斯基《陪审制度与辩诉交易——一部真实的历史》，陈碧、王戈等译，中国检察出版社，2006，第229页。
⑤ 参见 William T. Pizzi, Sentencing in the US : An Inquisitorial Soul in an Adversarial Body, in John Jackson, Maximo Langer, Peter Tillers (eds.), *Crime, Procedure, and Evidence in a Comparative and International Context*, Hart Publishing, 2008, Ch. 4。
⑥ 〔美〕弗洛伊德·菲尼、〔德〕约阿希姆·赫尔曼、岳礼玲：《一个案例 两种制度——美德刑事司法比较》，郭志媛译（英文部分），中国法制出版社，2006，第351页。

不仅如此，美国刑法确立的刑罚结构也赋予法官广阔的裁量空间。一方面，美国刑法全面采用不定期刑制，给予法官在确定量刑时相当宽的量刑范围。[①] 另一方面，刑事司法系统又允许法官在量刑时可以综合考虑与被告人有关的一切特征，从而赋予法官广泛的调查权力。[②] 对于刑罚结构与法官权力的关系，麦高伟和切斯特·米尔斯基曾说道，"为了实现特定的刑罚目的，法官拥有相当大的自由裁量权，同时通过各种途径来获得被告罪轻罪重的证据。当法官认为需要对被告在相当大的刑罚幅度内量刑时，正如今天一样，每一被告的具体情况都会被法庭作为相关因素来考虑，并对最终的刑罚产生影响"。[③]

四　中国量刑程序改革之路：反思与重塑

（一）量刑程序改革的理论反思

当下中国量刑程序改革理论与实践的结合，呈现三个基本特征：其一，以既有的量刑程序存在严重缺陷，难以解决量刑公正问题为改革前提；其二，以量刑程序的大幅度改革为一方面，以实体性改革尤其是量刑

---

① 参见储槐植《美国刑法》，北京大学出版社，1987，第321页以下。
② 美国刑法采主观主义刑罚论，即刑罚不仅惩罚犯罪行为，更惩罚犯罪人，因此，确定刑罚之轻重不仅要根据罪行的严重程度，还要考虑与犯罪人相关的一系列因素。受此影响，从19世纪早期开始，美国刑事法庭的刑罚结构中，与罪犯个人有关的诸因素就已是量刑时必须考虑的内容。这些量刑因素主要包括两方面：一方面是罪犯的过错程度，主要指共犯在犯罪中所起的不同作用；另一方面是被告人的特征，包括是否有刑事前科记录、家庭社会背景、年龄状况等。参见〔英〕麦高伟、切斯特·米尔斯基《陪审制度与辩诉交易——一部真实的历史》，陈碧、王戈等译，中国检察出版社，2006，第211页以下。进入20世纪，联邦最高法院在 Williams v. New York 一案中指出，刑罚应当适合罪犯而不仅仅是适合罪行这一普遍流行的现代刑罚学原理，正当程序条款不应当被理解为要求法院抛弃他们在法院之外的资源中寻找信息的古老实践传统，因为剥夺法官获取这类信息会破坏现代刑罚学的规则，而这种规则依赖于法官具有合理的关于被告人的生活与性格的全面信息。参见 Williams v. New York, 337 U.S. 241 (1949)。在如今的刑事法庭上，量刑因素进一步扩展至被告人的悔罪情况、受教育程度、职业状况、吸毒史、被害人影响及其他一切可能衡量被告人主观恶性及可复归性的背景性因素。参见〔美〕爱伦·豪切斯泰勒·斯黛丽、南希·弗兰克《美国刑事法院诉讼程序》，陈卫东、徐美君译，中国人民大学出版社，2002，第568页以下。
③ 参见〔英〕麦高伟、切斯特·米尔斯基《陪审制度与辩诉交易——一部真实的历史》，陈碧、王戈等译，中国检察出版社，2006，第229页。

方法的改革为另一方面；其三，以建立对抗化的量刑程序为主要的改革方向。然而，上文的分析表明，上述改革策略存在明显的前提错误。在我国，妨碍量刑科学与公正目标实现的症结不在于或主要不是程序法问题，即量刑调查与辩论的职权化不是根本问题，量刑不均衡和量刑僵化才是大问题，而造成问题的根本原因是量刑制度不科学、量刑标准不统一。对此，接受课题组调查的法官、检察官、律师、社会公众的认识似乎更清楚。

在当前量刑模式存在的问题主要不是程序法问题而是实体法问题的情况下，用程序法的改革手段去解决实体法问题，显然不对路。正因如此，笔者负责的课题组通过考察发现，量刑程序改革的实际效果不尽如人意，不仅量刑事实、证据未有明显增加，量刑裁判结果也未见显著变化，司法效率也有相当程度的下降。这意味着，改革的量刑程序不仅未达到有限的预期目标，对于科学量刑、统一量刑助益也不大。这与量刑程序采用对抗的设计模式不无关系。事实上，在现有刑事治理结构不变的前提下进行对抗式量刑程序改革，带来了两方面的弊害。一方面，容易造成庭审调查和辩论的混乱，甚至给被告人实体权利的保障带来不利。这意味着，在现行刑罚结构模式下，如果硬要通过设置独立的量刑程序将定罪事实证据和量刑事实证据人为分开，那么反倒有可能引发对单一证据进行重复评价的现象，实际上对被告人不利。[①] 另一方面，对抗式的量刑程序所带来的诉讼效率的下降也应当引起我们的高度关注。对抗式的调查、辩论耗费了比过去更多的庭审时间，总体上加重了控辩双方和法院的负担。而在司法资源有限、案件负担日益沉重的大背景下，这种取向显然有违效率原则，使本已有限的司法资源更趋紧张。

英美法系"职权式"量刑程序主要与二分式庭审结构、"惩罚犯罪人"而非"惩罚犯罪行为"的主观主义刑罚论等契合。这一情况值得追求对抗化的量刑程序的我们深思，因为对抗化的量刑程序改革更难与我国的刑事治理结构兼容。我国现行的刑事审判权力构造、刑罚结构与大陆法系传统非常相近。具体而言，在审判权力结构上，我国刑事审判采用一体化权力

[①] 参见张国香、张建伟《量刑程序改革的文化思考》，《人民法院报》2009年7月11日，第4版。

组织形式，不存在英美法系的陪审团制分权机制，法官不仅在定罪环节，而且在量刑环节享有充分的自由裁量权；在刑罚结构上，采用客观主义刑罚立场，主要根据犯罪行为及其后果的严重性进行量刑。显然，这一结构与职权式审判模式具有亲和性，而难以形成对抗制审理的基本条件，更何况英美也未真正推行对抗式的量刑程序。

（二）未来量刑制度改革的基点

在中国进行量刑制度改革必须把握好适当的基点，之后的改革措施才会有较强的针对性。笔者主张的改革基点有两个方面。

第一，以实体性改革为主，程序性改革为辅。

在量刑制度改革上，合乎逻辑的思路是"实体法问题，实体法解决；程序法问题，程序法解决"。从大陆法系传统看，量刑制度改革的重点一般集中在实体法改革上，即通过改革刑罚结构，细化各种量刑情节，确定合理的量刑幅度，明确各种情节的量刑加减比例，压缩法官量刑的自由裁量空间，从而达到规范量刑的目的。即使在美国，近年来的量刑制度改革也以实体法改革为中心。20世纪80年代之前，美国的量刑失衡现象非常严重，在联邦与一些州相继采行《量刑指南》以后，这种情形才有所缓解。有学者指出，过去25年以来，实体的量刑法律方面的变化已经成为美国法律在过去一个世纪中最大的改革，"这些变化比20世纪60、70年代的刑事诉讼程序改革，对刑事诉讼程序的影响还要大"，[①] "在过去的1/4世纪里，对量刑的实体改革名副其实，程序方面的改革仍然远远落后于实体改革"。[②]

至于我国，最高法院的量刑制度改革举措既有程序方面，如《人民法院量刑程序指导意见（试行）》，也有实体方面，如《人民法院量刑指导意见（试行）》，而且后者远比前者更加详细。显然，对于我国量刑制度存在的量刑不均衡与量刑僵化问题，最高法院已然给予高度重视，通过下发《人民法院量刑指导意见（试行）》，试图为法官量刑建立一个相对统一的

---

① 参见 Douglas A. Berman, Reconceptualizing Sentencing, *University of Chicago legal Forum* 1, 2005。

② 参见 Douglas A. Berman, Foreward: Beyond Blakely and Booker: Pondering Modern Sentencing Process, 95 *North Western Journal of Criminal Law & Criminology* 3（2005）。

尺度。然而，在推进量刑制度改革的具体进程中，最高法院的基本策略是实体改革与程序改革"同步推进"，而未考虑到实体改革的逻辑优先性。不仅如此，《人民法院量刑指导意见（试行）》在实践中的问题也颇多。在笔者的调研中，多名试点法院的法官认为意见中确定基准刑的方法仍然不尽合理，容易导致量刑情节的重复使用，规定的量刑情节调整刑期的比例也不太合理，有的幅度过大，为法官滥用自由裁量权提供了新的"合法性"基础。有鉴于此，未来的量刑制度改革应确定"实体先行，程序跟进"的思路，首先规范科学的量刑标准，着力推进量刑方式改革，在条件具备、时机适宜时，再适度改革现行的量刑程序，将实体性调整纳入量刑程序审理的范畴，并使程序性改革服务于实体性改革。

第二，在量刑程序改革方面，不宜大改，可以小改或微调。

综合考虑量刑制度改革所需解决的问题、我国刑事审判的权力结构和刑罚制度等因素，配合实体性改革，对现行刑事庭审程序进行小改或微调更加切实可行。适度的程序改革举措可包括：（1）限制量刑程序的适用范围，将其限定于不认罪案件和控辩双方在量刑主张上存在重大争议的案件两种类型。对于其他案件不设立专门的量刑环节。（2）将量刑环节设置在统一的庭审过程中，与定罪环节略有区隔即可（用最高法院的表述，即相对独立）。（3）限制量刑审理方式的对抗性程度，按照高效、科学的原则加以处理。量刑审判的方式应与庭审定罪审理的方式相一致，而不能特殊化，更不能更加对抗化。（4）进一步推行量刑说理制度。在制作刑事判决书的过程中，法官不仅要充分阐述定罪理由，还要充分阐述量刑辩论阶段控辩双方提出的辩论意见，并说明采信与否的理由，同时要较为详细地论述基准刑和宣告刑的确定过程。（5）完善量刑救济程序。量刑救济程序应当包括对量刑程序违反法律的上诉以及对量刑结果有失公正的上诉。针对违反量刑程序的情况，可由控辩双方向上级法院提出上诉。针对有失公正的量刑结果，由控辩双方直接向上一级法院提出上诉，上诉法院可以不再对定罪部分进行审查，而是重点审查量刑结果是否符合实体法规定。

第五编 刑事诉讼证据论

刑事证据立法方向的转变[*]

汪建成　孙　远[**]

摘　要：中国刑事证据立法应当实现以下几个方面的转变：从对证明力的关注转向对证据能力的关注；从客观真实观转向法律真实观；从一元价值观转向多元价值观；从侦查中心主义转向审判中心主义；从形式上的对抗制转向实质上的对抗制；从中国走向世界。

关键词：证据能力　法律真实　多元价值观　审判中心主义　对抗制

时下，国人尤其是刑事诉讼法学界对刑事证据立法表现出空前的关注，这一新的立法渴求的生成来自两个方面的动因：一是在对抗制诉讼机制被引进后对证据规则判定的迫切期待；二是刑事诉讼中人权保护观念的急剧增强。在这样的背景下思考刑事证据立法的基本方向，将会很自然地聚焦以下六个方面的问题。

一　从对证明力的关注转向对证据能力的关注

（一）证明力和证据能力

刑事证据立法能不能像司法实务界所期待的那样，制定出一部包罗万

---

[*] 本文原载于《法学研究》2003 年第 5 期。
[**] 汪建成，北京大学法学院教授；孙远，论文发表时为北京大学法学院博士研究生，现为中国社会科学院大学法学院教授。

象、一劳永逸的证据法，使执法者变成"法律的自动售货机"？要对这一问题作出回答，应当从证据法上的两个基本概念——证明力和证据能力入手进行分析。

所谓证明力，是指证据对于案件事实所具有的证明作用和效力，即证据对于案件事实的存在与否有没有以及在多大程度上有证明作用。证据的证明力是以证据事实与待证事实之间的关联性为基础的。这种关联性是一种客观存在，它需要而且可以通过人类的认识能力去把握。因此，如果一个高明的立法者能够洞悉各种事物之间的关联，并在此基础上赋予各种证据的证明力以相应的数值，那么，法官在审判案件时，只需根据现有证据进行一定的数学运算，便可以认定案件事实。但是，诉讼中案件事实的证明过程并不这么简单，因为人类认识能力的非至上性决定了立法者不可能穷尽任何涉讼事件与其证据之间的关联性。

所谓证据能力，简言之就是一定的事实材料在法律上可以充当证据的资格。台湾学者李学灯指出："证据能力，亦称证据资格。谓证据方法或证据资料，可用为证明之能力，自证据之容许性言之，亦即可受容许或可被采用为证据之资格。"[①] 法律对证据能力的规定意味着并非所有与案件事实有关联的证据材料都能在诉讼中作为证据使用。某些证据材料即使对案件事实具有非常明显的证明作用，如果其不符合法律规定的条件，也不能作为证据使用。法律对于证据能力所作的限制既可能是基于各种政策性考虑的结果，也可能是为了防止某些具有难以克服的弱点的证据给案件事实的认定造成危险。

（二）证据法发展的两条线索

1. 证明力规则的发展

在证明力的问题上，证据法发展变化的核心是证据的证明力由谁来判断。根据对这一问题的不同回答，可以将人类历史上存在过的证据制度分为神示证据制度、法定证据制度以及自由心证制度。

有关古代法的研究表明，在人类各民族历史发展的早期，普遍存在一

---

① 李学灯：《证据法比较研究》，五南图书出版公司，1992，第438页。

个法律的统治尚未从宗教的统治中分离出来的阶段。① 这种宗教的统治在认定案件事实上体现为神明裁判,即在具体的案件中依靠神的启示确认事实,并在此基础上判定是非曲直。显然,神示证据制度是在人类认识客观世界的能力极度低下的条件下产生的。随着社会的发展和人类认识能力的提高,它逐渐被证据裁判主义取代。证据裁判主义,简单地说,就是指在诉讼中要依靠证据,并运用人的理性发现事实真相。证据裁判主义概念的提出,最大的历史意义就是否定神明裁判。② 证据裁判主义确立之后,在证明力的判断问题上出现了两种截然不同的规则,即法定证据制度和自由心证制度。

法国1670年的《刑事裁判王令》和德国1532年的《卡洛林纳法典》被视为法定证据制度的代表性法典。这一制度最显著的特征是法律对各种不同证据的证明力都作了具体的规定,甚至达到了量化的程度。例如,1670年法国《刑事裁判王令》对证据按照其证明力规定了三个等级,即完全证据、半证据和不完全证据。③ 显然,在法定证据制度之下,证据之证明力由法律或者说由立法者来判断,而且这种判断不是根据个案,而是通过规则为之,它不是具体的,而是抽象的。

到18世纪末,随着资本主义的发展和社会关系的日益复杂化,法定证据制度遭到越来越多的批评,其矛头大多指向法律对证据之证明力加以直接规定这种做法本身的合理性。批评家们认为,这"是一种荒诞的方法,是对被告人、对社会都有危险的方法",他们力主将具体案件中各种证据证明力的最终判断权交给法官,任凭法官去理解和进行内心判断。④ 这种主张在1808年《法国刑事诉讼法典》中得到认可,该法第342条规定:"法律不要求陪审官报告他们建立确信的方法;法律不给他们预定一些规则,使他们必须按照这些规则来决定证据是不是完全和充分;法律所规定的是要他们集中精神,在自己良心的深处探求,对于所提出的反对被告人的证据和被告人的辩护手段在自己的理性里产生了什么印象。法律不向他们

---

① 参见〔英〕梅因《古代法》,沈景一译,商务印书馆,1959,第14页。
② 参见〔日〕田口守一《刑事诉讼法学》,刘迪等译,法律出版社,2000,第217页。
③ 参见王亚新《刑事诉讼中发现案件真相与抑制主观随意性的问题——关于自由心证原则历史和现状的比较法研究》,《比较法研究》1993年第2期。
④ 参见齐剑侯、童振华编《刑诉证据基本原理》,吉林人民出版社,1982,第10页。

说：'你们不要把没有由某种笔录、某种文件、多少证人或多少罪证……所决定的证据，认为是充分证实。'法律只是向他们提出一个能够概括他们职务上的全部尺度的问题：'你们是真诚地确信吗？'"继法国之后，一些大陆法系国家纷纷效仿，确立了如今被称为"自由心证"的著名原则。

可见，在司法确立证据裁判主义之后，证据证明力的判断经历了一个由不自由向自由的转变过程。而导致这一转变的，则是人们认识到法定证据制度在探求个案真实方面的无能为力，人类赖以生存的这个普遍联系着的客观世界太过纷繁复杂，以致根本无法通过抽象的规则加以调整。因此，法定证据制度对证明力的抽象规定就仿佛刻舟求剑，永远不能适应客观需要，尽管它企图减少法官枉法裁判的可能性，却与诉讼中寻求真实的目标背道而驰。

自由心证制度在欧洲大陆是作为法定证据的直接对立面而确立的。相对于立法者而言，法官由于直接面对个案，在正确衡量证据证明力方面，具有天然的优势。证据证明力的判断是一个认识过程，而人的认识能力是先天具有的，精神正常的成年人之间的认识能力相差无几。因此，在对某一具体问题的判断上，如果作为判断根据的基础事实一致，不同的人运用其相同或相似的认识能力往往能够得出大体一致的结论。正如罗伯斯庇尔（又译罗伯斯比尔）在谈到陪审法庭的设立时所讲："在法律复杂的地方，应用法律较为困难；但是判定事实是否存在的困难是与这点无关的。在一切国家里，在一切立法制度下，罪证都是属于事实的范围；借以发现罪证的概念和推理是相同的。为了看到和认知罪证所必需的能力也是相同的。无论你们如何增加法律、法典、决议和买卖契约的解释员的人数，像是否有过买卖，你是不是卖主这样一些事实问题，是不会因此而变得较为复杂的。无论你们如何挖空心思想出各种困难的事例，我既不能同意它们的识别能力与某种方式或某种职业有关，也不同意这种能力是超过有理智的人，甚至于受社会信任来承担这种责任的有识之士的理解力的。"[①]

常人在认识能力上的共同性为自由心证原则提供了强有力的论证，但是，仅此一点还不足以将法定证据制度彻底否定，因为法定证据制度最为突出的优点是可以限制法官的自由裁量权，防止枉法裁判，而这一点恰恰

[①]〔法〕罗伯斯比尔：《革命法制和审判》，赵涵舆译，商务印书馆，1965，第25—26页。

成为自由心证原则备受质疑的焦点。为了弥补这一缺陷，各国经过几十年甚至上百年的摸索，确立了一套相对完备且行之有效的证据规则体系，以对法官权力的行使加以规制，例如，常理与逻辑规则、法定证据能力规则、维护司法独立和中立的程序规则、判决理由规则等。这些规则与自由心证原则之间已经建立起了一种密不可分的共生关系，成为自由心证原则不可分割的一部分。

2. 证据能力规则的发展

在证据能力的问题上，证据法发展变化的核心是应不应当设置以及应当在何种程度上设置有关证据能力的限制性规则。从这一视角来看，人类社会的证据制度明显经历了一个证据能力规则从无到有，并且最终在证据规则中取得绝对主导性地位的过程。

如果说证明力规则早就存在的话，那么证据能力规则很晚才进入人类的视野。即使是今天以复杂的可采性规则闻名于世的英国，在18世纪末有关证据的规则也非常简单。① 甚至到了19世纪，边沁在他的《审判证据的理论基础》一书中仍然主张废止所有的要式主义的规则，回到以日常经验与常识推理为依据的"自然的"自由证明制度。他认为为了实现裁决的公正性，不应该排除任何证据，除非提出这项证据会引起困扰、开支与拖延。②

然而，随着人们对诉讼客观规律认识的加深和社会文明的发展，查明案件事实的任务在证据法中的主导地位渐渐动摇。既然自由心证被认为是最有助于发现真实的方法，那么，证明力的判断就不再是一个法律问题，而成为一个事实问题，或者说是有关事物之间联系之客观规律的科学问题。证据法虽在这个问题上几乎无用武之地，但是，这并没有导致证据法的消亡，相反，近百年来证据法却以前所未有的速度发展，而各式各样的证据能力规则是进入这个领域的最主要的新鲜血液。随着这一趋势的不断发展，证据法的概念也发生了根本性的改变，它的关注点已经从证据的证明力转向了证据能力，它不再关心何种程度的证据可以用来证明何种事实，而是关心满足哪些条件的证据才可以在诉讼中使用，而后者才被认为

---

① 参见沈达明编著《英美证据法》，中信出版社，1996，第7页。
② 参见沈达明编著《英美证据法》，中信出版社，1996，第8页。

是证据法所应当解决的问题。这些有关证据能力的规则虽然在很大程度上也是为追求个案真实这一目的服务的,但是在现代社会的证据法中,这一目的已经不再具有绝对的优势,而是与执行某些政策的目的并存。

首先,某些证据材料本身的特点导致其具有极大的虚假可能性。从通常的经验来看,它们对案件事实所能起到的证明作用要远远小于可能带来的危害,于是,法律便彻底否定了其作为证据的能力。这种做法实际上是将证明力的问题转化为证据能力的问题,[①] 换句话说,就是以法律的方法来解决证明力的认定这样一个事实问题。最为明显的例子就是英美证据法中的传闻证据规则。

其次,现代社会的证据法除了要为查明案件事实服务外,还承担起了实现一系列政策的任务。这些政策在现代已被认为是维护社会的文明和稳定所必不可少的条件。例如,依据有关取证程序的规则,排除刑讯、非法搜查、非法扣押等手段所获得的证据的证据能力,就是基于保障公民权利不受国家权力非法侵犯的政策性考虑。

综上所述,证据法的发展历程可以归纳为上述有关证明力和证据能力规则的演变这样两条线索。其中关于证明力规则的线索反映了人类对于证明的客观规律认识的发展变化过程,而证据能力规则之演变则是社会文明的进步对证据法提出的不同要求。

3. 历史发展的启示

证明力和证据能力规则的发展轨迹也对我国证据立法提出了两方面的课题:一方面,在证据证明力的判断上,应当明确赋予法官自由心证的权力,法律不应过多干预;另一方面,证据立法应当根据现代社会的需要,对证据能力提出合理的要求。也即,证据立法应当从对证明力的关注转向对证据能力的关注。其中有关证据能力的具体内容我们将在后文分别涉及,这里主要就证明力问题展开讨论。

显然,前面提到的司法实践中对证据立法的期望是难以实现的,它实质上是想走一条法定证据制度的老路。证据法的发展历史已经表明,在现代社会,这样一种做法既不可能又无必要。证据法的努力方向应当是在肯定法官在证据证明力问题上的自由判断权的同时,完善各项配套措施,从

[①] 李学灯:《证据法比较研究》,五南图书出版公司,1992,第467页。

而使司法者在认定事实时达到"从心所欲，不逾矩"①的境界。

多年来，自由心证原则在我国一直是被批判的对象。这项原则在我国始见于国民政府时期的刑事诉讼法。1935年《刑事诉讼法》第269条规定："证据之证明力，由法官自由判断之。"我们的法制史著作曾经将其盖棺定论为"法西斯武断专横"的做法，其目的是"混淆是非，颠倒黑白，更好地镇压革命，屠杀人民，维护国民党政府的反动统治"。② 这种对自由心证原则的彻底否定代表了一个时代的意识形态。然而对于证据法发展历史的考察令我们有理由相信，自由心证原则是诉讼证明之客观规律的必然要求，不论你承认与否，都无法改变。

事实上，自由心证这项曾经被我们认为一无是处的原则，在我们的司法实践中一直以一种畸形的方式存在，只不过许多人对它视而不见，或不愿承认罢了。既然我国实行的不是法定证据制度，证据的证明力不由法官判断，那又是如何认定的呢？因此，我们今天所要做的不应该是再就是否承认自由心证原则争论不休，当务之急是要对如何贯彻这一原则加以深入研究，使之得以良性运转。

那么，是不是一定要在法律中明确规定自由心证原则呢？我们认为，这一点倒并不重要。自由心证作为一个法律上的概念，是欧洲大陆法系国家为了反对法定证据制度提出的，而在英美法系国家，历史上并未经历欧洲大陆的法定证据阶段，故无须专门提出针对法定证据的自由心证的概念。但是这并不妨碍他们在证明力判断问题上贯彻同样的精神。这一现象也恰恰说明自由心证原则的精神作为一项不以人的意志为转移的客观规律，自近代以来已经融入审判实践中。所以，对于我们的证据立法来说，关键是在理论上为自由心证原则正名，③ 然后以此为指导思想，改革我们的制度，使这项原则的精神在和谐的环境中发挥作用。至于是否在法律中形成文字，其实并不重要。相反，如果认为仅仅把自由心证原则写入法律条文便万事大吉，只会带来更为严重的后果。

---

① 《论语·为政》。
② 参见蒲坚主编《中国法制史》，光明日报出版社，1987，第322页。
③ 在理解自由心证时，应当有三个基本前提：自由心证是建立在证据裁判主义基础上的；自由心证是建立在证据能力规则上的；心证是自由的，但心证的过程必须公开。只有这样，才能从根本上划清自由心证同主观臆断之间的界限。这三个方面是构建自由心证的配套规则时所必须考虑的三个基本出发点。

二 从客观真实观转向法律真实观

(一) 近年来客观真实观与法律真实观的争论

自新中国成立以来，客观真实理论在我国证据法学中一直占有绝对的主导性地位。该理论通常以辩证唯物主义认识论来论证自己的合理性。该理论主张："案件事实及证据，同世界上各种事物一样，是客观存在的东西。也就是说，案件总是发生在一定的时间、空间条件下，总会留下证据，这是不以人的意志为转移的"；"案件事实是曾经发生过的客观事物，虽然不能再现，但通过司法人员收集证据，正确地运用证据，是可以重现案件真实情况、达到对案件客观真实情况的认识的"。[①] 还有的学者进一步指出，如果以辩证唯物主义为指导思想，就应当承认反映论和可知论；承认可知论就应当承认案件的客观事实从总体上来说是可以被办案人员认识的。[②]

长期以来，客观真实理论在辩证唯物主义认识论的光环掩护之下，很少受到强有力的挑战，几乎成为一种不容置疑的理论。但是，近年来，随着证据法学研究的深入，客观真实理论逐步陷入了困境，其理论缺陷逐渐暴露出来，受到了理论界越来越多的批判。

有学者指出："对一个具体刑事案件的证明标准，只能达到近似于客观真实，而且是越接近客观真实越有说服力……'客观真实'只能成为刑事案件证明的一个客观要求，它告诫办案人员要奋力地接近它，它决不会成为个案的一个具体的证明标准。"[③] 另有学者从具体方面力陈了客观真实理论的缺陷，认为：客观真实的观点片面强调事物的客观性，排斥甚至根本无视人的主观能动性对事物客观性所具有的潜力和作用；立法的规定为查明案件事实提供了必不可少的条件，但同时也在某种程度上阻却了对客观事实的发现；作为认定案件事实主体的司法人员，因受种种因素的制

[①] 宋世杰：《证据学新论》，中国检察出版社，2002，第209页。
[②] 参见陈光中《诉讼中的客观真实与法律真实》，《检察日报》2000年7月13日。
[③] 樊崇义：《客观真实管见——兼论刑事诉讼证明标准》，《中国法学》2000年第1期。

约，难以做到主观认识与客观事实完全相符。[1] 还有学者甚至从根本上否认诉讼中围绕证据运用所进行的证明活动属于认识活动。[2] 这无疑是对客观真实理论最大的颠覆。

在否定客观真实理论的基础上，批评者们提出了与之相对的法律真实观。按照有关学者的论述，"事实"在法律程序中有双重含义：一是社会和经验层面的事实，二是法律层面的事实。无论是裁判者还是控辩双方，都不能为寻求社会和经验上的事实而无限制地进行活动，裁判者不可能为探求所谓"实质真实"而任意进行调查活动，他必须在承担证明责任的一方进行证明的前提下，对案件事实是否存在进行裁判。经过这种法律裁判活动，裁判者对案件事实的认定带有较强的法律适用色彩，实际上属于自己对案件事实作出的主观判断。因此，在严格的法律形式主义限制下，裁判者所认定的事实显然不等于社会或经验层面上所谓的"客观事实"，而只能是法律上的事实。实际上，"客观事实"的完全发现既是不可能的，有时也是不必要的。[3]

（二）案件真实观之我见

1. 探求案件事实的意义

一桩案件从起诉到裁判要经历认定事实和适用法律两个阶段，前者是后者的前提和基础。美国联邦最高法院1926年在 *U. S. v. Roderbough* 一案的判决中提到了事实与法律的关系："每一个法律问题，皆由于事实情势而发生，若无许多复杂事实状况，就不可能有法律问题。"[4] 尽管持有客观真实观和法律真实观的学者们在判决之事实依据的性质问题上各执己见，但似乎没有人否认一定的事实基础对于裁判的必要性。因为在当事人对案件事实争执不下的时候，没有一定事实依据作支撑的裁判是缺乏其存在的正当性的。

在刑事诉讼中，案件事实的认定具有极为重要的意义，这是因为：其一，刑事诉讼是实现刑法的过程，而刑法属于公法。对刑事被告人定罪的

---

[1] 参见李玉萍《论司法裁判的事实根据》，《法学论坛》2000年第3期。
[2] 参见陈瑞华《刑事诉讼的前沿问题》，中国人民大学出版社，2000，第196页以下。
[3] 参见陈瑞华《刑事诉讼的前沿问题》，中国人民大学出版社，2000，第216页。
[4] 周叔厚：《证据法论》，国际文化事业有限公司，1989，第7页。

结果是启动以限制和剥夺公民的自由或生命为内容的国家刑罚权。这与民事诉讼中所涉及的人身权、财产权显然有质的区别。其二，刑法本质上是一种"裁判法"，原则上只能通过诉讼并且只有在经过诉讼之后，才能得到适用。而在出现民事争议时，诉讼仅仅是偶然性事件，法律允许甚至鼓励当事人选择诉讼之外的其他解决途径。[1] 刑事领域中仅仅强调诉讼在纠纷解决上的功能是远远不够的，纠纷不仅要得到解决，还要"尽可能地"依据案件事实的真实情况得到解决。否则，诉讼将沦为一种与通过抛硬币决定利益归属一样的仪式。

因此，虽然关于诉讼中确认的案件事实是客观真实还是法律真实的问题有充分讨论之必要，但探求案件事实对于诉讼的重要意义却毋庸置疑。而探求案件事实的过程显然也应当是认识的过程，尽管这种认识过程可能会受到多方面的限制，还可能会伴随包括价值选择等因素在内的其他活动。

2. 人类认识的两重性格及客观真实观对辩证唯物主义认识论的误读

客观真实论者历来以辩证唯物主义认识论为自己的理论基础。其典型的推理过程是：根据马克思主义的认识论原理，存在是第一性的，意识是第二性的，存在决定意识，人类具有认识客观世界的能力。凡已经发生的案件，必然会在外界留下各种物品、痕迹或为某些人所知晓，这就为我们查明案情提供了事实依据。因此，在诉讼中，人们通过调查研究认识已经发生了的案件事实是完全有可能的。这一推论非常简洁，但是如果是全面而不是片面地理解辩证唯物主义认识论的话，就会发现其中错误之处也是非常明显的。

恩格斯在批判杜林的形而上学真理观时，一开始就指出了人类思维是至上性与非至上性的统一。他说："思维的至上性是在一系列非常不至上地思维着的人们中实现的；拥有无条件的真理权的那种认识是在一系列相对的谬误中实现的；二者都只有通过人类生活的无限延续才能完全实现"，"从这个意义来说，人的思维是至上的，同时又是不至上的，它的认识能力是无限的，同时又是有限的。按它的本性、使命、可能和历史的终极目的来说，是至上的和无限的；按它的个别实现和每次的现实来说，又是不

---

[1] 参见〔法〕卡斯东·斯特法尼等《法国刑事诉讼法精义（下）》，罗结珍译，中国政法大学出版社，1999，第5页以下。

至上的和有限的"。①

可见，辩证唯物主义认识论之所以"辩证"，是因为它看到了人类认识的两重性格，即至上性和非至上性，忽视其中任何一点都是片面的。在案件事实的认定问题上也是如此。一方面，案件事实发生之后，人们通过运用证据可以对其产生一定的认识，如果这种认识无限延续下去的话，人们甚至有可能无限接近案件事实的本来面目。另一方面，诉讼不能无限制地进行下去，当事人还在等待最终的判决，法官对于案件事实的认识必须在法律规定的期限内完成。因此，通过诉讼活动认识案件事实注定只能是恩格斯所讲的"个别实现"和"每次的现实"，由此获得的认识也只能是非至上的。客观真实论者仅仅抓住认识至上性的一面，断言通过诉讼可以而且应当认识到案件的客观真实，这种以辩证唯物主义认识论为指导思想的理论恰恰是不"辩证"的。与其说它错了，倒不如说它没有搞清楚自己讨论问题时所处的位置和扮演的角色——将面对控辩双方的法官与处于历史长河中的整个人类相提并论。

3. 案件事实认定的正当化——从主观认识到法律真实

既然诉讼中通过证据获得的对案件事实的认识是认识的"个别实现"和"每次的现实"，是非至上的，那么，究竟是什么导致了这种认识的非至上性呢？换句话说，它与理想中的案件事实的本来面目之间的误差究竟缘何而起呢？

首先，法官个人的主观因素会影响其对客观世界的认识。认识能力的欠缺，无意间形成的偏见，甚至某些时候一闪而过的感情因素，都有可能导致其认识偏离案件的客观真实。其次，法官据以作出判决的材料常常是不完整的。案件发生之后遗留下来的一些蛛丝马迹，也就是被称为证据的东西，如同一个花瓶被打破后所留下的有限碎片。正像你很难寻找到所有的碎片，从而重新拼起一个完整的花瓶一样，根据有限证据重构的案件事实也常常与真实情况存在差距。诉讼在这一点上很像恩格斯在《反杜林论》里论述认识的相对性时所举的地质学的例子。② 最后，正如有的学者指出的那样，现代诉讼包含越来越多的价值选择过程。这一点虽然不能构

---

① 《马克思恩格斯选集》第 3 卷，人民出版社，1972，第 125—126 页。
② 《马克思恩格斯选集》第 3 卷，人民出版社，1972，第 127 页以下。

成否认案件事实属于认识活动的理由,但是却为认识活动划定了范围。

如此看来,法官对案件事实的认识似乎是一种完全的主观认识。如果我们的推理仅仅到此为止的话,那么审判将失去正当性。因为作为判决之基础的事实竟然是这样一些因人而异且毫无规律可循的东西,之所以将其作为判决的依据,只是因为碰巧审理此案的法官是这样认为的。应当说,这种担心可以理解,却是没有必要的。因为通过诉讼认定案件事实这种形式从其产生之日起,就已经逐步建立起了一套将法官的主观认识法律化的机制。这种走向法律化的主观认识,我们可以把它叫作法律真实,它原本属于主观认识的范畴,但已经过了法律的加工。当这种主观认识脱胎换骨为法律真实之后,就不再是虚无缥缈的偶然,而具有了相当程度的确定性;它已不再是恣意的独断,其合法性从此即被认可。那么,这个将主观认识法律化的过程是如何完成的呢?

第一,构成一桩案件的事实可能包罗万象,但法律并不是对其中的任何一个细节都感兴趣。比如,一个杀人犯,他在行凶时眼里是否布满了血丝?在作案之前,他经历了怎样的思想斗争?作案后,他是否又受到了良心的谴责?这些事实常常是不重要的。法律只是将其中某些被认为具有决定性作用的情节规定为必须证明的对象,只要这些情节得到证明,法官就可以作出相应的事实认定。可以看出,在这种情况下,原本是一个整体的案件事实被法律按照一定的标准裁剪了、形式化了。

第二,法官认识案件事实除了受到实体法关于证明对象的限制之外,还要受到证据法乃至程序法在证据范围上的限制。一方面,作为法官认识事实之依据的证据必须符合证据法有关证据能力的规定,不具有证据能力的事实材料即使在事实上可以证明某些重要情节,也一定要被排除在考虑范围之外。另一方面,程序法通常又规定法官必须以控辩双方提出的证据为依据,即使有的国家允许法官在一定程度上主动调查取证,但其也往往受到一系列严格的程序性规则的约束。

第三,既然认识的非至上性决定了法官对于案件事实的认定不可能达到百分之百的客观真实,那么,其认识究竟要达到何种程度才可以作出相应的认定呢?这一问题也是由法律关于证明标准的规则来回答的。无论是英美法系著名的"排除合理怀疑"标准,还是大陆法系的"法官内心确信"标准,都起到了将法官对于案件事实的主观认识确定化、形式化的作用。

第四，如果法官认为现有证据对于某一事实存在的证明无法达到法律规定的证明标准，那么就出现了所谓真伪不明的状态。在这种情况下，关于证明责任的规则又指示法官应当作出该事实不存在的认定。此时所确定的"案件事实"，其法律真实的意味尤为明显。

第五，诉讼中经常出现的各种价值之间发生冲突的问题，也往往通过立法得到了解决。立法者对那些值得追求的价值按照被认为是普遍接受的标准进行权衡，并将它们之间的关系以法律的形式确定下来，法官在认识案件事实的活动中有义务遵守法律的此类规定。至少原则上，法官不得在个案中进行价值判断，这一工作在立法环节被视为是业已完成了的。这样一来，从理论上讲法官对于案件事实认识的确定性又有了更深层次的保障。

（三）法律真实观对证据规则的指导作用

对诉讼事实观问题的讨论绝对不是一场无意义的文字游戏，它对证据规则的设置将会产生重大影响。

通过对诉讼中事实认定活动之特点的研究，我们有理由相信，客观真实理论尽管"看上去很美"，但注定只能是一个空洞的口号，它不具有法律所必需的、哪怕是最低限度的可操作性，在客观真实观的土壤里永远也结不出现代意义上的证据法的果实。因为证据法无力也根本无心去追求所谓的客观真实，它所能做到的仅仅是在承认法官对于案件事实认识的非至上性的基础上，尽可能地将这种非至上性认识法律化，使之具有能够被人接受的确定性，或者说合法性。换言之，客观真实观从来就是与几乎所有的证据规则格格不入的，以客观真实标准批评诉讼中的事实认定，尽管看上去非常有力，却不具有实际价值。

当然，客观真实观也可以被认为是使案件事实之认识正当化的一种更为振奋人心的手段，但实质上，它只不过是为我们画了一张无法充饥的饼。在考虑刑事证据立法方向的时候，应当采取更为务实的法律真实观——在承认人们在诉讼中对案件事实认识的非至上性的前提下，通过各种有的放矢的规则使这种非至上性的主观认识走向法律真实。

必须承认的是，我国现行法律中的客观真实理论方面的规则非常缺乏。这就造成了我国诉讼中所认定的案件事实名为"客观"，实为主观，确定性难以保障。而法律真实观恰恰为我们指明了走出这一困境的方向。证据立法应当以此为指导，在证据能力、证明标准、证明责任、证据调查以及诉讼中的价值权衡等问题上建立一系列完整的、可操作的规则，实现案件事实认定的法律真实。

三　从一元价值观转向多元价值观

（一）价值与证据法的价值

作为哲学概念的价值，是指客体满足主体需要的有用性。价值在本质上源于客体，取决于主体，产生于实践。[①] 它是由主体基于各种目的人为选择的结果。如何在各种同时存在且彼此冲突的价值取向之间进行权衡和选择，是法律面对的一个永恒课题。

就刑事证据法而言，其可能涉及的价值也是多方面的。第一，刑事证据法是适用于刑事诉讼过程中案件事实之证明活动的法律。因此，它对于刑事案件事实的证明必须具有有用性。第二，现代社会的刑事诉讼奉行无罪推定原则，犯罪嫌疑人、被告人在被正式作出有罪宣判之前，在法律上是无罪的。因此，其作为一个普通公民所应当享有的包括自由、生命、财产等在内的各项权利都应当得到保障。刑事证据法对于这一目标的实现，也应当具有有用性。第三，刑事诉讼是一个立体的过程。尽管表面看来，它由控、辩、审三方在法律所确立的一套封闭的流程之中展开，但实际上刑事诉讼作为一个整体，又是在整个社会的大背景下存在的，它只是整个社会生活的一个方面。因此，如何保障刑事诉讼活动在运行的同时不损害社会生活其他方面的正常运作，就是在设计刑事诉讼各项制度的时候不得不考虑的问题，而刑事证据法在实现这一目标上的有用性也不容忽视。

上述三个方面的价值在证据法中并非"井水不犯河水"，相反，它们彼此之间相互冲突的现象经常发生。而且，刑事诉讼直接关系到国家安全、社会稳定和公民自由，因此，相对于其他领域而言，在适用于刑事诉讼领域的刑事证据法中，各项价值之间的冲突就显得更为激烈。那么，当

[①] 参加李连科《价值哲学引论》，商务印书馆，1999，第94页。

两种价值之间发生碰撞，且二者不可兼顾的时候，就必须作出舍鱼而取熊掌的选择。

各种可欲的价值构成了整个社会得以存在和延续的基础，它们之间应当维持一种均势。如果打破这种均势，过分强调其中某一方面的价值而完全不顾其他方面的价值，将会导致整个社会的畸形发展，甚至崩溃。在证据法中对查明案件事实的追求也应当保持一个合理的限度，从而为其他价值的实现留出空间。当然，对于刑事证据法来说，案件事实的查明仍然是值得追求的目标之一。法律要赋予追诉机关在调查取证过程中各项必要的权力。但是，在这些权力令追诉机关如虎添翼的同时，法律也应当对其设立种种限制，使其不得"为所欲为"。

（二）证据法价值之一——获得事实，控制犯罪

刑事证据法作为刑事法的组成部分，控制犯罪自然是它最为明显和直观的价值。在这一问题上，它的独特性只是在于其发挥作用的范围主要集中在案件事实的确定过程中。

但是，在理解刑事证据法的这一价值的时候，需要特别注意的是，刑事证据法是适用于刑事诉讼活动的法律，这个特点决定了它的价值只在于"控制"犯罪，而非"惩罚"犯罪。通过对刑事诉讼理论发展历史的考察可以发现，人们对于刑事诉讼目的的认识经历了由"惩罚犯罪"向"控制犯罪"演变的过程，而这种演变当然不仅仅是概念的简单替换。

20世纪60年代，美国学者帕卡（H. Packer）第一次将犯罪控制（crime control）作为一种同正当程序（due process）相对应的诉讼模式正式提出来。[①]他用"犯罪控制"代替"惩罚犯罪"可以说具有划时代的意义。因为他是从刑事诉讼的过程和结果的统一上认识刑事诉讼的目的，而不是仅仅从刑事诉讼的结果上认识刑事诉讼的目的，而后者正是"惩罚犯罪"目的论的缺陷。所以，自从帕卡提出犯罪控制的概念以后，其便得到了国际社会的普遍认同，许多国际性的文件中都使用了"犯罪控制"一词。

我们认为，对于刑事证据法的价值也要放在刑事诉讼过程中去理解，

[①] 1964年，帕卡在《宾夕法尼亚法学杂志》上发表了《刑事诉讼程序的两个模式》一文，文中对犯罪控制模式和正当程序模式进行了深入的分析。

强调其对犯罪的"控制"而非"惩罚"作用。明确这一点可以对证据在刑事诉讼中的意义有一个更为清晰的认识。那就是：证据是刑事诉讼中确定案件事实的唯一依据，在没有证据或证据不足的情况下，不得为了达到惩罚"事实上"存在的犯罪，凭借任何形式的臆想、推测来认定案件事实。公安、司法机关在刑事诉讼过程中收集证据、运用证据证明案件事实的行为应当也只能以"控制"犯罪作为基本价值追求之一。

基于对获得事实、控制犯罪这一价值追求的考虑，证据立法应当在合理的程度上确定一系列有利于国家查明犯罪事实的证据规则，为国家证实犯罪、控制犯罪提供便利。台湾学者李茂生先生曾经对所有诉讼程序的规定进行了划分，其中第一部分是"由实际上的诸种行动模式中，选出最合理、最有效率的模式，并将之统一化，以期行动的划一性以及最高效率化（国权的积极效率化）"。① 证据法基于获得事实、控制犯罪这一价值追求的考虑所确定的诸项规则大抵属于此类。

现行《中华人民共和国刑事诉讼法》（以下简称《刑事诉讼法》）规定的追诉机关收集证据的方法主要体现为"侦查"一章中所列的各种侦查手段，如讯问犯罪嫌疑人、询问证人、勘验、检查、扣押、鉴定、辨认等。另外，作为我国刑事诉讼的一大特点，法院也可以根据案情的需要，采取勘验、检查、讯问等方法收集证据。我们认为，为适应当前犯罪的新特点，应在法律中增加诸如诱惑侦查、监听、采样、警犬识别等证据收集手段。这样做，一方面可以增强追诉机关收集证据的能力，符合证据法之获得事实、控制犯罪的价值追求。另一方面，对于我国现实情况来说更重要的是，它还可以以确定的方式将追诉机关收集证据的方法严格限制在法律明文规定的范围之内，以适应刑事法治的需要。因为此类证据法则对于国家追诉机关来说，属于授权性法律。换句话说，法律关于追诉机关权力内容的规定，同时也意味着对其权力的行使限定了范围。

从司法实践来看，《刑事诉讼法》正式认可的证据收集方法由于面对的犯罪形势日益严峻，显得不符合现实需要，上述诱惑侦查、监听等手段实际上一直以一种"非法"的面目悄悄存在。这样一来，在此类问题上出现了一个法律的真空，失控现象的出现在所难免。与其如此，倒不如通过

---

① 参见李茂生《自白与事实认定的结构》，《台大法学论丛》第 25 卷第 3 期，2000 年。

证据立法来填补这一真空,既适应实践的需要,又可以使追诉机关的行为严格依照法定的方式进行。

(三) 证据法价值之二——保障犯罪嫌疑人、被告人的人权

刑事诉讼中存在的价值冲突,在犯罪控制与犯罪嫌疑人、被告人人权保障之间无疑得到了最为明显的体现。如何实现二者的平衡是近现代刑事诉讼法学的首要课题。在这个问题上,17、19世纪的资产阶级革命被认为是刑事诉讼历史的分水岭。封建社会被颠覆之后,资产阶级在刑事诉讼领域处处反其道行之,他们提出的无罪推定、控审分离、审判公开等原则经过数百年的检验已经被普遍接受为刑事诉讼文明的底线。特别是近几十年来,由于"二战"中纳粹法西斯恣意践踏人权给人类带来的巨大恐惧,各国刑事诉讼制度在人权保护的道路上更是以前所未有的速度大步前进,经历了一场被称为"刑事司法革命"(criminal jus-tice revolution)的洗礼。[①]这场变革背后所体现的理念是资产阶级革命之后人们对于国家与个人之间关系的再认识。具体到刑事诉讼领域,根据贝卡利亚的理论,刑事诉讼程序中的各项规则,是被告人抵御毫无限制的国家权力的第一道防线。从这个意义上讲,刑事诉讼的基本特征是:通过程序量化、分散和规范司法权;实行无罪推定;尊重被告人的权利;实行公开、公平、合理的审判。[②]

刑事诉讼对于人权保障的价值追求目前已经得到我国理论界的认同。1996年《刑事诉讼法》修正时在这个问题上也进行了有限的推进。但其中局限仍然毋庸讳言,在我国现行刑事司法体制下,犯罪嫌疑人、被告人的各项权利仍然难以得到切实保障。撇开理念上的缘由不谈,我们认为,现行制度层面的种种缺漏亟待弥补,而证据立法恰恰是其中的一个重要方面。

当然,证据裁判主义本身就意味着对犯罪嫌疑人、被告人人权的尊重,因为它禁止恣意出罪入罪,将犯罪嫌疑人、被告人是否有罪的结论建立在以证据为基础的理性判断之上。但是,对于犯罪嫌疑人、被告人的人权保障来讲,仅仅强调在裁判时以证据为依据是远远不够的。事实上,证据裁判主义这项原则经过几百年的发展,其含义早已超出了字面意义。现

---

① 参见 Jeroidh Israel, Criminal Procedure-Constitutional Limitation, 1993, p. 1。
② 参见 Mireille Delmas-Marty, *The Criminal Process and Human Rights*, published by Martinus Nijhoff Publishers, 1995, pp. 6 – 7。

代刑事诉讼中的证据裁判主义更加强调其规范意义,即被用来认定案件事实的证据必须具有法律所要求的证据能力。[①] 而证据能力规则的一个主要关注点恰恰就是追诉机关在证据收集和运用过程中对于犯罪嫌疑人、被告人人权的尊重。易言之,证据裁判主义不仅要求裁判的理性,而且要求追诉机关在证据的收集过程中保持一种理性的克制。这一点正是证据立法必须解决的问题之一。具体而言,证据立法应当对追诉机关针对犯罪嫌疑人、被告人取证的行为设置各项明确有效的人权保障规则。

此类规则中首要的当数禁止以违反犯罪嫌疑人、被告人意志自由的方式获取口供,以保障口供的任意性。

口供的任意性是当今世界各国的证据规则普遍关注的焦点之一。它的出现来自对犯罪嫌疑人、被告人的诉讼主体地位的承认。作为独立的人格实体,犯罪嫌疑人、被告人在是否作出供述的问题上享有完全的自由选择权。以强迫、引诱、欺骗等手段获取口供的行为是与这种理念相悖的。在这一问题上,最具特色的无疑是西方国家已经普遍适用但在我国引起激烈论战的沉默权规则。当然,是否应在我国确立这一规则是一个需要专门研究的问题,在此无法展开论述。我们认为,将"沉默权"三个字明确写入证据法典,并不是最重要的;按照口供任意性的标准,完善各项配套制度才是证据立法的当务之急。为此,应当确保犯罪嫌疑人在侦查阶段接受讯问过程中获得律师在场帮助的权利;应当建立非法取证的排除规则;应当完善相应的羁押制度。此外,证据立法还应当对追诉机关对犯罪嫌疑人人身、住宅的搜查,对其物品的扣押等取证行为设置相应的限制,以保障犯罪嫌疑人作为在法律上无罪的公民所应当享有的权利。

(四) 证据法价值之三——维护社会稳定和协调发展

刑事诉讼只是社会生活的一个方面,法律在为它的运作提供空间的同时,也要注意限定其范围,这样才能维护整个社会的稳定和协调发展。实质上,这一点所关注的已经是超出了刑事诉讼本身范围的一种价值追求,可以将其概括为刑事诉讼的社会价值。

这一价值追求在证据法上主要体现为对追诉机关以及法院向有关公民

[①] 参见〔日〕田口守一《刑事诉讼法学》,刘迪等译,法律出版社,2000,第 217 页以下。

调查取证行为设置的限制性规则。此类规则是随着社会文明的进步不断发展的。就当前而言，应当引起证据立法关注的，是证人特免权规则的建立。

从世界范围来看，主要存在三种类型的证人特免权，即反对强迫性自我归罪的特免权、维护身份关系的特免权和维护职业关系的特免权。其中，第一类特免权体现的是一种"人格独立的个人不得被强迫反对自己"的理念，而后两类特免权，按照西方学者的解释，其存在的理由是："社会期望通过保守秘密来促进某种关系。社会极度重视某些关系，宁愿为捍卫保守秘密的性质，甚至不惜失去与案件结局关系重大的情报。"①

我们认为，证据立法也应当从上述三个方面设置证人特免权的规则。当然，其范围要根据我国具体情况慎重考虑。比如，由于我国传统家庭观念较强，家庭稳定对于社会和谐的作用举足轻重，因此可以考虑将第二类特免权的范围划定为所有共同生活的家庭成员。另外，基于职业关系的特免权的设立也应当根据我国相关行业的特点进行取舍。比如在医生与病人的问题上，由于我国实行公共医疗制，与西方国家比较普遍的、特别强调相互信赖关系的家庭医生制不同，因此，不宜完全照搬国外的做法。②

四　从侦查中心主义转向审判中心主义

（一）由证据概念引发的思考

按照我国理论界通行的思维模式，研究证据法学，首先必须对什么是证据给出一个明确的解答。1979年和1996年两部《刑事诉讼法》分别在第31条和第42条规定："证明案件真实情况的一切事实，都是证据。"法律的这一规定将证据概念定义为一种客观事实，而且是"一切"对案件真实情况有证明作用的事实。长期以来，这一思想在证据法学理论中成为一种挥之不去的思维定式，有的学者甚至将其直接拿来，不加任何修饰地用于学术研究。

---

① 〔美〕乔恩·R. 华尔兹：《刑事证据大全》，何家弘等译，中国人民公安大学出版社，1993，第283页。
② 我们认为，在这一问题上应当区别对待。心理医生工作的开展依赖于与病人之间的相互信赖关系，因此，证据规则中应当有相应的体现。当然，这同时需要相关医疗体制的规范化。

陈光中教授的观点略有不同。他认为，"刑事诉讼中的证据就是在一定的诉讼形式下，确定犯罪事件是否发生、被告人是否有罪、被告人罪责轻重及其他有关案件事实情况的客观的事实材料"。[①] 此概念强调证据是用于"一定诉讼形式下"的，这无疑在认识诉讼证据的道路上前进了一步。因为"证据"一词并非诉讼领域中独有的概念，无论是学术上的立论还是日常生活中的摆事实、讲道理，都会涉及证据问题。因此，离开一定的诉讼形式谈证据，至少对于证据法学的研究和实践很难说有什么意义。但是，这个概念对于诉讼证据本质的揭示也只是前进了一小步。

用于诉讼之中的证据相对于其他证据来讲，到底具有哪些特征呢？近年来，理论界在这一问题上的探索一直没有停止。王国枢教授指出："刑事诉讼证据是侦查、检察、审判等人员依法收集和查对核实的，同刑事案件有关并能证明案件真实情况的一切事实。"[②] 此概念在收集和审查判断的主体方面指出了诉讼证据的特征。他认为，侦查、检察和审判人员在履行各自职责过程中收集到的与案件有关联的事实都是证据，而且这三类人员对于证据都要进行审查判断。这种观点正确与否姑且不论，但从收集和审查判断主体上界定诉讼证据，不失为一个值得考虑的方向。

朝着这个方向走下去，接下来要问的问题是：究竟哪些主体有权对诉讼证据进行收集和审查判断呢？是不是像上述概念中指出的那样，公检法三机关都有权呢？如果答案是肯定的，那么三机关对证据的收集和审查判断活动是完全一致的，还是各有特点呢？如果三者之间存在差别，那么我们的证据立法是否可以在一套逻辑体系之下将它们完全涵盖，抑或只能选择其中之一作为基本的视角或者出发点？

对于这些问题，目前学术界还缺乏深入的研究。普遍的观点是，公检法三机关由于其工作性质的需要，都有权收集和审查判断证据，法律对三机关的上述活动要一视同仁地加以规制。然而事实上，三机关尽管在诉讼中都离不开证据，都要收集和审查证据，但具体情况又各不相同。这种不加分别，将三者笼而统之的做法导致了司法实践中一系列怪现象的出现，例如被告人翻供的问题，证人不出庭的问题，侦查终结、起诉和定罪的证

---

① 陈光中主编《刑事诉讼法学五十年》，警官教育出版社，1999，第114页。
② 王国枢主编《刑事诉讼法学》，法律出版社，1999，第123页。

明标准不分的问题,等等。

那么,这些怪现象产生的根源究竟是什么呢?目前一些学者的研究已经找到一些答案。根据这些研究,我们认为,我国现行《刑事诉讼法》所确定的诉讼构造是这些怪现象产生的制度原因。

当我们讲到诉讼构造的时候,一般是从当事人主义、职权主义的角度而言的。但这只是视角之一。有的学者从纵向的角度对诉讼构造进行重新审视,提出了诉讼之纵向构造的命题。从纵向来看,我国实行的是一种被称为"流水作业式"的构造模式,与之相对的则是西方国家的"以裁判为中心"的构造模式。[①] 也有的学者将前者表述为"诉讼阶段论",将后者称为"审判中心论"。[②] 在以审判为中心的模式之下,侦查和起诉机关的活动都围绕将要进行的审判而展开,并受审判机关的制约,因此,在证据制度上也主要以法院的视角进行设计。而在我国这种"流水作业式"或者说"诉讼阶段论"的模式之下,公检法三机关各管一段,彼此界限分明,除了有限的几种情形之外几乎没有关联,因此也就不存在像西方国家的审判机关那样的统一的视角。诉讼构造的现状不可避免地限制了我们的思维,在我们眼里,公检法三机关在收集和审查证据上的区别和联系也就难以厘清。

这种"诉讼阶段论"的构造所造成的后果绝不仅仅是理论认识上的模糊,它还造成了实践中整个诉讼过程向侦查阶段的严重倾斜。因为既然侦查、起诉和审判三个阶段的活动在性质上没有严格区分,公检法三机关各自行使的都是国家刑事司法权,那么侦查工作的重要性也就不言而喻了,起诉和审判在一定意义上被公安司法人员视为一种重复劳动。仿佛编剧创作剧本一样,侦查机关的工作为整个刑事诉讼活动的开展奠定了基调,随后所进行的起诉和审判,在很大程度上不过是根据这个基调进行的一场"演出"。正如有的学者指出的那样:"追诉机构的案卷材料对法院的裁判结论具有决定性的影响。"[③]

在我们看来,尽管法律条文中确定的是一种"流水作业式"或者说"诉讼阶段论"的构造模式,但这一模式被运用到实践中之后,早已悄悄

---

① 参见陈瑞华《刑事诉讼的前沿问题》,中国人民大学出版社,2000,第220页以下。
② 何家弘、龙宗智:《证据制度改革的基本思路》,载何家弘主编《证据学论坛》第1卷,中国检察出版社,2000。
③ 参见陈瑞华《刑事诉讼的前沿问题》,中国人民大学出版社,2000,第236页。

地走了样，演变为"侦查中心主义"模式。

（二）证据是给谁看的——以审判为视角的证据法

侦查中心主义模式招致的实践中的困境是多方面的，绝非仅仅体现在证据问题上。目前我国学者对从侦查中心主义向审判中心主义转变的研究已经取得相当的成果。[1] 本文不准备系统研究诉讼模式问题，而仅就证据法上的相关内容展开讨论。

什么是证据？或者说，什么是证据法上的证据？这是证据立法首先需要解答的问题。前面已经提到，"证据"一词可以在不同的场合使用，它不是一个静止不变的概念。就一桩刑事案件来讲，证据至少具有三个层面的含义：一是记录犯罪过程的证据，也就是说，证据是犯罪行为所产生的能够证明犯罪事实的各种物品、痕迹或现象；二是证明或者说"查明"案件过程的证据，也就是说司法工作人员用以进行逻辑推理、进行主观性理性思维过程中所运用的证据；三是作为定案根据的证据，也就是说，证据是法院进行裁判的根据。

从第一层含义看证据，其目力所及之范围已经超出了诉讼领域，它将犯罪行为当作一个纯粹的"事件"而非"诉讼案件"，因此对于证据法来说不具实际意义。第二层含义上的证据则将关注点转向了诉讼，但其大多被适用于侦查、起诉活动，具体是指侦查人员、起诉人员用以形成自己对案件事实之看法的过程中所采纳的各项事实依据。第三层含义是从法官的视角来看证据，它是法官作出案件最终判决的事实依据。

显然，证据立法应当针对后两种意义上的证据展开。但是，在确定立法的根本立足点时，还必须在二者之间再做一个选择。[2] 这就需要对侦查、起诉机关与审判机关在证据收集和审查上的联系与区别有一个比较清楚的

---

[1] 此类研究中比较有代表性的，如左卫民《价值与结构——刑事程序的双重分析》，四川大学出版社，1994；陈瑞华《刑事诉讼的前沿问题》，中国人民大学出版社，2000；宋英辉、吴宏耀《刑事审判前程序研究》，中国政法大学出版社，2002。

[2] 龙宗智教授针对我国"诉讼阶段论"的构造模式曾经提出，我国不适合制定统一的证据法典，而应当根据各阶段的不同特点，制定相应的单行条例（参见何家弘、龙宗智《证据制度改革的基本思路》，载何家弘主编《证据学论坛》第1卷中国检察出版社，2000）。应当说，这种观点在逻辑上是成立的。但是，如果要制定一部能够统摄刑事诉讼全过程的证据法典，就必须有一个统一的视角。

认识。

首先，公检法三机关在诉讼中的不同职能决定了在证据法上采取审判中心主义的必要性。人民法院是我国唯一的审判机关，只有法院才可以决定一个人是否有罪，因此，法院对于证据的审查判断具有最高的权威。

其次，公检法三机关在诉讼中不同的行为模式决定了在证据法上采取审判中心主义的可行性。包括我国在内的许多国家在刑事诉讼中一般采取兼有弹劾式和纠问式特征的混合式构造模式。在这种模式之下，侦查追诉阶段纠问式特征比较明显，而法庭审判阶段弹劾式特征较明显。具体而言，在法庭审判阶段，始终保持着一种包括控、辩、审三方在内的正三角结构，并且在全面贯彻直接言词、中立、公开、对等辩论等原则的基础上展开对证据的审查判断活动。而在侦查起诉阶段，一般由控方单方面实施诉讼行为，既不存在双方的对等辩论，也谈不上中立和公开。两相比较，法庭审判阶段的独特构造更有利于客观全面地查明案件事实，并保护当事人诉讼权利的充分行使。综上所述，我们认为，一部完整的证据法典应当有一套自己的逻辑体系，而这套逻辑体系应当基于法院的视角来构建。当然，这并不意味着侦查起诉阶段的证据收集和审查不属于证据法的调整范围。但是在某种意义上可以说，证据法对侦查起诉阶段有关证据运用的行为采取的是一种间接调整策略。证据法还可以被看作法院在审判案件时所适用的一套评价体系，而侦查和起诉活动则要依照这套体系展开。总之，证据法中所讲的证据，应当是给行使审判职能的法官看的证据，证据法也应当是"以审判为中心"的证据法。

（三）审判之中心地位在证据法中的具体体现

审判的中心地位在证据法中应当得到全面的体现，这就要求证据立法以审判过程中法官的行为模式和视角构筑规则。其内容纷繁庞杂，在此仅举两例加以说明。

1. 在证据审查过程中全面贯彻直接言词原则

根据德国学者的解释，直接审理原则有两方面的含义：一是"在场原则"，即法庭开庭审理时，被告人、检察官以及其他诉讼参与人必须亲自到庭出席审判，而且在精神上和体力上均有参与审判活动的能力；二是"直接采证原则"，即从事法庭审判的法官必须亲自直接进行法庭调查和采纳证据活动，直接接触和审查证据。言词审理原则也有两方面的含义：一是参加审判的各方应以言词陈述的方式参与审理实施攻击、防御等各种诉讼行为；二是在法庭上提出和调查任何证据材料均应以言词陈述的方式进行。①

在证据审查过程中全面贯彻直接言词原则对于突出审判在证据法中之中心地位的最大意义就在于，强调法院在证据审查判断上的权威。因为根据直接言词原则，侦查起诉机关制作的案卷将不会对法院产生决定性影响，相反，侦查起诉机关要按照法庭进行直接言词审理时的要求准备证据材料，包括人证、物证在内的各类证据都要呈上法庭，在控、辩、审三方均在场的情况下，接受以言词辩论方式进行的质证。这样法官将会对证据形成自己的判断，而不必处处受制于侦查起诉机关反映在案卷中的意见。

2. 确立鉴定问题上控辩双方平等的模式

我国目前屡遭非议的司法鉴定制度中存在的问题是多方面的，在此要提出的是诉讼中决定鉴定和选任鉴定人的问题。

控辩双方在这一问题上的权利应当保持一种以司法权为中心的对称性。因为双方当事人对鉴定的决定和鉴定人的选任之影响力的明显差异，意味着强势一方在专门性问题上对知识的垄断，而弱势一方由于知识的欠缺则必然在诉讼过程中处于被动地位。

我国在决定鉴定和选任鉴定人方面采取的显然是一种不平等模式。第一，在侦查过程中，为了查明案情，需要解决案件中某些专门性问题，侦查机关应当根据《刑事诉讼法》第119条指派、聘请有专门知识的人进行鉴定；第二，《刑事诉讼法》第158条规定，法院在审理过程中，为调查核实证据可以进行鉴定；第三，当事人无权自行聘请鉴定人，而只能依据《刑事诉讼法》第121条和第159条申请补充鉴定或重新鉴定。另外，当事人还有权申请鉴定人回避。可见，在决定鉴定和选任鉴定人问题上，侦查机关和法院享有几乎相同的权力，而当事人的权利则微乎其微。

与这种不平等模式相呼应的是"多元"的鉴定体制。我国目前的鉴定体制主要由三种鉴定机构组成：公检法司各部门自设的专门鉴定机构，经授权成立的面向社会的专职鉴定机构，经授权成立的面向社会的兼职鉴定机构。其中，鉴定力量最强的是第一类，尤其是附属于公安机关的鉴定机

---

① 参见陈瑞华《刑事诉讼的前沿问题》，中国人民大学出版社，2000，第183页以下。

构，可以承担各类主要的鉴定工作。[①]

公安机关在鉴定权力上与法院的一致性，以及在鉴定实力上相对于法院的优势地位必然导致诉讼中心由审判向侦查的转移。因此，我们认为，证据立法在鉴定问题上应当采取一种平等的模式，主要通过减少控诉方的权力，同时在一定程度上增加辩护方权利，最终达到双方的平等。通过鉴定机构的社会化，鉴定人的考试、考核和鉴定人名册，将决定、实施鉴定权和选任鉴定人的权力统一归法院行使，控辩双方只在同等程度上享有申请或建议的权利。同时建立当事人指派技术顾问制度，实现鉴定问题上控辩双方的平等参与。

五　从形式上的对抗制转向实质上的对抗制

（一）中国式的"对抗制"——从1996年修正《刑事诉讼法》说起

1996年《刑事诉讼法》的修正被认为是我国刑事诉讼由职权主义向当事人主义转变的起点，然而，数年来的实践表明，改革并没有取得理想的效果。审判并没有变得"实质化"起来，充其量不过是换了一种"走过场"的方式。控辩双方只是按照新《刑事诉讼法》规定的形式履行了一套与从前不同的程序而已，从实质上来看，辩方面对强大的控方，仍然一如既往地不堪一击。

那么，究竟是什么导致了改革目标的落空呢？如果仅仅从制度层面考察的话，我们认为，根源就在于制度设计时对对抗制的误解。首先，真正意义上的对抗制绝不仅仅体现为一种审判方式，控辩双方的对抗要贯穿整个刑事诉讼过程的始终。从侦查阶段开始，犯罪嫌疑人就应当享有充分的权利，与控方对抗。而我国《刑事诉讼法》在对抗制问题上的修正仅仅以审判阶段为着眼点，对于侦查和起诉阶段则基本维持现状。虽然也规定犯罪嫌疑人在被第一次讯问或采取强制措施之日起可以聘请律师，但又规定律师此时的活动仅限于为犯罪嫌疑人提供法律咨询、代理申诉、控告等内容，以此去对抗握有强大资源的侦查机关无异于螳臂当车。因此，我国法

[①] 参见陈光中《刑事诉讼法实施问题研究》，中国法制出版社，2000，第72页。

庭审判过程中所谓的控辩双方"对抗",从一开始就注定先天不足。

其次,控辩双方的对抗并不是一场真空中的较量,它必然要在一定的制度空间之下,运用一定的手段展开。但不得不承认的是,现行《刑事诉讼法》为对抗制之运作提供的配套措施严重不足。如此一来,让控辩双方,特别是辩方怎样对抗?拿什么对抗?事实上,目前控辩双方的对抗也仅仅是有关人员按照法律规定的顺序在法庭上发发言便草草收场罢了。

总之,对抗制在我国刑事诉讼过程中的贯彻目前还仅仅停留在表面,是一种形式上的对抗制。如果要实现对抗制从形式向实质的转变,必须将关注点从庭审阶段扩展到整个刑事诉讼过程的始终,同时还要完善相应的配套措施。而证据法在这一转变过程中将起到非常重要的作用。因为证据是双方当事人进行对抗的最重要的武器,这种武器如何获得、怎样运用,都需要证据法的相关规则加以规定。

(二) 实质上的对抗制对证据立法的要求

1. 侦查阶段证据收集的司法控制

不言而喻,对抗必然是一种包括双方主体在内的关系,而在对抗的双方之间如果不存在一个中立的裁判者的话,不论何种对抗都有升级为"战争"的危险,其结果大多为一方将另一方完全压服或消灭。对抗制诉讼作为一种理性的制度,自然少不了法官的居中裁断。因此,如果对抗制要在侦查阶段确立的话,就必然也要在该阶段设置相应的司法控制机制。许多学者在这个问题上已经进行了有益的探索。[①] 在此,我们仅就其中的证据法问题进行讨论。

我们认为,证据的收集应当是证据法对于侦查阶段的关注焦点。确立侦查阶段证据收集的司法控制机制,应当明确以下几个方面的问题。

第一,证据法所确立的对侦查阶段证据收集的司法控制主要是针对侦查机关,而非犯罪嫌疑人一方。

第二,侦查阶段证据收集的司法控制之主要模式是:当侦查机关要采取某些关系到当事人或其他公民之重要权利的取证行为时,必须由法官授

[①] 参见陈瑞华《刑事诉讼的前沿问题》,中国人民大学出版社,2000;孙长永《侦查程序与人权——比较法考察》,中国方正出版社,2000;宋英辉、吴宏耀《刑事审判前程序研究》,中国政法大学出版社,2002。

权。按照西方各国通行的做法，此类行为主要包括搜查、扣押、监听、逮捕等。①

第三，证据立法要为法官的司法控制提供可以操作的规则。当侦查机关申请实施一定的取证行为时，法官自然不得恣意决定，批准与否必须依照规则行事。

2. 确立证据开示制度

证据开示这项要求控辩双方在庭审前相互出示和提供证据的制度，随着对抗制改革的提出和运作，已经逐渐引起我国学者的注意。证据开示制度是对抗制刑事诉讼中独有的一项证据制度。因为在这种通过两方对抗而推进的诉讼程序中，如果对抗的双方对对方掌握的证据情况一无所知，法庭上打冷拳、放空枪的现象便在所难免；另外，由于辩方在证据收集方面的能力明显不及控方，如果再不给他了解控方证据的机会，对抗也难以落到实处。通过证据开示制度，控辩双方可以对彼此掌握的证据事先做到心中有数，从而使法庭上的对抗能够切实、高效地展开。否则法庭审判要么完全演变成一场纯粹的司法竞技，要么将出现纯粹的一边倒局面。②

证据开示制度是对抗制得以推行的一项重要配套制度，是使刑事诉讼从形式上的对抗制走向实质上的对抗制的一个重要环节。我们认为，证据法关于证据开示的规则至少应当包含以下几个方面。③

第一，证据开示范围的规则。证据开示是一种双向性的开示（reciprocity doctrine），即控辩双方互相开示证据，而非单纯由控方向辩方开示证据。但是双向开示并不等于对等开示，基于控辩双方在诉讼地位、诉讼职能以及实力对比上的差距，法律应当原则上要求控方向辩方全面开示证据，而辩方则仅向控方开示一定范围内的证据。

---

① 参见孙长永《侦查程序与人权——比较法考察》，中国方正出版社，2000，第74页以下。
② 美国学者在论证《联邦刑事诉讼规则》第16条时，指出这一规定中确立的证据开示制度主要是基于以下刑事政策：有利于为辩方辩护提供充分的证据信息；有利于控辩双方进行充分的预审准备；有利于避免审判中的相互突袭；有利于节省司法资源；有利于案件的诉讼程序变得高效、迅捷。参见 Charles H. Whitebread and Christopher Slobogin, *Criminal Procedure—An Analysis of Cases and Concepts*, The Foundation Press, Inc., Mineola, New York, 1986, p. 532。
③ 关于笔者在具体制度上的构想，参见汪建成《论我国刑事诉讼中的证据开示制度》，《法制日报》1999年12月5日、12日、19日，2000年1月9日。

第二，证据开示程序的规则。此类规则要对证据开示的主体、时间、地点和方式等几个方面的问题作出规定。

第三，法官在证据开示过程中进行裁判的规则。证据开示是在控辩双方之间进行，且以双方的信任与合作为基础。一旦双方发生分歧，以致证据开示不能顺利进行时，中立的法官就应当成为证据开示制度的最终维护者，此时法官就以裁决者的身份发挥着独特作用。因此，在设立证据开示制度时，必须同时赋予法官司法审查权。我们认为，法官在证据开示中的司法审查权可以概括为两个大的方面：一方面是对证据开示本身的司法审查权；另一方面是对证据开示后出现的违法行为的审查、认定和处理权。

3. 确立审判中的交叉询问规则

交叉询问是典型的对抗制诉讼在审判阶段最重要的体现。我国1996年修正《刑事诉讼法》也借鉴了交叉询问的一些因素。但是在我们看来，这种新的审判程序，且不说与真正意义上的交叉询问制度还相差甚远，即使对于控辩双方在法庭审判中最低限度之对抗局势的形成与维系来说，也尚显不足。

对抗制下的法庭审判方式，理论上至少要解决三个问题。第一，谁来对抗？答案显然应当是具有平等的诉讼主体地位的控辩双方当事人。但实际操作起来并非如此简单。首先，它强调控辩双方之平等的诉讼主体地位的重要性。在对抗制审判中，被告人不应当是被追究、被讯问、被调查的角色，否则他根本没有资格与控方展开对抗。其次，它要求法官在控辩双方的对抗过程中保持一种中立、克制、观望的姿态，而不得随意介入双方的对抗之中。第二，控辩双方拿什么对抗？答案应当是证据，证据是双方对抗的武器，对抗最终的胜负之数也尽在证据之中。第三，控辩双方怎样对抗？这一点我们在前文已经提到，即要通过言词辩论的方式展开对抗。言词辩论的方式要求人证和物证都要出庭，而且二者的质证辩论不可割裂开来，对于物证要结合相应的人证进行质证。

从上述三个角度来看，我国现行法庭质证规则存在的问题就非常明显了。首先，被告人的诉讼主体地位没有得到切实保障。根据《刑事诉讼法》第15条的规定，被告人仍然要接受公诉人的讯问，甚至审判人员也可以直接讯问被告人。其次，审判人员还可以询问证人、鉴定人，并根据情况决定采取勘验、检查、搜查、鉴定等方式调查核实证据，从而使对抗制审判方式必需的二元化对抗格局难以维系。再次，言词证据和实物证据的质证被人为地割裂开来，先讯问被告人和询问证人，再"出示"和"辨认"物证。最后，将法庭审判过程人为区分为法庭调查和法庭辩论两个阶段。这种设计的潜台词是，控辩双方的对抗仅仅体现为言词辩论，殊不知，这种言词辩论恰恰是以证据为内容的，证据与辩论是彼此依存、不可分割的。

六 从中国走向世界（代结语）

第二次世界大战之后，世界范围内掀起了人权保障的浪潮，而刑事司法成为关注的焦点。一方面，各国以人权保障为主要着眼点，在刑事司法领域彼此借鉴、相互融合，改进自己的制度；另一方面，在融合的过程中又形成了一些得到国际社会普遍认同的理念，并通过以联合国为代表的国际组织制定和颁布的公约、文书等形式确定下来。处在这样一个大背景之下，作为中国刑事司法改革之重要组成部分的刑事证据立法就不能局限在一个狭小的范围内闭门造车，更不能固守以控制和惩罚犯罪为指针的老路，仅就其中出现的具体问题修修补补。证据立法应当以一种世界的眼光，为我国刑事司法制度的文明和发展"扩容"。

与刑事诉讼有关的国际公约、文件主要有《联合国宪章》、《世界人权宣言》、《经济、社会及文化权利国际公约》（我国于 1997 年 10 月签署）、《公民权利和政治权利国际公约》（我国于 1998 年 10 月签署）、《禁止酷刑和其他残忍、不人道或有辱人格的待遇或处罚公约》（我国于 1986 年 12 月批准加入）、《关于检察官作用的准则》、《关于律师作用的基本原则》、《执法人员行为守则》等。除此之外，联合国预防犯罪和罪犯待遇大会历届会议还通过了一系列有关决议，并经联合国经社理事会或联合国大会批准。[1] 这些文件中涉及证据法的内容主要可以归纳为有关追诉机关取证、

---

[1] 这些文件就效力而言存在差异，有的要求加入国必须遵守，有的则要求在"本国立法和惯例的范围内考虑和遵守"。参见程味秋《略论联合国刑事司法准则》，载樊崇义主编《诉讼法学新探》，中国法制出版社，2000，第 36 页。

控辩双方质证以及法院采证这三个方面的规则。① 应当承认，这些条约和文件中的规定代表了现代社会刑事诉讼制度的发展方向，且大多属于世界各国已普遍接受的刑事诉讼中最低限度的公正标准。因此，证据立法理应将其作为一个重要参考。

总之，处于酝酿之中的中国刑事证据法应当是以法律真实观和多元价值观为指导，适用于以审判为中心的对抗制诉讼，以证据能力规则为主要内容的法律。这样一部法律的出台将使我国刑事诉讼制度在"从中国走向世界"的道路上迈出重要的一步。

---

① 详细内容可参见《禁止酷刑和其他残忍、不人道或有辱人格的待遇或处罚公约》第15条、第1条；《世界刑法学协会第十五届代表大会关于刑事诉讼法中的人权问题的决议》第11条、第13条、第20条；《执法人员行为守则》第2条；《关于律师作用的基本原则》第5—8条；《公民权利和政治权利国际公约》第14条。

刑事诉讼专门性证据的扩张与规制[*]

吴洪淇[**]

摘　要：在刑事诉讼中，普通性问题与专门性问题之间存在严格界分，二者在认识结构、认知权力分配和相关证据适用标准上都有所不同。2021年《最高人民法院关于适用〈中华人民共和国刑事诉讼法〉的解释》确认了专门性问题报告和事故调查报告的证据地位，由此我国解决专门性问题的基本格局将逐渐演变为以鉴定意见为主、多元化证据形式并存。传统的鉴定意见规制模式存在表象化审查的问题；而新证据类型在基础要素质量控制机制方面较为薄弱，会导致裁判者对专门性证据的审查承担更多责任。这要求裁判者对专门性证据真正承担起看门人责任，由过去依赖鉴定意见的形式审查逐渐转向实质审查。目前针对新证据类型的规制框架，还存在参照模式定位不清、合法性不足、以鉴定意见为中心的审查框架与新证据类型之间潜藏诸多冲突等一系列问题，应针对专门性证据构建一个更具包容性的实质审查框架，在专门人员资质、专门性知识和专门性推理过程等方面进一步强化审查。

关键词：证据审查　鉴定意见　专门性证据　专门性问题

在现代刑事诉讼中，裁判者主要借助自身的经验知识，审查评估案件

---

[*] 本文原载于《法学研究》2022年第4期。
[**] 吴洪淇，北京大学法学院研究员。

所涉及的证据，并在此基础上对案件事实问题作出判断。① 但随着社会分工的细化和科学技术的发展，裁判过程中经常遇到一些超出办案者知识范围的专门性问题需要解决，比如毛发比对、血迹比对、被害人死因或伤残等级确定、被告人精神状况判定等。为了跨越这一知识鸿沟，需要在刑事诉讼中引入具有专门知识的专家提供相应的专门性意见，以弥补裁判者在专门性问题上认识能力的不足。② 同样由于这一知识鸿沟的存在，专家在专门性问题判断上的权威性地位与裁判者对于案件事实认定的司法权力之间潜藏着巨大的张力，这对于各国司法裁判体系都构成了"根本性的挑战"。③

我国刑事诉讼传统上主要通过司法鉴定制度来解决专门性问题。《刑事诉讼法》在"侦查"一章专门将"鉴定"规定为一种侦查手段，办案人员在需要解决专门性问题的时候，应当指派、聘请有专门知识的人进行鉴定；在"证据"一章中，将"鉴定意见"规定为证据种类之一，并在最高人民法院关于适用刑事诉讼法的司法解释中详尽规定了鉴定意见的审查判断标准、程序与方法。2021年《最高人民法院关于适用〈中华人民共和国刑事诉讼法〉的解释》（以下简称《2021年刑事诉讼法解释》）在一定程度上打破了鉴定意见垄断专门性问题判断的基本格局。该解释第100条规定，在一定情况下可以将"有专门知识的人就案件的专门性问题出具的报告"（以下简称"专门性问题报告"）作为证据使用。第101条规定，"有关部门对事故进行调查形成的报告"（以下简称"事故调查报告"）在刑事诉讼中可以作为证据使用；报告中涉及专门性问题的意见，经法庭查证属实，且调查程序符合法律、有关规定的，可以作为定案的根据。这就意味着，在传统的鉴定意见之外，在一定条件下，专门性问题报告和事故调查报告也可以成为专门性问题判断的证据形式进入刑事诉讼。这两条规定尽管内容指向不同，但都涉及专门性问题的处理，是我国刑事专门性证据类型上的重大突破。

对于这两项制度改革，已经有学者从证据种类角度对相关新证据类型

---

① 参见张保生《证据法的理念》，法律出版社，2021，第14页。
② 参见汪建成、孙远《刑事鉴定结论研究》，《中国刑事法杂志》2001年第2期，第69页。
③ 参见〔美〕罗纳德·J. 艾伦《专家证言的概念性挑战》，汪诸豪译，《证据科学》2014年第1期，第102页。

的合法性和证据类型归属提出疑问;① 还有学者着眼于新证据类型的审查判断提出具体建议。② 这些讨论在一定程度上推进了对新证据类型的理解和适用,但如果从刑事诉讼过程的知识应用这一更为根本性的视角看,无论是专门性问题报告还是事故调查报告,其实都只是专门性知识的载体形式而已,增加这两种证据类型,更为根本性的影响是拓宽了刑事诉讼中引入专门性知识的路径,是为了解决刑事诉讼中种类日益多样的专门性问题。那么,在刑事诉讼中哪些属于需要解决的"专门性问题",就需要认真反思。从这一意义上说,要对这两项制度改革的意义及可能带来的影响加以理解和评估,就需要回到问题的原点,即现代刑事诉讼中界分专门性问题与普通性问题的基本框架。在此基础上,将这一界分框架放置在我国司法鉴定体制改革和处理专门性问题的基本格局变迁的大背景下,对专门性证据类型的扩张进行整体性理解,以厘清刑事诉讼中专门性问题的解决之道及其潜在风险。

为此,本文第一部分主要阐释现代刑事诉讼中专门性问题与普通性问题的界分框架,从三个角度建构这两类问题的区别。在界定两者区别的基础上,第二部分主要探讨我国处理专门性问题的传统路径及规制模式,阐释鉴定意见的二元质量控制机制,并在此基础上探讨传统路径及规制机制所面临的困境。第三部分主要探讨专门性证据类型扩张之后的多元化格局对现有以鉴定意见为中心的传统审查框架的挑战。第四部分则提出,应重构我国的专门性证据审查框架,对鉴定意见和新证据类型进行整体性规制,从而实现对专门性证据的实质性审查。

一 专门性问题与普通性问题的界分框架

随着科学技术的不断发展,刑事诉讼中不断出现一些超出裁判者知识范围的专门性问题,传统上主要由以社会成员经验为基础的常识来构成的

---

① 参见龙宗智《立法原意何处寻:评 2021 年最高人民法院适用刑事诉讼法司法解释》,《中国法学》2021 年第 4 期,第 256 页。
② 例如冯俊伟《论事故调查报告证据能力问题——以新〈刑诉法解释〉第 101 条为中心》,《上海政法学院学报》2022 年第 1 期,第 156 页以下;纵博《事故调查报告在刑事诉讼中的运用》,《法律科学》2022 年第 4 期,第 194 页以下。

知识库的做法逐渐无法应对这些专门性问题，需要借助专家引入专门性知识。在这一认识论体系中，无论是常人能够理解的普通性知识（常识），还是专家共同体共享的专门性知识，都可以被用来解决事实认定问题，作为知识库的组成部分在一个共同的宏观认识框架中发挥基础性作用。但是，也应该看到，由于专门性知识与普通性知识作用于事实认定过程的方式不同，逐渐形成了专门性问题与普通性问题的界分，这种界分包括以下三个方面。

（一）认知结构存在重大差异

普通性问题的认定，只需要由具有正常认知能力的普通人借助感官观察即可完成。比如，对于"李四被杀害时张三是否在犯罪现场"这一问题，有目击证人王五做证在犯罪现场看见了张三。这时王五就是通过视觉感官看到过张三来获得"张三曾经在犯罪现场出现"这一认识。当裁判者需要对前述问题加以判定时，他只需要通过听觉感官听取王五的证言，通过视觉感官观察王五做证时的表现，进而判定王五的证言是否可信。在这一过程中，裁判者可以调动自己的感官对证据加以观察认知，同时调动日常生活中积累的常识性概括（generalization）对该证言进行推论，从而实现对某一案件事实的认定（见图1）。这里的"概括"主要是指在进行证据推论过程中所需要的背景性信息；从特定证据到特定结论的每一个推论步骤，都需要通过参照至少一个背景性概括来获得证成。[1] 在理性主义传统中，包括陪审团成员在内的事实裁判者被假定已经装备了广泛共享的知识库，这些知识库就是由有关社会生活中各种类型的概括所组成，是在有关事实问题的论证中进行推论的主要保障来源。[2] 有关生活常识的概括，就是这个知识库的重要组成部分。

假如案发时没有目击证人，侦查人员从死者的手指甲发现他人留存的皮肤碎屑，通过专家对这些皮肤碎屑进行 DNA 检测，发现其与张三的 DNA 图谱高度吻合。在这种情况下，"李四被杀害时张三是否在犯罪现场"，就成了一个无法直接回答的问题，而需要将该问题转化为"死者指

---

[1] 参见〔英〕威廉·特文宁《反思证据：开拓性论著》（第2版），吴洪淇等译，中国人民大学出版社，2015，第90页以下、第339页。

[2] 参见〔美〕特伦斯·安德森等《证据分析》，张保生等译，中国人民大学出版社，2012，第354页。

刑事诉讼专门性证据的扩张与规制 | 331

图 1　普通性问题的认知结构

甲上残存的皮肤碎屑是何人所留"这一问题。而对这一问题的回答，就超出了一般裁判者的知识范围，裁判者无法借助自身的普通性知识对该问题加以解答。这时就需要引入具有 DNA 检测知识的专家借助专业仪器对皮肤碎屑进行检测，进而比对检测结果。这种情形下，裁判者需要借助专门性证据才能对案件事实问题加以认定，而这些专门性证据需要具备专业技能的专业人士借助专门性知识通过司法鉴定才能获得。形成该专门性证据所需的专门性知识和专业技能，恰恰是作为普通人的裁判者所不具备的。因此，借助专门性证据解答"李四被杀害时张三是否在犯罪现场"这一问题的过程，包含了两个步骤：第一个步骤是专业人士解答"死者指甲上残存的皮肤碎屑是何人所留"这一专门性问题，并提出相应的专门性证据；第二个步骤则是由裁判者在专门性证据的基础上认定相关案件事实（见图2）。在第一个步骤中，专业人士通过司法鉴定获得专门性证据的过程，也是由专业人士将专门性知识应用于个案具体情境的演绎性推理过程。这个演绎推理的大前提是专门性知识，这些知识通常是某一专业知识共同体共享的知识，也就是专家"据以进行推演的东西"，由归纳性科学技术产生的某种原理、程序或者解释性理论。[1] 美国最高法院在标志性的多伯特案判决中曾经提出：在确定一项理论和技术是否属于科学知识时，关键的问题是，它是否能被且已被检验；以当今的科学方法作出假设并检验它们，看它们能否被证伪；恰是这一方法，将科学与其他领域的人类探究活动区别开来。[2] 在第二个步骤中，裁判者需要审查应用专门性证据，认定相关案件事实。由于专门性证据本身就是专业人士的专门性知识的产物，而专门性知识恰恰超出了裁判者的知识范围，这就给裁判者的审查带来了相当大的挑战。

---

[1] 参见〔美〕爱德华·J. 伊姆温克尔里德《科学证据的秘密与审查》，王进喜等译，中国人民大学出版社，2020，第 5 页。
[2] 参见 *Daubert v. Merrell Dow Pharm. Inc.*, 509 U. S. 593。

图 2　专门性问题的认知结构

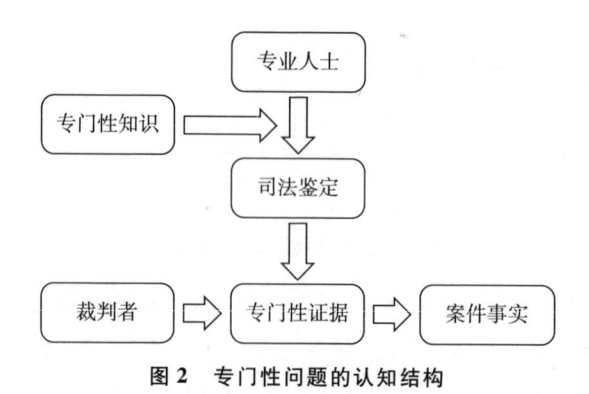

（二）认知权力分配格局存在较大差异

正是因为专门性问题与普通性问题的认知结构存在重大差异，所以，在案件事实认定过程中，不同问题的判断主体也存在较大不同。在普通性问题上，由于对这些问题的认知主要是借助普通性知识，通过对证据进行推论来获得相关事实，因此，对这些问题的判断，只需要裁判者具有理性人的经验和逻辑推理能力即可。1808 年《法国刑事诉讼法典》要求法官在陪审团评议案情之前作出如下告知："法律不要求陪审官报告他们建立确信的方法，法律不给他们预定一些规则，使他们必须按照这些规则来决定证据是不是完全和充分，法律所规定的是要他们集中精神，在自己良心的深处探求对于所提出的反对被告人的证据和被告人的辩护手段在自己的理性里产生了什么印象。"① 正因为如此，没有受过法律训练的外行人只要达到一定的条件，就可以担任陪审员对案件中的事实认定问题进行裁判（《人民陪审员法》第 5 条）。不仅如此，对于一些在当地具有重大社会影响的案件，还特别强调要由陪审员和法官组成的合议庭进行审判（《人民陪审员法》第 15 条、第 16 条）。职业法官也是对普通性问题进行判断的适格主体，具备对普通性问题进行裁判的能力。但是，由于职业法官的生活经验相对单一，在对普通性问题的判断上有时可能失之偏颇乃至存在错判的风险。②

对专门性问题来说，由于其对专门性知识的要求，专业人士和职业法

---

① 《法国刑事诉讼法典》，余叔通、谢朝华译，中国政法大学出版社，1997，第 131 页。
② 参见〔日〕秋山贤三《法官因何错判》，曾玉婷译，法律出版社，2019，第 11 页。

官在相关问题的判断上承担着更大的责任。可以说,专业人士是专门性问题的第一顺位判断主体,他将自身的专业知识与个案情境相结合,对个案中的专门性问题作出判断,从而形成相应的专门性证据。专业人士的这种判断权,主要来源于专业人士自身具有的知识优势,这种优势则来源于专业人士所受到的长期训练,同时也是专业人士所处职业群体的"管辖权要求"。① 这种知识优势设置了一种天然的门槛,使得专业外其他人员不得不在专业问题上依赖专业人士的判断。这种依赖甚至可能导致法官放弃自身对专门性证据的审查权力,以一种遵从的姿态对专业人士的判断给予高度信任。这里的遵从是指采纳他人意见并不是因为理解或赞同该意见,而仅仅是因为将事实的决定权移交给了别人。② 法官放弃对专门性证据的审查责任,会使得相当一部分存在问题的专门性证据可以畅通无阻地进入法庭,甚至最终导致刑事错案的发生。在美国通过 DNA 检测洗冤的无辜者案件中,有 61% 的案件法医鉴定人员为控方出庭提供了无效证词。③ 在英格兰和威尔士,2010—2016 年上诉申请获得成功的 218 个案件中,有 32% 的案件存在误导性的法庭科学证据。④

这些问题促使立法者和司法者反思高度遵从专业人士判断产生的问题,各国开始强调法官对专门性证据的审查职责。例如,在多伯特案判决中,美国联邦最高法院特别强调"根据《联邦证据规则》,审判法官必须确保所采纳的任何科学证言或者证据不但相关,而且可靠"。⑤ 这就意味着,法官需要审查和评估应用于案件事实认定过程的专门性证据,法官对这些专门性证据能否进入司法审判承担着看门人的把关责任。⑥ 英国 2011

---

① 这里的"管辖权要求"是指一个职业要求社会承认其认知结构,赋予其在相关专业问题上的排他性权利。参见〔美〕安德鲁·阿伯特《职业系统:论专业技能的劳动分工》,李荣山译,商务印书馆,2016,第 95 页。
② 参见〔美〕罗纳德·J. 艾伦《艾伦教授论证据法(上)》,张保生等译,中国人民大学出版社,2014,第 354 页。
③ 参见〔美〕布兰登·L. 加勒特《误判:刑事指控错在哪了》,李奋飞等译,中国政法大学出版社,2015,第 76 页。
④ 参见 Nadine M. Smit, Ruth M. Morgan & David A. Lagnado, A Systematic Analysis of Misleading Evidence in Unsafe Rulings in England and Wales, 58 *Science & Justice* 128 (2018)。
⑤ 参见王进喜编译《证据科学读本:美国 Daubert 三部曲》,中国政法大学出版社,2015,第 41 页。
⑥ 参见〔美〕罗纳德·J. 艾伦等《证据法:文本、问题与案例》,张保生等译,高等教育出版社,2006,第 737 页。

年通过的一份有关科学证据的专项报告提出的第一项建议就是："应该颁布一项法定的可采性标准要求，在刑事程序中只有当某一专家证言足够可靠的时候才能被采纳。"[①] 在德国，鉴定人被定位为"法院的助手"，法院对鉴定人完成的鉴定必须再作独立的判断、确信，不得任由鉴定人的鉴定结论不经检验即用于判决之中。[②] 因此，从各国的发展趋势看，在专门性问题的判断上逐渐形成了新的权力格局：专业人士拥有专业判断的权力，职业法官则拥有对专门性证据进行审查评估的司法权力；专业人士和职业法官在各自的责任范围内承担不同的职责。

（三）相关证据适用的规则不同

由于专门性问题与普通性问题在认知结构和认知权力分配格局上存在差异，两类问题所需的证据及其规范也存在差别。以鉴定人和普通证人为例，两类证据在解决两类不同问题上有着各自不同的机理。根据德国学者罗科信的区分，证人从事事实的认定，鉴定人则从事推论工作；证人主要就以前的并且在诉讼程序之外的经验进行陈述，鉴定人则是在诉讼程序中，并且是为法院完成认定事项；鉴定人有专业知识，证人则没有；鉴定人可以交换及替代，证人则往往不能交换及替代。[③] 正是因为这样一些差异，两类证据适用的规范也有所区别。

普通性问题，往往借助普通证人的普通性知识即可解决。普通证人证言，主要强调证人要准确观察、记忆、描述其感知到的信息，所有的相关证据规范和程序规范都以此为核心目的构建。为了确保证人的亲历性，避免证人感知的信息因为传播环节的增加而失真，大陆法系国家确立了直接言词原则来促使裁判者尽可能直接接触证人证言，英美法系则是通过传闻证据规则将非亲历性证人证言排除在法庭之外。为了确保证人如实描述其感知到的信息，英美法系确立的意见证据规则原则上会将那些属于证人"意见"、区别于亲身观察到的"事实"的信息排除在法庭之外。但是，这些适用于普通证人证言的规则并不适用于专家证人。专家证人并非基于亲

---

① 参见 The Law Commission, *Expert Evidence in Criminal Proceeding in England and Wales*, London: The Stationery Office, 2011, p.137.
② 参见〔德〕克劳思·罗科信《刑事诉讼法》，吴丽琪译，法律出版社，2003，第261页。
③ 参见〔德〕克劳思·罗科信《刑事诉讼法》，吴丽琪译，法律出版社，2003，第262页。

身感知的知识做证，其做证的基础是所受的专业训练和专门性知识。由于做证基础不同，对专家证人没有亲历性的要求。专家证人对专门性问题提出专业上的判断意见，尽管形式上看属于意见，却不适用意见证据排除规则。比如，美国《联邦证据规则》规则703就明确规定："尽管特定领域的专家就某事项形成意见时会合理地依赖某些事实或者数据，但该意见的采纳并不以这些事实或数据可采为前提。"

对专门性证据的规范是以专门性问题的认知结构为基础的，专门性证据是专业人士根据专门性知识对个案中的专门性问题加以判断的结果。因此，对专门性证据的规范主要着眼于以下四个方面。（1）专门性知识是否科学。专门性知识是专业人士对个案中专门性问题进行判断的大前提，这一前提是否科学决定着整个专门性问题判断的走向。（2）专业人士的适格性。专业人士具备相应的专业资格，是专门性证据的主体性要求。（3）鉴定过程的审查。鉴定过程是专业人士将专门性知识应用于个案情境的过程，对这一过程应着重审查是否遵循相应的操作规程、检材来源是否保管得当、推理过程是否周延、推理步骤是否严密等。（4）专门性证据的审查。专门性证据是专门性问题解决过程的最终结果，对这一结果要审查其表述是否严谨、形式要件是否合法、是否回应了相应的专门性问题等。

（四）小结

正是因为普通性问题与专门性问题在认知结构、认知权力分配格局以及证据适用规范等方面存在根本性差异，所以，对专门性问题的解决，总体上采用了与普通性问题不同的规制路径。针对专门性问题的解决，逐渐形成了由专业人士进行专业判断，由裁判者对这一专业判断进行审查的基本格局。随着科学技术的快速发展和社会分工的不断细化，刑事案件中的专门性问题越来越多，涉及的专门性证据类型也越来越多。在这一背景下，我国刑事司法系统如何有效回应这些专门性问题，司法裁判者如何有效审查被引入刑事司法的专门性证据等，都是亟待探讨的问题。在一定程度上可以说，我国鉴定体制的改革和刑事诉讼中专门性证据制度的改革，都是为了适应新形势下专门性问题的解决，而对既有体制和制度不断加以调适的结果。接下来第二部分和第三部分分别从鉴定意见和新的专门性证据类型两个方面对上述问题进行探讨。

二 专门性问题解决的传统格局与规制模式

我国刑事诉讼中的专门性问题，传统上主要通过鉴定这种方式来解决，由此形成了以鉴定意见（鉴定结论）为主的专门性证据类型格局。针对鉴定意见的质量控制，也逐渐形成了"行政—司法"二元控制的规制模式。

（一）刑事诉讼中解决专门性问题的传统格局

我国刑事诉讼解决专门性问题的传统格局的形成大致分为两个阶段。第一个阶段是完全依赖鉴定结论的阶段。1979年《刑事诉讼法》主要在两种情形下涉及专门性知识。第一种情形是，在侦查阶段如果有必要，可以指派或聘请有专门知识的人在侦查人员的主持下进行勘验、检查。第二种情形是，为了查明案情，需要解决案件中涉及的一些专门性问题时，可以指派、聘请有专门知识的人进行鉴定，由此生成的证据形式主要是鉴定结论。也就是说，无论在侦查阶段还是在其他阶段，只要涉及专门性问题，都是通过鉴定这一方式来解决。这一基本格局在1996年《刑事诉讼法》的修改中得到维持，1996年《刑事诉讼法》只是在鉴定的相关方面增加了一些细化规定。

第二个阶段是以鉴定意见为主，适度引入其他专家意见加以制衡的阶段。通过相关司法解释和2012年对《刑事诉讼法》的修改，对以往由鉴定结论垄断专门性问题判断的基本格局进行了微调，这种微调主要体现在三个方面。

第一，进一步强化对鉴定意见的审查：（1）在刑事诉讼法证据种类的规定上，将"鉴定结论"改为"鉴定意见"，以强调"鉴定的结果仍然要经过司法机关结合全案情况和其他证据进行审查判断"；[1]（2）建立鉴定人出庭做证制度，以便法庭对有争议的鉴定意见作进一步审查；（3）进一步细化鉴定意见的审查规则。2010年"两高"三部《关于办理死刑案件审查判断证据若干问题的规定》第23条、第24条分别从鉴定主体资质、鉴

---

[1] 参见全国人大常委会法制工作委员会刑法室编《〈关于修改《中华人民共和国刑事诉讼法》的决定〉条文说明、立法理由及相关规定》，北京大学出版社，2012，第41页。

定程序、鉴定材料、鉴定标准、鉴定意见的关联性等方面为鉴定意见的审查提供了指引。

第二，允许控辩双方申请专家辅助人出庭协助对鉴定意见进行质证。一方面，2012年《刑事诉讼法》第192条第2款允许控辩双方申请法庭通知有专门知识的人（以下简称"专家辅助人"）出庭；另一方面，该款将专家辅助人的角色主要界定为"就鉴定人作出的鉴定提出意见"，即其作用主要是"弹劾证人"，专门对公诉方的鉴定意见发表质证和反驳意见。[1] 专家辅助人提出的意见并不能成为证明案件事实的证据，而只是法官甄别证据的参考。[2]

第三，在一定程度上允许引入检验报告。2012年最高人民法院《关于适用〈中华人民共和国刑事诉讼法〉的解释》第87条非常审慎地为鉴定人员之外的专家（有专门知识的人）提供了进入刑事诉讼的途径。首先，引入这些专家的前提条件是，对于案件中涉及的专门性问题，现有法定司法鉴定机构无法鉴定或者法律、司法解释规定可以进行检验。这就将这些专家作为相对于鉴定人的次优选择来考虑。其次，这些专家解决专门性问题的过程，不能称为"鉴定"，而只能称为"检验"，所形成的工作成果也不能称为"鉴定意见"，而只能称为"检验报告"。最后，这些检验报告在效力上与鉴定意见有所区别的是，其不能直接作为证据使用，而只能作为"定罪量刑的参考"。

综上所述，相关司法解释和2012年《刑事诉讼法》在一定程度上对由鉴定结论垄断专门性问题判断的格局进行了微调。一方面，强化了对鉴定意见的审查，弱化其权威性，将其定位为与其他证据种类相类似的证据种类；另一方面，通过专家辅助人出庭制度和检验报告制度，将鉴定意见之外的其他专门性知识引入法庭，对鉴定意见起到补充和制衡的作用。但是，无论是对于专家辅助人出庭还是检验报告，刑事诉讼法和相关司法解释都设定了相应的前提条件，其效力也受到一定的限制，在刑事诉讼中都不能独立作为证明案件事实的证据来使用。

---

[1] 参见陈瑞华《刑事证据法》，北京大学出版社，2018，第307页。
[2] 参见全国人大常委会法制工作委员会刑法室编《〈关于修改《中华人民共和国刑事诉讼法》的决定〉条文说明、立法理由及相关规定》，北京大学出版社，2012，第228页。

(二)"行政—司法"二元控制的规制模式

针对鉴定意见这一类证据,我国传统上已经形成了一套比较成熟的审查框架,该框架建立在"行政—司法"二元控制模式的基础上。专门性证据是专业人员应用专门性知识解决专门性问题的产物,要对专门性证据的质量进行控制,就需要对生产专门性证据的基础性要素,比如专门性知识、专业人士资质、鉴定机构等进行有效控制。

在我国,行政机关通过对鉴定行业的行政管理来实现对鉴定意见前端生产环节的控制。(1)国家行政机关通过颁发司法鉴定许可证和司法鉴定资格证书,对从事鉴定的机构和人员进行控制。2005年全国人大常委会《关于司法鉴定管理问题的决定》第4条、第5条对可以从事司法鉴定业务的人员和机构的条件作了明确规定。公安机关对鉴定人和鉴定机构也颁布了相应的登记管理办法,对鉴定人和鉴定机构的资格条件作了明确规定。(2)通过登记制对可以实施鉴定的专业领域进行控制。《关于司法鉴定管理问题的决定》将国家实行登记管理的鉴定领域限定在法医类鉴定、物证类鉴定、声像资料类鉴定和环境损害鉴定四个领域。除了这四个领域,司法行政机关还对"四大类"之外的一部分专业机构和人员进行登记,这些领域主要包括知识产权鉴定、司法会计鉴定、建设工程鉴定、产品质量鉴定、价格鉴定等。公安机关的鉴定涉及的专业领域也很庞杂,比如公安系统的刑事科学机构涵盖法医、痕迹、理化检验、文件检验、影像技术、声纹检验、电子物证检验、心理测试、警犬技术等九大专业。[①](3)提供并持续更新鉴定技术标准。全国刑事技术标准化技术委员会是我国法庭科学、司法鉴定领域唯一的全国性标准化组织,由公安部联合检察院、法院、司法行政、国家安全、卫生、军队等多个系统组建,目前,该委员会已发布国家标准41项、行业标准541项。(4)对鉴定机构进行持续的认证认可。持续的认证认可,对鉴定机构提高鉴定质量、规范管理水平具有重要作用。[②]公安部在2006年、2008年、2009年先后三次部署组织大规

[①] 参见翟永太《让利剑更锋利——全国公安刑事科学技术工作综述》,《人民公安报》2006年9月26日,第1版。

[②] 参见沈敏《我国司法鉴定认证认可制度的构建与实践》,《中国司法鉴定》2020年第5期,第9页。

模刑事技术室鉴定质量能力验证。① 司法部也在2018年与国家市场监督管理总局联合发文,要求"四大类"鉴定机构应当于2019年12月31日前通过资质认定或者实验室认可,对到期未达到要求的司法鉴定机构限期整改,限期整改后仍不符合要求的,依法注销其相应的业务范围。②（5）惩戒、整顿鉴定违规行为,发挥不合格鉴定主体的淘汰机制的作用。司法部定期通过清理整顿或教育警示活动,对司法鉴定行业中的违法违规行为进行查处,并发布查处的典型案例。

司法机关是鉴定意见的使用者,法院对哪些鉴定意见可以作为定案的根据拥有审查判断的权力。《刑事诉讼法》和相关司法解释或规范性文件,主要从程序和实体两个维度对鉴定意见进行审查,相关制度主要包括四项。（1）鉴定人出庭做证制度,主要规定在2018年《刑事诉讼法》第192条和《2021年刑事诉讼法解释》第99条。（2）专家辅助人出庭质证制度,主要规定在2018年《刑事诉讼法》第197条和《2021年刑事诉讼法解释》第250条。（3）鉴定意见的审查与排除规则,主要体现在《2021年刑事诉讼法解释》第97条、第98条。其中第97条是建议性条款,主要是罗列鉴定意见的审查重点,对法官审查鉴定意见起参考作用,没有刚性要求;第98条则是对存在严重问题的鉴定意见加以排除的刚性规则。（4）鉴定意见认证规则,主要体现在2017年《人民法院办理刑事案件第一审普通程序法庭调查规程（试行）》第52条,该条确立了鉴定意见采信的印证规则。上述四项制度中,前两项是程序性规则,主要从程序角度对鉴定意见进行规制;后两项则是对鉴定意见的实体性审查标准,分别从证据能力和证明力角度进行规制。

（三）司法鉴定传统规制模式的检讨

第一,对司法鉴定基础性要素的宏观行政控制,在一定程度上提高了我国司法鉴定的规范化程度,保障了整体质量,但其并不足以完全防范错

---

① 参见《完善司法鉴定标准,规范检验鉴定工作》,公安部网站,https://www.mps.gov.cn/n7944517/n7944597/n7945893/n7956617/c7430804/content.html,最后访问日期：2021年12月8日。

② 司法部、国家市场监督管理总局《关于规范和推进司法鉴定认证认可工作的通知》,司发通〔2018〕89号。

误鉴定意见的产生。这是因为，对司法鉴定行业的宏观行政管理，主要还是侧重于对鉴定机构和人员的行业准入管理，对于具体的司法鉴定过程，由于天然的信息不对称和专业壁垒，行政机关无法有效管控。对于这些问题，司法行政机关主要通过行业整顿和行政处罚来加以回应，但这些措施都属于事后回应，并不能有效预防司法鉴定错误。因此，对司法鉴定基础性要素的宏观行政控制，并不能代替对鉴定意见的事后司法审查。

第二，针对鉴定意见的司法审查尽管已经有所强化，但依然主要是一种对外在表象的审查。[1] 所谓表象意义上的审查，是指司法人员主要根据鉴定人员资格、鉴定意见形式、专门性知识在专业内的接受程度等外在形式，推测专门性意见的可靠程度。[2] 这主要表现在以下三个方面。（1）注重审查鉴定机构和鉴定人的法定资质。《2021年刑事诉讼法解释》第97条、第98条都将鉴定机构和鉴定人的法定资质作为审查的第一重点，鉴定机构或鉴定人不具备法定资质的鉴定意见不能作为鉴定意见使用。而所谓的法定资质，主要限于司法行政部门、公安机关等法定有权部门所认定的资质。（2）鉴定意见所依赖的技术都是相对成熟的技术，鉴定工作主要在一些相对成熟的领域展开，鉴定机构所应用的技术标准也需要通过全国刑事技术标准化技术委员会进行发布才能合法应用于鉴定领域。这一机制可以确保应用于鉴定领域的技术标准获得行业认可，但一些新兴的、不在该委员会视野范围内的理论和技术，则可能无法获得合法地位。（3）辩方对辩护意见的质证能力依然很薄弱。尽管2012年《刑事诉讼法》确立了专家辅助人制度，但在司法实践中，专家辅助人适用率极低、地位依然模糊，其辅助辩方质证的效果还比较有限。[3]

第三，传统规制模式难以满足司法实践中解决专门性问题的需求。传统上专门性问题的解决主要通过鉴定活动进行，而鉴定行业的准入和管理又是通过公安机关和司法行政机关的行政管理来控制的。一方面，司法鉴定登记的范围受到严格控制，目前只有法医类、物证类、声像类和环境损

---

[1] 参见陈永生《论刑事司法对鉴定的迷信与制度防范》，《中国法学》2021年第6期，第274页。
[2] 参见〔美〕Edward J. Imwinkelried《论表象时代的终结》，王进喜译，《证据科学》2011年第4期，第471页。
[3] 参见李晨蕾《刑事庭审专家辅助人适用情况实证研究——以中国裁判文书网相关裁判为例》，《山西警察学院学报》2017年第2期，第42页。

害类四大类。但司法鉴定服务市场上存在的鉴定种类远远不止这四大类。根据 2017 年中共中央办公厅、国务院办公厅《关于健全统一司法鉴定管理体制的实施意见》和同年司法部《关于严格准入严格监管提高司法鉴定质量和公信力的意见》的相关规定，我国开展"四大类"外机构清理工作，对于没有法律依据从事鉴定工作的机构的，一律不得准入登记。因此，从 2017 年开始，"四大类"之外其他类型的司法鉴定逐步被调整压缩。[①] 另一方面，随着社会的快速发展，裁判者常常会碰到超出"四大类"鉴定范围的需要解决的专门性问题。基于对典型案例的梳理，在 2021 年之前的司法案例中，至少用到了以下几种"四大类"之外的专门性证据。（1）价格鉴定。多出现在盗窃、职务犯罪、侵害商业秘密等案件中。[②]（2）文物鉴定。在涉及文物犯罪的案件中，常常用到文物保护单位出具的文物鉴定意见。[③]（3）珍贵、濒危动植物鉴定。在涉及珍贵、濒危野生动植物犯罪的案件中，常常用到林业部门、渔业部门等相关机构出具的相应鉴定意见。[④]（4）会计鉴定。在许多经济类犯罪案件中，常常用到由注册会计师出具的司法会计鉴定。[⑤] 此外，还有名胜古迹损毁鉴定、商品真伪等其他类型的鉴定。这就容易造成行政管理准入的司法鉴定类型有限与司法实践中专门性问题的范围无限之间的矛盾。正是由于这样一种矛盾的存在，专门性证据类型在司法实践中出现了扩张的趋势。

三 专门性证据类型的多元化格局及其挑战

在专门性问题的解决上，2012 年《刑事诉讼法》及相关司法解释为鉴定意见之外其他证据类型的引入打开了通道，但均未赋予专家辅助人意见

[①] 参见蔡长春《司法鉴定工作八大领域成效显著》，法治网，http://www.Legaldaily.com.cn/index/content/2019-01/09/con-tent_7740657.htm，最后访问日期：2021 年 11 月 11 日。

[②] 参见顾永忠《涉案财产价格认定的应然属性及其管理体制》，《法治研究》2021 年第 2 期，第 43 页。

[③] 例如"襄口义则走私文物案"，参见最高人民法院刑事审判第一、二、三、四、五庭主办《刑事审判参考》总第 53 集，法律出版社，2007，第 7 页以下。

[④] 参见张长征、叶林秀《破坏野生动物资源类犯罪若干疑难问题研究》，《犯罪研究》2021 年第 1 期，第 105 页。

[⑤] 参见章宣静、张倩《司法会计鉴定意见审查研究——以法院不采信鉴定意见为例》，《中国注册会计师》2019 年第 4 期，第 82 页。

和检验报告证据资格。2012年以来，在相关司法解释中，检验报告的证据效力得到显著增强，事故调查报告的证据资格也得到了认可。刑事诉讼中专门性证据类型的多元化格局，拓宽了专门性问题的解决途径，但也给专门性证据的司法审查带来巨大挑战。

（一）专门性问题解决的多元证据格局

从检验报告看，2013年最高人民法院、最高人民检察院《关于办理危害食品安全刑事案件适用法律若干问题的解释》第21条规定，食品安全刑事案件中涉及的一些专门性问题，司法机关可以根据检验报告并结合专家意见进行认定。这在一定程度上确认了检验报告的证据地位。《2021年刑事诉讼法解释》第100条则直接明确了检验报告的证据地位，该条第1款规定："因无鉴定机构，或者根据法律、司法解释的规定，指派、聘请有专门知识的人就案件的专门性问题出具的报告，可以作为证据使用。"一方面，将专家出具的"检验报告"在名称上改为"有专门知识的人就案件的专门性问题出具的报告"，不再刻意强调"检验报告"，在范围上作了较大扩展。另一方面，这些专门性问题报告的证据地位得到确立，不再仅仅作为"定罪量刑的参考"，而是成为鉴定意见之外被用来判断专门性问题的另一类证据。

《2021年刑事诉讼法解释》还增加了一种专门性证据类型"事故调查报告"。在安全生产事故、交通肇事、纵火等相关案件的办理中，相关部门出具的事故调查报告常常会作为证据材料的一部分。此类报告的证据地位在立法和司法解释中一直不甚明确。2019年两部"两高"联合颁布的《安全生产行政执法与刑事司法衔接工作办法》对"事故调查报告"的证据地位进行了较为明确的规定。该办法第25条不仅明确了事故调查中收集的实物类证据可以在刑事诉讼中使用，还进一步提出"经依法批复的事故调查报告"在刑事诉讼中也可以作为证据使用。《2021年刑事诉讼法解释》对此作了进一步明确，第101条规定："有关部门对事故进行调查形成的报告，在刑事诉讼中可以作为证据使用；报告中涉及专门性问题的意见，经法庭查证属实，且调查程序符合法律、有关规定的，可以作为定案的根据。"

从前述梳理看，专门性证据类型的扩展是一个渐进式发展的过程。像专门性问题报告、事故调查报告等证据类型，在相关司法解释或规范性文件作出认可之前,司法实践中已经以不同方式在频繁地使用了。[①] 专门性证据类型的扩展,实际上是司法解释回应司法实践和社会需求的结果。由此,我国刑事诉讼中专门性问题的解决,就形成了以鉴定意见为主、专门性问题报告和事故调查报告并存的多元化格局。随着多元化格局的形成,在司法上如何有效审查这些新证据类型,成为司法实践中亟待解决的问题。

(二) 参照模式:对新证据类型的模糊审查框架

现有的法律及司法解释并没有为新证据类型提供非常明确的审查框架,针对专门性问题报告和事故调查报告的审查要求有一定的模糊性。从《2021年刑事诉讼法解释》的条文分布看,专门性问题报告和事故调查报告是放在第四章"证据"第五节"鉴定意见的审查与认定"中加以规定的,其条文紧紧排列在鉴定意见相关规定的后面。这是不是意味着新证据类型直接适用鉴定意见的相关规定?这需要区分不同证据类型分别讨论。

对于专门性问题报告,《2021年刑事诉讼法解释》有比较明确的规定。该解释第100条第2款规定,"对前款规定的报告的审查与认定,参照适用本节的有关规定",而"本节"就是有关鉴定意见审查与认定的规定,也就是说专门性问题报告的审查和认定可以参照鉴定意见审查重点、排除规则、鉴定人出庭做证的相关规定。但是,这也带来一个问题:对于没有在《2021年刑事诉讼法解释》第四章第五节规定的相关制度,如专家辅助人出庭协助质证制度、鉴定意见认证制度等,能否适用于专门性问题报告。换言之,在使用专门性问题报告的案件中,控辩双方能否申请专家辅助人出庭协助对专门性问题报告进行质证?当专门性问题报告与专家辅助人意见发生冲突时,能否适用现有的印证规则进行认证?笔者认为,刑事诉讼法及相关司法解释中有关鉴定意见的审查规定,也应该适用于专门性问题报告。《2021年刑事诉讼法解释》明确要求对专门性问题报告的"审查与认定"可以参照适用"本节"有关规定。而鉴定人审查规则和鉴定人出庭做证规则是规定在"本节"的,这两项制度是直接可以适用的。专家辅助人协助质证制度虽然未在"本节"的规定中,但只要鉴定人出庭做证就需

---

① 参见刑事诉讼法解释起草小组《〈最高人民法院关于适用《中华人民共和国刑事诉讼法》的解释〉理解与适用》,载最高人民法院刑事审判第一、二、三、四、五庭编《刑事审判参考》总第126辑,人民法院出版社,2021,第134页。

要适用有关出庭做证的制度,而专家辅助人协助质证制度是该做证制度的组成部分,理所应当适用于专门性问题报告。鉴定意见认证制度虽然也没有规定在"本节"中,但一来印证方法是我国刑事诉讼中证据认证的常用方法,二来该印证方法本身也是鉴定意见审查与认定的有机组成部分,因此也应该适用于专门性问题报告。①

对于事故调查报告,《2021年刑事诉讼法解释》所作的要求相比专门性问题报告更为含糊。该解释没有明确其可以"参照本节规定",只是要求"报告中涉及专门性问题的意见,经法庭查证属实,且调查程序符合法律、有关规定的,可以作为定案的根据"。第一项要求"经法庭查证属实",其实是刑事诉讼法针对案件中所有证据的基本要求,是证据裁判原则的应有之义。第二项要求"调查程序符合法律、有关规定",就显得非常含糊。"符合法律、有关规定"的范围是什么,需要进一步明确。按照《2021年刑事诉讼法解释》起草小组的观点,"事故调查报告中涉及的对专门性问题的意见,其性质实际与鉴定意见类似,也需要接受控辩双方质证,接受法庭调查,只有经查证属实,且调查程序符合法律、有关规定的,才能作为定案的根据"。② 由此可以看出,在法庭调查程序方面,《2021年刑事诉讼法解释》起草小组是希望参照鉴定意见的调查程序来审查与认定。但对于事故调查报告的审查与认定标准是否可以参照鉴定意见的审查认定标准进行审查,则依然悬而未决(具体可参见表1)。

表1 新证据类型参照适用相关制度的情况

证据类型	相关制度			
	鉴定人出庭做证	鉴定意见排除规则	专家辅助人出庭辅助质证规则	鉴定意见认证规则
专门性问题报告	适用	适用	司法解释未明确	司法解释未明确
事故调查报告	司法解释未明确,起草者倾向于适用	不明确	司法解释未明确,起草者倾向于适用	不明确

---

① 参见陈瑞华《刑事证据法》,北京大学出版社,2021,第346页。
② 参见刑事诉讼法解释起草小组《〈最高人民法院关于适用《中华人民共和国刑事诉讼法》的解释〉理解与适用》,载最高人民法院刑事审判第一、二、三、四、五庭编《刑事审判参考》总第126辑,人民法院出版社,2021,第135页。

因此，目前我国对于两种新证据类型的规制与审查，主要采取的还是参照鉴定意见的基本路径。如表1所示，对于专门性问题报告，目前司法解释的态度相对比较明确，就是参照鉴定意见的相关规定进行规制，尽管在适用规范的范围上还存在一定的模糊之处。而对于事故调查报告，尽管《2021年刑事诉讼法解释》起草小组认为事故调查报告的性质"实际与鉴定意见类似"，但从现有司法解释的规定看，与鉴定意见有关的规则能否适用于事故调查报告，基本上是不明确的。这样一种分而治之的基本路径反映出，在司法解释起草者看来，一方面，对于专门性问题报告和事故调查报告，目前没有独立的规制方案，主要参照鉴定意见进行规制。但由于两种新证据类型与鉴定意见也存在一定差异，所以只能是一定程度的参照，而不能完全适用鉴定意见的既有规则。另一方面，专门性问题报告和事故调查报告是不同的证据类型，不能适用完全相同的规制方式，应采取分而治之的基本路径。

（三）新证据类型与既有制度框架之间潜藏诸多张力

针对新证据类型的既有规制思路是参照传统的审查框架，而该框架是以鉴定意见为基础建立起来的。但是，传统上以鉴定意见为中心形成的审查框架，并不能完全适用于新证据类型，其间潜藏诸多冲突。

第一，质量控制机制的双重弱化风险。如前所述，鉴定意见的质量控制是以"行政—司法"二元控制模式为基础的。无论是专门性问题报告，还是事故调查报告，在其基础性要素方面，都缺乏像鉴定意见那样完整的质量控制机制。就专门性问题报告而言，其专家来源广泛，只要对案件中的专门性问题具备相应的专业知识，就有可能具备出具专门性问题报告的资格。这些专家不属于专职鉴定人员，其从业的机构也并非鉴定机构。这就意味着，与适用于鉴定人员和机构的一系列质量控制机制相类似的机制，即便有其作用也是大大弱化的。就事故调查报告而言，其类型多样，比较常见的就有交通事故调查报告、火灾事故调查报告以及各类重大事故调查报告等。不同类型事故调查报告中涉及专门性问题的意见同样可能出自范围广、专业水平参差不齐的各类专家，既有鉴定机构的鉴定人员，也可能有许多非鉴定机构的专业人士。随着刑事诉讼中专门性证据类型的多元化，提供专门性意见的专业人士类型也趋于多元化，这些专业人士可能就职于各类科研院所、公司甚至是自由职业者。这就意味着，对这些新证据类型来说，传统上针对鉴定意见基础性要素的质量控制机制将被弱化甚至消解，对新证据类型的质量控制主要依赖法庭审查这一使用环节。但由于《刑事诉讼法》及相关司法解释目前对新证据类型没有规定非常明确的审查规则，从使用角度进行审查也存在些许顾虑，这就导致两类新证据类型在证据质量的控制方面面临受到双重弱化的风险，亟待从立法和司法解释层面为司法者提供一个相对明晰的证据审查框架。

第二，鉴定意见审查框架中鉴定主体资质的单一化标准与新证据类型专家来源广泛、资质多样之间存在潜在冲突。对鉴定人和鉴定机构的主体资质进行审查，是审查鉴定意见的前提性条件。《2021年刑事诉讼法解释》第98条规定，鉴定意见具有下列情形之一，不得作为定案的根据：鉴定机构不具备法定资质，或者鉴定事项超出该鉴定机构业务范围、技术条件的；鉴定人不具备法定资质，不具有相关专业技术或者职称，或者违反回避规定的。在裁判者看来，鉴定机构和鉴定人的资质是确保鉴定意见合法性和真实性的根本保障。[①] 而这种法定资质恰恰是出具专门性问题报告和事故调查报告的专家们常常不具备的，当然，出具这两类报告的专家可能会有相关的研究成果、从业经验或者专业职称。这就意味着，对于提供专门性知识的主体的资质审查，不能仅仅适用对鉴定人的法定资质的审查标准，还需要针对这些种类更为广泛的资格条件设定更为宽泛且实质的审查标准。

第三，新证据类型，特别是专门性问题报告所涉及的专业领域处于传统鉴定领域之外，专家们所运用的技术与方法是否成熟、是否具有足够的可靠性应成为审查的重点。而针对这些新领域、新技术和新方法的审查，恰恰是鉴定意见审查框架所忽略的。在鉴定意见审查框架中，只有一种情形涉及鉴定过程与方法，就是当鉴定过程与方法不符合相关专业的规范要求时，鉴定意见不能作为定案的根据。从这一情形看，对鉴定过程与方法的判断是以相关专业的规范要求为标准的。因为，司法实践中，重点关注的并不是现有规定的"各项鉴定业务均已具备较为成熟的检验鉴定规程和技术方法要求"，而是"鉴定材料信息的控制问题"。[②] 在一些发展比较成

[①] 参见张军主编《刑事证据规则的理解与适用》，法律出版社，2010，第90页。
[②] 参见张军主编《刑事证据规则的理解与适用》，法律出版社，2010，第196页。

熟的领域，这种规范要求常常较为明确，但在一些新兴领域，由于学科领域本身正处在快速成长的过程中，这样一种所谓的规范要求常常是不确定的或者有争议的。这就意味着，裁判者不能将传统上对成熟学科领域成熟方法的信赖完全延伸到新的学科领域。对于裁判者来说，就需要强化对专门性知识所使用的技术方法的审查，防止那些"垃圾科学"堂而皇之地进入刑事诉讼。在美国业已发现的刑事错案中，毛发比对、咬痕比对、血清检验等学科方法导致了非常高的鉴定错误率。① 在我国扩展专门性证据类型的过程中，许多相对较新的学科领域和技术方法必然会进入刑事诉讼，裁判者在审查这些新方法的过程中必然会面临更多的挑战，亟须立法层面更为明确的规范指引。

四 迈向一个更具包容性的实质审查框架

在刑事诉讼中专门性问题的解决上，我国面临双重难题：就传统的鉴定意见而言，尽管已经建立相对成熟的规制框架，但对鉴定意见的审查依然流于表象，无法从根本上对错误鉴定意见进行有效防范；对新的证据类型来说，新证据类型的出现给裁判者带来了巨大的审查压力，而当前以司法鉴定为中心的审查框架与新证据类型之间又存在诸多抵牾之处，当前的审查框架无法为新证据类型的审查提供有效的规制与指引。这两个难题尽管表现形式有所差别，但归根到底还是如何有效规制专门性证据从而使其更好地服务于专门性问题的解决。随着社会的快速发展，既有的针对刑事诉讼中专门性证据的规制框架已经无法满足解决专门性问题的需求。在这一背景下，有必要改革与更新刑事专门性证据的规制框架，构建一个更具包容性和有效性的实质审查框架。该框架至少应该从以下两个方面着手构建。

（一）整合构建专门性证据的整体性规制框架

第一，在合法性层面，在刑事诉讼法中进一步明确鉴定意见之外其他专门性证据的基本资格。目前专门性问题报告和事故调查报告仅体现在

---

① 参见〔美〕布兰登·L. 加勒特《误判：刑事指控错在哪了》，李奋飞等译，中国政法大学出版社，2015，第76页。

《2021年刑事诉讼法解释》中，在2018年《刑事诉讼法》第50条规定的证据种类中涉及的专门性证据只有鉴定意见，而无专门性问题报告和事故调查报告，这凸显了新证据类型的合法性不足。这会带来两个问题：首先，正是因为新证据类型在刑事诉讼法中的缺位，无论是对这些新证据类型的归类还是规范，都主要依附于鉴定意见，对其的审查自然也就参照鉴定意见的审查框架来展开；其次，在司法行政部门大力整顿鉴定机构的背景下，司法行政机关备案登记的鉴定意见类型和数量都在不断压缩，这与刑事司法所需要的专门性意见类型日趋广泛形成了一种紧张关系。在这一背景下，刑事诉讼法不能将专门性知识的证据形式仅限定为鉴定意见，而需要在鉴定意见的基础上进一步扩展。未来在《刑事诉讼法》的修改中，在证据种类中可将"鉴定意见"修改为"鉴定意见及其他专门性意见"或者覆盖面更广的"专家意见"。①

第二，在审查标准上，逐渐从分而治之走向合而为一。目前针对鉴定意见和新证据类型的审查标准，采用的是分而治之的处理方式：对于鉴定意见，有着相对全面的审查制度和标准；对于新证据类型，则是按照不同类型参照鉴定意见的相关规定进行审查。这样一种分而治之的处理方式，一方面给新证据类型的审查带来前述控制机制双重弱化的风险，另一方面也会使裁判者在审查相关专门性证据时出现审查标准适用上的混乱。无论是鉴定意见还是新证据类型，本质上都是刑事诉讼中用来解决专门性问题的专门性证据。这些不同类型的专门性证据有着共同的认知结构和推理形式，不应因为所涉专业领域不同而对其适用不同的审查标准，更不应当对新证据类型适用含糊的"参照鉴定意见"的审查标准。因此，有必要对现有专门性证据的审查标准进行整合，构建相对明确、统一的审查标准。

第三，在审查标准的适用范围上，将专门性证据审查标准的适用范围限定在新证据类型中涉及专门性问题解决的那一部分。无论是专门性问题报告还是事故调查报告，将其引入刑事诉讼都是为了解决刑事诉讼中的专门性问题。专门性问题报告是"有专门知识的人就案件的专门性问题出具的报告"，事故调查报告中能够作为定案根据的主要是指"报告中涉及专

---

① 参见李学军《诉讼中专门性问题的解决之道——兼论我国鉴定制度和法定证据形式的完善》，《政法论坛》2020年第6期，第50页。

门性问题的意见"。需要注意的是，新证据类型作为一个整体，除了涉及专门性问题的部分，还可能包括一些普通性问题的认定、责任归属等组成部分。正是因为这些新证据类型是包含多种成分在内的混合体，司法实践在证据种类归属方面出现了一些混乱。比如，都属于有专门知识的人根据专业知识出具的意见，但在司法实践中，常常会根据不同情况分别以证人证言、书证、勘验检查笔录或鉴定意见的形式出现在刑事诉讼中。[1] 但是，专家出具的专门意见的证明机理，与一般意义上的书证或证人证言存在显著不同，将其随意归为不同的证据种类往往会导致审查上的错位。因此，在具体审查的过程中，要注意将新证据类型中的内容作进一步细分，将专门性证据审查标准适用于其中专门性问题的部分。

（二）在审查标准的实质化方面进一步优化基础性要素的审查标准

第一，在专家资质方面，应该构建一个更具包容性的审查标准。专业人士是否具备相应的专业资格，是专门性证据的主体性要求。各国在专业人士的专家资质方面，一般采用相对灵活包容的审查标准。在美国，《联邦证据规则》规则702规定："如果科学、技术或者其他专门知识将帮助事实审判者理解证据或者确定争议事实，因知识、技能、经验、训练或者教育而具有专家资格的证人，可以以意见或者其他形式就此做证。"做证的专家证人只要通过相对多元的方式证明自己具有相应的知识、技能、经验、训练或教育，即具备对相应专门性问题进行做证的相应基础。在德国刑事诉讼中，应该优先选用公开任命宣誓的鉴定师，因为此类鉴定师条件最高、程序最严格、管理最规范，因而可信度最高。但除了此类鉴定人员外，德国还存在可信程度递增的四类鉴定师：第一类是自命的鉴定师；第二类是专业协会认证的鉴定师；第三类是公共机构和国家认可的鉴定师；第四类是德国认证委员会及所属认证机构认证的鉴定师。[2] 因此，德国尽管强调要优先选用公开任命宣誓的鉴定师，但也没有完全排斥其他类型的

---

[1] 参见王慧军等《张永明、毛伟明、张鹭故意损毁名胜古迹案》，载最高人民法院刑事审判第一、二、三、四、五庭编《刑事审判参考》总第128辑，人民法院出版社，2021，第93页。

[2] 相关介绍参见司法部赴德司法鉴定培训团《德国司法鉴定制度》，《中国司法鉴定》2010年第3期。

鉴定师，而是通过建立可信度等级给予司法机关和当事人相对开放的选择空间。

我国鉴定意见的传统审查框架着重强调鉴定人和鉴定机构的法定资质，导致对鉴定者的资格审查"过分形式主义，基本依赖于官方预先编制的鉴定机构和鉴定名录进行判断，而忽略了鉴定者的实际专业素质和案件的具体情况"。[①] 新的审查框架不应将专业人士的资质仅限定为具备鉴定人资质，而是需要更为多元化的实质性审查标准。这种多元化标准可从以下几个方面着手：（1）是否具备相关专业的从业资格或职称，这种从业资格是相对广泛的，除了司法鉴定人资格外，还包括其他行业协会颁发的资格以及其他一些能够证明从业经历的资质；（2）是否有过相关从业经历，比如，是否主持过相关的研究项目，是否加入过相关的研究团队；（3）是否从事过专门的研究并发表过相应的研究成果；（4）在所从事的行业中同行评价的状况等。需要特别指出的是，以上罗列的条件都仅具有参考性，并不是说专家一定要具备其中的某一项条件，而是说裁判者需要在参考相应指标的情况下对专家是否具备评价相应专门性问题的能力进行综合的实质性判断。

第二，在专门性知识方面，应进一步强化对专门意见所使用的科学原理或技术方法的审查。在专门意见的推理结构中，大前提是使用的科学原理和技术方法，这种科学原理和技术方法是否可靠、恰当往往决定着专门意见的可靠性。由于新证据类型涉及的领域常常是传统鉴定领域所不涉及的，这些新领域运用的科学原理和技术方法不一定会像传统鉴定领域那样有相对稳定且持续更新的行业标准。这就意味着，过去可以由司法鉴定行业或司法行政管理机构提供的技术标准，在新证据类型中往往是不确定的或不明确的，而这就需要裁判者作审查。对于专门性知识是否科学，以往的司法实践往往将其视为专业人士共同体自身的问题，交由专业人士进行判断。比如，在美国，1923 年的弗莱耶诉美利坚合众国案（*Frye v. United States*）要求"据以进行推演的事情必须得到了充分的确立"，"在其所属特定领域获得了普遍接受"，从而确立了专门性知识的"普遍接受"标准。

[①] 龙宗智、孙末非：《非鉴定专家制度在我国刑事诉讼中的完善》，《吉林大学社会科学学报》2014 年第 1 期，第 107 页。

这一标准通过某一专门性知识在其所属特定领域的接受程度，来判断专门性知识是否科学。1993年的多伯特案在一定程度上吸收并突破了"普遍接受"标准。在该案判决中，法院强调法官在专门性证据的审查判断中要对该证据所应用的科学原理的有效性进行审查。为此，该案判决为审查者设定了一个开放性的审查框架，审查者可以从以下四个方面（并不是封闭性的）进行审查：（1）该理论或技术是否能被且已被检验；（2）理论或技术是否受到同行评议并发表或公开；（3）某一项技术的潜在误差率；（4）在科学界的接受程度。① 相比于"普遍接受"标准，多伯特案构建了一个多元、开放的审查标准。该标准仅将科学界内部的接受程度作为参考因素，这就打破了专业人士在专门性知识是否科学这一问题上的垄断性判断。

正如学者所发现的，"许多法官已经认识到，他们必须要仔细审查其中的基础实证数据和论理过程，以决定是否应该允许专家根据其所采用的方法论作证"。② 结合国内外对相关问题的处理，我国应当从以下几个方面对专门性证据所使用的科学原理或技术方法进行审查。（1）该科学原理或技术方法在相关行业的使用和接受情况，这一标准比较适用于那些发展较为成熟的学科。2016年司法部《司法鉴定程序通则》第23条规定，司法鉴定人进行鉴定，应当依下列顺序遵守和采用该专业领域的技术标准、技术规范和技术方法：①国家标准；②行业标准和技术规范；③该专业领域多数专家认可的技术方法。需要注意的是，行业内的接受程度仅是参考标准，对于一些新兴行业，这一标准并不完全适用。（2）对于一些新兴领域的技术方法，可以审查该方法是否得到了有效验证。这种验证是实验数据的验证，需要通过一定的形式呈现出来。（3）该科学原理或技术方法已知的或潜在的误差率。随着对法庭科学理性认识的深入，人们逐渐意识到任何一种科学原理或技术方法运用到个案中时都是存在一定误差率的，这种误差率可能是潜在的，也可能是已知的。③ 对这种误差率的认识，可以让裁判者对所使用的科学原理或技术方法的边界有更为清醒的认识，对运用

---

① 参见王进喜编译《证据科学读本：美国Daubert三部曲》，中国政法大学出版社，2015，第52页以下。
② 〔美〕爱德华·J.伊姆温克尔里德：《科学证据司法评估的进步轨迹：我的个人视角》，汪诸豪等译，《证据科学》2022年第1期，第108页。
③ 参见Paul Roberts & Michael Stockdale (eds.), *Forensic Science Evidence and Expert Witness Testimony: Reliability through Reform?* Edward Elgar Publishing Limited, 2018, p.301。

该原理或技术方法得出的结果能够有更为理性的评估。

　　第三，进一步强化对专门意见推理过程的审查。在鉴定意见的审查框架中，裁判者基于对鉴定人的信任，同时也是因为专业知识鸿沟的存在，对鉴定意见更多持一种遵从的态度，或者最多从外围层面比如鉴定人资质、鉴定人以往记录等方面进行形式审查。[①] 对鉴定意见来说，这种遵从立场带来的风险在一定程度上被鉴定意见前端生成过程的质量控制机制所化解。但是，对于新证据类型，前端生成过程的质量控制机制趋于弱化，因此对这些专门意见报告要作进一步的实质审查，特别是要对其推理过程进行实质性审查。专门性意见证据区别于其他所有证据的一个根本性特征，是其独特的演绎式推理结构：将某一科学原理或技术方法（大前提）应用于具体个案情境（小前提），从而得出一个结论性意见（结论）。针对新的证据类型，裁判者应当真正进入专门意见的推理过程中，考察其推理步骤是否严密、推理过程所依据的前提条件是否成立、推理过程所依据的小前提是否可靠等。司法实践中，一些个案的处理从正反两方面说明裁判者对专门性问题报告的推理过程进行实质审查，既是可能的，也是非常必要的。[②] 美国《联邦证据规则》规则702在2000年修订之后明确规定，专家证言的提出方必须要展示"该专家已可靠地将原则和方法应用于案件事实"。这其实就是在强调，需要将专门意见的推理过程展示出来，以便裁判者能够更好地进行审查。

[①] 参见陈如超《刑事鉴定制度改革研究》，群众出版社，2015，第130页以下。
[②] 例如2020年"张永明、毛伟明、张鹭故意损毁名胜古迹案"（最高人民法院指导案例147号）中对专门性问题报告的审查。参见王慧军等《张永明、毛伟明、张鹭故意损毁名胜古迹案》，载最高人民法院刑事审判第一、二、三、四、五庭编《刑事审判参考》总第128辑，人民法院出版社，2021，第89页以下。

非法证据排除程序再讨论

陈瑞华

摘 要：对于被告方提出的排除非法证据的申请，法院要进行专门的程序性裁判。作为一项基本原则，被告方一旦提出排除非法证据的申请，法院就要优先审查侦查行为的合法性问题，使程序性裁判具有优先于实体性裁判的效力。程序性裁判有两个重要部分：初步审查要求被告方承担初步的证明责任，具有过滤不必要的程序性裁判的功能；正式调查作为法院的程序性听证程序，具备基本的诉讼构造，偏重于职权主义的诉讼模式，并要求由公诉方承担证明侦查行为合法性的责任，且要达到最高的证明标准。对于一审法院就非法证据排除问题所作的决定，二审法院无法提供独立的司法救济，只能将其与实体问题一并作为是否撤销原判的依据。

关键词：非法证据排除程序 初步审查 正式调查 司法救济

引 言

随着刑事司法改革的逐步推进，我国刑事审判的形态也在发生越来

---
[*] 本文原载于《法学研究》2014年第2期。
[**] 陈瑞华，北京大学法学院教授。

显著的变化。根据法院受理的案件或诉讼请求的不同，刑事审判大体可以分为三种基本类型：一是以确定公诉方指控的罪名是否成立为目的的"定罪裁判"；二是以确定公诉方提出的量刑建议是否成立为目的的"量刑裁判"；三是旨在解决控辩双方程序争议的"程序性裁判"。[①] 其中，定罪裁判与量刑裁判属于实体性裁判；并且，随着我国量刑规范化改革的推进，量刑裁判与定罪裁判逐步具有了相对的独立性。[②] 而程序性裁判是发生在实体性裁判过程中的特殊裁判活动，它可以泛指一切为解决程序争议而进行的司法裁判活动。在我国刑事诉讼中，二审法院针对一审法院是否违反法律程序所进行的审判活动，以及法院就回避、管辖异议、证人出庭、非法证据排除等程序问题所进行的裁判活动，都具有程序性裁判的性质。

相对于其他形式的程序性裁判，非法证据排除程序具备最完整的司法裁判形态。从 2010 年最高人民法院初步确立非法证据排除规则，到 2012 年《刑事诉讼法》对非法证据排除程序作一定的调整，再到 2012 年底最高人民法院就《刑事诉讼法》的适用发布司法解释，我国逐步确立了包括启动方式、初步审查、正式调查、证明责任、证明标准、救济方式等在内的程序性裁判制度。[③] 可以说，对于研究我国的程序性裁判制度，非法证据排除程序实为值得全面剖析的样本。

在 2010 年以前，一些学者曾从比较法的角度对非法证据排除程序作过初步探讨，[④] 也有一些学者讨论过诸如非法证据排除程序中的证明责任分配、证明标准的设定等具体问题。[⑤] 笔者也曾对非法证据排除规则的适用程序作过初步研究，初步总结了程序性裁判的性质及制度要素，讨论了它与实体性裁判的关系，归纳了程序性裁判的实践形态；并以非自愿供述的排除为范例，分析了法院面临的重重困难；讨论了刑讯逼供的双重法律后

[①] 参见陈瑞华《刑事司法裁判的三种形态》，《中外法学》2012 年第 6 期。
[②] 参见陈瑞华《量刑程序中的理论问题》，北京大学出版社，2011，第 1 页以下。
[③] 参见江必新主编《〈最高人民法院关于适用《中华人民共和国刑事诉讼法》的解释〉理解与适用》，中国法制出版社，2013，第 97 页以下。
[④] 参见陈卫东、刘中琦《我国非法证据排除程序分析与建构》，《法学研究》2008 年第 6 期。
[⑤] 参见陈光中、张小玲《论非法证据排除规则在我国的适用》，《政治与法律》2005 年第 1 期；张军、姜伟、田文昌《刑事诉讼：控·辩·审三人谈》，法律出版社，2001，第 179 页以下。

果,提出了庭外供述笔录的非自愿性推定原则。[1] 由于当时并没有法定的非法证据排除规则,这些研究要么更关注国外的法制经验,要么较侧重对我国司法实践中排除程序的实证考察。时至今日,非法证据排除规则已经在我国完全确立,司法实践中已经有了适用这一规则的具体案例,[2] 非法证据排除规则的适用程序也在司法实践中出现了一些相对成熟的形态。但是,在法院对侦查行为合法性争议进行司法裁判的问题上,无论是法学界还是实务界,都存在不同的认识和理论上的争议。本文拟以非法证据排除规则的文本形态和实践状况为样本,透过一系列制度现象,重新讨论这一规则的适用程序。笔者将首先结合程序性裁判与实体性裁判的关系问题,讨论我国确立的先行调查原则及其例外,然后讨论初步审查与正式调查程序的关系,比较分析这两个程序的功能与构造。不仅如此,对于程序性裁判中的证明机制和救济机制,笔者也将提供新的分析思路。本文不拟回答涉及程序应用的具体问题,而更期望作理论上的总结和反思。

一 先行调查原则及其例外

在被告方提出排除非法证据的申请后,法院是优先调查这一程序事项,还是在对其他证据完成法庭调查之后,再审查证据的合法性问题?对此,最高人民法院一度确立了针对非法言词证据的先行调查原则。即,在审理案件实体问题的过程中,只要被告方提出了证据合法性问题,法院就要先行审理该问题并作出决定。[3] 但是,在2012年《刑事诉讼法》颁布之后,最高人民法院通过司法解释又对这种裁判方式作了改变,授权法院既可以在被告方提出申请后立即审查证据收集的合法性问题,也可以在法庭调查结束前再启动这一审查程序。司法解释甚至明确规定了在法庭调查结束前进行审查的情形。[4]

在笔者看来,被告方一旦提出排除非法证据的申请,法院就要优先启

---

[1] 参见陈瑞华《审判之中的审判——程序性裁判之初步研究》,《中外法学》2004年第3期。
[2] 参见赵丽《排除非法证据后被告人获无罪判决》,《法制日报》2011年10月14日。
[3] 参见张军主编《刑事证据规则理解与适用》,法律出版社,2010,第290页以下。
[4] 参见江必新主编《〈最高人民法院关于适用《中华人民共和国刑事诉讼法》的解释〉理解与适用》,中国法制出版社,2013,第97页以下。

动对此问题的审查程序，这应属一般原则[①]。但在特殊情形下，法院虑及诉讼效率，也可以暂时搁置此一程序性申请，待对其他证据的法庭调查结束后，再启动对该证据的程序性审查。换言之，在确定程序性裁判与实体性裁判的优先顺序时，法院不应任意处置，而应尽量将程序性裁判置于优先地位；在具有法定或正当事由的情况下，才可以在法庭调查的最后再行调查侦查人员取证的合法性。但在这种例外情形下，法院也应遵循证据能力优先于证明力的原则，在调查公诉方证据的合法性之前，不评判其证明力。

（一）先行调查原则

作为一项重要的诉讼原则，被告方一旦提出排除非法证据的申请，法院一般就要启动程序性裁判程序。先行调查原则一旦适用，即会带来以下程序后果。

首先，被告方提出的非法证据排除申请，具有暂时中止实体性裁判的效力。在法庭审理过程中，案件无论是处于法庭调查阶段，还是在法庭辩论环节，只要被告方提出了排除非法证据的申请，法院就要停止对案件的实体审理，而优先审理侦查行为的合法性问题。

其次，被告方提出的非法证据排除申请，具有启动程序性裁判程序的效力。具体而言，只要被告方提出了申请，法院就要无条件地启动对该证据合法性问题的初步审查。经过初步审查，法院对侦查人员取证行为的合法性存有疑问的，还要启动正式调查程序。

再次，程序性裁判程序一旦启动，法院就要持续不断地进行这种裁判活动，直至作出决定。特别是经过正式调查程序，法院最终认定侦查人员的取证行为属于非法的，就可以作出排除非法证据的决定。若无法确认非法，则可拒绝排除有关证据。

最后，法院只有在完成了程序性裁判，并作出是否排除非法证据的决定后，才可以恢复实体性裁判，也就是恢复原来暂时中止的法庭调查或者法庭辩论。假如所作的是排除非法证据的决定，法院在恢复的法庭审理中

[①] 笔者在以前的研究中曾称之为"程序审查优先原则"。参见陈瑞华《非法证据排除规则的中国模式》，《中国法学》2010 年第 6 期。

就不能援引被排除的证据,更不能将其作为定罪的根据。

先行调查原则的确立,实质上是将程序性裁判放置在优先于实体性裁判的地位。对于确立这一原则的原因,最高人民法院参与有关司法解释起草的法官作了如下解释:被告人及其辩护人一旦提出排除非法证据的申请,就意味着对证据收集的合法性存在异议,出于对当事人诉权的尊重,只有先解决这一争议,才能继续进行庭审;同时,只有当庭率先解决证据的资格问题,才能确定是否将其作为证据使用,进而对其进行法庭调查。[1]

在上述观点之外,笔者从以下两个角度,更加深入地揭示先行调查原则的立论根据。

其一,优先解决程序争议,再审理实体问题,这符合刑事审判的一般规律。只有在解决了程序争议的前提下,法院对案件实体问题的审理才能有一个良好的环境。否则,控辩双方动辄或者反复提出程序争议问题,法院即便进行实体性裁判,也会频繁休庭。这既影响诉讼效率,也会削弱法庭审理的集中性。

其二,优先解决证据的法庭准入资格问题,再审查证据的证明力大小,这符合证据审查的基本原理。任何证据必须先具备法庭准入资格,然后才谈得上对其证明力的审查判断。这种法庭准入资格又被称为"证据能力",是审查证据证明力的前提。在控辩双方对某一证据的证据能力不持异议的情况下,法院固然可以直接进行对其证明力的审查。但在被告方对某一证据的合法性提出异议的情况下,法院若率先对其证明力大小进行实体审查,那么就有可能对该证据的证明力产生直观的认识,以致依该项证据形成对被告人有罪的"内心确信"。在此情况下,再讨论非法证据排除问题,将变得毫无意义。

(二) 先行调查原则的例外

按照最高人民法院法官的解释,先行调查原则主要有两种例外情形:一是被告方在开庭前就已经发现侦查人员非法取证的线索或者材料,但没有在开庭前提出非法证据排除申请的;二是有多名被告人、涉及多个罪名、案情重大复杂或者具有重大社会影响的,或者多名同案被告人同时提

---

[1] 参见戴长林《非法证据排除规则司法适用疑难问题研究》,《人民司法》2013年第9期。

出非法证据排除申请的。① 在第一种情形下，不适用先行调查原则对于故意拖延提出申请的被告方，有惩罚或告诫的意味。这有利于督促被告方及时行使诉讼权利，尽早提出排除非法证据的申请。在第二种情形下，由于案情重大复杂，或者多名被告人同时提出申请，法院若轻易启动非法证据排除程序，就有可能妨碍庭审顺利进行，影响诉讼效率，也影响对案件实体问题的集中审理。

但是，最高人民法院的司法解释只就第一种情形明确规定不适用先行调查原则，对第二种情形却没有明确规定。因此，法院在何种情形下进行先行调查，在何种情形下于法庭调查结束前进行程序审查，仍然是不确定的，这显然给了法院较大的自由裁量权。

此外，对怠于行使诉讼权利的被告人动辄采取惩罚性的处理方式，或者以不影响诉讼效率为由，对重大复杂案件不优先进行程序性审查，这种制度设计的正当性容易引起争议。事实上，法院在法庭调查结束前再启动非法证据排除程序，其实际效果令人生疑。可想而知，在已经全面调查了公诉方所提交证据的情况下，法官势必对案件事实有了直观印象，甚至对被告人构成犯罪形成了"内心确信"。在这种情况下，法院再对被告方排除非法证据的申请进行"初步审查"或者"正式调查"，还有多大的实质意义？这会不会导致流于形式的程序性裁判？

（三）证据能力优先于证明力的原则

法院对非法证据排除的申请进行先行调查，体现了证据能力优先于证明力的原则。但在不适用先行调查原则的情形下，证据能力优先于证明力的原则还能否适用？换言之，对于被告方申请排除的公诉方证据，法院可否在法庭调查中先行审查其证明力？在一些地方法院的审判实践中，面对被告方提出的非法证据排除申请，法院竟然对所有公诉方证据进行了连续不断的法庭调查，并在调查结束后再审查侦查人员取证的合法性问题。这使非法证据排除程序失去了实质意义。其实，在被告方提出非法证据排除申请的情况下，法院即便不中断法庭调查程序，也必须将有争议的公诉方

---

① 参见江必新主编《〈最高人民法院关于适用《中华人民共和国刑事诉讼法》的解释〉理解与适用》，中国法制出版社，2013，第97页以下；戴长林《非法证据排除规则司法适用疑难问题研究》，《人民司法》2013年第9期。

证据排除于法庭调查之外。法院这时只能对无争议的控方证据启动法庭调查程序；在法庭调查结束之后，再对被告方申请排除的控方证据启动程序性裁判程序。

由此看来，即便在不适用先行调查原则的情形下，法院也要遵循证据能力优先于证明力的原则。这就意味着，无论在任何阶段，对有合法性争议的公诉方证据，法院都不得先行调查其证明力；法院必须首先审查其合法性问题，只有在对这一问题作出肯定回答的前提下，才能启动对该证据证明力的调查程序。唯有遵循这一原则，才能保障程序性裁判的相对独立性，也才能使对侦查人员取证行为合法性问题的审查具有实际意义。

二 初步审查与正式调查的关系

法院无论在哪一阶段启动程序性裁判程序，都需要经过两个密切相连的程序阶段：一是对侦查行为的合法性问题进行初步审查；二是对排除非法证据的申请进行正式调查。相对于正式调查程序，初步审查有其特有的证明标准和启动条件。正式调查则是程序性裁判程序的核心环节，是法院为解决非法证据排除问题而进行的法庭审理活动。为与实体性裁判中的法庭调查相区分，可以将这种正式调查称为"程序听证"。在程序听证过程中，法院要审查控辩双方提交的证据材料，听取双方的质证和辩论意见，必要时还可以进行庭外调查核实证据的活动。经过这一程序，法院要对是否排除非法证据作出决定。在程序性裁判制度的构建中，如何设定初步审查的功能，如何处理庭前会议与初步审查的关系，如何确定程序听证的诉讼构造，是需要解决的几个重要理论问题。

（一）初步审查程序的过滤功能

被告方一旦提出排除非法证据的申请，就需要提供侦查人员违法取证的线索或者材料。法院通过审查该申请和相关线索、材料，对侦查行为的合法性存在疑问的，才可以决定启动正式的调查程序。由此，初步审查属于必经的前置程序，具有过滤不必要的程序性裁判的功能。

第一，初步审查程序的首要功能是防止被告方滥用诉权，避免法院司法资源的过度耗费。启动正式调查程序，需要投入大量人力、物力、财力、时间等资源。法律要求只有在对侦查行为的合法性产生疑问的情况下，法院才能启动正式调查程序。这一方面可以提醒被告方慎重行使诉讼权利，没有一定的线索、材料，不要轻易提出排除非法证据的申请；另一方面，也可以避免法院轻易启动这种高成本的司法裁判程序，减少司法资源的耗费。

第二，初步审查程序对被告方合理行使诉权，不仅没有构成妨碍，反而是有益的保障。从举证的现实可行性来看，被告人只要具有基本的认知能力，亲身经历了非法取证的过程，就可以向法院提供非法取证的实施者、时间、地点、手段、后果等事实情节。不仅如此，这种初步审查程序的设置，还可以使没有任何正当理由的被告方放弃申请排除非法证据，而真正掌握相关线索或者材料的被告方则可以有理有据地行使这一诉讼权利。

第三，初步审查程序可以督促公诉方更有针对性地举证，放弃不必要的诉讼对抗。为满足初步审查程序的证明要求，被告方不得不向法院提供相关线索或者材料。针对这些线索或材料，法院可以责令公诉方有针对性地举证，以证明侦查行为的合法性。同时，公诉方对于那些有足够证据证明侦查人员非法取证的案件，则主动放弃对抗，不再将有争议的控方证据作为起诉的依据。

（二）庭前会议在初步审查方面的特有作用

按照立法者的初衷，在庭前会议中，法院主要进行必要的庭审准备活动，不对案件的实体问题作出裁决；同时，就程序争议问题了解情况，听取意见，也不一定要作出权威决定；但为避免诉讼拖延，法院应尽量在庭前会议中解决程序争议，而不将其推迟到庭审阶段。[①] 但是，有些程序争议涉及多方面的法律关系，需要组织正式的庭审听证程序，假如在庭前会议阶段无法解决，则仍需在法庭审理程序中裁决。

2012年《刑事诉讼法》要求被告方尽量在开庭前提出排除非法证据的申请，并将此申请作为启动庭前会议的充分条件。原则上，被告方在开庭

[①] 参见郎胜主编《〈中华人民共和国刑事诉讼法〉修改与适用》，新华出版社，2012，第326页以下。

前提出申请的,庭前会议主要发挥初步审查侦查行为合法性问题的作用。在审查了被告方的申请和相关线索、材料之后,法庭可以在庭前会议上听取公诉方就证据收集合法性所作的说明。在此基础上,法庭假如对侦查行为的合法性存在疑问,并且控辩双方对此存有异议,就可以将正式调查程序放置在法庭审理程序中再启动。但是,经过庭前会议程序,法庭假如认为被告方提交的线索、材料不足以证明侦查行为的非法性,公诉方也作出了令人信服的答辩,也可以直接驳回被告方的请求,不再启动非法证据排除的正式调查程序。

当然,庭前会议并不仅仅发挥初步审查的功能。法庭在庭前会议上听取控辩双方的意见,可以了解双方的争议焦点,了解有关证据的调查线索。这一方面可以保证法庭在开庭前进行必要的庭外调查,以调取控辩双方都不便调取的证据材料;另一方面,法庭也可以借此确定庭审调查的重点,以便对侦查行为的合法性问题进行有针对性的庭前准备工作。[1] 可以说,即便在非法证据排除问题上,庭前会议仍然具有庭审准备的诉讼功能。

在我国的司法实践中,法院在庭前会议中有可能引入控辩双方的协商机制。具体而言,法庭可以在分别听取控辩双方意见的基础上,引导双方通过协商达成和解。[2] 假如公诉方通过审查被告方的申请并进行必要的调查核实而认为确实存在侦查人员非法取证,法庭就可以直接说服公诉方将某一证据撤出指控证据体系。反过来,假如被告方通过听取公诉方意见并了解公诉方提交的证据材料而认为排除非法证据的申请不可能被法院认可,其也可以向法院申请撤回自己的请求。通过协商与说服,法院可以促使控辩双方放弃不必要的诉讼对抗,选择基于合意的诉讼妥协。这样,庭前会议将发挥减少不必要的非法证据排除程序的作用。

(三) 程序听证的诉讼构造

与实体性裁判不同,程序性裁判并不严格区分法庭调查和法庭辩论程序,而大体上属于针对侦查行为合法性问题的调查活动。程序性裁判要解决的核心问题,是公诉方能否证明控辩双方有争议的侦查行为的合法性。

---

[1] 参见周峰《非法证据排除规则制度的立法完善与司法适用》,《人民法院报》2012年5月9日,第6版。

[2] 参见戴长林《非法证据排除规则司法适用疑难问题研究》,《人民司法》2013年第9期。

因此，在程序听证过程中，公诉方要向法庭提出证据以证明其证据收集的合法性，而被告方对此进行质证并提出辩论意见。

公诉方证明证据收集的合法性可以有多种方式。一般情况下，法庭调查公诉方证据的顺序是：首先，公诉方宣读侦查人员制作的讯问笔录，或者宣读证人证言笔录、被害人陈述笔录以及勘验、检查笔录等笔录类证据，以说明侦查行为的合法性；其次，根据被告方的要求，公诉方可以有针对性地播放记录讯问过程的录音录像，以说明不存在刑讯逼供或其他程序违法情况；最后，公诉方还可以出示和宣读自行调取的相关人员的"情况说明"，提供"情况说明"的既可以是讯问人员，也可以是监所管理人员、同监所的人员或者录音录像的制作者。当然，在穷尽上述调查方法后仍无法证明侦查行为合法性的，经公诉方提请，法庭可以通知侦查人员出庭"说明情况"。① 在此情况下，侦查人员就其讯问过程作当庭陈述，并接受控辩双方的询问和合议庭的发问，从而充当"程序证人"的角色。

大体而言，我国的程序听证具有控辩双方平等对抗、法庭居中裁判的诉讼构造。对于公诉方当庭出示、宣读的证据材料，法庭都会给被告方当庭质证的机会。对于法庭通知出庭作证的证人，法庭也给予被告方当庭询问的权利。在绝大多数情况下，被告方在程序听证中主要充当质证者和反驳者的角色，对公诉方旨在论证的取证合法性进行证伪。当然，在有些情况下，被告方也有可能向法庭提交本方的证据材料，有力地证明侦查人员取证的违法性。由此看来，被告方不只是被动的质证者，还有可能成为积极的举证者。

但是，为深入调查侦查人员取证的合法性问题，法庭需要摆脱对公诉方证据材料的依赖，展开一定程度的庭外调查核实证据的活动。表面看来，法官的庭外调查活动显示出正式调查程序具有典型的职权主义诉讼构造，但实际上，庭外调查经常是被告方申请法院调查取证的结果，也是有利于被告方的证据进入正式调查程序的重要途径。② 被告方之所以要求法院启动庭外调查程序，主要是因为公诉方向法院提交的几乎都是被用来证

---

① 参见戴长林《非法证据排除规则司法适用疑难问题研究》，《人民司法》2013 年第 9 期。
② 2011 年发生的两个涉及非法证据排除问题的著名案例，就显示出法官庭外调查的重要性。参见陈宵等《程序正义催生排除非法证据第一案》，《法治周末》2011 年 8 月 31 日；赵丽《排除非法证据后被告人获无罪判决》，《法制日报》2011 年 10 月 14 日。

明取证行为合法的证据,而有可能被用来证明侦查人员取证不合法的证据则极少为公诉方所重视,更谈不上被提交法庭了。那些可以证明侦查行为非法性的证据,如出入监所的时间证明、体表检查登记表、照片、刑讯逼供控告书等,又大都被侦查人员、看守所人员或者驻所检察官所掌握,辩护律师仅仅通过单纯的调查申请,根本无法将其调取出来。要想成功地将这类证据提交法庭,被告方唯有借助法院的力量,申请法庭依国家强制力调取。不仅如此,诸如鉴定、勘验、检查、侦查实验等调查核实证据的手段,目前几乎被垄断在公检法机关手中。而在法庭审判阶段,未经法院批准,被告方不可能单独启动这些调查核实程序。要启动这些程序,被告方也只有申请法院重新进行鉴定、勘验、检查等活动。在此情况下,法院的庭外调查就成为被告方获取能够证明侦查行为非法性的证据的重要途径。

(四) 正式调查程序的主要缺陷

尽管在法律中公诉方证明取证合法性的制度已经确立,但我国刑事司法实践的情况表明,这种证明经常流于形式,法院的程序听证也经常难以发挥实质作用。[①] 在大多数相关案例中,公诉方通过当庭举证可以轻易完成对取证合法性的证明,而被告方说服法庭排除非法证据则非常困难。

在笔者看来,无论初步审查程序还是正式调查程序,都存在法官滥用自由裁量权的问题。这主要表现在,对于公诉方提出的证据材料,我国法律没有合理限制其证据能力;对于公诉方随意提交的这类证据材料,法院不经过认真审查就将其采纳为认定侦查行为合法性的证据。可以常见的证据材料为例,依次具体说明这一问题。

首先,侦查人员制作的讯问笔录。公诉方经常援引这类笔录来证明讯问的合法性。但是,这种由侦查人员制作的单方面记录,形成于秘密的羁押讯问过程中,因而经常是不完整和不准确的。而在非法证据排除程序中,被告方怀疑的恰恰是这类笔录的合法性,所申请的也是将这类笔录排除于法庭之外。假如法庭允许公诉方以这类笔录为依据来证明讯问的合法性,岂不等于认可公诉方用有争议的讯问笔录来证明其自身的合法性?

---

① 参见徐汉明、赵慧《从实施情况看非法证据排除规则的完善》,《检察日报》2011 年 6 月 7 日,第 3 版。

其次，侦查人员提供的"情况说明"。在我国司法实践中，公诉方责令侦查机关就侦查行为的合法性提供"情况说明"的做法，已经到了普遍化的程度。[①] 可想而知的是，无论是侦查人员还是侦查机关，都不可能通过"情况说明"来承认存在刑讯逼供等违法取证行为。这种说明类材料最多算作侦查机关否认违法取证情况的"声明"，它们不可能提供任何有关侦查行为合法与否的事实信息。法院将"情况说明"作为认定侦查人员取证合法的根据，无异于承认侦查人员有自证其行为合法的特权。

再次，录音录像的调查。目前，最高人民检察院已经在检察机关自侦案件中确立了讯问全程录音录像制度。2012年《刑事诉讼法》还将这一制度强制推广到所有可能判处无期徒刑以上刑罚的案件，对其他案件则建议实行这一制度。但是，对于被告方申请排除非法证据的案件，面对被告方的强烈要求，公诉方一般拒绝当庭播放记录讯问过程全程的录音录像，有的甚至拒绝将这类录音录像移交法院。其实，作为全程记录讯问过程的视听资料，公诉方当庭播放录音录像可以有效澄清侦查人员有没有违法取证。而在一些案件的程序性裁判过程中，法院却允许公诉方播放经剪辑的部分录音录像，或者对公诉方拒绝播放录音录像听之任之。结果，法院在调查侦查人员取证合法性问题方面，就放弃了一种证明力极强的证据材料。

最后，侦查人员出庭作证。在被告方申请排除非法证据的绝大多数案例中，侦查人员都拒绝出庭作证，而以提交"情况说明"的方式来澄清被告方提出的侦查人员取证不合法的问题。法院既对侦查人员出庭缺乏必要的强制力，也没有对侦查人员无理拒绝出庭采取惩罚措施。结果，偶有侦查人员出庭作证的，也几乎都是法院与公安机关、检察机关内部协调的结果，根本不具有普遍的制度意义。

三 非法证据排除程序中的证明机制

2010年，最高人民法院在司法解释中确立了"公诉方对审前供述的合

[①] 最高人民法院2003年再审刘涌案时，就曾援引公安机关的"情况说明"来认定被告人受到刑讯逼供的情况不能成立，从而驳回被告方有关排除非法证据的申请。参见最高人民法院（2003）刑提字第5号刑事判决书，载中华人民共和国最高人民法院刑事审判第一庭、第二庭编《刑事审判参考》总第36集，法律出版社，2004。

法性承担证明责任"的原则。[①] 2012 年《刑事诉讼法》则进一步确立了"人民检察院对证据收集的合法性承担证明责任"的原则,并将公诉方对这一待证事实的证明标准设置为"事实清楚,证据确实、充分"这一最高程度。[②] 但是,我国设置了三种不同的非法证据排除规则,分别是针对非法言词证据的强制性排除规则、针对非法实物证据的裁量性排除规则以及针对瑕疵证据的可补正的排除规则。上述证明责任原则在这三种排除规则中的适用方式并不完全相同,所涉及的证明机制和标准也十分复杂。

(一) 证明责任倒置原则

在初步审查程序中,被告方对侦查行为的非法性承担初步的证明责任。而在法院启动正式调查程序之后,公诉方则对侦查行为的合法性承担证明责任,并且要将这一事实证明到最高的程度。在诉讼理论上,这种由公诉方对侦查行为合法性承担证明责任的原则,又被称为"证明责任倒置"。这是因为,根据"谁主张,谁举证"的原则,提出积极诉讼主张的一方要对该主张所依据的事实承担证明责任。被告方作为非法证据排除程序的启动者,在提出了排除某一公诉方证据的诉讼主张后,也提出了侦查人员取证行为不合法的事实,按理应当由其对所提出的事实承担证明责任。而免除被告方的证明责任,改由公诉方承担证明责任,就构成了证明责任的倒置。

有些学者不赞成"证明责任倒置"的说法,认为在非法证据排除问题上,应当在控辩双方之间合理分配证明责任。其理由是,"证明责任倒置"的说法容易使人理解为辩护方只需提出程序违法的主张而无须提供任何证据,所有的证明责任都应由控方承担;毕竟,辩护方要承担程序违法的初步证明责任,控方则要承担程序违法的反证责任,法官在特殊情形下还要承担主动查证职责。[③] 然而,被告方对侦查人员取证的非法性承担初步证明责任这一事实,并不能否认证明责任倒置的成立。这是因为,被告方承担的这种初步证明责任,充其量不过是说服法院将侦查行为的合法性问题

[①] 参见陈瑞华《非法证据排除规则的中国模式》,《中国法学》2010 年第 6 期。
[②] 参见郎胜主编《〈中华人民共和国刑事诉讼法〉修改与适用》,新华出版社,2012,第 123 页以下。
[③] 参见林劲松《论刑事程序合法性的证明》,《中国刑事法杂志》2013 年第 1 期。

纳入裁判范围的责任，而不是对侦查行为的非法性承担全面的证明责任。在法院决定启动正式调查程序之后，被告方就不再对侦查行为的非法性承担证明责任，该行为合法性的证明责任一律由公诉方承担。很显然，这属于"谁主张，谁举证"原则的例外，是典型的证明责任倒置。

当然，在一些西方国家的非法证据排除程序中，公诉方确实要对被告人供述的合法性承担证明责任，但其他证据的合法性问题，则按照不同情况，分别由公诉方或被告方承担证明责任。至少，在被告人供述以外的其他证据的排除程序中，公诉方承担证明责任并不是一项普遍适用的原则。[①]然而，我国却对所有进入正式调查程序的公诉方证据的合法性问题，确立了统一的由公诉方承担证明责任的原则。其理论依据何在？

有研究者认为，诉讼中主张积极性事实的一方承担证明责任，而将消极性事实引入诉讼的一方则无须对此承担证明责任。在刑事诉讼中，证据合法性的证明必然属于证明被告人有罪的积极诉讼请求的组成部分，被告人提出的证据非法的异议则属于消极性事实。[②]然而，在笔者看来，检察官固然向法院提出了被告人构成犯罪的积极性事实，但在刑事诉讼中，被告方向法院提出的取证行为不合法的事实，同样属于积极性事实。既然提出积极性事实的一方要承担证明责任，那为什么被告方不能对其提出的侦查行为不合法承担证明责任？其实，仅仅根据"谁主张，谁举证"是无法解决这一问题的。要对侦查行为合法性问题中的证明责任倒置作出令人信服的解释，需要从另外的角度寻找理论依据。

首先，公诉方对其证据的合法性承担证明责任是无罪推定原则的必然要求。按照无罪推定原则，在法院对被告人定罪之前应当推定其为无罪的人，公诉方不仅要将被告人构成犯罪证明到排除合理怀疑的程度，还要证明作为指控依据的每一项证据都具有证据能力和证明力。向法院证明该项证据不属于非法证据、侦查人员的取证行为不违法，都是公诉方维护本方证据之证据能力的必要方式。

其次，从控辩双方取证能力的对比情况来看，由公诉方承担证明责任有助于实现控辩双方在诉讼中的实质对等。在刑事诉讼中，公诉方有侦查

[①] 参见陈瑞华《比较刑事诉讼法》，中国人民大学出版社，2010，第126页以下。
[②] 参见张军主编《刑事证据规则理解与适用》，法律出版社，2010，第322页以下。

人员的强力支持，可以通过强制性侦查手段获取证据，因而在取证和举证方面有得天独厚的优势。相反，被告人通常丧失人身自由，缺乏基本的诉讼经验和技巧，即便得到律师的帮助，也无法通过国家强制力来调取证据。正是考虑到控辩双方在调查取证方面存在天然的不均衡，法律才免除被告方的证明责任，而赋予公诉方一定的特殊义务，令其承担证明责任。

最后，由公诉方承担证明责任，可以最大限度地督促侦查机关、公诉机关树立证据意识和程序守法意识，为应对被告方可能提出的非法证据排除申请做好应诉准备。这可以促成一种良性循环：越是强调公诉方的证明责任，侦查人员越会遵守法律程序；侦查人员越是依法收集证据，公诉方对侦查行为合法性的证明也就越容易。

（二）证明责任分配的三种模式

原则上，在非法证据排除问题的正式调查中，公诉方对侦查行为的合法性承担证明责任，被告方则无须对侦查行为的非法性承担证明责任。但是，我国确立了三种非法证据排除规则，在这三种排除规则的适用过程中，对证明责任的分配不存在一种整齐划一的模式，而是三种不同的证明责任分配模式。

1. 强制性排除中的一步式证明责任

针对侦查人员非法取得的言词证据，我国确立了强制性排除规则。具体而言，对于侦查人员通过刑讯逼供等非法手段获取的被告人供述以及通过暴力、威胁等非法手段获取的被害人陈述、证人证言，法院一经确认上述非法取证行为的存在，就应无条件地将其排除于法庭之外。

在正式调查程序启动之后，公诉方对于言词证据要在两个方面承担证明责任：一是证明侦查人员不存在被告方所说的刑讯逼供、暴力、威胁等非法取证的情形；二是证明侦查人员掌握的被告人供述、被害人陈述、证人证言都是通过合法的方式获取的。在这一程序中，公诉方承担的证明责任较为单一，也不会转移。尽管被告方可以提出证据证明侦查人员有非法取证行为，但这并不意味着被告人要承担证明责任。无论如何，凡公诉方不能或者无法以确实充分的证据证明侦查行为合法性的，法院都会作出对其不利的判定，公诉方显然要承担"举证不能"的败诉风险。

2. 裁量性排除中的三步式证明责任

针对侦查人员非法取得的实物证据，我国确立了裁量性排除规则。所谓裁量性排除，是指法院对于侦查人员非法取得的实物证据，在是否排除的问题上享有自由裁量权，可以在综合考虑多方面因素的情况下作出是否排除的决定。从其构成要素来看，裁量性排除明显包括三个程序环节：一是侦查人员对物证、书证的收集不符合法定程序；二是该违法取证行为"可能影响司法公正"；三是对于公诉方对该取证不合法的情况不能补正或者合理解释，法院作出排除非法证据的决定。① 要准确适用裁量性排除规则，就需要按照三个步骤来确立证明责任。

首先，公诉方要证明侦查人员收集实物证据的合法性。这与强制性排除程序中的证明责任完全相同。法院经过正式调查，只有在认为公诉方无法证明实物证据取证合法性的情况下，才能进入下一个证明环节。

其次，法院在认定实物证据取证不合法的前提下，责令被告方承担证明责任，也就是证明侦查人员的非法取证"可能影响司法公正"。这属于证明责任的转移，也就是法院在认定侦查人员对实物证据的取证不合法的前提下，责令被告方对该非法证据的危害后果承担证明责任。被告方需说明侦查人员在收集物证、书证过程中的违法情况十分严重，也要证明这种违法取证造成严重后果，如严重影响司法机关的公正形象，可能造成所获取的实物证据不真实、不可靠，甚至可能造成冤假错案，等等。

最后，假如被告方能够证明实物证据的非法取证"可能影响司法公正"，那么，证明责任再次回到公诉方。公诉方需要对该非法取证行为进行必要的程序补正，这种程序补正包括两种方式：一是进行单纯的程序补救，也就是责令侦查人员重新制作相关证据笔录，或者补作证据笔录；二是进行合理的解释或者说明。通过程序补正，公诉方需证明原来存在的非法取证行为并没有造成严重后果，或者即便造成了严重后果，这种后果也可以消除，并不存在严重影响司法公正的风险。假如公诉方没有进行必要的程序补正，那么，法院可以判定侦查人员获取的实物证据不仅是非法的，而且严重影响了司法公正，因此不得将其作为定罪的根据。

3. 瑕疵证据补正中的两步式证明责任

最高人民法院在司法解释中，还确立了瑕疵证据的可补正的排除规

---

① 对我国刑事诉讼中三种非法证据排除规则的分析，可参见陈瑞华《刑事证据法学》，北京大学出版社，2012，第289页以下。

则。所谓瑕疵证据，是指侦查人员通过带有程序瑕疵的方式获取的证据。广义上讲，侦查人员取证过程中发生的程序瑕疵，也是违反法律程序的行为。只不过，这种行为没有侵害重大的利益，也没有造成严重的后果。在某种意义上，可以将这种程序瑕疵称为"技术性违法"或者"手续性违法"。例如，侦查人员制作讯问笔录时，没有记载讯问人、被讯问人、讯问时间、见证人，或者讯问笔录上没有上述人员签名。

与前两种排除规则所适用的证明责任倒置原则一样，公诉方应当承担证明侦查行为合法性的责任，也就是需证明被告方所说的程序瑕疵是不存在的。对于这一点，公诉方同样需证明到排除合理怀疑的最高程度。否则，法院就可以认定侦查人员取证过程中存在程序瑕疵，所获取的证据是瑕疵证据。

法院即便认定某一证据属于瑕疵证据，也不必然作出排除该瑕疵证据的决定。这种瑕疵证据的认定带来的唯一后果，是公诉方需对该瑕疵证据进行必要的程序补正。与裁量性排除中的程序补正一样，瑕疵证据的补正也有两种方式：一是公诉方责令侦查人员重新制作某一证据笔录，或者对有关证据笔录进行补充；二是公诉方给出合理的解释或者说明。通过这些程序补正行为，公诉方需证明侦查人员的程序瑕疵并没有造成严重的后果，或者造成的消极后果已经消除。假如公诉方能够进行这种程序补正，那么，法院就可以不再排除该瑕疵证据。否则，法院仍然可以不将该瑕疵证据作为定案的根据。

（三）证明标准

作为一项基本原则，公诉方对侦查行为合法性的证明需达到最高的标准，也就是与证明被告人构成犯罪相同的证明标准；而被告人即便承担证明责任，也无须达到最高的证明标准。对于这一原则，我国并没有作出明确的规定，但依据程序性裁判的性质和程序性证明的要求，可以对这一原则作出论证。

对于侦查行为的合法性，公诉方需证明到"事实清楚，证据确实、充分"的最高程度。根据2012年《刑事诉讼法》，法院确认或者不能排除侦查人员存在以非法方法收集证据情形的，应当对有关证据予以排除。这里所说的"确认"，是指法院有足够证据确信侦查人员采用了非法取证的方法；而所谓的"不能排除"，是指公诉方对侦查行为合法性的证明并没有令法官排除合理怀疑。可见，公诉方对侦查人员取证合法性的证明，依法要达到与定罪标准相同的最高标准。不仅如此，在裁量性排除与瑕疵证据补正程序中，凡是公诉方需要通过程序补正方式承担证明责任的，均要将非法取证或程序瑕疵的危害后果得到补正这一点证明到排除合理怀疑的程度。

对于公诉方对侦查行为合法性的证明要达到最高标准，一些研究者曾表示担忧，认为这是一种不切实际的证明标准，公诉方根本无法做到。① 但在笔者看来，对公诉方的证明提出最高的证明标准要求，不仅必要，而且可行。这主要有两方面的理由。第一，公诉方对被告人有罪的证明要达到排除合理怀疑的最高程度，这决定了其对侦查人员取证行为合法性的证明也要达到同样的证明标准。对控方证据合法性的证明与对指控犯罪事实的证明，其实是局部与整体的关系。既然公诉方对犯罪事实整体的证明要达到最高标准，那么，公诉方对本方证据的合法性所作的局部证明，当然也应达到这一标准。第二，公诉方在对侦查人员取证合法性进行证明时，可以获得侦查人员的有效帮助。侦查人员一般都就侦查行为制作各类笔录证据，对预审讯问过程，还可以全程同步录音录像。这些笔录证据和录音录像可以成为公诉方证明侦查行为合法性的有力证据。不仅如此，未决羁押机构对侦查人员带嫌疑人出入监所的情况，还进行详细记录，必要时还会进行身体检查并保留检查记录；检察机关为调查侦查人员取证的合法性，还可以询问看管人员、同监所的在押人员等。在穷尽上述所有调查手段的情况下，检察机关还可以传召侦查人员出庭作证，当庭就侦查行为的合法性提供证言。可以说，公诉方只要想对侦查取证的合法性进行取证和举证，就可以从现行体制中获得一系列资源和便利条件。要求公诉方对侦查人员取证合法性的证明达到最高标准，能够最大限度地促使公诉方挖掘一切资源，收集足够的证据，做好应诉准备，以证明控方证据的合法性。

那么，被告方在承担有限证明责任的情况下，需达到怎样的证明标准？如前所述，被告方在初步审查程序中对侦查行为违法性的证明，只需达到令裁判者产生疑问的程度就可以了。也就是说，被告方通过说明侦查

---

① 参见陈光中《刑事证据制度改革若干理论与实践问题之探讨——以两院三部〈两个证据规定〉之公布为视角》，《中国法学》2010年第6期。

人员违法取证的时间、地点、人员、手段、过程和后果等事实信息，提供非法取证的事实线索或者必要的证据材料，使裁判者对侦查人员取证的合法性产生了疑问，并且裁判者仅仅通过阅卷和在庭前会议中听取意见仍然不能消除这些合理的疑问。在此情况下，被告方的初步证明即告完成，法院就可以启动正式调查程序。在裁量性排除程序中，法院认定侦查人员对实物证据的收集存在违法行为时，还不能直接作出排除非法证据的决定，而应责令被告方对其危害后果承担证明责任，也就是证明违法取证"可能影响司法公正"。对于这一证明责任，被告方也无须达到排除合理怀疑的最高标准，而只需达到优势证据的证明程度，即承担证明责任的一方将某一事实成立的可能性证明到超过该事实不成立的可能性的程度。① 换言之，对于裁量性排除程序而言，被告方只要证明侦查人员违法取得物证、书证的行为，影响司法公正的可能性要大于不影响司法公正的可能性，就满足了这一证明要求。

四 司法救济机制

最高人民法院早在2010年就通过司法解释确立了针对非法证据排除问题的救济机制，允许二审法院对一审法院拒绝启动初步审查程序的决定进行重新审查。2012年适用《刑事诉讼法》的司法解释再次明确规定了二审法院实施司法救济的三种法定情形。但是，二审法院在通过上诉为当事人提供司法救济方面，却有两个基本理论问题有待进一步澄清：一是对于一审法院没有处置的非法证据排除问题，二审法院能否直接作出排除非法证据的裁决？二是对于一审法院就非法证据排除问题所作的决定，二审法院认为不成立的，是单独作出裁判，还是与本案实体问题一并作出裁判？对此，需要结合司法救济的一般原理，给出理论上的恰当解释。

（一）二审法院审判的对象

对于被告方在一审程序中没有提出的侦查人员非法取证问题，二审法

---

① 有关优势证据标准的全面分析，可参见陈瑞华《刑事证据法学》，北京大学出版社，2012，第248页。

院能否继续审理？最高人民法院的司法解释对此区分了两种情况：一是被告方在一审程序结束前已经掌握相关线索或者材料，一审法院也告知了应在开庭前提出非法证据排除申请的事项，但被告方没有提出申请，故意拖延到二审程序才提出这一申请；二是被告方在一审程序结束后才发现相关线索或者材料，只能向二审法院提出排除非法证据的申请。在第一种情况下，二审法院有权拒绝审理此类申请；在第二种情况下，二审法院应当对证据收集的合法性问题进行审查。

　　司法解释禁止二审法院受理第一种情况下的申请，显然有防止被告方滥用诉权的考虑，这可以避免非法证据排除程序的无休止启动。但是，对于上述第二种情况，二审法院应否启动对侦查行为合法性问题的审查？根据两审终审原则，二审法院的审判对象是一审法院的裁判结论。对这种裁判结论，检察机关可能提起抗诉，当事人也可能提出上诉。但是，对于未经一审法院审理和裁判的事项，二审法院一般是不能审理的。这是因为，二审法院一旦对一审法院没有裁判的事项进行审判，就意味着这些事项只能经过二审法院的"一审终审"，检察机关无法提出抗诉，当事人也无法提起上诉。而任何剥夺检察机关抗诉权或当事人上诉权的制度设计，都违背了两审终审制的基本原理。被告方以一审时尚未掌握非法取证的线索或材料为由，在二审程序中首次提出非法证据排除问题，二审法院若予以受理，并启动程序性裁判程序，则无疑属于超越二审审理范围的审判行为。通过这一裁判活动，二审法院无论是否作出排除非法证据的决定，都会导致被告人失去上诉的机会，检察机关也失去提出抗诉的可能性。

　　但是，在我国的刑事诉讼制度中，二审法院对于一审法院未曾裁判的程序问题，如违反回避制度、审判组织不合法、违反公开审判原则或者剥夺当事人诉讼权利等审判程序违法问题，不是照样可以审理并作出撤销原判的裁定吗？而这些事项也都没有经过一审法院裁判，为什么就可以成为二审法院的审判对象？其实，二审法院审理的上述程序问题基本上属于一审法院违反法律程序的事项。广义上说，一审法院的审判过程本身也属于其已裁判的事项。对于一审法院是否存在审判程序违法，当事人根本无法向一审法院启动司法救济程序，否则会出现一审法院充当涉及自己案件的裁判者的尴尬局面。与一审法院的裁判结论一样，该法院的审判过程本身，也只能由二审法院重新审判。但是，非法证据排除问题却有所不同。

被告方对侦查人员取证的合法性提出异议，所怀疑的是侦查程序的合法性。这一问题要进入一审法院的审判范围，只能通过当事人提出申请。从审判分工上说，一审法院审判的对象是侦查人员取证行为的合法性问题，二审法院的审判对象则是一审法院的裁判结论是否存在事实或法律上的错误。因此，二审法院直接受理被告方的非法证据排除申请，不具有正当性。

基于上述理由，二审法院对于被告方在二审程序中首次提出的非法证据排除申请，原则上不应受理。但是，有一种例外，假如一审法院未能尽到告知诉讼权利的义务，或者存在其他方面的严重程序错误，二审法院可以审理被告方的申请。但是，通过这种审理，二审法院即便认定侦查人员确实存在取证不合法的情形，也不能作出排除某一非法证据的裁决，而最多可以作出撤销原判、发回重审的裁定。

（二）无害错误与有害错误

最高人民法院的司法解释将一审法院拒绝审查被告方提出的非法证据排除申请的决定，以及一审法院经正式调查所作的排除或者不排除某一控方证据的决定都列入了二审审理的对象范围。但是，对于一审法院已裁判的这些事项，二审法院要作出什么样的裁判结论？二审法院经过重新审理，能否作出排除非法证据的裁决？

我国《刑事诉讼法》没有确立"中间上诉"[①] 制度，无论是检察机关还是被告方，都无法在一审法院就非法证据排除问题作出决定后，单独对此决定提出抗诉或上诉。对于是否排除某一控方证据的决定，一审法院只能将其与对本案实体问题的判决结论一起，通过一审判决作出统一裁判。对于这一决定，控辩双方也只能在一审程序结束后，就判决整体向二审法院提出抗诉或上诉。而对于非法证据排除问题的审理，二审法院也只能将其与其他实体问题的审理一起，在统一的二审程序中完成。这种司法救济机制决定了二审法院在作出二审裁决时，一般只能将程序问题与实体问题

---

① 所谓"中间上诉"，是指在法庭审判程序尚未结束之前，控辩双方对法院的某一程序裁决提出的即时上诉。在一些西方国家的非法证据排除制度中，法院即便在开庭前作出了排除或者不排除非法证据的裁定，也允许公诉方和被告方向上一级法院提出上诉，从而启动上级法院的上诉审程序。有关这一问题的分析，可参见〔美〕爱伦·豪切斯泰勒·斯黛丽、南希·弗兰克《美国刑事法院诉讼程序》，陈卫东、徐美君译，中国人民大学出版社，2002，第603页以下。

放在一起综合考虑。换言之，二审法院经过重新审理，即便认定侦查人员确实有取证不合法的问题，也不能单独作出排除非法证据的裁决，而必须将此问题与本案的实体问题结合起来，作出统一的二审裁判结论。其结果是，在二审程序中，程序性裁判只能附属于实体性裁判，在裁判方式上不具有独立性。二审法院在审查一审法院排除或者不排除某一控方证据的决定时，只能从它对一审法院认定的案件事实是否产生重大影响这一角度考虑。经过综合考量本案的程序问题和实体问题，二审法院若认为一旦纠正一审法院在非法证据排除问题上的决定，将直接影响一审实体判决的成立，就可以作出撤销原判、发回重审的裁定。相反，二审法院若认为即便就非法证据排除问题作出新的裁决，也不影响一审判决的成立，就可以维持原判。可以说，二审法院对于非法证据排除问题的裁决，最终还是要统一到是否撤销原判的考量上来。

既然如此，二审法院应根据什么标准作出撤销原判、发回重审的裁定？最高人民法院没有给出任何解释。对此，笔者认为，只有引入"有害错误"和"无害错误"的概念，[①] 在一审法院拒绝启动初步审查程序或者拒绝排除某一控方证据的决定被确认为程序错误时，审查该错误是否对一审判决的成立产生了实质影响，才能提供合理的解决方案。

所谓"有害错误"，是指一审法院的程序错误被认定为可能造成严重的后果，以至于影响一审法院所认定的案件事实的真实性。在非法证据排除问题上，假如二审法院认定一审法院排除或者不排除某一控方证据的决定是错误的，并且这种错误已经造成一审法院认定事实错误，那么，二审法院就可以撤销原判、发回重审。最典型的例子是，一审法院对于被告方提出的侦查人员存在刑讯逼供的问题，拒绝启动任何初步审查程序，就等于拒绝了被告方的申请。在二审程序中，法院经过重新审理，认为侦查人员确实有刑讯逼供行为，并且由此获取的被告人供述也是不可靠的，而一审判决记载的犯罪事实主要是根据相关有罪供述认定的；假如将这一有罪供述予以排除，那么，一审判决认定的犯罪事实根本无法成立。在此情况

[①] "有害错误"与"无害错误"是美国联邦最高法院提出的上诉审查标准，其目的主要在于决定是否因初审法院的程序错误而作出撤销原判的裁决。参见 Joel Samaha, *Criminal Procedure*, Wadsworth Publishing Company, 1999, p. 461; Jerold H. Israel and Wayne R. LaFave, *Criminal Procedure-Constitutional Limitations*, West Publishing Co., 1993, pp. 480–489。

下，一审法院拒绝排除被告人供述的决定，就属于有害错误。

而所谓"无害错误"，是指一审法院在排除或者不排除某一控方证据方面确实存在错误，但是，二审法院即便将这一证据排除于定案根据之外，也不会对一审判决的成立产生实质影响。例如，一审法院通过启动正式调查程序，最终将某一证人证言予以排除，并作出无罪判决。在检察机关提出抗诉后，二审法院经过审查，认为一审法院排除该证人证言是错误的。但是，即便将该证人证言重新作为定案根据，公诉方的证据体系照样无法证明公诉方所指控的犯罪事实。因此，一审法院的这一错误决定，对一审判决认定的犯罪事实的成立不会产生任何实质影响，便属于无害错误。

（三）特定情形下的自动撤销

对于一审法院在非法证据排除问题上所作的错误决定，二审法院只有在确认存在有害错误的情况下，才能作出撤销原判、发回重审的裁定，这是一般原则。但是，假如一审法院的某一决定严重侵犯了当事人的诉讼权利，或者严重影响了程序公正，那么，二审法院对于这种程序错误就不必区分是否构成有害错误，而可以无条件地宣告原判无效。一般将这种严重违反法律程序导致的无条件撤销原判称为"自动撤销"或"绝对的上诉理由"。[①]

我国1979年《刑事诉讼法》对二审法院以一审法院违反法律程序为由撤销原判，曾设置了"可能影响正确判决"这一条件。1996年《刑事诉讼法》取消了这一条件，要求二审法院在法定的一审法院违反法律程序的情形下，一律撤销原判。2012年《刑事诉讼法》延续了1996年《刑事诉讼法》的制度设计。应当说，1979年《刑事诉讼法》对条件的设置，体现了在确认存在有害错误的前提下撤销原判的理念，而1996年以后的《刑事诉讼法》体现了自动撤销的精神。可以说，一审法院只要存在违反回避制度、审判组织不合法、违反公开审判原则或者剥夺当事人诉讼权利等法

---

① 关于美国刑事诉讼中的"自动撤销"制度的分析，可参见 Stephen A. Saltzburg and Daniel J. Capra, *American Criminal Procedure: Cases and Commentary*, 6th Edition., West Publishing Co., 2000, p.1501。关于德国刑事诉讼中"绝对的第三审上诉理由"的讨论，可以参见〔德〕克劳思·罗科信《刑事诉讼法》，吴丽琪译，法律出版社，2003，第520页以下；〔德〕托马斯·魏根特《德国刑事诉讼程序》，岳礼玲、温小洁译，中国政法大学出版社，2004，第224页以下。

定情形，二审法院就可以自动撤销一审判决，而无须考虑这些程序错误对一审判决结果的影响。

同样，一审法院无理拒绝启动初步审查程序，或者错误地作出排除或不排除控方证据的决定的行为，假如严重剥夺了被告人的诉讼权利，或者严重影响了程序公正，二审法院也可以无条件地作出撤销原判、发回重审的裁定。例如，一审法院未告知被告人有权提出非法证据排除申请的；被告方提出非法证据排除申请后，一审法院拒绝召开庭前会议的；被告方提出非法证据排除申请后，一审法院拒绝启动初步审查程序，又不提供任何理由的；在正式调查程序中，一审法院剥夺被告人对控方证据的质证机会的；等等。只有当自动撤销的事由具有可操作性并被具体列举时，二审法院的自由裁量权才能受到严格限制。

结　论

从2010年初次确立非法证据排除规则，到2012年《刑事诉讼法》的颁布实施，再到2012年底对非法证据排除程序作适度调整，程序性裁判逐步在我国得到培育和发展，成为一种相对独立于实体性裁判的司法裁判活动。

作为一项基本原则，被告方一旦提出排除非法证据的申请，法院就要优先审查侦查行为的合法性问题，使程序性裁判具有优先于实体性裁判的效力。但在法定的例外情形下，法院可以在对其他证据的法庭调查结束之后，再审查侦查程序的合法性问题。但是，即便在此情况下，法院的审查也应遵循证据能力优先于证明力的原则。

作为程序性裁判的重要程序环节，初步审查具有过滤不必要的程序性裁判的功能，而法院在庭前会议上就可以履行初步审查的职责。正式调查作为程序性裁判的核心环节，具备基本的诉讼构造，并偏重于职权主义的诉讼模式。

在非法证据排除问题的初步调查程序中，被告方要对侦查行为的非法性承担初步的证明责任，并要达到使法官产生合理疑问的程度。但在正式调查程序启动后，证明侦查人员取证合法性的责任一律由公诉方承担，并要达到排除合理怀疑的最高程度。在遵循这一基本原则的前提下，三类非法证据排除规则实际上分别确立了不同的证明责任分配机制。

程序性裁判有其相对独立的司法救济机制。考虑到二审法院只应对一审法院已裁判的事项进行上诉审查，因此，被告方在二审程序中首次提出的非法证据排除问题，原则上不应成为二审法院的审判对象。同时，即便是对于一审法院拒绝启动初步审查的决定，以及一审法院排除或者不排除控方证据的决定，二审法院也不能作出独立的裁判，而应将其与案件的实体问题一起进行综合考量，然后决定是否作出撤销原判的裁定。一般情况下，二审法院在确认一审法院就非法证据排除问题所作的决定属于程序错误的情况下，还要审查该程序错误会不会影响一审判决结论的成立。当然，对于一审法院在非法证据排除方面有严重程序错误的，二审法院可以不考虑其对一审判决的影响，而作出撤销原判的裁定。

自白任意性规则的法律价值[*]

张建伟[**]

摘　要：新《刑事诉讼法》和此前"两高三部"发布的有关刑事证据的规定，确立了非法证据排除规则，但这一进步却因模糊了对威胁、引诱和欺骗取得口供的排除态度而显得不彻底。自白任意性被忽视，主要归因于过分倚重口供的司法惯性，作为自白任意性法理基础的正当程序观念没有得到普遍认同，对秩序的偏重则是更为深层的原因。自白的证据能力若不以自白的任意性为条件，冤错案件的病灶就不能祛除，司法实践就不可能取得实质的进步。认同自白任意性规则的法律价值，不仅能为发现案件真实提供保障，更是保障刑事司法最终摆脱纠问式特征之必需。

关键词：自白任意性　威胁　引诱　欺骗　证据规则

对证据规则的研究在近些年受到了极大的关注，有关机关还出台了若干关于证据的司法解释，尤其是 2010 年"两高三部"共同发布的《关于办理死刑案件审查判断证据若干问题的规定》和《关于办理刑事案件排除非法证据若干问题的规定》，令法学者为之感到欣慰。不过，仔细阅读因赵作海冤案而加快出台步伐的两个证据规定，在肯定其力求进步的同时，不能没有一点隐忧。两个规定的不足之处是在确立非法证据排除规则之时，忽视了另一项非常重要的证据规则——自白任意性规则，刻意模糊了

---

[*] 本文原载于《法学研究》2012 年第 6 期。
[**] 张建伟，清华大学法学院教授。

对通过威胁、引诱和欺骗手段取得的自白的排除态度，没有将任意性作为采纳自白的标准。在《刑事诉讼法》再修改时，对通过威胁、引诱和欺骗手段取得的自白采取了与此一致的立场，① 正式通过的《刑事诉讼法修正案》虽然恢复了原《刑事诉讼法》第43条中的"威胁"、"引诱"和"欺骗"字样，但在排除非法言词证据的规定中，仍然刻意模糊"威胁"、"引诱"和"欺骗"。这让人们注意到自白任意性被忽视的现象，其原因值得探寻，对这一现象应如何评价、要不要纠正也值得思考。

一 任意性应当是自白可采性的必要条件

在我国，被告人在认罪中陈述案情，称为"供"，表达的是认罪而陈述之意，不认罪而陈述则谓之"辩解"。"自白"一词也很常见，与坦白、供述的意思一样。在英语国家，自白用两个常用词来表达，一个是"confession"（供述），另一个是"admission"（承认）。两者只有微妙差别，"confession"一般指完整和详细的陈述，"admission"则不然，② 相当于汉语中的"认罪"，认罪是对被指控的犯罪予以承认，但未必对承认的犯罪作出具体、详细的陈述，"认罪是就部分事实而不包括犯罪意图的陈述"。③ 通常，自白可以书面或者口头作出；在有限情况下，被告人可以通过动作甚或沉默作出自白；在某些情况下，经被告人准许，可由被告人的代理人代为陈述。④

自白具有与其他证据相互印证的作用，也有引导出执法人员、司法机

---

① 在2011年8月30日向全社会公开的《刑事诉讼法修正案（草案）》将现行《刑事诉讼法》第43条修改为："审判人员、检察人员、侦查人员必须依照法定程序，收集能够证实犯罪嫌疑人、被告人有罪或者无罪、犯罪情节轻重的各种证据。严禁刑讯逼供和以其他非法方法收集证据，不得强迫任何人证实自己有罪。必须保证一切与案件有关或者了解案情的公民，有客观地充分地提供证据的条件，除特殊情况外，并且可以吸收他们协助调查。"

② 参见 Andrew Bruce and Gerard McCoy, *Criminal Evidence in Hong Kong*, Singapore: Butterworths, 1989, p. 59。

③ Henry Roscoe and Anthony Hawke, *Roscoe's Digest of the Law of Evidence and the Practice in Criminal Cases*, London: Stevens & Sons, Ltd., 1921, p. 37.

④ 参见 Andrew Bruce and Gerard McCoy, *Criminal Evidence in Hong Kong*, Singapore: Butterworths, 1989, p. 59。

关尚未掌握的其他证据或者事实之作用,尤其是后者,为查隐案、破积案、查串案提供了便利条件。正是由于自白在诉讼中常能发挥直接揭示案件事实的证明作用,也往往能够迅速推进诉讼进程,侦查者、控诉者和审判者都很重视自白的获取和运用。在一些国家和地区,倚重口供和以各种方法逼取口供的纠问式遗风仍然存在。

恰成对比的是,不少国家和地区建立了严格的制度来遏制非法取供行为,特别是自白任意性规则。自白任意性规则承认自白可以作为案件的证据,但该自白必须出于自愿,且不得将其作为对被告人定罪的唯一证据。自白以"自由"和"自愿"提供为采纳标准,这是自白任意性规则的一般原则。这一规则源于18世纪后半期的英国。在英国,该规则可以简单概括为:"如果自白是非任意的,它就是不可采纳的。如果自白是任意的,原则上是可以采纳的,但是,如果法官认为采纳它对于被告人来说是不公平的,也可能不采纳。"[1] 也就是说,自白具有任意性是可采性的必要条件,而不是充分条件,是否采纳自白还要考虑关联性和真实性。另外,特别需要指出的是,即使自白具有任意性,法官仍然拥有决定是否采纳的自由裁量权。

在各种证据规则当中,自白任意性规则是自白的可采性规则,是为了遏制不正当取证行为而设定的。自白具有任意性,意味着自白是自由和自愿提供的。其中"自由"是指自白者的自由意志没有被剥夺,他可以自主决定是否承认犯罪以及是否就指控的犯罪进行坦白,当然也可以拒绝这样做。这里的"自愿"有着严格的法律含义,是指在没有外在压力或者不正当的诱骗时自己决定认罪或者就指控的犯罪作出供述。

许多国家的证据法学研究和相关立法例,在涉及自白的可采性时,除了关联性都强调了自白的任意性。[2] 例如,在1914年易卜拉欣(Ibrahim)案中,萨默勋爵(Lord Summer)曾指出:"很久以前英国的刑事法建立起一项明确的规则,被告人的陈述不可采纳为指控他的证据,除非检控方表明该陈述是自愿作出的。这里所谓'自愿',含义是该陈述之取得既非依靠由政府人员实施或者提出的施加损害的恐吓,也不是获得某种好处的希

---

[1] Phipson and D. W. Elliott, *Manual of the Law of Evidence*, Sweet & Maxwell, 1980, p.183.
[2] 此外还有反对强迫自证其罪的特权规则以及补强证据规则等。

望。该原则与黑尔勋爵（Lord Hale）规则①一样古老。"② 这一基本原则意味着向政府人员作出的陈述只有在自由和自愿的条件下才能作为证据被法庭采纳。③

现在，"自愿性规则已经成为一个自动撤销原判的规则。如果提出和接受的供述是受到强迫的，那么该有罪判决就必须撤销。即使没有表明被告人实际上由于该供述的采纳而受到不公正的判决"。④ 除了任意性，从20世纪40年代开始，美国联邦最高法院又提供了新的标准来遏制侵犯自白自愿性不那么明显却同样不正当的执法行为。美国法院确立了一项适用于联邦法院的规则，如果嫌疑人被捕后在"不必要的延宕"之后才被送交法庭讯问，那么，在逮捕嫌疑人后到送交法庭前获得的嫌疑人口供不被法庭承认有可采性；按照1944年埃斯克莱福诉田纳西州案的裁判，对嫌疑人进行连续36小时的审讯就意味着一种强迫，嫌疑人在这种情况下作出的有罪供述是这种强迫的结果。不过，这一判决的要害在于，只要存在"不必要的延宕"，不管嫌疑人的口供是不是自由和自愿提供的，该口供都不具有可采性，因为"不必要的延宕"本身就存在问题。⑤ 1996年，美国联邦最高法院通过米兰达诉亚利桑那州案的裁判进一步将排除自白的范围扩大到没有告知嫌疑人有沉默权和请律师到场的权利。在我国，米兰达案已经为刑事诉讼法学界所熟悉，不少司法人员对该案也不陌生。

不过，在英国，自白任意性规则的适用范围近年来有缩小的趋势，即将自白的任意性与真实性结合在一起考虑以确定自白是否具有可采性，这反映了英国寻求刑事司法中的法律价值平衡的努力。理查德·梅介绍说："刑法修订委员会认为，法律关于这一问题的规定过于严格，因而应当放宽。建议只有在因强迫或是威胁或诱导可能产生不可信供述时才将其排

---

① 这是一项法律学说，曾在美国处于支配地位，它认为，丈夫不能犯强奸其妻之罪，因为根据他们双方的同意与契约，妻子已经同意成为其丈夫的财产。
② Roger E. Salhany, *The Police Manual of Arrest, Seizure and Interrogation*, Canada: Fransal Publishing Inc., 1984, p. 99.
③ Roger E. Salhany, *The Police Manual of Arrest, Seizure and Interrogation*, Canada: Fransal Publishing Inc., 1984, p. 99.
④ 〔美〕乔恩·R. 华尔兹：《刑事证据大全》，何家弘等译，中国人民公安大学出版社，2004，第332页。
⑤ 参见〔美〕诺曼·M. 嘉兰、吉尔伯特·B. 斯达克《执法人员刑事证据教程》，但彦铮等译，中国检察出版社，2007，第226页。

除。皇家刑事诉讼委员会同样认为自愿性标准应被取代。建议只有在供述是通过使用暴力、以暴力相威胁或者刑讯、非人道或者有损人格尊严的对待而获得时，才应被排除。"这种意见和建议产生的直接影响是，1984年《警察与刑事证据法》"遵循了刑法修订委员会的整体思路，要求法院排除通过强迫手段获取或者是通过任何可能导致供述不可信的言辞或者行为而做出的供述"。该法还表明，对于证据的可采性，"法院有权自由裁量，在采纳证据会对诉讼公正性造成不利影响时将该证据予以排除"。①

人们最初将任意性作为自白可采性的必要条件，是基于真实推定（presumption of truth），亦即一个人不会作出对自己不利的不真实陈述。②这个推定基于人的理性预设——一个人在自由和自愿的情况下作出不利于自己的陈述，那么该陈述可以推定为真实的。直到现在，排除非任意性的自白的根据之一，是为了保障案件的真实发现：非任意性自白被认为有较大的虚假可能性，因此予以排除有利于发现案件实质真实，避免被不实的证据误导。理查德·梅指出："如果检控方无法证明供述是自愿做出的（即并非出于强迫、威胁或者诱导）就不能被采纳。形成这一规则的理由是非自愿的供述不可信。"③ 罗格·E. 萨哈尼也评论说："如果自白不能满足自愿性的这些条件，这些自白就会因不可靠（unreliability）而被拒绝采纳。一个人的陈述如果是在威胁或者许诺下作出的，那么很可能是虚假的自白。"④ 乔恩·R. 华尔兹也曾说过："长期以来，法律一直强烈地怀疑强迫性口供的可靠性，因为被讯问人为避免受到体罚或得到某种许诺的好处而给出的供述，而不是出于有罪意识而给出的供述，很可能是不值得信任的。"⑤

不过，如今评价自白任意性规则，不再把自白的真实性当作唯一考量标准。自白即使是真实的，也会因为违背任意性的要求而失去证据资格。

---

① 〔英〕理查德·梅：《刑事证据》，王丽、李贵方等译，法律出版社，2007，第260页。
② Henry Roscoe and Anthony Hawke, *Roscoe's Digest of the Law of Evidence and the Practice in Criminal Cases*, London: Stevens & Sons, Ltd., 1921, p. 37.
③ 〔英〕理查德·梅：《刑事证据》，王丽、李贵方等译，法律出版社，2007，第259页。
④ Roger E. Salhany, *The Police Manual of Arrest, Seizure and Interrogation*, Canada: Fransal Publishing Inc., 1984, p. 99.
⑤ 〔美〕乔恩·R. 华尔兹：《刑事证据大全》，何家弘等译，中国人民公安大学出版社，2004，第333页。

人们可以清楚地看到，自白任意性规则不仅是对发现案件真相设定的限制，更是对正当地发现案件真相设定的限制。通过威胁、引诱、欺骗等取证方式，即使获得了真实的供述，也不能被容忍和接受，这涉及的是司法文明与人权保障这一类更为根本的深层次问题。违背被讯问人自由意志而强行获取自白是对人权的粗暴侵犯，基于保障人权的考虑，需要通过排除非任意性的自白来遏制非法取证。以非法方法获取口供，"以此作为被告有罪之证据，不啻奖励司法人员以不当之方法取得自白，违反民主国家拥护人权之原则。惟是为保障人权起见，在陈述自由受侵害下所为被告之陈述，无论其为有利于被告抑或不利于被告，法官在原则上皆不得予以引用，方为妥当"。① 因此，乔恩·R. 华尔兹指出，在自愿性规则的背后有一整套"综合价值观"。② 要不要明确而完整地建立自白任意性规则，取决于对这些价值观是否认同和珍视。

在英美法系国家，自白任意性与法律的正当程序观念紧密关联。约翰·N. 佛迪曾指出："1964年以前，对于被告人认罪或者坦白的可采性的唯一审查，是看它的自愿性。非出于自愿的自白被裁决不具有可采性，是因为它违反了美国宪法第五和第十四修正案的正当程序条款。认为不自愿的自白违反正当程序条款的理由有四个：第一，非自愿的自白被认为是本来就不可信或者靠不住的，判决建立在靠不住的证据之上就违背了正当程序；第二，警察的强迫行为违反了'基本公正'，后者是正当程序的本质要素，因此警察通过强迫手段取得自白违反了正当程序，即使该自白是可信的，也是如此；第三，自由选择是正当程序的本质性的一个方面，非任意性自白不是一个人自由和理性选择的结果；第四，我们的司法制度是弹劾式的而不是纠问式的。"③ 在美国，任意性要求是由1936年布朗诉密西西比州案确立起来的。按照美国联邦最高法院就此案作出的裁判，警察以野蛮手段强迫被告人而取得自白违背了法律的正当程序。"在此后的案件中，最高法院进一步裁定接受一个强迫性供述为证据将导致推翻该有罪判

---

① 蔡墩铭、朱石炎：《刑事诉讼法学》，五南图书出版公司，1981，第112页。
② 美国联邦最高法院在1960年布莱克伯恩诉亚拉巴马州一案的裁判中指出了这一点。参见〔美〕乔恩·R. 华尔兹《刑事证据大全》，何家弘等译，中国人民公安大学出版社，2004，第332页。
③ John N. Ferdico, *Criminal Procedure for the Criminal Justice Professional*, Wadsworth Group, 2002, p.464.

决,尽管在该案中有其他证据足以支持该有罪裁定。换言之,上诉法院不得把一个被迫作出的供述裁定为'无害过失'。"① 后来的判例是针对警察强迫行为的其他形式确立起来的,包括运用更为狡猾的方式——对犯罪嫌疑人施以心理压力而获得口供并因此违背了正当程序。② 美国联邦最高法院曾指出:"我们根据宪法第十四修正案作出的裁决,表明判决建立在采纳非自愿性自白证据的基础上,例如对于身体或者心理施加强迫手段获取的自白,是不能成立的。这样做不是因为这种自白不可能是真实的,而是因为这种获取口供的方法违反了我们的刑事法律实行的原则:我们实行的是弹劾的而不是纠问的制度——在这一制度下,国家必须以通过独立和自由方式而不是强迫手段获得的证据证明被告人有罪,不能依靠被告人的口供来证明自己的指控。"③ 同样,在英国,"近年来的英国判例形成了一项规则,即不采纳此类供述还取决于一个人不能被强迫自证其罪的原则,和与文明社会相联系的警察对那些受其关押人员采取恰当行为的重要性"。④

拒绝非任意性自白与否,与司法机关的社会公信力和社会认同度也有一定关系。罗格·E. 萨哈尼就此评论说:"法庭拒绝采纳这种在很不正当的情况下取得的自白还有一个理由,采纳在这种情况下取得的自白,公众会相信这种不正当行为是法庭共同参与实施的,这将导致刑事司法制度失去社会的支持与信赖。"⑤

二 违法取供行为中的反任意性

所谓"任意性"(voluntariness)又称"自愿性",在理智清醒和意志自由的前提下自主作出选择的,就具有任意性。这里的"意志自由"是指

---

① 〔美〕乔恩·R. 华尔兹:《刑事证据大全》,何家弘等译,中国人民公安大学出版社,2004,第 331 页。
② Roger E. Salhany, *The Police Manual of Arrest, Seizure and Interrogation*, Canada: Fransal Publishing Inc., 1984, p. 465.
③ Roger E. Salhany, *The Police Manual of Arrest, Seizure and Interrogation*, Canada: Fransal Publishing Inc., 1984, p. 464.
④ 〔英〕理查德·梅:《刑事证据》,王丽、李贵方等译,法律出版社,2007,第 259 页。
⑤ Roger E. Salhany, *The Police Manual of Arrest, Seizure and Interrogation*, Canada: Fransal Publishing Inc., 1984, p. 99.

"在行为的时候,一个人的意志可以有真确的选择,无论采取这个或那个,都能够随他的便的"。① 自由意志中的"自由"意味着多种可能性的存在:可以这样,也可以那样。选择权由自己掌握,别人不加干预。

对于如何验证某一陈述的自愿性,汤森诉赛恩(Townesnd v. Sain)案的裁判指出:"如果一个人的'意志受到压制'或者他的自白不是'理性的智力和自由的意志的产物',他的自白就因受到强制而不具有可采性。这些标准适用于自白是身体上的恐吓和心理上的压力的产物……任何警察讯问中,只要事实上获取的口供不是自由智力的产物,则该自白就是不可采纳的。"② 在美国,以宪法第五或者第十四修正案为依据来确认某项认罪或者自白是否自愿,可以概括为以下两点:其一,如果不存在警察的强迫行为,那么任何供述都将被认为是自愿的,不管嫌疑人的精神或身体状况如何;其二,如果存在警察的强迫行为,供述的自愿性将会在审查与提供供述的所有情况相关的基础上来认定,除非警察对肉体施加暴力,否则没有哪一个单一事实或者情况会是唯一决定性的。

尽管如此,"任意性"一词,多少让人有些费解,甚至立法和司法机关也对其相当隔膜,这是因为译名"任意性"不如"自愿性"来得通俗,对于任意性也不容易正面作出清晰的解释。对于任意性自白,各国法律一般都从反面——什么行为属于违反自白任意性的取证行为——来诠释。违反自白任意性的取证行为主要包括暴力、胁迫、利诱、欺骗、违法羁押以及其他不正当的方法,诸如麻醉、冻馁、日晒、干渴、强光照射、困倦疲劳等。

对肉体施加作用力使人产生痛楚的行为即暴力行为。《世界人权宣言》和联合国文件中的"酷刑"包含了施加于肉体的暴力行为,但不限于此,还包括在精神上造成剧烈痛苦的有目的之行为。对肉体施加暴力的方式多种多样,人们即使未能目睹,也非常熟悉。

胁迫,又称"威胁",是施加于精神上的"暴力",方式是以一定的不利益相威胁,使对方产生恐惧感。导致一项自白不具有可采性的威胁不必是必然实现的行为,例如告诉被告人不坦白就对其进行殴打,殴打就不一

---

① 〔美〕坎宁亨:《哲学大纲》,庆泽彭译,世界书局,1933,第296页以下。
② Roger E. Salhany, *The Police Manual of Arrest, Seizure and Interrogation*, Canada: Fransal Publishing Inc., 1984, p. 465.

定真要实施。事实上，导致被告人相信如果他不坦白将遭受暴力的任何形式的语言或者行为，都会构成威胁。有学者指出，导致被告人相信他必须作出陈述否则会受到惩罚的一个隐晦的说法，就足以构成威胁。例如"你不告诉我们被盗物品在哪里，就逮捕你"这类话，[1] 已经被法庭裁判为威胁。通常，使用的措辞如"这对你来说更好"或者"是必要的"，常常被理解为有强制或者义务的意味。不过，诸如"要确定讲出真相"，"做个好姑娘，把真相告诉我们"，已经由法院裁判为并非威胁。要判断讯问中某些语句是否构成威胁，需要将这些语句放在说这些话的具体情况中加以衡量。如被告人询问如果他不讲那么会怎么样，随后的回答就可能被解释为威胁（即使并非有意这样做），这就可能使自白受到污染而被排除。当一项自白被认为是在受到威胁的情况下作出的，自白就要被排除，"即使是措辞最温和的威胁也足以导致自白被排除"。[2]

利诱（promise），又称"许诺"或者"允诺"，包括两种情况，一是以法律不允许的利益相许诺，二是以法律允许的利益相许诺，目的是换取被讯问者的自白。利诱对于被讯问人的影响是，"一个许诺或者引诱可能是引起被告人怀有与对他的指控或者预料中的指控或者其他一些事项有关的希望或者期望的任何事。这里提到的'其他一些事项'可能是针对被告人提供的其他指控、针对被告人想要帮助的其他人——诸如他的妻子或朋友——提出的指控"。[3] 对于利诱导致的法律后果，理查德·梅指出："无论当局人员做出如何微小的诱导行为，所得到的供述都要被排除。例如在诺瑟姆（Northam）案中，嫌疑人受审时问警察是否能将他的另一项罪行一同考虑。警察表示警方不反对，于是该嫌疑人进行了供述。上诉法院认定该行为构成诱导并撤销了定罪判决。"[4] 另一个类似的例子是"在《自白与供述》一书中，威廉·J. 斯卡佛（Schafer）提到一名警官前来向他咨询的故事。该警官逮捕了一个人，在坦白之前，被捕者向警官询问自己可能被判处的刑罚。警官告诉他可能得到的刑罚，并且指出他有可能获得缓

---

[1] 还包括类似如"你告诉我们发生了什么，对你来说才比较好"；"你有必要作出解释"。
[2] Roger E. Salhany, *The Police Manual of Arrest, Seizure and Interrogation*, Canada: Fransal Publishing Inc., 1984, p. 106.
[3] Roger E. Salhany, *The Police Manual of Arrest, Seizure and Interrogation*, Canada: Fransal Publishing Inc., 1984, p. 108.
[4] 〔英〕理查德·梅：《刑事证据》，王丽、李贵方等译，法律出版社，2007，第259页以下。

刑。警官对他很了解，知道他以前从未被捕过，告诉他会向法官求情，尽一切努力争取使他获得缓刑。被告人显然松了口气，随后进行了彻底的供述，该供述后来被排除，因为是在许诺下获得的。考虑到他真的想要警官帮助向法官求情，警官无法理解为什么该自白是非自愿的"。很明显，"这个故事揭示了警官面临的窘境。他可能的确希望去帮助被告人，无论如何，他的善意最终妨碍了案件的成功"。① 这种情况下要不要排除自白，确有商榷空间。值得注意的是，"许诺或者引诱可能不仅是警官的话语产生的效果，也可能是警官与被告人的对话产生的结果。例如，如果被告人问警官：'如果我说了，能释放我吗？'警官回答说：'是的。'这就构成了利诱"。②

许诺给予宽大处理，在有些国家和地区不会导致自白被排除。"如果嫌疑人与执法人员合作，他被许诺给予宽大处理，如果仅因这个理由，那么他的自白就不是非自愿的。"③ 这样做的目的是鼓励合作。法庭会认为，鼓励嫌疑人讲出真相和说他的团伙可能已经离弃了他、让他"背黑锅"（holding the bag），④ 作为法律事项，并不会击垮自白者的意志；对于法庭来说，被告人出于与警方合作的意志而作出的供述，其在引诱下提供的自证其罪的供述，不足以构成非自愿自白；如实告诉被告人他面对的可能的刑罚，这不会击垮其自由意志，由此获得的自白不被认为是非自愿的。被拘禁的人作出陈述的机会的重要性因此增强了。无论如何，如果陈述源于对自身陷入的风险进行明智而有见识的评估而不是强迫，那么，由此获得的自白就被认定为自愿的。⑤ 许诺给予心理治疗不会被认定为违反自白任意性规则，例如在1992年美利坚合众国诉麦克林顿案中，警察"告诉他说他不是坏人，如果他向他们讲了，他会得到救助，以克服吸毒和酗酒的毛病"。由此获得的自白被法庭认定为自愿的。

---

① Roger E. Salhany, *The Police Manual of Arrest, Seizure and Interrogation*, Canada: Fransal Publishing Inc., 1984, p. 108.
② 其他被认为是引诱的话语的例子如"我会做些事情帮助你出去"，"如果你坦白，你会得到从轻的判决"。参见 Roger E. Salhany, *The Police Manual of Arrest, Seizure and Interrogation*, Canada: Fransal Publishing Inc., 1984, p. 108。
③ United States v. Guarno, 819 F. 2d 28 (1987).
④ 亦即独立承担罪责。
⑤ United States v. Ballard, 586 F. 2d 1060 (1978).

压迫（oppression）也会导致自白失去任意性。"在压抑状态下的侦查中，嫌疑人可能感到是被强迫自白的。压迫的状态具有一种倾向性，就是消除构成自白任意性必要因素的自由意志。尽管没有易卜拉欣案那种意义上的威胁或者利诱"，法庭仍有可能认为在这种情况下取得的自白没有任意性而应当排除。① 当然，每个人情况不同，"由于每个人各有独特的心理构成，某一情况或者一系列情况是否具有压迫性，从而导致其被迫作出自白，取决于每一个体"。② 法官萨克斯曾言，造成压迫的因素"包括对一个人讯问的时间长短、两次讯问的时间间隔长短、被告人是否有适当的休息时间以及陈述者的个性特性。对于儿童、残疾人或者老年人或者其他不谙世事的人来说是压抑的，对于性格刚强和熟谙世事的人来说，就不是压抑的"。③ 在1981年的一起案件中，被告人声称受到长时间讯问，警方不允许其休息，也不允许其上厕所，法庭排除了警方在讯问中获得的自白。法官认为，警察应当不待被告人请求而主动为被告人提供休息时间，并允许其使用卫生间。④ 法庭还认为下列警察行为违反法律的正当程序：将嫌疑人拘禁在狭小空间内直到其供述为止，⑤ 在医院加护病房对受伤和抑郁的嫌疑人进行持续不断的讯问，⑥ 延长隔离单独讯问时间。⑦ 不过，警官向被告人出示其共同被告人的陈述并不违反自白任意性规则，很清楚的是，向被告人出示虚假的陈述是不适当的，但出示真实的陈述并没有错。⑧

欺骗，即以虚构事实或者隐瞒真相的方式套取被讯问者的自白。欺骗容易与侦查谋略混淆，需要小心分辨。判断时可以遵循以下标准。一是良心标准，法官接受由这种方法获得的自白是否良心上感到过意不去。换句

---

① Roger E. Salhany, *The Police Manual of Arrest, Seizure and Interrogation*, Canada: Fransal Publishing Inc., 1984, p. 108.
② Roger E. Salhany, *The Police Manual of Arrest, Seizure and Interrogation*, Canada: Fransal Publishing Inc., 1984, p. 109.
③ Roger E. Salhany, *The Police Manual of Arrest, Seizure and Interrogation*, Canada: Fransal Publishing Inc., 1984, p. 109.
④ Roger E. Salhany, *The Police Manual of Arrest, Seizure and Interrogation*, Canada: Fransal Publishing Inc., 1984, p. 109.
⑤ *United States v. Koch*, 438 F. Supp. 307 (1977).
⑥ *Mincey v. Arizona*, 437 U.S. 385 (1978).
⑦ *Ashcraft v. Tennessee*, 322 U.S. 143 (1944); *Davis v. North Carolina*, 384 U.S. 737 (1966).
⑧ Roger E. Salhany, *The Police Manual of Arrest, Seizure and Interrogation*, Canada: Fransal Publishing Inc., 1984, p. 108.

话说，良心是否感到不安或者受到冲击，这是从伦理道德方面设定的标准。二是自愿性标准，依靠这种方法取得口供，是否足以导致自白失去自愿性，法庭并没有宽厚看待通过精心编造一个谎言或者捏造一种情况促使被告人去坦白的做法。不过，"无论如何，使用了诡计或者欺诈方法会自动导致口供不可采的推断是不正确的"。关键是欺骗方法是否试图产生影响或者实际上已经产生影响从而导致自白是非自愿的，这意味着以引诱来获得陈述。三是无辜者标准，依靠这种方法取得口供，是否足以使无辜的人承认自己有罪，[1] 这是从证据真实性方面设定的标准。一些法庭接受如下观点："通常，以欺骗或者诡计取得的自白不会受到污染，只要使用这些手段不是为了获取不真实的口供。"[2]

对于欺骗是否应被禁止，一直存在争议。有人质疑：告诉被告人说他的共同被告人已经招认并且牵涉到他，实则是虚假的，或者甚至是真实的，有什么不对吗？警察把自己人安插在警察局的监室内，以便假装与被告人交朋友以套取对方的情报，这是不适当的吗？告诉被告人他袭击或者强奸的被害人正躺在医院里处于病危状态，实际上并非如此，这是不适当的吗？这些问题都涉及惩罚犯罪的需要与保障个人人格尊严的愿望之间的矛盾，法庭面临的是这样的难题。值得玩味的是，"许多警官感到使用欺骗手法从被告人那里获得自白并没有错。换句话说，为了抓贼，警官必须扮演一个贼。支持这种观点的人会高兴地知道，许多法官同意这种观点。如预料的那样，司法人员在这个问题上分裂成对立的两派"。[3] 对于警察把自己人安插在警察局的监室内以便从被告人那里套取情报的做法，加拿大最高法院多数法官认为并没有错，因为被告人并不知道该警官是政府人员，这样检控方没有义务去证明该陈述是自愿的。[4] 此外，还有一种情况，

---

[1] 例如在1954年的一起案件中，警察告诉被告人他们在血迹中发现了被告人的指纹，但实际上根本就不是在谋杀现场找到的，法庭认定这一事实并不导致被告人的陈述不可被采纳。在这里，警察并没有撒谎，只不过没有告诉他所有的事。警察的说法并不足以造成无辜者违心承认自己没有犯过的罪，倒是会使真正有罪的人感到心虚，从而作出供述。

[2] Roger E. Salhany, *The Police Manual of Arrest, Seizure and Interrogation*, Canada: Fransal Publishing Inc., 1984, p. 139.

[3] Roger E. Salhany, *The Police Manual of Arrest, Seizure and Interrogation*, Canada: Fransal Publishing Inc., 1984, p. 138.

[4] Roger E. Salhany, *The Police Manual of Arrest, Seizure and Interrogation*, Canada: Fransal Publishing Inc., 1984, p. 140.

即错误的说明（misrepresentation）。在1991年埃文斯诉多德（Evans v. Dowd）案的裁决中，一项自白被认定是自愿的，尽管警官说错了侦查的目的并谎称他有目击证人。总而言之，使用欺骗方法或谎言不必然导致陈述不可采纳，法庭会仔细审查作出陈述的情况。[1]

违法羁押，即违反法律有关羁押的规定进行羁押，并在此种羁押中获取被讯问者的自白。在逮捕与出庭之间进行不必要的拖延从而取得陈述也属此种情形。[2]

这里需要说明的是，不是所有通过胁迫或利诱手段取得的证据都必然要被排除，[3] 法庭在确定供述或自白的自愿性时，会审查被告人的个性特点。某些个性特点被认为是重要的，诸如年龄、精神能力、受教育程度、疾病引起的生理和心理损害、损伤或者麻醉以及与警察打交道的经验。

显然，排除非法手段获得的证据是一回事，确定哪些手段属于非法手段是由此引申出来的、与之有关的另一回事。哪些属于应当排除的通过引诱手段获得的证据，需要根据案件情形加以认定。对于自白任意性规则中威胁、引诱、欺骗等在含义、情形方面与正当的侦查谋略的区别，许多国家尤其是英美法系国家有着丰富的研究成果和法律、解释、判例的规定，值得我国立法、司法借鉴、吸收，以形成我国刑事诉讼中判断威胁、引诱、欺骗等非法手段的标准、依据。

三　自白任意性被忽视的原因以及重新正视的必要性

在我国，诉讼和证据法学者将学术精力主要投注在反对强迫自证其罪、沉默权等的研究上，对于自白任意性规则关注较少。司法机关更谈不上深入研究，遑论适用这一规则对不法取供行为施以司法制裁了。

---

[1] Roger E. Salhany, *The Police Manual of Arrest, Seizure and Interrogation*, Canada: Fransal Publishing Inc., 1984, p. 140.

[2] *McNabb v. United States*, 318 U.S. 332 (1943); *Mallory v. United States*, 345 U.S. 449 (1957)。由这两个判例建立的规则只适用于联邦法院，在逮捕和第一次在治安法院出庭之间的不合理拖延期间获得的承认或自白不具有可采性。若干州也实行相似的规定。参见 Roger E. Salhany, *The Police Manual of Arrest, Seizure and Interrogation*, Canada: Fransal Publishing Inc., 1984, p. 465。

[3] Phipson and D. W. Elliott, *Manual of the Law of Evidence*, Sweet & Maxwell, 1980, p. 183.

我国 1979 年《刑事诉讼法》规定"严禁刑讯逼供和以威胁、引诱、欺骗以及其他非法的方法收集证据"。这一规定将威胁、引诱、欺骗三种不正当的取证行为与刑讯逼供排列在一起，其立法背景是，1979 年立法者和参与立法的学者对于此前刑事司法中发生的逼、供、信和大量威逼利诱非法取证造成冤滥遍地记忆犹新，深感戒惧，在"文化大革命"结束之后痛定思痛，在《刑事诉讼法》中作出特别规定以期禁绝此类现象。1996 年《刑事诉讼法》对这一规定加以沿用，未予改变。1996 年《刑事诉讼法》修改后，最高人民法院和最高人民检察院各自就修改后的《刑事诉讼法》出台司法解释，对以暴力、胁迫、利诱、欺骗等非法方法取得的言词证据（包括自白）作出排除规定。最高人民法院《关于执行〈中华人民共和国刑事诉讼法〉若干问题的解释》第 61 条规定："凡经查证确实属于采用刑讯逼供或者威胁、引诱、欺骗等非法的方法取得的证人证言、被害人陈述、被告人供述，不能作为定案的根据。"同样，最高人民检察院《人民检察院刑事诉讼规则》第 265 条第 1 款规定："以刑讯逼供或者威胁、引诱、欺骗等非法的方法收集的犯罪嫌疑人供述、被害人陈述、证人证言，不得作为指控犯罪的根据。"不过，尽管上述规定十分明确，对于非法取得的证据，在司法实践中却几乎没有排除过。

2010 年"两高三部"关于死刑案件审查判断证据和排除非法证据的规定，对于以引诱、欺骗方法获得的言词证据，不再明确表明排除的态度，新《刑事诉讼法》吸收了"两高三部"的意见，同样模糊化对这些证据的排除立场。新法第 54 条第 1 款规定："采用刑讯逼供等非法方法收集的犯罪嫌疑人、被告人供述和采用暴力、威胁等非法方法收集的证人证言、被害人陈述，应当予以排除。收集物证、书证不符合法定程序，可能严重影响司法公正的，应当予以补正或者作出合理解释；不能补正或者作出合理解释的，对该证据应当予以排除。"对比"两高三部"《关于办理死刑案件审查判断证据若干问题的规定》第 12 条："以暴力、威胁等非法手段取得的证人证言，不能作为定案的根据。"再看该规定第 19 条："采用刑讯逼供等非法手段取得的被告人供述，不能作为定案的根据。"这两条与新《刑事诉讼法》第 54 条一样，对于引诱、欺骗取得证人证言的排除态度转趋暧昧，同时模糊了对于采用威胁、引诱或欺骗等非法方法获得的被告人供述的排除立场。与之形成对比的是，根据"两高三部"《关于办理死刑案件审查判断证据若干问题的规定》第 20 条，连对于讯问笔录没有经被告人核对确认并签名（盖章）、捺指印的以及没有为聋哑人等提供通晓聋、哑手势的人员或者翻译人员的被告人供述都作了"不能作为定案的根据"的规定，却对以引诱、欺骗这类比没有核对确认并签名（盖章）、捺指印等严重得多的非法手段取得的口供不明确排除。如出一辙的是，"两高三部"《关于办理刑事案件排除非法证据若干问题的规定》第 1 条规定："采用刑讯逼供等非法手段取得的犯罪嫌疑人、被告人供述和采用暴力、威胁等非法手段取得的证人证言、被害人陈述，属于非法言词证据。"第 2 条规定："经依法确认的非法言词证据，应当予以排除，不能作为定案的根据。"这一新规定，对于以威胁（针对犯罪嫌疑人、被告人供述）、引诱、欺骗等方法获得的言词证据，同样不再明确表明排除的态度，态度转趋暧昧。

引人瞩目的是，最高人民法院刑事审判第三庭编著的《刑事证据规则理解与适用》谈及非法证据和排除非法证据的规定，多处提到自白任意性规则，但非法证据范围的界定和排除非法证据的规定却没有以自白任意性为依据。文中提及司法解释作出相关规定时的考虑："非法取证的手段很多，很难列举清楚，因此我们只列举了刑讯逼供等手段，但是必须明确，'等'是指与刑讯逼供相当的手段。在实践中，对'等'的具体理解可参照《最高人民检察院关于渎职侵权犯罪案件立案标准的规定》关于刑讯逼供立案标准的规定中对非法手段进行的列举。"[①] 该规定列举的刑讯逼供等非法取证的情形，包括以殴打、捆绑、违法使用戒具等恶劣手段逼取口供的，以较长时间冻、饿、晒、烤等手段逼取口供，严重损害犯罪嫌疑人、被告人身体健康的。[②] 很显然，根据这一标准确定非法手段的范围，引诱、欺骗等手段均不在此列。

"两高三部"的两个刑事证据规定的起草者在解释如此规定的理由时说："对此内容刑事诉讼法已有规定，最高人民法院和最高人民检察院的司法解释也进行了确认，可不在此文件中规定。《规定》针对我国司法实

---

① 最高人民法院刑事审判第三庭编著《刑事证据规则理解与适用》，法律出版社，2010，第 296 页。

② 最高人民法院刑事审判第三庭编著《刑事证据规则理解与适用》，法律出版社，2010，第 296 页。

际，强调对采用刑讯逼供等非法手段获取证据的排除，这样的规定并不与刑事诉讼法冲突，也并非意味着'威胁'、'引诱'、'欺骗'的取证手段就是合法的。同时，在司法实践中，'威胁'、'引诱'、'欺骗'的含义特别是标准不好界定，很多从气势上、心理上压倒、摧垮犯罪嫌疑人心理防线的讯问语言、行为和策略很难与之区分开来，如果这些讯问方法都被认为非法，将导致大量口供被排除，给侦查工作带来较大冲击，因此，对此问题应当根据具体案件作出具体处理。如果采用'威胁'、'引诱'、'欺骗'的方法严重违反了法律的规定，使得被告人被迫作出供述，并且严重损害了口供的客观真实性的，应当予以排除。"① 这一番解释缺乏说服力。若论"对此内容刑事诉讼法已有规定，最高人民法院和最高人民检察院的司法解释也进行了确认"就"可不在此文件中规定"，那么刑讯逼供同样已有规定并得到司法解释确认，何以在此文件中又加以规定？另外，既然在此文件中不作规定并不意味着承认这些取证手段合法，那么需要追问的是：在我国，非法手段之所以盛行，不就是因为这些手段不能启动相应的程序性制裁，而程序性制裁的重要手段之一就是排除由非法手段取得的证据吗？现在一方面不承认这些手段合法，另一方面又对排除由这些手段获得的证据持模糊、暧昧态度，那么这样的规定产生纵容这些手段在司法实践中蔓延的作用就不值得大惊小怪，如此一来，《刑事诉讼法》第 50 条关于禁止威胁、引诱、欺骗手段的规定就被暗中弃置了。

至于解释中所言在司法实践中"'威胁'、'引诱'、'欺骗'的含义特别是标准不好界定"，显然也不是充分理由。这些标准不好界定的原因恰恰是长期以来司法实践根本没有尝试去界定。"威胁"、"引诱"、"欺骗"取得的证据在法院审判中被照单全收，何谓非法手段包含的"威胁"、"引诱"、"欺骗"，这些手段与"很多从气势上、心理上压倒、摧垮犯罪嫌疑人心理防线的讯问语言、行为和策略"如何区别，几乎从来没有成为法院审视、斟酌和裁判的对象。没有司法经验的积累，标准当然不好界定。现在制定排除非法证据的规定，原本是界定标准的大好机会，立法和司法解释却无所作为，怎不令人失望？

---

① 最高人民法院刑事审判第三庭编著《刑事证据规则理解与适用》，法律出版社，2010，第 297 页以下。

至于认为在标准不清的情况下排除采用"威胁"、"引诱"、"欺骗"等手段取得的证据,就会"导致大量口供被排除,给侦查工作带来较大冲击",更不值一提。这似乎承认使用这些非法手段具有普遍性、日常性,同时,这些手段取得的口供是大量的,因此予以宽纵,以防"给侦查工作带来较大冲击"。这种理由近乎荒谬。

同样令人失望的是这样一种说法,"如果采用'威胁'、'引诱'、'欺骗'的方法严重违反了法律的规定,使得被告人被迫作出供述,并且严重损害了口供的客观真实性的,应当予以排除"。这个说法限缩了遏制非法取证手段的空间。更值得怀疑的是,威胁、引诱、欺骗,究竟何种情形才构成"严重违反"法律规定以及"严重损害"口供的客观真实性,司法判断的弹性过大,排除规定适用的空间过小,按照这个"严重"标准去排除,无异于无法排除。

与现今可以进行对照的是,我国早在清末就已经明确对讯问方式作出限定,禁止以强暴、胁迫、利诱、欺诈及其他不正之方法取得供词,同时也积累了不少司法经验。我国最早一部近现代性质的《大清刑事民事诉讼律草案》第 17 条规定:"凡审讯一切案件,概不准用杖责、掌责及他项刑具或语言威吓、交逼,令原告、被告及各证人偏袒供证,致令淆乱事实。"[①] 随后的《民事刑事诉讼暂行章程》第 24 条规定:"实施刑讯,禁用威吓、诈罔之言。刑讯永远废止。"[②] 同样,《大清刑事诉讼律(草案)》第 66 条规定:"讯问被告人,禁用威吓及诈罔之言。"[③] 此条的立法理由是:"讯问被告人时,若用威吓诈言,则惊恐之余,思想纷杂,真实状态,反为所淆。故本条采各国通例严禁之。"民国时期学者卢尧就此解释说,被告人之陈述,可借以发现真实,提供证据作为判决依据,不过,"欲得其陈述以为证据,遂用威吓及诈罔之言则大不可。盖刑事诉讼采自由心证主义,用何种证据以为判断资料,全属审判官之自由,既非若纠问主义之重供,纵令被告人全无陈述而有别种证据可为资料者,亦得直据以判决

[①] 吴宏耀、种松志主编《中国刑事诉讼法典百年》(上册),中国政法大学出版社,2012,第 13 页。

[②] 吴宏耀、种松志主编《中国刑事诉讼法典百年》(上册),中国政法大学出版社,2012,第 46 页。

[③] 吴宏耀、种松志主编《中国刑事诉讼法典百年》(上册),中国政法大学出版社,2012,第 124 页。

之；否则虽有自白而审判官认为判决不实时，仍可宣告无罪。故法律特以明文禁用威吓、诈言以求陈述，恐反因此失真实之真相也"。①

这类规定在民国时期成为正式有效的法律。1921年公布的《中华民国刑事诉讼条例》明确规定了自白任意性规则（旧称"自白法则"），该条例第303条规定："被告之自白，非出于强暴、胁迫、利诱、诈欺及其他不正之方法且与事实相符者，得为证据。"② 该条立法理由为："被告之自白虽亦为证据之一种，然其讯问若系以不正之方法者，则自白未必出于自由意思，不得采为犯罪之证据。讯问纵非以不正之方法，而与事实不符者亦然，故仍应调查其他之证据。" 1928年7月制定的《中华民国刑事诉讼法》第62条规定："讯问被告，不得用强暴、胁迫、利诱、诈欺及其他不正之方法。" 1928年中华民国最高法院判例确认："被告人之自白，若系出自威吓及诈罔，不能遽为认定事实之基础。" 同样确认要排除以威吓及诈罔方法获得的非任意性的自白。另外，1932年上诉审判例称："被告之自白虽得认为证据，但以出于被告之自由陈述且与事实相符者为限。"③

1935年《中华民国刑事诉讼法》第98条规定："讯问被告，应出以恳切之态度，不得用强暴、胁迫、利诱、诈欺及其他不正之方法。"④ 该条沿用了《大清刑事诉讼律（草案）》第66条的立法理由，增加了讯问被告时讯问者态度应当"恳切"之规定。⑤ 让人好奇的是，法律上的规定在司法中是否得到落实。民国时期确有判例将自白法则加以实现，如1935年有上诉审判例称："被告之自白，依刑事诉讼法第二百七十条第一项之规定，得为证据。此项自白，并非专以审判笔录记载者为限。即在侦查犯罪职权之司法警察官讯问所得，如未施用强暴、胁迫、利诱、欺诈及其他不正

---

① 卢尧编述《刑事诉讼律》（广东公立监狱学校讲义），广州桂香街粤华兴承刊，出版日期不详，第52页。
② 吴宏耀、种松志主编《中国刑事诉讼法典百年》（上册），中国政法大学出版社，2012，第309页。
③ 1932年上字11号判例。
④ 吴宏耀、种松志主编《中国刑事诉讼法典百年》（上册），中国政法大学出版社，2012，第404页。
⑤ 民国时期实行的自白法则，在我国台湾地区沿用至今，如2009年我国台湾地区关于刑事诉讼的文件规定："讯问被告，应出以恳切之态度，不得用强暴、胁迫、利诱、诈欺、疲劳讯问或其他不正之方法。"

方法且与事实相符者，仍不失有证据能力。"① 1940 年上诉审判例称："被告之自白得为证据者，刑事诉讼法第二百七十条第一项之规定，须具备（一）非出于强暴、胁迫、利诱、欺诈或其他不正之方法，（二）与事实相符之两种条件。故该项自白，苟系出于上述不正方法，即无论其是否与事实相符，根本上已失其证据能力，不得采为判断与事实之证据资料。"② 不仅讯问人不得进行不正当讯问，第三人剥夺被讯问人自由意志而获得的自白也不得采为证据。1940 年另一判例云："依刑事诉讼法第二百七十条第一项规定，被告之自白，虽与事实相符，仍须非出于强暴、胁迫、利诱、欺诈或其他不正之方法，始得为证据。此项限制，原以被告之自白必须本于自由意思之发动为具备能力之一种要件。故凡有讯问权人对于被告纵未施用强暴、胁迫等之不正方法，而被告因第三人向其施用此项不正方法，致不能为自由陈述时，即其自白仍不得采为证据。"③ 现在回过头看，这些规定及宣示的理由确实相当先进，如果现行有效的《刑事诉讼法》和相关司法解释反而不如旧时的规定，就不能不令人汗颜了。

值得警惕的是，在我国当代刑事司法实践中，违背自白任意性的取证行为没有引起立法、公安司法机关的重视，刑讯以外的非法取证手段尤其如此。与刑讯不同的是，表面上，使用威胁、引诱、欺骗方法进行审问的办案人员并未动粗，诱供偶尔还有慈善面相，被引诱者不能在诱惑面前自持，交代了罪行，与刑讯之害有天渊之别，国人不以为非，也是顺理成章的事。然而，威胁、引诱、欺骗的做法也是产生冤错案件的一大原因。例如，诱供往往与其他非法取证行为结合在一起而发挥效果。犯罪嫌疑人在被完全剥夺人身自由后，接受长时间的审讯，审讯中受到威逼甚至刑讯，孤独无助，受到惊吓，有强烈的无助感，心理压力过大，精神高度紧张，身体备感疲劳甚至受到伤害，内心渴望自己的辩解被接受，但审讯的情形使他们的辩解不被倾听和接受，他们陷于绝望的边缘。在这种情况下，诱供往往发挥效果，使嫌疑人重新燃起希望，无辜的人为了摆脱眼前的困境，容易作出迎合审问者需求的自诬之供，提供虚假的自白。实践表明，在导致无辜的人承认自己没有犯过的罪并始终坚持自诬方面，威胁、引诱

---

① 1935 年上字 1628 号判例。
② 1940 年上字 1457 号判例。
③ 1940 年上字 2530 号判例。

和欺骗之害并不一定小于刑讯。

法国律师弗洛里奥在《错案》一书中谈到诱供,曾说:"即使不用暴力,也能以许诺很快释放的办法,从某些嫌疑犯那里获得口供。道理很简单,警察说:'如果你承认这并不严重的事实,我们就让你走;反过来,你不承认的话,我们就要进行核实。那么,为了避免你干扰对质,我们就不得不把你拘留,直到把事情弄明白。'采取这种办法的警察,一般都相信他可以让罪犯认罪,而无辜者会坚决否认。可是,经验证明,情况恰恰相反。当警察用假释来引诱那些人时,他们为了避免遭到监禁和继之而来的公众议论与耻辱,不是许多人不论什么情况都准备承认吗?他们坚信,不久之后他还能发表意见为自己辩白,而且可以接受别人的辩护来证明自己无罪。他们眼前的目的就是避免被捕。"① 对于某些被拘禁的人来说,释放的许诺值得用虚假的认罪来兑现。"一个无辜的人这时是会招供的。因为他想马上离开这个对他来说如同地狱一样的拘留所。一个人突然被逮捕入狱,把他和那些惯犯、流氓关在一起,这对他来说是莫大的精神痛苦,这种痛苦是人们难以想象的。可能,只有辩护人由于他与委托人的直接接触,才可能真正理解这种苦恼。"②

一个看似矛盾的现实是,我国立法与司法如此重视案件真实情况的发现,对于口供及其真实性十分倚重,却又对可能造成自白缺乏真实性的威胁、引诱、欺骗等非法取证方式不以为意。多年来,我国立法与司法部门对各种证据规则的认识,聚焦这些规则对于证据真实性的作用,较少顾及颇为抽象的程序正义观念。背后的原因是,将这些非法取证行为的非道德性看得过轻,依靠包括刑讯在内的非法取证行为获得的口供也有不少是经得起检验和印证的,因此不免纵容这些非法取证行为日常性地发生。当十份口供经由非法手段获得,半数以上是真实的,非法手段就会得到宽纵,它在获得真实证据方面就被认为是有效和有利的。

自白应当出自嫌疑人的自愿才能具有可采性,这一规则在法治成熟社会早已是常识,但我国司法人员对此仍感陌生。对于我国警察和司法者来说,只有将自白与真实性联系起来才容易理解和接受,以任意性为采纳自

---

① 〔法〕勒内·弗洛里奥:《错案》,赵淑美译,法律出版社,1984,第80—81页。
② 〔法〕勒内·弗洛里奥:《错案》,赵淑美译,法律出版社,1984,第81页。

白的标准就不那么容易理解和接受了。非出于自愿的自白不一定是虚假的，只要将该自白与其他证据相互印证，一般情况下就可以判断自白的真伪，进而揭露并证实犯罪。在这一成功面前，强迫取证的行为很容易受到容忍和宽纵。欺骗、利诱甚至威胁，都被认为是警察行为中的小恶，不值得因为它们的存在而将自白当作垃圾倒掉。

对于作为自白任意性规则主要根基的法律的正当程序观念，我国司法人员虽然有所了解甚至有一定认同，但远未达到沦肌浃髓的程度，因此其还不能成为当代司法文化的组成部分。为了一些如"正当程序"、"自由选择"等显得有些抽象、空洞的概念，放弃对案件真相的发现和证实，一般的反应都是大摇其头。

不过，在我国，需要正视的一个现实是，依赖口供并以非法方法获取口供的侵犯司法人权现象仍然较为常见，进而导致司法公信力和社会认同度匮乏。司法公信力和社会认同度匮乏的原因当然不止一个，司法人权保障不足以及法院不能发挥在国家权力和个人权利之间的屏障作用，显然都是重要的成因。显而易见的是，我国司法在政府与个人之间发挥平衡作用的空间还相当大，立法与司法机关都应当认识到，确立并落实自白任意性规则具有约束侦查权、防止其滥用的作用，不但对人权有保障作用，有助于防止冤错案件的发生，而且有利于提升法院的司法公信力和社会认同度。

在我国，刑事立法和相关司法解释都有必要确立和落实自白任意性规则，应当明确而无保留地接受这一规则的核心内容：自白是否具有证据能力，不仅应当审查其是否具有真实性、关联性，而且应当以是否具有任意性为标准。唯其如此，才能改变自白任意性被忽视的局面。

我国刑事司法对于非任意性自白的排除，应当遵循两项标准：一是真实性标准，排除通过可能导致自白失去真实性的取证手段获得的自白；二是正当性标准，又可称为人权标准或权利标准，即以违反程序正当性为由排除通过侵犯个人自由权利获得的自白。例如，对于暴力取供，即使取得的口供是真实的，其真实性可以得到其他证据的验证，但基于侵犯人权的考虑应毫不犹豫地排除。

许多国家就哪些手段取得的证据应予排除、哪些不需排除以及相关的证明责任制度的立法例和学术研究成果，为完善我国证据制度提供了宝贵的可借鉴资源。在自白任意性规则的具体内容上，可以借鉴美国以及大陆法系一些国家的自白任意性规则来设定。若要适当窄化，也不妨借鉴英国自白任意性规则的立法例：除刑讯和以暴力相威胁外，对于以引诱、欺骗等其他非法方法获得的口供，根据其是否可能导致不真实的自白为判断标准，决定是否排除。

要排除非任意性自白，还需要明确自白任意性的证明责任。对此，有学者指出："将被告人的陈述作为指控他的证据提出于法庭，需要考虑的一个重要问题是检控机关要为此承担的证明责任。被告一方无须承担该陈述不具有自愿性的证明责任。法庭也不必聆听双方的意见才得出哪一方所言更可能是真实的结论。这项规则清晰而毫不含糊。在一项陈述被当作控诉证据向法庭提交之前，检察机关应当证明到排除合理怀疑的程度，使审判案件的法官相信该陈述是自由和自愿作出的。"[1] 需要指出的是，要使自白任意性规则不被打折适用，"警官不能仅凭否认他对被告人进行了威胁或者利诱就卸去证明被告人陈述自愿性的责任。他会被要求去解释促使被告人作出自白的所有事情的细节。简单地说，他承担的责任是使法庭相信被告人不是在被强迫的情况下作出自白的，自白出于被告人的自由意志，没有政府人员的任何影响"[2]。与之相应，我国立法也应当规定检察机关承担在自白任意性发生争议时对自白具有任意性的证明责任，并须达到事实清楚、证据确实充分的证明程度。[3] 同时，除刑讯等严重侵犯人权的取证行为以外，将是否排除自白的自由裁量权赋予法官，法官在行使自由裁量权时应当本着良心和理性，遵循法制和现代法治原则，不得偏袒手中握有公权力的机关及其人员，作出符合公道的裁判，履行好自己的职责。[4]

四 结语

在我国建立自白任意性规则未必不是一个困难的选择。我国法律界在

---

[1] Roger E. Salhany, *The Police Manual of Arrest, Seizure and Interrogation*, Canada: Fransal Publishing Inc., 1984, p. 105.
[2] Roger E. Salhany, *The Police Manual of Arrest, Seizure and Interrogation*, Canada: Fransal Publishing Inc., 1984, p. 109.
[3] 引入"排除合理怀疑"亦可。
[4] 在自白任意性规则的适用上，对于是否可能导致不真实的自白，关键在于对"可能"一词应有正确的理解。只要存在"可能"就应当鼓足勇气对非法取得的自白说"不"。

讨论自白任意性规则时，往往顾虑该规则的广泛实施可能导致犯罪嫌疑人、被告人的有罪供述被排除而造成案件实质真实之落空，最终使公安司法机关维护社会秩序的作用难以发挥。这种顾虑建立在当前非法取证行为较为普遍而多样的基础之上，大面积的违法可能导致大面积的证据排除进而导致大面积的案件追诉的失败。这种顾虑显然还建立在法院能够秉公排除这些证据的假设之上，实际上这种假设要变为现实尚有很长一段路要走。人们容易忽视的是，自白任意性规则具有一种重要的导向作用，那就是鼓励司法人员采取正当手段去获取可以被法庭采纳的证据，从而有效遏制非法取供行为。在个案中排除通过非法取证行为取得的证据，可以有力地促进整个司法行为文明程度的提升，这是无法用标语口号和耳提面命来实现的。

我们需要记住的一个简单事实是，假如公安司法机关未能充分认识到威胁、引诱、欺骗等非法方法具有导致错案的可能性，未能充分认识到这些非法方法对于一个国家或者社会司法文明形象的实质损害性，就不会有排除采用威胁、引诱、欺骗等手段获得的口供的明确动力和行动，由此导致发生错案的危险会始终存在，刑事司法最终会在司法文明的水平线下徘徊。

图书在版编目(CIP)数据

刑事诉讼法的修改与完善/熊秋红主编. -- 北京：社会科学文献出版社，2023.11
(《法学研究》专题选辑)
ISBN 978-7-5228-2201-3

Ⅰ.①刑… Ⅱ.①熊… Ⅲ.①刑事诉讼法-研究-中国 Ⅳ.①D925.204

中国国家版本馆CIP数据核字(2023)第141208号

《法学研究》专题选辑
刑事诉讼法的修改与完善

主　　编／熊秋红

出 版 人／冀祥德
责任编辑／芮素平
文稿编辑／郭锡超　齐栾玉
责任印制／王京美

出　　版／社会科学文献出版社·联合出版中心（010）59367281
　　　　　地址：北京市北三环中路甲29号院华龙大厦　邮编：100029
　　　　　网址：www.ssap.com.cn
发　　行／社会科学文献出版社（010）59367028
印　　装／三河市龙林印务有限公司

规　　格／开　本：787mm×1092mm　1/16
　　　　　印　张：25.5　字　数：410千字
版　　次／2023年11月第1版　2023年11月第1次印刷
书　　号／ISBN 978-7-5228-2201-3
定　　价／158.00元

读者服务电话：4008918866

版权所有 翻印必究